高职高专"十三五"经济管理系列规划教材

电子商务概论

刘 芳◎主 编
于 斐 朱 萌◎副主编

電子工業出版社
Publishing House of Electronics Industry
北京 • BEIJING

内 容 简 介

全书共 9 章，包括电子商务概述，电子商务的应用框架、发展环境及法律法规，电子商务的运作模式，电子商务技术基础，电子商务安全，电子支付与网络银行，网络营销，电子商务与现代物流和移动电子商务等内容。本书重点突出了电子商务在商务活动中的最新实际应用，结合大量典型实例深入浅出地阐述了电子商务的方法和原理。本书的每一章均由导入案例开篇，引导和启发学生主动思考、分析与探索；同时还给出了相关的职业指导；最后精心设计了“案例与思考”和“实践题”两个模块，针对每一章的重点和难点进行训练，便于读者掌握相关理论，提升实践技能和综合职业能力。

本书适合作为高职高专电子商务专业、市场营销专业等财经商贸类相关专业的电子商务基础教材，也可供社会上学习电子商务相关知识的相关人员参考和使用。

图书在版编目（CIP）数据

电子商务概论 / 刘芳主编. —北京：电子工业出版社，2017.9
高职高专“十三五”经济管理系列规划教材
ISBN 978-7-121-32516-8

Ⅰ. ①电…　Ⅱ. ①刘…　Ⅲ. ①电子商务－高等职业教育－教材　Ⅳ. ①F713.36

中国版本图书馆 CIP 数据核字（2017）第 200087 号

策划编辑：姜淑晶
责任编辑：王凌燕
印　　刷：涿州市京南印刷厂
装　　订：涿州市京南印刷厂
出版发行：电子工业出版社
　　　　　北京市海淀区万寿路 173 信箱　邮编 100036
开　　本：787×1092　1/16　印张：16.25　字数：416 千字
版　　次：2017 年 9 月第 1 版
印　　次：2021 年 6 月第 5 次印刷
定　　价：43.00 元

凡所购买电子工业出版社图书有缺损问题，请向购买书店调换。若书店售缺，请与本社发行部联系，联系及邮购电话：（010）88254888，88258888。

质量投诉请发邮件至 zlts@phei.com.cn，盗版侵权举报请发邮件至 dbqq@phei.com.cn。

本书咨询联系方式：（010）88254199，sjb@phei.com.cn。

前　言

Preface

科技发展带来了商业模式的创新，互联网投入商业化运营以后，电子商务应运而生并蓬勃发展。电子商务的产生与发展已经影响企业经营、个人生活、政府执政、国家安全等方方面面。越来越多的企业和个人都不得不依赖电子商务来完成活动，人们从逐步认识电子商务逐渐转变为电子商务的重要参与者。智能手机、移动设备、无线网络的应用、网络速度的大幅提升、二维码等技术的应用、新的商务模式的出现及迅速普及都促进了电子商务的发展。

面对电子商务的种种变化，企业及社会对电子商务人才的要求将有所提高。本书积极应对最新的发展趋势，从培养电子商务人才的职业技能出发，力求在内容上更新颖，在应用上更注重学生的理解分析，有利于实际应用能力的培养。

本书在结构安排上对电子商务的基础知识进行了概述，详细介绍了电子商务动作模式和电子商务的作用与影响，并分析了电子商务技术的重要性。随后从运作电子商务的流程开始讲述，首先是保障电子商务系统的安全，其次是开展网络营销，然后进入交易与支付环节，最后是物流服务。由于移动网络的发展，移动电子商务的应用需求也急剧增加，因此本书最后探讨了移动电子商务的应用情况。

本书由扬州市职业大学刘芳负责总体策划与统稿，并具体参与了第1～4章的编写；第5、7章由扬州市职业大学于斐编写，第6章由南京信息工程大学王琴编写，第8章由扬州市职业大学朱萌编写，第9章由南京信息职业技术学院赵玉玲编写。

本书在编写过程中参考和引用了许多专家学者的资料，在此表示衷心的感谢。若有资料引用由于疏忽未能列出出处的，在此表示万分歉意。由于时间仓促和水平所限，书中难免有不妥之处，敬请各位专家、读者批评指正。

编　者

目　录

Contents

第 1 章 电子商务概述

引导案例

亚马逊——电子商务成功案例

亚马逊无疑是电子商务发展史上的里程碑，它创造性地对电子商务中的每个环节进行了探索，包括系统平台的建设、程序编写、网站设立、配送系统等各方面。

1994 年夏天，贝佐斯决定创立一家网上书店，贝佐斯认为图书是最常见的商品，标准化程度高；而且美国图书市场规模大，十分适合创业。经过大约一年时间的准备，亚马逊网站于 1995 年 7 月正式上线。

贝佐斯认为，和实体店相比网络零售很重要的一个优势在于能给消费者提供更丰富的商品选择，因此，扩充网站品类、打造综合电商以形成规模效益成为亚马逊的战略考虑。1997 年 5 月上市伊始，尚未完全在图书网络零售市场中树立绝对优势地位的亚马逊就开始布局商品品类扩张。此后，亚马逊通过品类扩张和国际扩张，到 2000 年的时候其宣传口号已经改为“最大的网络零售商”。

2010 年 3 月 15 日，已拥有 23 大类、超过 120 万种商品的网上商城亚马逊发布了“网络购物诚信声明白皮书”，主要就消费者网购普遍关心的“正品”和“退换”问题，针对售前和售后的诚信保证做出了具体阐释。亚马逊认为，网购诚信主要分为“售前诚信”和“售后诚信”。售前诚信指消费者对网络商城品牌的信任度及每件商品是不是“正品”。对此，亚马逊对消费者推出了“天天低价、正品保证”的承诺。

亚马逊公司正朝着多元化的产品销售方向发展，其售卖的产品有音乐零售 CD、录影带和 DVD、软件、家电、厨房项目、工具、草坪和庭院项目、玩具、服装、体育用品、生鲜食品、首饰、健康和个人关怀项目、美容品、乐器等，应有尽有。

【本章学习目标】

1. 掌握电子商务的定义与内涵。
2. 了解电子商务的功能与特点。
3. 熟悉电子商务发展的现状、应用前景与发展趋势。

职业指导

电子商务活动是通过公共计算机网络进行商务活动的现代方式。该方式突破了传统商务在时间、地域上的限制，成为方便、快捷、安全可靠的新兴电子化商务活动模式，它不仅给人们带来了商业机会、利润空间，更改变了人们的生活及工作方式。在电子商务时代，需要具有以下能力的专业人才：熟悉网络营销常用方法，具有电子商务全程运营管理经验；能够制订网站短、中、长期发展计划，并进行良好的执行与监督；能够掌握网站及频道的运营、市场推广、广告与增值产品的经营与销售；能够进行网站运营团队的建设和管理，实现网站的战略目标。

1.1 电子商务的产生与发展

1.1.1 电子商务产生的背景

电子商务的产生基于以下几方面的背景。

（1）20 世纪的后 40 年，电子信息技术和产业给世界带来了巨大的影响。

西方工业发达国家结束了以往依靠廉价的石油发展工业的历史阶段，先后转向以微电子为核心的高新科技，依靠适度规模的生产、科学的管理和决策，以及更多的智能投入。电子信息技术对其他产业带来了倍增效应，为其他行业带来了大规模的技术革新和生产方式大变革。同样，电子信息技术对服务产业、商贸行业也带来了根本性的变革。

（2）电子贸易早期发展的电子数据交换和电子资金转账已不能满足发展的需求。

电子数据交换（Electronic Data Interchange，EDI）已有 30 年的历史，它能够提供很好的技术标准、安全机制及网络应用的经验，至今仍应用于许多集团公司、跨国公司。较长时期以来，电子资金转账（Electronic Fands Transfer，EFT）是国际间金融界正规的资金传递手段，只需依赖“环球银行金融电信协会”所经营的 SWIFT 网及其开通的业务。

但是，由于上述应用都分别建立在各种专用网络或增值网络的平台上，这些网络的覆盖面有限，跨网传输不便，运作成本较高，因此多年来 EDI 和 EFT 的应用范围受到一定的制约，基本上用于一些规模较大的国际贸易公司、跨国企业和国际金融机构，而为数众多的一般中小企业和区域内的金融机构还不曾涉及。于是，商界纷纷要求发展一种覆盖面广、使用方便，而且成本低廉的电子商务。

（3）计算机网络技术实现重大突破，诞生了商业化的国际互联网 Internet，这正好为电子商务在全球的创立提供了一个必不可少的网络平台。

20 世纪 60 年代美国兰德公司基于一项战略咨询研究，与美国国防部高级研究计划局（Advanced Research Project Agency，ARPA）合作研制了一种新型的通信系统。此项研究成果被称为“分布式通信系统结构”和“分组交换数据传输技术”。后来的实践证明，这是一项重大的技术突破。1969 年 9 月，ARPA 在此成果的基础上建成了实验性网络 Arpanger。1973 年，美国斯坦福大学和 ARPA 的合作小组开发了传输控制协议 TCP（后来发展成为传输控制协议/互联网络层协议，即 TCP/IP 协议），使得异种机型的联网获得成功。由此出现互联网络 Internet 一词。采用 TCP/IP 协议的 Arpanet 成为当时 Internet 的主要网络，这就是互联网的雏形。

（4）经济全球化的发展态势和全球经济贸易的规模发展迫切需要一种新型的经济运作模式和商业运营模式。

世界上的许多事例不断地向人们展示着经济全球化的发展态势。例如，自然资源的取用遍布全球；新技术的应用普及全球；新产品的制造分布全球；专业人才的竞聘流行全球；跨国公司的扩张漫延全球；企业竞争与兼并波及全球；国际经贸的规则及惯例通行全球；资本运作覆盖全球；金融危机殃及全球；经济萧条和经济复苏影响全球。这些事实说明，任何一个国家或地区的发展都再也不可能采取闭关自守的国策，都必须参与到全球性的经济环境中来。在经济全球化的发展背景下，实施全球战略，提高自身的生存能力和竞争能力，克服空间和时间的限制，现代的企业、商家及国家机器等组织都要寻求和采纳新的发展模式。

20 世纪 90 年代，全球经济和贸易的规模发展令人感到惊讶。例如，全球电信营业额在 2000 年超过 1 万亿美元；全球每年日常外汇交易额超过 1.2 万亿美元；全球每年保险金额超过 2 万亿美元；全球 EFT 在 1995 年超过 4 万亿美元；全球服务贸易额在 1996 年超过 1.2 万亿美元；全球货物贸易额在 1996 年突破 5 万亿美元；全球各国用户消费支付超过 7 万亿美元；全球银行总资产约达 20 万亿美元；全球各国的国内生产总值（Gross Domestic Product，GDP）之和接近 40 万亿美元。这些数据近几年来虽有波动，但是已经让人深深地感受到这种规模发展给全世界带来的巨大压力和机会。

电子商务作为一种全新的经济运作模式和商业运营模式，大大降低了人类社会活动与经济活动的成本，提高了社会运行效率和企业经济效益，对世界经济格局和贸易体制的变化产生了深刻的影响，有力地促进了经济全球化进程。

（5）近半个世纪以来，全世界形成的多变贸易体制、统一的贸易准则与规范，以及先后建立的相关国际组织，为电子商务在全球的有序发展创造了条件。

从 1944 年成立的世界银行集团（World Bank，WB）和国际货币基金组织（International Monetary Fand，IMF）到 1995 年成立的世界贸易组织（World Trade Organization，WTO），从《1947 年关贸总协定》（GZTT）到《1994 年关贸总协定》（GATT）、《服务贸易总协定》（GATS）及《与贸易有关的知识产权协定》（TRIPS），世界上绝大多数的国家和地区都已成为这些国际组织的成员，先后签约并接受了这些协定，承诺遵守世界统一的“游戏规则”，发展正当的经济贸易合作与竞争关系。

特别值得一提的是 WTO。这是一个被誉为“经济联合国”的国际组织。它由一系列的贸易准则、规范和监督职能以及常设机构组成，对推行世界多边贸易体制、维持全球经济贸易秩序起着重大作用。我国在 2001 年 12 月 11 日正式成为 WTO 的第 143 个成员。显然，WTO 对全球（包括中国在内）发展电子商务有着特别重大的意义。

（6）世界主要的国家和组织对发展电子商务都持积极态度，并且采取了重要举措。

1992 年前后，美国政府提出了《国家信息高速公路计划》（NIIF）和《全球信息基础设施计划》（GII），推动了国际互联网的普及，使得电子商务首先在美国兴起。美国政府认为，电子商务将在全球引起巨大变革，将引发人类社会经济生活的深刻变化，将是未来 25 年世界经济发展的一个重要推动力，因此将促进电子商务发展作为其主要任务。1996 年 12

月，美国政府公布了《全球电子商务框架》(FGEC)，提出了五条总体原则和九项问题处理建议，以推动电子商务在全球的应用。

1996 年年末，联合国大会通过了由联合国贸易法委员会提出的《电子商务示范法》，大大地推动了电子商务在全球的发展。1996 年 6 月，全球商业联盟发表了向各国政府推荐的《电子商务全球行动计划》第二版，提出了十项基本立法原则，各国对此达成了广泛共识，并被誉为"全球电子商务里程碑"。

1997 年年末，欧、美、亚、非等地区和国家在巴黎召开了世界电子商务大会，主要讨论了在电子商务发展中的政府作用、法律框架、交易安全等问题。

1998 年年初，欧盟提出了《欧洲电子商务行动方案》，主要对电子商务发展的行动原则做出了规定，目的是提高欧盟的全球竞争力，并制定了网络开放、平等接入、知识产权等一系列法律法规。

1.1.2 电子商务的发展阶段

1. 第一阶段：基于 EDI 的电子商务

EDI 在 20 世纪 70 年代诞生于美国，当时的贸易商们在使用计算机处理各类商务文件时发现，由人工输入到一台计算机中的数据有 70%来源于另一台计算机输出的文件，由于过多的人为因素影响了数据的准确性和工作效率的提高，人们开始尝试在贸易伙伴之间的计算机上使数据能够自动交换，EDI 应运而生。

EDI 是将业务文件按一个公认的标准从一台计算机传输到另一台计算机的电子传输方法。由于 EDI 大大减少了纸张票据，因此被人们形象地称为"无纸贸易"或"无纸交易"。

20 世纪 90 年代之前的大多数 EDI 都不通过 Internet，而是通过租用的电话线在专用网络上实现的，这类专用网络被称为增值网（Value Added Natwork，VAN），之所以这样做主要是考虑到安全问题。但随着 Internet 安全性的日益提高，作为一个费用更低、覆盖面更广、服务更好的系统，Internet 已表现出替代 VAN 而成为 EDI 的硬件载体的趋势，因此有人把通过 Internet 实现的 EDI 直接称为 Internet EDI。

2. 第二阶段：基于 Internet 的电子商务

基于 Internet 的电子商务比基于 EDI 的电子商务具有一些明显的优势。

（1）费用低廉。

（2）覆盖面广。

（3）功能更全面。

（4）使用更灵活。

（5）平等共享。

3. 第三阶段：移动电子商务阶段

移动电子商务具有以下优势。

（1）通过个人移动设备来进行可靠的电子交易的能力被视为移动互联网业务最重要的方面。

（2）互联网与移动技术的结合为服务提供商创造了很多新的商机，使其能够提供更多种类的服务项目，并且能够根据客户的位置和个性提供服务，从而建立和加强其客户关系。

（3）由于其本身固有的特点，使移动电子商务非常适合大众化的应用。

（4）通过移动电子商务，用户可随时随地获取所需的服务、应用、信息和娱乐。

（5）服务付费可通过多种方式进行，以满足不同的需求。

1.2 电子商务的定义及内涵

1.2.1 电子商务的定义

1. 世界电子商务的定义

电子商务，有广义和狭义两种解释。根据《联合国国际贸易委员会电子商务示范法》，广义的电子商务是指利用数据信息进行的商业活动，而数据信息是指由电子的、光学的或其他类似方式所产生、传输并存储的信息。狭义的电子商务是指基于互联网这个平台实现商业交易电子化的行为。

专家认为，电子商务是 21 世纪经济增长的引擎。因为电子商务是个新兴事物，如果发生纠纷，将牵涉许多法律问题。

2. 政府和国际性组织对电子商务的定义

欧洲议会关于电子商务的定义是：电子商务是通过电子方式进行的商务活动。它通过电子方式处理和传递数据，包括文本、声音和图像。它涉及许多方面的活动，包括货物电子贸易和服务、在线数据传递、电子资金划拨、电子证券交易、电子货运单证、商业拍卖、合作设计和工程、在线资料、公共产品的获得。它包括产品（如消费品、专门设备）和服务（如信息服务、金融和法律服务）、传统活动（如健身、体育）和新型活动（如虚拟购物、虚拟训练）。

3. 权威学者对电子商务的定义

美国学者瑞维•卡拉科塔和安德鲁•B. 惠斯顿在他们的专著《电子商务的前沿》中提出：广义地讲，电子商务是一种现代商业方法，这种方法通过改善产品和服务质量、提高服务传递速度，满足政府组织、厂商和消费者降低成本的需求。这一概念也用于通过计算机网络寻找信息以支持决策。一般地讲，今天的电子商务通过计算机网络将买方和卖方的信息、产品和服务器联系起来，而未来的电子商务则通过构成信息高速公路的无数计算机网络将买方和卖方联系起来。

4. 我国对电子商务的定义

上海市电子商务安全证书管理中心对电子商务下的定义是：电子商务是指采用数字化电子方式进行商务数据交换和开展商务亚务活动。电子商务主要包括利用 EDC、电子邮件（E-mail）、EFT 及 Internet 的主要技术在个人之间、企业之间和国家之间进行无纸化的业务信息交换。

5. 信息技术行业对电子商务的定义

信息技术（Information Technology，IT）行业是电子商务的直接设计者和设备的直接制造者。很多公司都根据自己的技术特点给出了电子商务的定义。这些定义虽然差别很大，但总的来说，无论是国际商会的观点、还是惠普公司的 E-World、IBM 公司的 E-Business，都认同电子商务是在利用现有的计算机硬件设备、软件设备和网络基础设施，通过一定的协议连接起来，在电子网络环境下进行的各种各样的商务活动。

广义的电子商务（Electronic Business，EB）是指各行各业，包括政府机构和企业、事业单位各种业务的电子化、网络化，可称为电子业务，具体包括狭义的电子商务、电子政务、电子军务、电子医务、电子教务、电子公务等。

狭义的电子商务（Electronic Commerce，EC）是指人们利用电子化手段进行以商品交换为中心的各种商务活动，如企业与企业、企业与消费者之间利用计算机网络进行的商务活动，也可称为电子交易，包括网络营销、网络广告、网上商贸洽谈、电子购物、电子支付、电子结算等不同层次、不同程度的电子商务活动。两者的内容如图 1-1 所示。

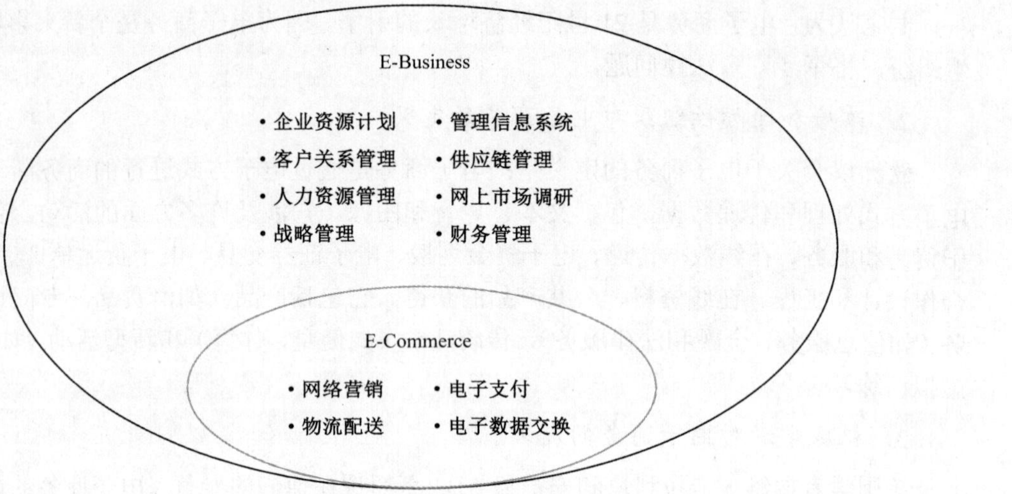

图 1-1　广义和狭义的电子商务

1.2.2　电子商务与传统商务

1. 传统商务的局限性

传统的商务活动往往采取面对面直接交易或纸面单证往来传书的方式进行。在传统的商务运作活动中，无论是柜台售货、开架自选，还是召开订货会进行商贸谈判，或者借助纸面单证往来传书的方式询价与报价等，都是以直接或间接的物理接触来完成业务交易的。例如，人们在商场查看一件商品以决定是否购买，试穿一件衣服，付现金购买；按照样品订购货物，签订合同，按合同规定交货、付款结算；填写一张保险单，购买国库券等。无论是面对面直接交易，还是通过信函等纸面方式交易，都是一种物理接触方式，这是传统商务的运作特点。

由于传统商务活动大部分以面对面及书面单证往来传递为主，因此它具有信息不完善、耗时长、花费高、库存占用大、生产周期长、客户服务不及时等局限性。

2. 电子商务是传统商务的发展

（1）电子商务是在传统商务的基础上发展起来的。电子商务与传统商务并不是截然分开的，两者有着密切的联系。电子商务的发展并不是要完全排除和取代传统的商务模式。例如，很多电子商务网站都提供了传统的“货到付款”支付方式；尤其是在宣传和推广网站时，电子商务也离不开传统的广告和促销模式。

（2）电子商务具有巨大的融合性。电子商务把过去很多似乎不相干的概念、技术和工作融合在一起，也把传统商务模式和电子商务模式融合在一起。电子商务使一些传统的工作方式和岗位消失或改变，并不断创造新的工作方式和工作内容、新的沟通方式和新的创业模式。

1.3　电子商务的特征与功能

1.3.1　电子商务的特征

与传统商务形式相比，电子商务有以下几个明显的特征。

1. 市场全球化

在电子商务环境中，客户不出门即可享受到全球的各种消费和服务。无论是在南非上网还是在北美上网，消费者都将被包容在一个市场中，有可能成为上网企业的客户。上网用户可以在更大范围内甚至全球范围寻找交易伙伴、选择商品。

2. 交易快捷化

传统的商务信息的传递方式速度慢、效率低。而电子商务采用计算机网络来传递商务信息，能在世界各地瞬间完成信息传递与计算机自动处理，而且无须人员干预，加快了交易速度，使得商务通信具有交互性、快捷性和实时性，大大提高了商务活动的效率。

3. 交易虚拟化

通过以互联网为代表的计算机互联网络进行的贸易，双方从洽谈、签约到订货、支付等，无须当面进行，均可通过计算机互联网络完成，整个交易完全虚拟化。

4. 成本低廉化

由于通过网络进行商务活动信息成本低，人们可以足不出户，节省了交通费，且减少了中介费用，因此整个活动成本大大降低。

5. 交易透明化

电子商务中双方的洽谈、签约，以及货款的支付、交货的通知等整个交易过程都在电子屏幕上显示，因此信息显得比较透明。

6. 交易连续化

电子商务类网站可以实现 24 小时不间断的服务，任何人任何时候都可以在网上查询企业产品信息，寻找相关问题的最佳答案。企业的网址也成为永久性的地址，为全球的用户提供不间断的信息源。

7. 服务个性化

个性化服务已成为电子商务未来的发展趋势。网络服务系统为顾客提供了全天候的即时互动工具，迎合了现代顾客个性化的需求。个性化的电子商务为人们的生活提供了极大便利，也可以避免人群过多而拥挤或近距离接触。例如，目前麦考林网站、京东商城推出的“秒杀”最为火爆；而以“旧物换新车”走红网络的舍得网，是国内最大的闲置物品交易平台，其以“旧换新、免费‘淘’宝”的理念吸引了几百万名用户。

1.3.2 电子商务的功能

电子商务可提供网上交易和管理等全过程的服务，因此它具有广告宣传、咨询洽谈、网上订购、网上支付、电子账户、服务传递、意见征询、交易管理等各项功能。

1. 广告宣传

电子商务可凭借企业的 Web 服务器和客户的浏览在 Internet 上发播各类商业信息。客户可借助网上的检索工具迅速找到所需商品信息，而商家可利用网站主页和电子邮件在全球范围内做广告宣传。与以往的各类广告相比，网上的广告成本最低，带给顾客的信息量却最丰富。

2. 咨询洽谈

电子商务可借助非实时的电子邮件、新闻组和实时的讨论组来了解市场和商品信息，洽谈交易事务，如有进一步的需求，还可用网上的白板会议来交流即时的图形信息。网上的咨询和洽谈服务能超越人们面对面洽谈服务的限制，提供多种方便的异地交谈形式。

3. 网上订购

电子商务可借助 Web 中的邮件交互传送实现网上订购。企业在产品介绍页面提供十分友好的订购提示信息和订购交互格式框，当客户填完订购单后，通常系统会回复确认信息单来保证订购信息的收悉。订购信息也可采用加密的方式传输，使客户和商家的商业信息不被泄露。

4. 网上支付

电子商务要想成为一个完整的过程，网上支付是重要的环节。客户和商家之间可采用信用卡账号进行支付。在网上直接采用电子支付手段可以节省实体交易中的很多人员费用。网上支付需要更加可靠的信息传输安全性控制，以防止欺骗、窃听、冒用等非法行为。

5. 电子账户

网上支付必须有电子金融的支持，即银行或信用卡公司及保险公司等金融单位要为金融服务提供网上操作服务，而电子账户管理是其基本组成部分。

1.4　电子商务的影响

随着电子商务魅力的日渐显露，虚拟企业、虚拟银行、网络营销、网上购物、网上支付、网络广告等一大批前所未闻的新词汇正在为人们所熟悉和认同，这些词汇同时也从另一个侧面反映了电子商务正在对社会和经济产生的影响。

1. 电子商务将改变商务活动的方式

传统的商务活动最典型的情景就是一边“推销员满天飞”，“采购员遍地跑”，“说破了嘴、跑断了腿”；而另一边消费者在商场为了寻找自己所需的商品而精疲力竭。现在，所有的一切，利用互联网只要动动手指就可以了，人们可以进入网上商场浏览、采购各类商品，还能得到在线服务；商家可以在网上与客户联系，利用网络进行货款结算服务；政府还可以方便地进行电子招标、政府采购等。

2. 电子商务将改变人们的消费方式

网上购物的最大特征是消费者的主导性，购物意愿掌握在消费者手中；同时消费者还能以一种轻松自由的自我服务的方式来完成变易，消费者主权可以在网络购物中充分体现出来。

3. 电子商务将改变企业的生产方式

由于电子商务是一种快捷、方便的购物手段，消费者的个性电子商务及其社会影响化、特殊化等需求可以完全通过网络展示在生产厂商面前。为了取悦顾客，突出产品的设计风格，制造业中的许多企业纷纷发展和普及电子商务，如美国福特汽车公司在 1998 年 3 月将其分布在世界各地的 12 万个计算机工作站与公司的内部网连接起来，并将世界各地的 1.5 万个经销商纳入内部网。福特公司的最终目的是按照用户的不同要求实现按需供应汽车。

4. 电子商务将给传统行业带来一场革命

在电子商务活动的全过程中通过人与电子通信方式的结合，极大地提高商务活动的效率，减少不必要的中间环节。传统的制造业借此进入小批量、多品种的时代，“零库存”成为可能，传统的零售业和批发业开创了“无店铺网上营销”的新模式；各种在线服务为传统服务业提供了全新的服务方式。

5. 电子商务将带来一个全新的金融业

由于在线电子支付是电子商务的关键环节，也是电子商务得以顺利发展的基础条件，随着电子商务在电子交易环节上的突破，出现了网上银行、银行卡支付网络、银行电子支付系统以及网上接入服务、电子支票、电子现金等服务，这将传统的金融业带入了一个全新的领域。

6. 电子商务将转变政府的行为

政府承担了大量的社会、经济、文化的管理和服务功能，尤其作为“看得见的手”，政府在调节市场经济运行、防止市场失控方面起着很大的作用。在电子商务时代，在企业应用电子商务进行生产经营、银行实现金融电子化及消费者实现网上消费的同时，对政府管理行为提出了新的要求，电子政府（或称网上政府）将随着电子商务的发展而成为一个重要的社会新角色。

知识链接

生活中的电子商务

网上购书

在北京IT公司从事程序设计工作的小佘，近日因系统开发的需要，想购买一本有关Java编程的参考书。于是，周六上午他在宿舍用计算机上网，然后登录华储网（www.huachu.com.cn），通过浏览相关图书并精心比较，选中了一本以7折销售的图书，并选择了货到付款方式。第二天上午他就收到了快递公司送来的图书，并付了现款。

家庭理财

小王考虑到近期家庭无大额开支，而其在招商银行的一卡通账户存款超过10万元，于是，她通过招商银行网站（www.cmbchina.com）提供的功能，在家将活期存款直接转为定期存款，足不出户，完成了家庭理财。

产品购销

温州商人齐某，6月6日免费在网上发布了求购黄花鱼的消息后，3天内就收到了韩国、秘鲁、日本等国多家水产商的报价，到温州最低价格为5元/公斤，而当时温州的黄花鱼市价为15～20元/公斤，这样不仅供方免费得到了商机，需方也得到了质优价廉的商品。

案例与思考

目前电子商务尚处于发展初期，所以对电子商务还没有一个统一的、规范的定义。对电子商务的理解，应从“现代信息技术”和“商务”两个方面考虑。一方面，“电子商务”概念所包括的“现代信息技术”应涵盖各种以电子技术为基础的通信方式；另一方面，对“商务”一词应做广义解释，使其包括各种商务活动。电子商务所覆盖的范围应当是这两个方面所形成的交集。

思考：

1. 结合自己的生活，说出5个以上身边的电子商务案例或故事，分析电子商务的优势和劣势。

2. 电子商务的快速发展给我们的生活带来了哪些变化？

实践题

了解我国电子商务的应用情况，针对在线旅游，熟悉电子商务的基本操作流程并总结其优势和需要进一步改进的方面。具体要求如下。

利用携程网的旅游度假在线预订模块寻找旅游线路并尝试进行在线预订和支付。你认为该网站是否能够方便用户快速地查找和对比线路的性价比，从而找到符合用户需求的旅游线路？你在使用过程中的体验如何？你认为其所提供的预订服务还有哪些方面有待提高？应如何改进才能更好地贴合用户的需求？

第2章 电子商务的应用框架、发展环境及法律法规

引导案例

据相关数据，截至2016年6月，我国网民规模达到7.10亿人，半年共计新增网民2132万人，半年增长率为3.1%，较2015年下半年增长率有所提升。互联网普及率为51.7%，较2015年年底提升了1.3%。综合近年来网民规模数据及其他相关统计，中国互联网普及率逐渐饱和，互联网发展主题从“数量”向“质量”转变，具备互联网在经济社会中地位提升、与传统经济结合紧密、各类互联网应用对网民生活形态影响力度加深等特点。

【本章学习目标】

1. 了解电子商务的应用框架。
2. 熟悉电子商务的发展环境。
3. 掌握电子商务法律、信用的内涵。

职业指导

电子商务的开展需要有内外部环境的支撑，同时还需要专业的人才。随着网络的发展，社会上对网络营销人才、网络编辑及设计人才、网络法律人才、网络监督人才、网络信息分析人才等的需求越来越大。其中网络信息分析人才主要从事信息收集和利用工作，他们的工作是通过调查研究，对公司、产品和市场潜力进行分析。

2.1 电子商务的应用框架

电子商务的框架结构是指电子商务活动环境中所涉及的各个领域，以及实现电子商务应具备的技术保证。从总体上来看，电子商务框架结构由三个层次和两大支柱构成。其中，电子商务框架结构的三个层次分别是网络层、信息发布与传输层、电子商务服务和应用层；两大支柱是指社会人文性的公共政策和法律规范，以及自然科技性的技术标准和网络协议。图2-1为电子商务的框架结构模型。

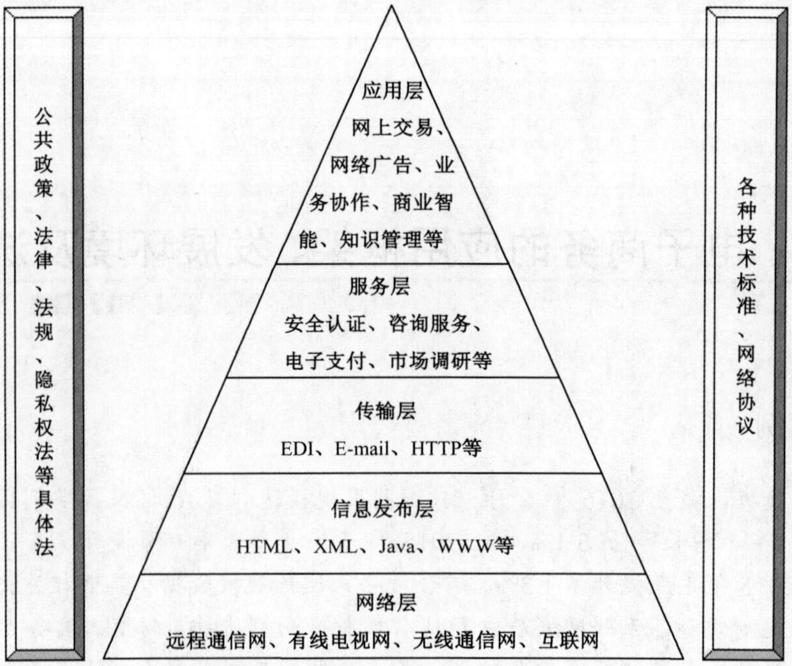

图 2-1 电子商务的框架结构模型

2.1.1 电子商务的三个层次

1. 网络层

网络层指网络基础设施，是实现电子商务的基础设施，它是信息的传输系统，也是实现电子商务的基本保证。它包括远程通信网、有线电视网、无线通信网和互联网。因为电子商务的主要业务是基于 Internet 的，所以互联网是网络基础设施中最重要的部分。

2. 信息发布层与传输层

网络层决定了电子商务信息传输使用的线路，而信息发布层与传输层则解决如何在网络上传输信息和传输何种信息的问题。目前 Internet 上最常用的信息发布方式是在 WWW 上用 HTML 语言的形式发布网页，并将 Web 服务器中发布的文本、数据、声音、图像和视频等多媒体信息发送到接收者手中。从技术角度来讲，电子商务系统的整个过程就是围绕信息的发布和传输进行的。

3. 电子商务服务层和应用层

电子商务服务层实现标准的网上商务活动服务，如网上广告、网上零售、商品目录服务、电子支付、客户服务、电子认证（CA 认证）、商业信息安全传送等。其真正的核心是 CA 认证。因为电子商务是在网上进行的商务活动，参与交易的商务活动各方互不见面，所以身份的确认与安全通信变得非常重要。CA 认证中心担任网上“公安局”和“工商局”的角色，它给参与交易者签发的数字证书类似于“网上的身份证”，用来确认电子商务活动中各方的身份，并通过加密和解密的方法实现安全的网上信息交换与安全交易。

小提示

在基础通信设施、多媒体信息发布、信息传输及各种相关服务的基础上，人们可以进行各种实际应用，如供应链管理、企业资源计划、客户关系管理等各种实际的信息系统，以及在此基础上开展企业的知识管理、竞争情报活动。而企业的供应商、经销商、合作伙伴及消费者、政府部门等这些参与电子互动的主体也在这个层面和企业产生各种互动。

2.1.2　电子商务的两大支柱

1. 公共政策和法律规范

国家政策指对电子商务的税收制度、信息的定价、信息访问的收费、信息传输成本、隐私保护等，需要政府制定政策。其中如何制定税务制度是一个至关重要的问题。例如，对于咨询信息、电子书籍、软件等无形商品是否征税、如何征税；对于汽车、服装等有形商品如何通过海关、如何征税；税收制度是否应与国际惯例接轨、如何接轨等。这些问题若处理得不好，将严重制约电子商务的发展。

随着电子商务的产生，由此引发的问题和纠纷不断增加，原有的法律法规已经不能适应新的发展环境，制定新的法律法规并形成一个成熟、统一的法律体系，成为世界各国发展电子商务的必然趋势。

2. 技术标准和网络协议

技术标准定义了用户接口、传输协议、信息发布标准等技术细节。它是信息发布、传递的基础，是网络信息一致性的保证。就整个网络环境来说，标准对于保证兼容性和通用性是十分重要的。

网络协议是计算机网络通信的技术标准，对于处在计算机网络中的两个不同地理位置的企业来说，要进行通信，必须按照通信双方预先共同约定好的规程进行，这些共同的约定和规程就是网络协议。

目前，许多企业和厂商、国际组织都了意识到了技术标准的重要性，正致力于联合开发统一的国际技术标准，如 EDI 标准、TCP/IP 协议、HTTP 协议、SSL 协议、SET 协议、电子商务标准等。

2.1.3　电子商务系统的应用

电子商务系统是由许多系统角色构成的一个大系统。电子商务系统的主要角色有采购者、供应者、支付中心、认证中心、物流中心、电子商务服务商等。电子商务的价值主要体现在与企业结合，特别是与传统企业的整合，提升企业的竞争力上。电子商务的实质是企业利用电子方式在客户、供应商和合作伙伴之间实现在线交易、相互协作和价值交换。电子商务系统除了支持网上交易中购销的活动外，更强调交易流程的整体效率与效益的提升。商家通过网上交易市场来开发新的市场及客户群、维护老顾客、提升供应链效率，从而为企业扩大市场收入、降低运营成本、赢得更高的投资回报创造良好的条件。

然而，在电子商务的实际应用过程中，由于各企业的性质和规模存在一定的差异，因此电子商务实现的要求各不相同。例如，有的企业是面向消费者的，有的电子商务服务是面向供应商或销售商的，甚至两者兼而有之；在商务活动上又有电子采购和在线客户服务等。下面以企业为例介绍电子商务的应用结构，为电子商务模式分析提供一个整体框架，如图 2-2 所示。

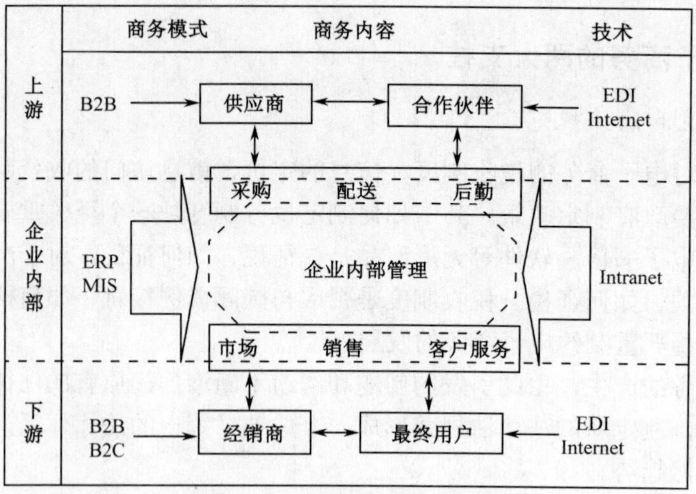

图 2-2 电子商务的应用框架

从图 2-2 中我们可以看出，首先，电子商务所涉及的对象不但包括供应商、经销商、消费者，还包括有关的合作伙伴，如物流公司、银行等，它们共同形成一个完整的供应链。但对于一个企业来说，其电子商务系统的运作往往只和相邻的上下游的企业发生业务关系。其次，电子商务系统的业务从材料采购到产品销售和最终售后服务，覆盖范围非常广，包括市场、销售、采购、配送/后勤、客户服务等。最后，电子商务系统的解决方案应该和企业内部的管理系统（如 MIS/ERP）进行集成，只有这样才能真正提升企业的管理效率。

2.2 电子商务的发展环境

2.2.1 电子商务发展的外部环境

1. 网络应用概述

截至 2016 年 6 月，我国网民规模达到 7.10 亿人，半年共计新增网民 2132 万人，半年增长率为 3.1%，较 2015 年下半年增长率有所提升。互联网普及率为 51.7%，较 2015 年年底提升了 1.3%（见图 2-3）。与此同时，我国手机网民规模达 6.56 亿人，较 2015 年年底增加了 3656 万人。网民中使用手机上网的比例由 2015 年年底的 90.1%提升至 92.5%，手机在上网设备中占据主导地位。同时，仅通过手机上网的网民达到 1.73 亿人，占整体网民规模的 24.5%（见图 2-4），手机依然是中国网民增长的主要驱动力。

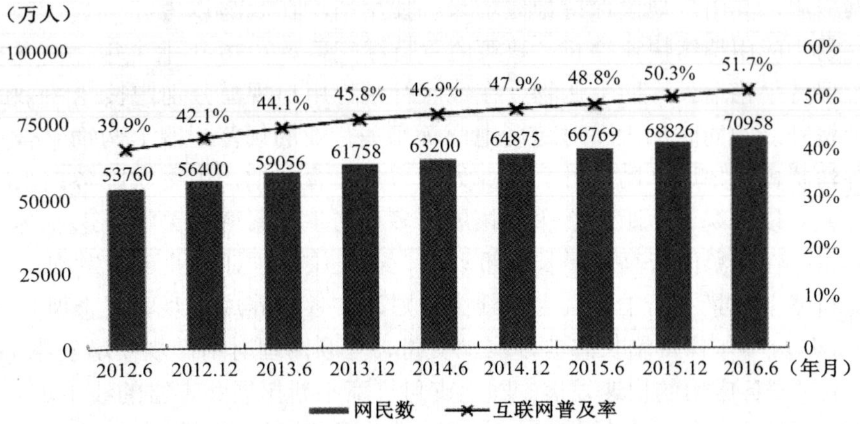

图 2-4　中国网民规模和互联网普及率

（资料来源：中国互联网络信息中心。）

图 2-4　中国手机网民规模及其占整体网民比例

（资料来源：中国互联网络信息中心。）

总体而言，中国互联网的发展主题已经从“普及率提升”转换到“使用程度加深”，近几年的政策和环境变化也对使用深度提供了有力支持：首先，国家政策支持，2013 年，国务发布了《国务院关于促进信息消费扩大内需的若干意见》，说明了互联网在整体经济社会中的地位；其次，互联网与传统经济结合愈加紧密，如互联网在购物、物流、支付乃至金融等方面均有良好的应用；最后，互联网应用逐步改变了人们的生活形态，对人们日常生活中的衣食住行均有较大改变。

2016 年上半年，我国个人互联网应用保持稳健发展，除网络游戏及论坛/BBS 外，其他应用用户规模均呈上升趋势。其中网上外卖和互联网理财是用户规模增长最快的两个应用，半年增长率分别为 31.8%和 12.3%；网络购物也保持了较快的增长，半年增长率为 8.3%；手机端大部分应用均保持快速增长，其中手机网上外卖用户规模的增长最为明显，半年增长率为 40.5%，同时手机网上支付、网络购物的半年增长率均接近 20%；基础应用用户规模稳定增长，多元化服务可以满足用户精准需求；即时通信、搜索引擎、网络新闻作为基础的互联网应用，其用户规模保持稳健增长，使用率均在80%以上。

商务交易类应用持续快速增长，政策监管持续完善。2016 年上半年，商务交易类应用的用户规模保持平稳增长，网上购物、在线旅行预订用户规模分别增长 8.3%和 1.6%。政府在推动消费升级的同时加大了对跨境电商等相关行业的规范，网上购物平台从购物消费模式向服务消费模式拓展；网上外卖行业处于市场培育前期，由餐饮服务切入构建起来的物流配送体系可以围绕“短距离”服务拓展至多种与生活紧密相关的外送业务，具有更广阔的发展前景；在旅游消费高速增长的带动下，在线旅行预订行业迅速发展。

网上支付线下场景不断丰富，大众线上理财习惯逐步养成。互联网金融类应用的用户规模在 2016 年上半年保持增长态势，网上支付、互联网理财用户规模增长率分别为 9.3%和 12.3%。电子商务应用的快速发展、网上支付厂商不断拓展和丰富的线下消费支付场景，以及各类打通社交关系链的营销策略的实施，带动了非网络支付用户的转化。互联网理财用户规模不断扩大，理财产品日益增多、产品用户体验持续提升，带动大众线上理财习惯逐步养成。平台化、场景化、智能化成为互联网理财发展的新方向。

2015 年 12 月—2016 年 6 月中国网民各类互联网应用的使用率如表 2-1 所示。

表 2-1　2015 年 12 月—2016 年 6 月中国网民各类互联网应用的使用率

应　用	2016 年 6 月		2015 年 12 月		半年增长率
	用户规模（万人）	网民使用率	用户规模（万人）	网民使用率	
即时通信	64177	90.4%	62408	90.7%	2.8%
网络引擎	59258	83.5%	56623	82.3%	4.7%
网络新闻	57927	81.6%	56440	82.0%	2.6%
网络视频	51391	72.4%	50391	73.2%	2.0%
网络音乐	50214	70.8%	50137	72.8%	0.2%
网上支付	45476	64.1%	41618	60.5%	9.3%
网络购物	44772	63.1%	41325	60.0%	8.3%
网络游戏	39108	55.1%	39148	56.9%	−0.1%
网上银行	34057	48.0%	33639	48.9%	1.2%
网络文学	30759	43.3%	29674	43.1%	3.7%
旅行预订	26361	37.1%	25955	37.7%	1.6%
电子邮件	26143	36.8%	25847	37.6%	1.1%

2. 金融电子化水平

1985 年，中国银行发行了国内第一张银行卡，截至 2016 年 6 月，我国购买互联网理财产品的网民规模达到 1.01 亿人，较 2015 年年底增加了 1113 万人，网民使用率为 14.3%，较 2015 年年底增加了 1.3%。互联网理财市场历经几年的快速发展，理财产品日益增多，用户体验持续提升，网民线上理财习惯初步养成。网上支付用户规模的快速增长主要基于以下三个原因：第一，互联网领域商务类应用的网民规模增长直接推动了网上支付的发展；第二，多种平台对支付功能的引入拓展了支付渠道；第三，线下经济与网上支付的结合更加深入，促使用户付费方式发生转变，如用支付宝支付打车费用等。

3. 网络安全保障

目前电子商务安全体系的发展已逐步完善，防火墙技术、加密技术、电子签名和认证是网上比较成熟的安全手段。同时，人们还制定了一些安全标准，如安全套接层、安全 HTTP 协议、安全电子交易等，它们从技术方面保证了电子商务的交易安全。但目前的技术各有不足，如网景开发的安全套接层，可以有效地保证信息传递过程的安全性，但无法知道传递过程是否遭到拦截。防火墙技术在一定程度上解决了网络内部的安全问题，但是它无法扫描用户从互联网上下载的软件和文档中病毒的特征，无法防备内部人员的攻击，同时它还限制了信息传输的速度。安全防范问题本身是个系统工程，需要管理、技术等综合配套才能解决问题。

4. 电子商务的法律规范

电子商务是一种全新的商业交易模式，在数字化的虚拟市场中实现交易。原有的适用于书面合同贸易方式的法律并不适合于电子方式的网上交易。进行电子商务活动，必须有一套新的法律、法规、政策、道德伦理规范等来约束和管理，使之能有序进行。

5. 电子商务的标准化体系建设

商品编码标准是实行电子商务的重要基础，但在中国不同行业的商品编码标准有几十种之多。在人员识别号码中，自然人识别号的重码率达 20%～30%，法人编号的重码率较小，有时也出现一个单位有几个编号的情况。要开展电子商务，必须制定统一的中心编码系统。

6. 保证电子商务发展的物流配送系统

电子商务服务的对象是不受地理位置限制的，不少客户可能远在国外，相隔万里。企业如何以最快的速度、在最短的时间、以最低的成本把商品从企业送到顾客手中，是吸引顾客的一个重要因素。目前我国的物流配送系统严重滞后，成为制约电子商务发展的瓶颈。

7. 商家信誉问题

电子商务的应用领域基本分两类：企业间交易和个人消费者与企业之间的交易。就其发展过程来看，它又必然要经历一个从简单的商情查询到网上购物和实现交易的阶段，建立通畅快速的购物网络并不困难，但建立成熟可靠的消费体系和互相信任的市场运作方式，绝不是一蹴而就的事。在传统的购物方式引发的各种纠纷频繁发生的环境下，消费者如何信任互不照面的网上交易？在这方面我们与国外的差距，技术手段上的原因是次要的，人的基本素质才是根本的。

2.2.2　电子商务发展的内部环境

1. 企业领导的重视程度

企业电子商务化的程度取决于企业最高决策者的认识和重视程度。企业领导应把企业电子商务的建设确立为“一把手工程”。实践证明，电子商务的建设只有在企业领导的高度重视和亲自领导下，才能克服来自各方的压力，促进企业本身管理的优化。

目前，在实践中，高层管理者对电子商务的态度一般有三种：第一种是漠不关心，甚至采取回避的态度；第二种是空有热情，把电子商务的应用当成一般技术开发，而不是当成一种社会变革；第三种是亲自参与，这种领导不一定懂得计算机技术和网络技术，但他懂得对电子商务系统的开发和领导，懂得将电子商务的应用与管理的变革结合起来，懂得在关键时刻抓住关键问题。我们所说的“一把手原则”就是指第三种形式，即在最高领导的统一指挥下，有计划、有步骤地进行电子商务系统的开发、应用，以及企业管理的变革、电子商务人才的筹备等。只有在这样的领导下，电子商务才真正有了成功的前提保障。

2. 企业信息化水平

在信息化浪潮中，许多企业投资建立了各自的管理信息系统并获得了比较成功的应用。为了有效利用已有投资，企业将要求新系统能够与原有系统进行集成与数据共享。

电子商务对集成化企业的功能要求有跨平台运行、支持多种应用系统数据交换、具备可扩展的业务框架和标准的对外接口分布式应用系统、支持智能化的信息处理功能系统，以及高度模块化、高度集成支持企业的工作流程定义和企业重组信息技术的发展与应用等。

在电子商务时代，企业应在建立企业资源计划的基础上，充分利用新技术将供应链管理、客户关系管理、商业智能、电子营销、知识管理系统等功能全面集成，实现资源共享和数据共享。

3. 人员素质——电子商务人才是企业成功发展电子商务的关键

电子商务关键技术的研究开发、网络设计、维护与运行、企业信息化、银行电子化、标准规范的研制与实施及企业电子商务战略的规划与制定，都离不开高质量的电子商务人才。

从应用来看，电子商务人才大致分为以下几种类型。

（1）技术型电子商务人才。这是基础性电子商务人才，其特点是精通电子商务技术，掌握电子商务技术的最新进展，同时具备足够的现代商务知识，善于理解商务需求，懂得“如何做”电子商务。

（2）商务型电子商务人才。这是电子商务人才的主体，其特点是精通现代商务活动，充分了解和理解商务需求，同时具备足够的电子商务技术知识，懂得电子商务“能做什么”，善于提出满足商务需求的电子商务应用方式。

（3）战略型电子商务人才。这是高层次电子商务人才，其特点是通晓电子商务全局，具有前瞻性思维，懂得为什么要做电子商务，熟知至少一个行业或一种模式的电子商务理论与应用，能够从战略上分析和把握电子商务的发展特点和趋势。

企业电子商务的人才培养可采取集中培训、远程教育和普及教育等方式。

2.3 电子商务的法律法规

2.3.1 与电子商务有关的法律问题

电子商务中的经济资源并不是以传统的形式出现的，而是被虚拟为数字形式的符号。这种虚拟的信息资源对商业信用和立法提出了更高的要求。电子商务对现行的法律发起了挑战，这种挑战主要表现为：传统法律的国家性与电子商务的全球性之间的冲突；政府的主动监管与电子商务自发性之间的冲突；传统法律的实体要求与电子商务的虚拟化之间的冲突。

知识链接

网络知识产权

福建省莆田市中级法院近日对全国首例网络文学侵权案做出了终审判决，维持涵江区法院的一审判决，被告人姚国祥、刘开山以侵犯著作权罪分别被判处有期徒刑 1 年 6 个月，并处罚金 10 万元。

2007 年 2 月，莆田市版权局接到上海玄霆娱乐信息科技有限公司报案，称该公司原创文学门户网站“起点中文网”刊载的该公司享有专有著作权的文学作品，近期被设在莆田市的“云霄阁”网站未经许可非法转载并提供在线阅读，从中非法获利。

莆田市版权局调查发现，自 2004 年 1 月以来，“云霄阁”网站先后刊载文学作品近 9000 部，有的作品刊载一段时间后被自动移除，至案发时尚有在线作品 5334 部。该网站吸引了众多网民浏览，曾一度在中文网站访问量上排名第二，案发前仍在中文文学类网站中排名第七，日访问量达 20 万个独立 IP。姚国祥、刘开山通过云霄阁网站首页开辟的有偿广告获取经济利益。2007 年 7 月，涵江区警方在莆田和济南分别抓获姚国祥、刘开山。法院审理查明，云霄阁网站系由刘开山和姚国祥共同出资，于 2004 年 1 月建立，主要刊载网络文学作品，提供网上在线阅读，由姚国祥负责技术维护和广告收支管理，刘开山负责上网信息内容发布。其作品来源，主要通过网站加载的专门软件，从起点中文网、幻剑书盟等文学网站自动搜索、批量采集。该公司在没有经过文学作品著作权所有人许可的情况下，将这些作品提供给互联网用户在线浏览，并通过网站链接广告从中获利 7 万元。根据侵权作品鉴定书的证实，在云霄阁网站登载的作品中，有 1345 部侵犯了起点中文网的专有发布权，其中由云霄阁网站批量采集，与起点中文网同名作品内容一致或基本一致，且已由起点中文网提供著作权证明的作品有 1339 部。法院认为，姚国祥、刘开山以营利为目的，未经著作权人许可，复制其作品，并通过在互联网传播的方式牟利，情节严重，其行为均已构成侵犯著作权罪，遂依法做出上述判决。

电子合同

永大公司受某公司委托在某网站销售一辆二手帕萨特轿车，委托代销价是 12.8 万元左右。永大公司决定将网上起始价定为 10 万元，一口价是 16.4 万元。但由于员工输入电脑信息时发生了工作失误，永大公司第一次上传到网上的销售信息是“起始价 10 元，一口价 16.4 万”。韩某在浏览该网站时发现了这条销售信息，在给出了 116 元的竞拍价后，未有其他竞拍者出现。竞拍截止后，韩某收到网站通过自动成交系统发来的确认函，该函除确认成交外，还确认了购买价格和数量。事后永大公司认为，116 元不是其真实意思表示，也违背委托方的要求，这份电子合同不公平，因此拒绝承认这笔交易。韩某将永大公司诉至法院。韩某认为，按照我国《合同法》的规定，电子形式的合同是合法有效的，请求法院确认其与永大公司之间关于帕萨特轿车的买卖合同有效，判令被告履行合同。

与电子商务有关的法律问题涉及众多领域。归纳起来，电子商务及互联网涉及的法律问题有下列几类。

（1）与电子商务主体及行业准入有关的法律问题，包括电子商务主体的注册登记、经营范围认定（如互联网广告发布经营资格、拍卖资格）问题，网络服务提供者在网络侵权、网络犯罪事件中的法律责任问题等。

（2）与电子商务交易流程有关的法律问题，包括电子签名及电子认证的基本规则，电子合同中的要约、承诺规则，电子代理人的法律属性问题，电子货币、电子支付及电子交易安全问题等。

（3）电子商务中涉及的财产权属问题，包括信息产品、网上虚拟财产的权属问题，域名争议问题等。

（4）电子商务中的侵权问题，包括网络信息传播权和消费者权益的侵权问题、产品责任侵权问题、不正当竞争问题等。

（5）电子商务中的信息安全问题，包括国家机密、个人信息、商业秘密的保护问题，病毒与黑客问题，有害信息监管问题等。

（6）电子商务纠纷解决的法律问题，包括解决方式、司法管辖权、举证等问题。

2.3.2 我国电子商务的立法现状

我国发展电子商务的法律政策环境正在不断完善，相关的法律、法规也趋于成熟。

（1）2004 年 8 月 28 日第十届全国人民代表大会常务委员会第十一次会议通过的《中华人民共和国电子签名法》，是我国在电子商务领域通过的第一部法律法规。

（2）2005 年 1 月 8 日，国务院办公厅发布《关于加快电子商务发展的若干意见》，提出了八项 25 条具体的意见。该意见特别指出发展电子商务是国家的战略决策。

（3）2005 年 4 月 1 日，《中华人民共和国电子签名法》正式实施。《电子签名法》共分 5 章 36 条，重点解决了以下五个方面的问题。一是确立了电子签名的法律效力；二是规范了电子签名的行为；三是明确了认证机构的法律地位及认证程序，并给认证机构设置了市场准入条件和行政许可程序；四是规定了电子签名的安全保障措施；五是明确了认证机构行政许可的实施主体是国务院信息产业主管部门。

（4）2005 年 4 月，信息产业部发布了《电子认证服务管理办法》。它是与《电子签名法》配套同步实施的法规，对我国电子认证服务业的规范发展有重要意义。

（5）2005 年 10 月，中国人民银行发布了《电子支付指引（第一号）》，对电子支付业务的申请、电子支付指令的发起和接收、安全控制、差错与责任做了详细规定。

（6）2006 年 2 月，国务院办公厅转发了国家网络与信息安全协调小组《关于网络信任体系建设的若干意见》，提出了建设以“身份认证、授权管理和责任认定”为主要内容的网络信任体系的基本构想。

（7）2007 年 3 月，商务部发布了《关于网上交易的指导意见（暂行）》。该意见首次对网上交易及交易的买、卖方进行了界定，同时还提醒用户，网上交易当事人在使用网上交易之前要尽可能地多了解对方的真实身份，防范交易风险。

（8）2007 年 12 月，商务部发布了《商务部关于促进电子商务规范发展的意见》。该意见从规范电子商务信息传播行为、规范电子商务交易行为、规范电子支付行为、规范电子商务商品配送行为 4 个方面提出了电子商务规范发展的意见。

（9）2009 年 4 月 2 日，商务部发布了《电子商务服务规范》和《电子商务模式规范》。二者针对电子商务 B2B、B2C、C2C 模式的特点，规定了各模式中网络交易方、网络交易平台提供商、网络支付平台提供商和网络交易辅助服务提供商的服务规范。

（10）2010 年 5 月 31 日，国家工商行政管理总局发布了《网络商品交易及有关服务行为管理暂行办法》。该办法就维护网络商品交易秩序、规范网络商品交易及有关服务行为、保护消费者和经营者的合法权益、促进网络经济持续健康发展提出了指导意见。

（11）2010 年 6 月 24 日，商务部发布了《关于促进网络购物健康发展的指导意见》。该意见就完善服务与管理体制、健全法律与标准体系、改善交易环境、培育市场主体、拓宽网络购物领域、规范交易行为、推进网络购物发展、满足消费者需要提出了指导意见。

（12）2011 年 4 月 12 日，为规范第三方电子商务交易平台的经营活动，保护企业和消费者合法权益，营造公平、诚信的电子商务交易环境，商务部发布了《第三方电子商务交易平台服务规范》。

（13）2012 年 3 月 12 日，为增强我国电子商务平台的对外贸易功能，提高我国企业利用电子商务开展对外贸易的能力和水平，商务部发布了《商务部关于利用电子商务平台开展对外贸易的若干意见》。

（14）2013 年，为进一步促进各地电子商务应用，推动我国电子商务均衡发展，针对当前电子商务发展面临的突出问题，结合电子商务应用促进工作的实际需求，商务部发布了《商务部关于促进电子商务应用的实施意见》、《关于跨境电子商务零售出口税收政策的通知》。

2.3.3　电子商务法的立法原则

1. 功能等同原则

当电子单证、票据或其他文件与传统的纸面单证、票据或其他文件具有同等的功能时，就应当肯定其法律效力并在法律上同等对待。按照联合国国际贸易法委员会《电子商务示范法颁布指南》的说明，通过电子商务技术达到这些目的或作用，一旦数据电文达到标准，即可和起着相同作用的相应书面文件一样，享受同等程度的法律认可。

2. 媒介中立原则

该原则也被称为“媒介中性原则”，是指法律对于交易无论采用纸质媒介还是采用电子媒介（或其他媒介）都应一视同仁，不因交易采用的媒介不同而区别对待或赋予不同的法律效力。

3. 技术中立原则

该原则是指法律对电子商务的技术手段一视同仁，不限定使用或不禁止使用何种技术，也不对特定技术在法律效力上进行区别对待。如我国《电子签名法》规定：“可靠的电子签名与手写签名或者盖章具有同等的法律效力。”

4. 最小程度原则

该原则是指电子商务立法仅是为电子商务扫除现存的障碍，并非全面建立一个有关电子商务的新的系统性的法律，而是尽量在最小的程度上对电子商务订立新的法律，尽可能将已经存在的法律适用到电子商务中。

5. 程序性原则

该原则是与最小程度原则紧密联系的一个原则。由于电子商务法的最小程度原则的要求，各国并不试图制定一部系统的电子商务法律，而是尽力将已经存在的法律适用到电子商务中。电子商务法在一定程度上是为了清除法律障碍或明确关系，是规定如何将实体法适用到电子商务中的法律，这便是程序性原则的体现，即电子商务法更倾向于程序性而非实体性。

6. 当事人意思自治原则

该原则是指除了强制性的法律规范外，其余条款均可由当事人自行协商制定。其目的仅在于消除传统法律为电子商务发展造成的障碍，为当事人在电子商务领域充分行使其意思自治创造条件。

7. 安全原则

电子商务必须以安全为前提，它不仅需要技术上的安全措施，也离不开法律上的安全规范。安全性原则要求与电子商务有关的交易信息在传输、存储、交换等整个过程中不被丢失、泄露、窃听、拦截、改变等，要求网络和信息保持可靠性、可用性、保密性、完整性、可控性和不可抵赖性。

8. 开放原则

开放原则又称为开放、兼容原则，是指电子商务立法对所涉及的诸如电子商务、签名（字）、认证、原件、书面形式、数据电文、信息系统等有关范畴应保持开放、中立的态度，以适应电子商务不断发展的客观需要，而不能将其局限于某一特定的形态。

9. 鼓励、促进与引导原则

通过立法鼓励和促进电子商务的发展是各国电子商务立法的基本原则。我国电子商务的发展水平比较低，更应当通过立法鼓励、促进电子商务的发展。

立法应从网络基础设施建设、与电子商务相关的技术发展和技术标准、税收、市场准入等方面鼓励和促进电子商务的发展。由于我国电子商务的发展水平和社会公众对电子商务的认同程度较低，政府应更多地担负起引导职责，从政策、法律上为电子商务创造良好、宽松的经营环境，引导企业和社会公众积极参与电子商务。

案例与思考

据中国互联网络发展状况统计调查第 38 次中国互联网络发展状况统计报告。截至 2016 年 6 月，中国网民规模达 7.10 亿人，半年共计新增网民 2132 万人。我国网民中农村网民占比 26.9%，规模为 1.91 亿人；城镇网民占比 73.1%，规模为 5.19 亿人。对互联网知识的缺乏而导致对互联网使用需求较弱，是造成农村非网民不上网的主要原因。调查显示，农村非网民不上网的原因主要是“不懂电脑/网络”，占比为 68.0%，其次为“年龄太大/太小”，占比为 14.8%，“不需要/不感兴趣”占比为 10.9%。

农村电商方面，政府和电商企业推动的“网货下乡”和“农产品进城”双向流通，加速了城乡一体化进程。国务院办公厅印发的《关于促进农村电子商务加快发展的指导意见》提出了七大政策措施来营造良好的政策环境。随着农村电子商务的推进，围绕电商发展起来的电商服务业拥有了更为广阔的市场空间和发展潜力。

思考：

1．如何解决农村非网民“不会上网”和“不愿上网”的问题？

2．在良好的政策环境下，如何让电子商务企业服务农村、发展农村电商？

实践题

登录中国互联网络信息中心（http://www.cnnic.net.cn）、艾瑞网（http://www.iresearch.cn）、赛迪网（http://industry.ccidnet.com）及其他相关网站，查询电子商务研究报告，在此基础上，选择一个区域或一个企业，调查其电子商务发展与运营状况，进行相关优势、劣势分析，并提出合理化建议。

第3章　电子商务的运作模式

引导案例

淘宝——C2C 神话

2003 年，淘宝网正式诞生。作为新生事物的淘宝网出奇制胜——它没有和 eBay 争抢既有的存量市场，而是收割疯狂生长的增量市场；仅仅通过 1 年时间，这家“倒过来看世界”的互联网公司就成了中国网络购物市场的领军企业。

到 2006 年，淘宝网成为亚洲最大的购物网站，同年，淘宝网第一次在中国实现了一个可能——互联网不仅仅作为一个应用工具存在，它将最终构成人们生活的基本要素。

2009 年全国网购规模达到 2670 亿元，网购人数达到 1.3 亿人。2009 年淘宝网的市场份额为 71.7%。京东商城以 3.2%的市场份额位居第二，当当（3.1%）和拍拍（2.9%）分别位居第三、第四。

2012 年 1 月，淘宝商城宣布更名为天猫，加强了其平台的定位。同年 6 月，天猫书城正式上线，首期 1000 多家图书网店推出了 130 万种、6000 万本图书。图书市场将面临新一轮的洗牌。每年 11 月 11 日的“双 11”电商节，天猫与淘宝的网购单日交易纪录额不断刷新，其中 2016 年的“双 11”，天猫和淘宝的总成交额达到 1207 亿元。

2013 年 1 月，阿里调整为 25 个事业部。淘宝作为一个大实体，已经被拆成更小的事业部，分别是类目运营事业部、数字业务事业部、综合业务事业部、消费者门户事业部和互动业务事业部。

2014 年 12 月 23 日，“第二届中国淘宝村高峰论坛”在浙江省丽水市举办，会上，阿里研究院发布了《中国淘宝村研究报告(2014)》，报告显示，截止到 2014 年 12 月，全国已发现的淘宝村数量增至 212 个，同时全国涌现了 19 个淘宝镇，以淘宝村为代表的农村电子商务正在深刻地改变着中国农村的面貌。

【本章学习目标】

1. 了解电子商务的分类。
2. 熟悉电子商务的盈利模式。
3. 掌握 B2B、B2C、C2C 等电子商务模式的内涵。
4. 熟练应用各种电子商务交易模式开展电子商务活动。

职业指导

电子商务行业已经成为高薪行业，从事电子商务业务的人员从一般人员级别起，月平均收入水平约在 2800 元左右，主管及经理级别平均收入达到 7400 元，总监级别超万元。除电信、电力等少数垄断行业外，这一数据高于钢铁、建材、餐饮等其他传统行业的平均水平。从企业对电子商务人才的需求类型上来看，掌握网络营销技能的人才需求量最大，其次是懂电子商务专业技能的人才。

3.1　电子商务的分类与盈利模式

3.1.1　电子商务的分类

1. 按照交易对象分类

按参与电子商务交易的对象分类，电子商务可以分为 B2C、B2B、C2C 和 B2G 等类型。

（1）企业与消费者之间的电子商务（Business to Customer，B2C）。这是消费者利用互联网直接参与经济活动的形式，类同于商业电子化的零售商务。随着互联网的出现，网上销售迅速发展起来。此类电子商务的代表为京东商城。

（2）企业与企业之间的电子商务（Business to Business，B2B）。B2B 方式是电子商务应用最多和最受企业重视的形式，企业可以使用互联网或其他网络对每笔交易寻找最佳合作伙伴，完成从定购到结算的全部交易行为。此类电子商务的代表为阿里巴巴。

（3）消费者与消费者之间的电子商务（Consumer to Consumer，C2C）。C2C 商务平台就是通过为买卖双方提供一个在线交易平台，使卖方可以主动提供商品上网拍卖，买方可以自行选择商品进行竞价。此类电子商务的代表为淘宝集市。

（4）企业和政府之间的电子商务（Business to Government，B2G）。B2G 模式即企业与政府之间通过网络所进行的交易活动的运作模式，如电子通关、电子报税等。B2G 还有一个比较典型的应用就是网上采购，即政府机构在网上进行产品、服务的招标和采购。

2. 按照支付发生情况分类

按照是否有支付情况发生，电子商务可以分为以下两类。

（1）电子事务处理，相关应用有网上报税、网上办公等。

（2）电子贸易处理，相关应用有网上购物、网上交费等。

3. 按照使用网络类型分类

根据使用网络类型的不同，电子商务目前主要有三种形式：EDI 商务、互联网商务、Intranet（内联网）商务和 Extranet（外联网）商务。

（1）EDI 商务。EDI 商务是主要应用于企业与企业、企业与批发商、批发商与零售商之间的商务。相对于传统的订货和付款方式，EDI 大大节约了时间和费用。由于 EDI 必须租用 EDI 网络上的专线，即通过购买 VAN 服务才能实现，费用较高；并且由于需要有专业的 EDI 操作人员，还需要贸易伙伴使用 EDI，因此中小企业很少能够使用 EDI。这种状况使 EDI 虽然已经存在了 20 多年，但至今仍未广泛普及。近年来，随着互联网的迅速普及，基于互联网的、使用可扩展标识语言（XMI）的 EDI（即 Web-EDI，或称 Open-EDI）正在逐步取代传统的 EDI。

（2）互联网商务。互联网商务是国际现代商业的最新形式。它以信息技术为基础，通过互联网络，在网上实现营销、购物服务。它突破了传统商业生产、批发、零售及进、销、存、调的流转程序与营销模式，真正实现了少投入、低成本、零库存，从而实现了社会资源的高效运转。消费者可以不受时间、空间、厂商的限制，广泛浏览，充分比较，模拟使用，力求以最低的价格获得最满意的商品和服务，特别是 Internet 全球联网的属性，使在全球范围内实行电子商务成为可能。

（3）Intranet 商务和 Extranet 商务。Intranet 是在 Internet 基础上发展起来的企业内部网，或称内联网。Intranet 与 Internet 采用相同的技术，在与 Internet 连接时，设有互联网企业防火墙，这样可以有效地防止未经授权的外来人员进入企业内部网。Intranet 将大、中型企业总部和分布在各地的分支机构及企业内部有关部门的各种信息通过网络予以连通，使企业各级管理人员能够通过网络读取所需的信息，利用在线业务的申请和注册代替纸张贸易和内部流通的形式，从而有效地降低了交易成本，提高了经营效益。在 Intranet 商务的基础上，两个或多个 Intranet 用户可以根据需要，通过 Extranet 联结，使业务的上下游结合通畅，提高交易效率。

4. 按地域范围分类

电子商务按照交易活动的地理范围，分为本地电子商务、远程国内电子商务和全球电子商务。

（1）本地电子商务。本地电子商务通常是指利用本城市内或本地区内的信息网络实现的电子商务活动，其特征是电子交易的地域范围较小。本地电子商务系统是开展远程国内电子商务和全球电子商务的基础，因此，建立和完善本地电子商务是实现全球电子商务的关键。

（2）远程国内电子商务。远程国内电子商务是指在本国范围内进行的网上电子交易的活动，其交易的地域范围较大，对软/硬件设备和技术要求较高，要求在全国范围内实现商业电子化、自动化，实现金融电子化；交易各方应具备一定的电子商务知识、经济能力和技术能力，并具有一定的管理水平和管理能力。

（3）全球电子商务。全球电子商务是指在全世界范围内进行的电子交易活动，参加电子交易的各方通过网络进行贸易。有关交易各方的相关系统有买卖各国家进出口公司系统、海关系统、银行金融系统、税务系统、运输系统、保险系统等。全球电子商务业务内容繁杂，数据来往频繁，要求电子商务系统严格、准确、安全、可靠。

3.1.2 电子商务的盈利模式

1. 会员费

用户注册为会员时，企业按一定的时间段（一个月或一年）向客户收取一定的费用，并向客户提供某种服务，如信息服务、接入服务等。

阿里巴巴可以说是目前全球最成功的 B2B 电子商务公司，也是以注册会员，收取会员费为盈利模式的最典型的网站。阿里巴巴上的会员分为免费会员和收费会员两种，其中收费会员又可以分为“中国供应商”和“诚信通”会员。“中国供应商”服务主要面对中国的出口型企业，依托网上贸易社区，向国际上通过电子商务平台进行采购的国外企业推荐中国出口供应商，从而帮助出口供应商获得国际订单。其服务包括提供独立的“中国供应商”账号和密码，并为其建立英文网络，让全球 220 个国家逾 42 万名专业买家在线浏览其企业，从而帮助供应商销售产品。目前，中国供应商的会员费是 6 万～8 万元/年。“诚信通”针对的是国内贸易商，通过向注册会员出示第三方对其进行的诚信评估报告，以及在阿里巴巴的交易诚信记录，帮助“诚信通”会员获得采购方的信任。“诚信通”的会员费是 2300 元/年。诚信通服务主要包含：网站空间权限提高，可以任意修改产品资料；发布的供应产品信息在阿里巴巴网站上的关键词搜索中排名更靠前；商标使用权，由专业的认证机构做认证，店铺可信度更高；可以使用支付宝交易，在网络交易中更安全，让客户产生更多的信任，得到更大的保障；免费提供采购会、展会等行业信息。

2. 销售收入

销售收入是企业通过在网站上销售商品和服务而创造的收益。企业可以选择批发零售商模式和网络直营制模式。

批发零售商模式是以批发或零售商品为主的网站模式，赚取采购价和销售价之间的差价。此模式包括目录式、传统行业的网店、虚拟商品。目录式以网站信息代替商品目录的分发，如欧洲的 Compass.com、中国的 Made-in-china.com；传统行业的网店如沃尔玛、国美电器、海尔等企业的网店；虚拟商品包括网络游戏、游戏装备，如 uoyoo.com、Ucdao.com 等。

网络直营制模式是由生产者借助网络直接向终端用户提供商品或服务的一种行为。此模式的典型代表是戴尔。这种盈利模式的成功主要依靠具有竞争力的产品、采用创新的营销手段和选择合适的经营模式。能够设计生产出具有竞争力的产品是对那些销售自己产品的网站的最基本也是最重要的要求；营销手段决定了网站产品的销售情况；经营模式是从整体上关注网站的工作效率、成本和发展。因此，这种盈利模式更加适合在产品上有自己的核心竞争力，并且善于运用网络营销手段的网站。这种盈利模式的优势是一旦成功塑造了品牌形象，顾客就会接踵而至，从而使企业在该市场占据重要地位，获得巨额利润。

3. 网络广告费

网络广告费是网站利用自己知名度较高及客户数量较多的优势，允许其他企业在自己的网站上宣传企业形象、进行产品推广，并对此收取一定的广告费用。广告业务有弹窗、富媒体、状态栏、消息框、横幅、画中画、图标、对联、视频、文字链等。这种盈利模式的特点是门槛低：对网站本身的技术要求不高；网站只要有知名度，能吸引更多的广告主和网站主，并根据广告主需要推广的产品和网站做出相应的广告即可，不涉及实体产品的设计和生产，也不涉及物流与配送；不需要大量的资本。网络广告是门户网站的主要盈利来源，同时也是 B2B 电子商务网站的主要收入来源。

4. 增值服务

电子商务网站通常除了为企业提供贸易供求信息以外，还会提供一些独特的增值服务，包括企业认证、独立域名、提供行业数据分析报告、搜索引擎优化等，比较常见的增值业务还有彩铃下载、电子杂志订阅、短信自动发送、邮箱等。

5. 竞价排名

竞价排名是一种按效果付费的网络推广方式。竞价排名的盈利模式又可以分为搜索竞价排名和分类网址竞价排名。搜索竞价排名是指搜索引擎公司按照付费公司支付费用的多少，将付费公司需要推广的网站排在相关用户的搜索结果的前列。分类网址竞价则是指门户网站按照付费公司支付费用的多少，将付费公司所需推广的网站链接排在自己门户网站的前面。这两种具体竞价排名盈利模式的实施方式虽然不同，但都是按照被推广公司支付费用的多少，通过对被推广公司的网站进行排名从而实现网站推广的盈利模式。

6. 线下服务

线下服务主要包括展会、期刊、研讨会等。通过展会，供应商和采购商面对面地交流，一般的中小企业比较青睐这一方式。期刊上刊登的主要是关于行业资讯等信息，也可以植入广告。国际贸易领域知名的 B2B 网站 ECVV 组织的线下展会和采购会也取得了不错的效果。

3.2 B2B 电子商务模式

B2B 电子商务就是企业与企业之间的电子商务。它是指企业与企业之间通过 Internet、外部网、内部网等电子方式实现的交易。这些交易把上游供应商的采购业务和下游代理商的销售业务有机地联系在一起，从而降低彼此的交易成本，提高客户满意度。

3.2.1 B2B 电子商务模式概述

B2B 即企业与企业之间通过 Internet 进行产品、服务及信息的交换。其业务流程一般是由商业机构（或企业、公司）使用 Internet 或各种商务网络发布供求信息，并向供应商（企业或公司）订货或接受客户订货，完成支付过程及票据的签发、传送和接收，确定配送方案并监控配送。通过 B2B 交易方式，企业之间的交易可以减少许多事务性的工作流程和管理费用，降低了企业的经营成本。网络的便利性及延伸性使企业扩大了活动范围，企业发展跨地区、跨国界更方便，成本更低廉。当前全球 80%的电子商务交易额是在企业之间而不是企业和消费者之间完成的。B2B 是电子商务中最重要的一种模式。

从技术角度看，企业间电子商务的发展先要经历三个阶段。

（1）第一阶段，企业内部的互联（内联网）。此阶段主要是控制企业内部成本，提高管理生产效率。

（2）第二阶段，企业与企业的互联（外联网）。随着企业内部网络不断向外延伸，企业将自己的局域网与那些与自己有密切业务关系的企业的网络进行互联，企业可以与其业务伙伴随时保持联系与沟通，不断拓展自己的业务。此阶段的目标主要是降低销售成本，提高交易效率。

（3）第三阶段，电子商贸（E-Commerce）。这是一个战略性的转变，企业开始在网上进行电子交易，并通过整合企业内部业务来推动企业实现网上交易方式的转变。这一阶段的商务软件主要是基于Web的解决方案，此阶段的目标主要是拓展市场范围和寻求更多的商机，从而增加销售收入。

3.2.2　B2B电子商务的优势

B2B模式是电子商务的主流模式，也是企业面对激烈的市场竞争改善竞争条件、建立竞争优势的主要方法。它的主要效益为提高销售工作效率，减少库存，降低采购、销售、售后服务等方面的成本，以及打破时空限制，可在世界范围内以最快的速度销售企业产品及提供企业产品广告。

1. 使买卖双方信息交流低廉、快捷

信息交流是买卖双方实现交易的基础。传统商务活动的信息交流使用电话、电报或传真等工具，这与Internet信息以Web超文本（包含图像、声音、文本信息）传输不可同日而语。

2. 降低企业间的交易成本

首先，对卖方而言，电子商务可以降低企业的促销成本，即通过Internet发布企业相关信息（如企业产品价目表、新产品介绍、经营信息等）和宣传企业形象，与传统的电视、报纸广告相比，可以更省钱、更有效。其次，对买方而言，电子商务可以降低采购成本。传统的原材料采购是一个程序烦锁的过程。而利用Internet，企业可以加强与主要供应商之间的协作，将原材料采购和产品制造过程两者有机地结合起来，形成一体化的信息传递和处理系统。

3. 减少企业的库存

企业为应付变化莫测的市场需求，通常需保持一定的库存量。但企业高库存政策将增加资金占用成本，且不一定能保证产品或材料是适销货品；而企业低库存政策，可能使生产计划受阻，交货延期。因此，寻求最优库存控制是企业管理的目标之一。以信息技术为基础的电子商务则可以解决企业决策中信息不确切和不及时问题。通过Internet可以将市场需求信息传递给企业决策生产，同时把需求信息及时传递给供应商，从而使企业适时得到补充供给，实现“零库存管理”。

4. 缩短企业生产周期

一个产品的生产是许多企业相互协作的结果，因此产品的设计开发和生产销售最终可能涉及许多关联企业，通过电子商务可以改变过去由于信息封闭而造成无谓的等待等现象。

5. 扩大市场机会

企业通过与潜在的客户建立网上商务关系，可以覆盖原来传统渠道难以覆盖的市场，增加企业的市场机会。例如，戴尔通过网上直销，大大降低了买卖双方的交易费用，提升了中小企业客户网上采购的利益动力。

3.2.3 B2B 电子商务模式的分类

1. 按中介模式分类

按中介模式，B2B 可以分为面向中间交易市场的水平 B2B 电子商务和面向实体企业的垂直 B2B 电子商务两种模式。

（1）水平 B2B 电子商务。水平 B2B 网站可以将买方和卖方集中到一个市场上来进行信息交流、广告、拍卖竞标、交易、库存管理等。此模式的特点是这种网站的行业范围广，很多行业都可以在同一个网站上进行贸易活动。目前国内主要的水平 B2B 网站有阿里巴巴（http：//www.alibaba.com）、环球资源网（http：//www.globalresources.com）、慧聪网（http：//www.hc360.com）等。

知识链接

阿里巴巴

阿里巴巴 1999 年成立于浙江省杭州市，由于中国市场上的企业 99%都是中小企业，因此阿里巴巴成立初期就立志于帮助中小企业发展。良好的定位、稳固的结构、优秀的服务使阿里巴巴成为全球首家拥有来自 240 多个国家和地区超过 6100 万名注册用户的电子商务网站，也是全球首家拥有百万名商人的商务网站。该公司向国内贸易商提供多元化的商务管理软件、互联网基础设施服务及出口相关服务，并设有企业管理专才及电子商务专才培训服务。如图 3-1 所示为阿里巴巴中文网站首页。

图 3-1 阿里巴巴中文网站首页

慧聪网

慧聪网成立于 1992 年，是一家提供 B2B 电子商务服务的网站，也是国内领先的 B2B 电子商务服务提供商。依托其核心互联网产品买卖及雄厚的传统营销渠道——慧聪商情广告与中国资讯大全、研究院行业分析报告，为客户提供线上、线下全方位服务，这种优势互补、纵横立体的架构已成为中国 B2B 行业的典范，对电子商务的发展具有革命性影响。慧聪网是企业网上交易的平台，提供最新供应、求购、代理、合作、二手、招标、库存、租赁等商机信息。慧聪网历经 20 多年的发展，积累了庞大的买卖双方原始数据，已成为以买家为核心的数据报价及多种营销的综合服务平台，活跃企业数上千万家。如图 3-2 所示为慧聪网首页。

图 3-2　慧聪网首页

水平 B2B 网站上交易的商品门类齐全，企业和企业之间的交易一般是大额交易。B2B 网站的功能主要是提供一个平台，供交易双方寻找信息和洽谈业务。水平 B2B 电子商务模式追求的是“全”，它能够获得收益的机会很多，而且潜在的用户也比较多，所以能够迅速地获得收益。但是其风险主要体现为用户群不稳定、被模仿的风险很大。

（2）垂直 B2B 电子商务。垂直 B2B 电子商务可以分为两个方向，即上游和下游。垂直网站将特定产业的上下游厂商聚集在一起，让这些分处供应链不同环节的厂商都能很容易地找到原料供应商或买主。此模式的特点是这些网站的专业性很强，它们将自己定位在一个特定的专业领域内，如 IT、化工或钢铁等。此类网络有中国化工网（http：//china.chemnet.com/）、中国纺织在线（http：//www.zgfzzx.com/）和中国纸网（http：//www.paper.com.cn/）等。

知识链接

中国化工网

中国化工网是由网盛科技创建并运营的国内第一家专业化工网站，也是目前国内客户量最大、数据最丰富、访问量最高的化工网站。中国化工网建有国内最大的化工专业数据库，内含 40 多个国家和地区的 2 万多个化工站点，含 25000 多家化工企业和 20 多万条化工产品记录；建有包含行业内上百位权威专家的专家数据库；每天新闻资讯更新量上千条，日访问量突破 1000000 人次，是行业内人士进行网络贸易、技术研发的首选平台。如图 3-3 所示为中国化工网首页。

图 3-3　中国化工网首页

垂直网站吸引的是针对性较强的客户，其面对的客户很多都是本行业的，潜在购买力比较强，因此广告的效果也会比较大。这批针对性较强的客户是这些网站最有价值的资源，是真正的潜在商家，这种市场一旦形成，就具有极大的竞争优势，所以垂直网站更有聚集性和定向性，易于建立起忠实的用户群体，吸引固定的回头客。

垂直 B2B 交易网站由于其专业性强，需要较深的专门知识，需要投入昂贵的人力资本来处理很狭窄的、专门性的业务。通常如果此类网络拥有相关行业资源，就更容易集中行业资源，吸引行业生态系统内多数成员的参与。但因为其涉及面窄，客户数量会受到一定限制。

2. 按平台的控制方分类

按照平台的控制方不同，还可以将 B2B 分成三种模式，分别是卖方控制型商业模式、买方控制型商业模式和中介控制型商业模式。

（1）卖方控制型商业模式，是指由单一卖方建立，以期寻求众多的买者，旨在建立或维持其在交易中的市场势力的市场战略。典型代表是戴尔模式（www.dell.com）。

（2）买方控制型商业模式，是由一个或多个购买者建立，旨在把市场势力和价值转移到买方的市场战略。买方控制型市场战略除了由一个购买者直接建立的电子市场之外，还包括买方代理型和买方合作型两种买方控制型市场战略。

（3）中介控制型商业模式，是由买卖双方之外的第三者建立，以便匹配买卖双方的需求与价格的市场战略。

3.2.4 B2B 电子商务的交易流程

参加交易的双方在做好交易前的准备工作之后，按电子商务标准规定的电子商务交易流程进行交易。目前，B2B 电子交易可以分为企业间网络交易的流程和通过网络中介交易的流程。

1. 企业间网络交易的流程

如图 3-4 所示为 B2B 网站业务处理流程。企业间电子交易标准规定了电子商务应遵循的基本程序，其交易过程如下。

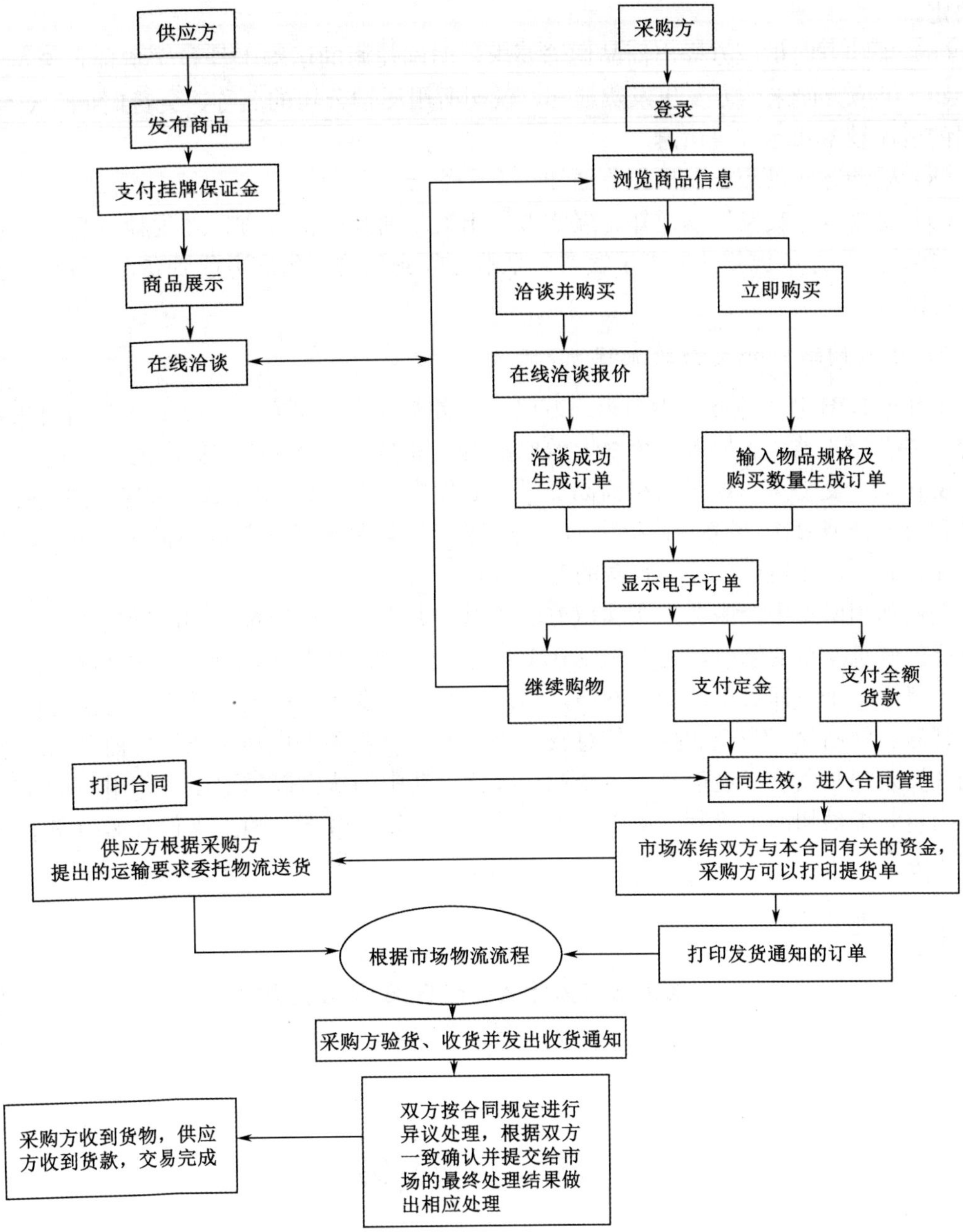

图 3-4　B2B 网站业务处理流程

（1）采购方向供应方发出交易意向，提出商品报价请求并询问想购买商品的详细信息。

（2）供应方向采购方回答该商品的报价，并反馈信息。

（3）采购方向供应方提出商品订购单。

（4）供应方对采购方提出的商品订购单做出应答，说明有无此商品及目前存货的规格型号、品种、质量等信息。

（5）采购方根据供应方的应答决定是否对订购单进行调整，并最终做出购买商品信息的决定。

（6）采购方向供应方提出商品运输要求，明确使用的运输工具和交货地点等信息。

（7）供应方向采购方发出发货通知，说明所用运输公司的名称、交货时间、交货地点、所用的运输设备和包装等信息。

（8）采购方向供应方发出收货通知。

（9）交易双方收发汇款通知。采购方发出汇款通知，供应方告之收款信息。

（10）供应方备货并开出电子发票，采购方收到货物，供应方收到货款，整个 B2B 交易流程结束。

2. 通过网络中介交易的流程

中介型B2B电子商务是指由第三方电子商务服务企业建立一个电子商务的信息和交易平台，并吸收各类企业加入这个网上虚拟市场，目的是为企业提供更多的市场机会。

B2B 电子交易可以通过网络商品交易中心作为中介机构，在 CA 认证基础上进行交易。企业利用中介型 B2B 商务网站提供的交易信息，可以将市场的覆盖面扩大、延伸，从而大大增加企业的商业机会，提高自身的竞争力。

企业利用网上中介服务，买卖双方的信息沟通不再受地理位置和时间的限制。为买卖双方提供信息发布的场所，是中介型 B2B 电子交易网站的基本功能。通过在线注册并交纳一定的费用，企业即可申请加入网络，然后在网站上发布实时商情及供求经济合作信息。中介型商务网站除了为企业提供信息发布服务外，一般还提供与企业开展商务活动密切相关的各类宏观和微观环境信息，为企业在经营活动中的决策起重要参考作用。中介型商务网站为企业提供如网上谈判、电子商务邮件、网上签订合同、网上支付等实现网上交易配套的服务。

小提示

一般消费者为什么不在 B2B 网站上购物

B2B 电子商务是企业与企业之间的电子商务，由于 B2B 交易额非常大，安全性非常高，通常是不允许普通消费者进入的。

3.3 B2C 电子商务模式

B2C 电子商务是指企业与消费者之间以 Internet 为主要服务提供手段进行的商务活动。它是一种电子化零售模式，采用在线销售，以网络手段实现公众消费和提供服务，并保证与其相关的付款方式电子化。

3.3.1 B2C 电子商务模式概述

B2C 电子商务是按交易对象划分的一种电子商务模式，消费者利用 Internet 直接参与经济活动，类同于商业的零售商务。通过网上商店买卖的商品可以是实体化的，如书籍、鲜花、服装、食品、汽车、电视等；也可以是数字化的，如新闻、音乐、电影、数据库、软件及各类基于知识的商品；还可以是提供相关的各类专业服务，如在线旅游、在线医疗诊断和远程教育等。典型的 B2C 电子商务平台有当当网、亚马逊网、京东商城、天猫等。

知识链接

艾瑞咨询数据显示，2014 年中国网络购物市场中 B2C 交易规模达 12882 亿元，在整体网络购物市场交易规模的比重达到 45.8%，较 2013 年的 40.4%增长了 5.4%。从增速来看，B2C 市场增长迅猛，2014 年中国网络购物 B2C 市场增长 68.7%，远高于 C2C 市场 35.2%的增速，B2C 市场将继续成为网络购物行业的主要推动力。我国 B2C 网站数量近年来也增长迅猛，从消费者的认知度来看，目前知名度较高和比较受欢迎的 B2C 网站主要有天猫、京东商城、唯品会、当当网、亚马逊、易趣网等。大部分 B2C 网站在 2014 年一年，购买人数一直保持着 20%～30%的月增长幅度，同时订单和销售额也以同样的比例稳步攀升。

B2C 电子商务模式是传统企业切入电子商务最直接、最容易体现效益的方式。

与传统的销售方式相比，B2C 电子商务模式的优势主要体现在以下几点。

1. 成本优势

相比传统的店面销售，网络销售具有成本低、投入少、灵活度高的优点，不需要高额的店面投入、人员投入，也不必被固定在某一区域。而且在传统行业中受摆放场所限制，商品种类不如在 B2C 商城中多 。

2. 渠道优势

B2C 模式缩短了消费者和企业之间的距离，生产型企业可以直接面向消费者销售产品，有效地减少了交易环节，大幅降低了交易成本，从而降低了消费者购买商品的价格。

3. 了解客户

商家可以通过动态监测商品的点击率、购买率、用户反馈，随时调整商品的进货计划，同样也可以减少商品积压。

3.3.2　B2C 电子商务模式的分类

可以从不同角度对 B2C 商务模式进行分类。

1. 根据交易客体不同进行分类

B2C 电子商务实现的主要方式是网上虚拟商店，根据交易的客体不同，可以把 B2C 电子商务分为无形商品和服务的电子商务模式、有形商品和服务的电子商务模式。

（1）无形产品和服务的电子商务模式。该模式可以完整地通过网络进行。网络本身既有信息传递功能又有信息处理功能，因此无形产品和服务（如信息、计算机软件、视听娱乐产品等）就可以通过网络直接提供给消费者。无形产品和服务的电子商务的实现模式主要有三种：网上订阅模式、付费浏览模式、广告支持模式。

①网上订阅模式。网上订阅模式是指企业通过网页向消费者提供网上直接订阅服务，消费者直接浏览信息的电子商务模式。这种模式主要被商业在线机构用来进行在线服务和在线出版、在线娱乐等。

②付费浏览模式。付费浏览模式是指企业通过网页向消费者提供计次收费性网上信息浏览和信息下载的电子商务模式。付费浏览模式让消费者根据自己的需要，在网站上有选择地购买一篇文章、某本书的某一章或某本参考书的其中一页。在数据库中查询的内容也可付费获取。当当网的电子书就是向用户提供付费在线阅读的服务。

③广告支持模式。广告支持模式是指在线服务商免费向消费者或用户提供信息在线服务，而营业活动全部靠广告收入来支持。很多在线搜索服务网站就是依靠广告收入来维持经营活动的。

由于广告支持模式需要上网企业的广告收入来维持，因此该企业网页能否吸引大量的广告就成为该模式能否成功的关键。

（2）有形商品和服务的电子商务模式。有形商品和服务的电子商务模式不能完全在网上实现，需要借助传统手段的综合运用才能完成。这种商品和服务的交付不是通过计算机的信息载体，而仍然通过传统的方式来实现。消费者可以在网上完成查询、订购和付款等环节，而实际商品的交付仍然要通过线下物流配送系统。

①网上商城模式。利用网上交易平台销售有形的商品和服务，商家可以将商品和服务发给电子商城，由电子商城在网上零售给消费者。这种销售方式比较灵活，比较有代表性的网上商城有京东商城、凡客诚品等。

②企业网站模式。这种模式是企业自己建立网站，并在网站上销售自己生产的产品和服务，如海尔的网上商城。

2. 根据 B2C 电子商务中的企业在商务模式流程中的作用分类

根据企业在商务模式流程中的作用，可以将 B2C 电子商务分为生产商直销模式、中间商模式、第三方交易平台模式。

（1）生产商直销模式。生产商直销模式是指产品制造商通过自建电子商务平台直接向消费者提供其生产的产品或服务的模式。这些产品包括实物产品和虚拟产品，实物产品如电脑、数码产品、服装；虚拟产品如教育、知识、信息、音乐、虚拟金融产品、电子书籍、杂志等。这种模式的典型代表是戴尔。

这种模式不受时间与空间的限制，在任何时间、任何地点都可以进行交易，该模式最大的优点是减少了交易环节，生产商直接面对消费者，最大限度地降低了中间环节的交易成本。这种模式要求生产商有功能完备的在线销售平台和专业化的信息系统来满足在线消费者的各种需求。

（2）中间商模式。中间商是指在制造商与消费者之间的“专门媒介商品交换”的经济组织或个人。这种模式的电子商务通常向消费者提供多种类别的商品。这种模式的典型代表是京东商城。

（3）第三方交易平台模式。第三方是指两个相互联系的主体之外的某个客体。第三方交易平台属于第三方服务中介机构，完成第三方担保支付的功能。它主要面向开展电子商务业务的企业提供电子商务基础支撑与应用支撑服务，不直接从事具体的电子商务活动。它的本质就是一个提供了信誉保障的信息中介平台。这种模式的典型代表是天猫。

3.3.3　B2C 电子商务模式的基本流程

在线销售商品把 Internet 作为媒介，对消费者来说，网上购物比传统购物操作简单，但网上购物活动除了消费者和商家，还涉及银行、认证机构等角色，其流程原理比传统购物复杂。如图 3-5 所示，B2C 网上购物流程可以大致分为以下几个步骤。

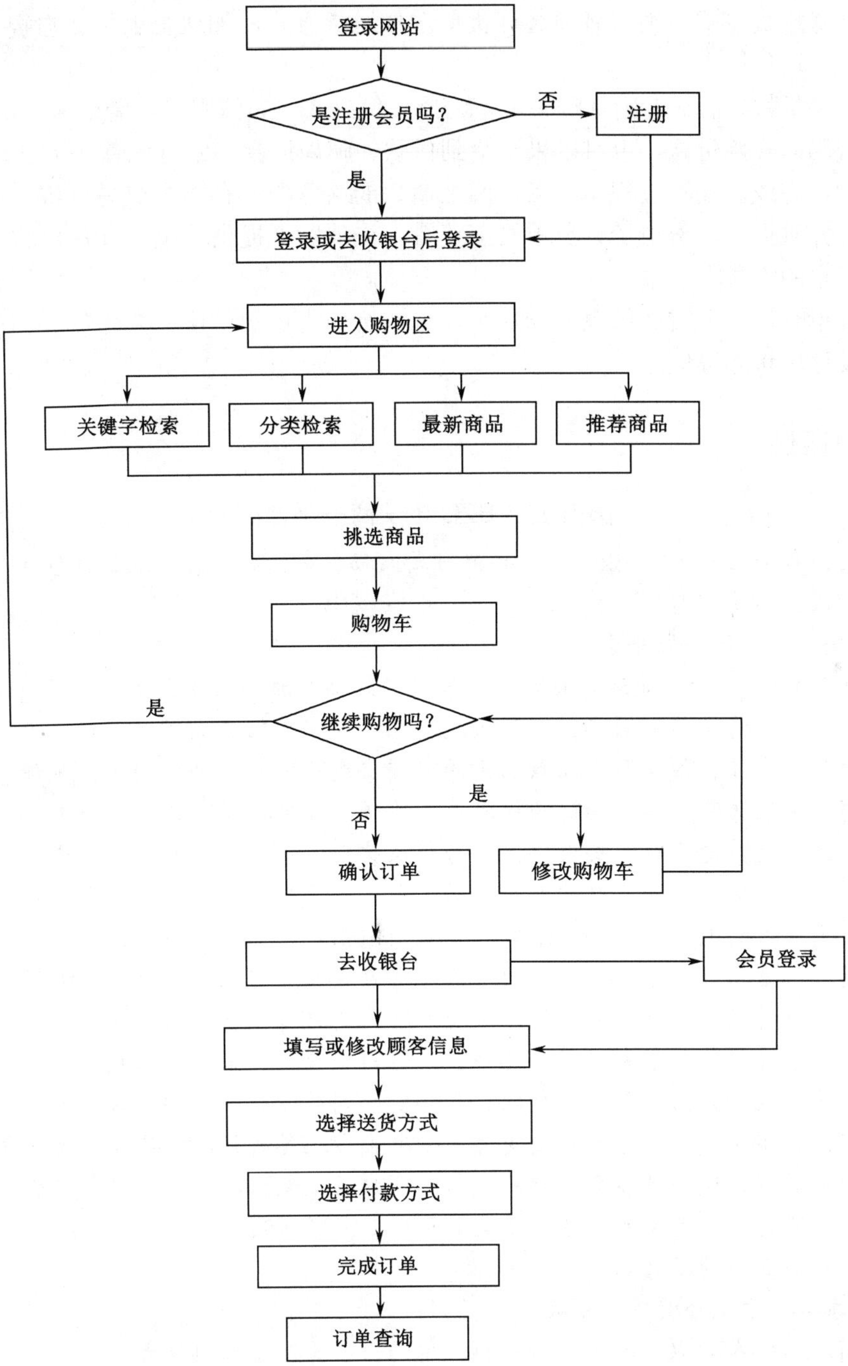

图 3-5　B2C 网上购物流程

（1）商品搜索选购。消费者通过网上商店提供的各种搜索方式，如产品名称、分类、品牌、关键字查询等，查找和浏览自己需要的商品。

（2）下订单（放入购物车）。消费者查看和浏览商店经营的商品后，选择自己想购买的物品并放入购物车内。

（3）去收银台。消费者填写商品种类、数量、价格等购买信息，提交订货单，订购商品。

（4）选择送货方式。消费者通过订货单选择送货方式，如送货上门、自提、邮寄，以及送货时间及送货地点。

（5）支付货款。消费者确认购买后，选择支付方式，如信用卡、借记卡、电子货币等，输入支付密码，开始付款。也可以采用货到付款、邮局汇款、银行汇款等方式。

（6）购物完成。购物过程结束后，网上商店的服务器保存整个交易过程中发生的往来财务数据，并且提供一份电子订货单给消费者，按消费者提供的电子订货单将货物在收货地点交到指定的收货人手中。

（7）订单查询。消费者结束购物后可以查询所购货物的单价、合计货款、支付方式、送货方式及订单状态等信息。

知识链接

国内主要 B2C 电子商务平台简介

目前国内市场上的主流 B2C 电商品牌当属天猫、京东和凡客。这三家巨头代表了三种 B2C 电商模式，各有优势。

1. 天猫——以服务做平台

天猫在 B2C 行业的领先地位目前无人能及。天猫商城的模式是做网络销售平台，卖家可以通过这个平台售卖各种商品，这种模式类似于现实生活中的购物商场。天猫商城不直接参与买卖任何商品，但是商家在做生意的时候要遵守天猫商城的规定，不能违规，否则会受到处罚。如果这家网络购物商场想赚更多的钱，就会提高商家的租金。

这种模式的优势是平台足够大，只要符合法律规定，商家想卖什么就卖什么。商城负责维护这个平台的建立，商户只管做自己的生意，盈亏自负，与商城没有关系。不过不管生意如何，商家都要缴纳一定的场地费。如果想做推广，商家可以在商城内做广告、搞促销活动，这些都是商户自愿的经营行为。商城负责竖立好自己的形象，能吸引足够多的消费者就够了。这种模式的优势在于随着市场变动，商户可以自行对市场做出反应；市场自由，没有太多条件限制，扩充性强。这种模式对商城和商户来说都很稳定，除了一些管理上的纠纷，市场经营方面都是各自打理，不会发生利益冲突。总的来说，这种模式的优点在于收入稳定，市场灵活，商城不用花太多心思去管理各种产品的经营；缺点在于盈利可能偏低，商城的战略变动可能会遭到商城内部商户的抵制，从而引发内部纠纷。不过这种模式更被商户所喜爱，因为他们可以在这个平台上获得利润。

与天猫商城类似的还有 QQ 商城。

2. 京东——自主经营销售商品

京东商城的模式类似于现实生活中的沃尔玛、乐购、家乐福等大型超市，通过引进各种货源进行自主经营。京东先向各厂商进货，然后在自己的商城上销售，消费者可以在这里实现一站式采购。京东自己负责经营这么庞大的网络商城，盈亏自负。消费者购买时如果出现问题，直接找京东解决。

这种模式的优点在于经营的产品多样，综合利润高。商城可以根据市场情况和企业战略对自己销售的产品做出整体调整；商城握有经营权，内部竞争小，对外高度统一。缺点在于内部机构庞大，市场反应较慢，竞争对手较多，产品种类扩充不灵活，容易与供货商发生矛盾。

与京东商城类似的还有当当网。

3. 凡客——自产自销做品牌

凡客诚品的“凡客体”广告语 2011 年上半年传遍大街小巷，产品种类快速扩充，但现在处于亏损状态。凡客诚品的模式类似于现实生活中的美特斯邦威、特步等专卖店，主要是自产自销的经营模式。凡客靠卖服装类产品起家，现在又陆续推出家居、化妆品等产品。凡客所销售的这些产品基本上都是自己生产的，整个生产销售过程都由凡客自己说了算。

这种模式的优势在于，产品的整个产业链都可控，公司的目标利润可以在产品生产时制定，没有供货商的货源限制；缺点在于公司品类扩张困难。

与凡客诚品类似的还有珂兰钻石、梦芭莎等。

3.4　C2C 电子商务模式

C2C 电子商务模式是消费者与消费者之间的交易，也就是消费者本身提供服务或产品给消费者。C2C 商务平台就是为买卖双方提供一个在线交易平台，使卖方可以主动提供商品上网销售，而买方可以自行选择商品进行购买。

3.4.1　C2C 电子商务概述

C2C 模式最能体现 Internet 的精神和优势。数量巨大、地域不同、时间不一的买方和同样规模的卖方通过一个平台找到合适的对方进行交易，在传统领域要实现这样的平台几乎是不可能的。C2C 电子商务模式类似于现实商务世界中的跳蚤市场。其构成要素包括买卖双方、电子交易平台供应商（类似于现实生活中的跳蚤市场场地提供者和管理员）。在 C2C 交易中，电子交易平台供应商的作用举足轻重，原因如下。

（1）网络的范围太广，买卖双方很难发现彼此，电子交易平台供应商把 Internet 上无数的买家和卖家聚集在一起，为他们提供了一个平台。

（2）电子交易平台提供商还要扮演监督和管理的职责，负责对买卖双方的诚信进行监督和管理，对交易行为进行监控，最大限度地避免欺诈等行为的发生，保障买卖双方的权益。

（3）电子交易平台提供商为买卖双方提供技术支持服务，包括帮助卖方建立个人店铺、发布产品信息、制定定价策略等；帮助买方比较和选择产品及电子支付等。

在 C2C 模式中，电子交易平台提供商是一个至关重要的角色，它直接影响这个商务模式存在的前提和基础。目前国内外知名的 C2C 网站有 eBay（http：//www.ebay.com）、淘宝（http：//www.taobao.com）、拍拍网（http：//www.paipai.com）和易趣（http：//www.eachnet.com）等。

知识链接

中国C2C电子商务发展简史

1999年，邵亦波创立易趣网，开中国C2C先河。

1999年8月，易趣网正式上线。

2002年3月，eBay注资易趣网3000万美元。

2003年5月，阿里巴巴以4.5亿元成立C2C网站淘宝网。

2003年7月，eBay斥资1.5亿美元全资收购易趣网。

2004年4月，一拍网正式上线，新浪拥有其中33%的股权，原雅虎中国拥有67%的股份。

2004年6月，易趣网进入美国与eBay平台对接整合。

2005年9月，腾讯推出拍拍网，2006年3月13日运营。

2006年2月15日，一拍网彻底关闭，阿里收购一拍网全部股份，原属一拍网用户导入淘宝网。

2006年12月，TOM在线与eBay合资，更名为TOM易趣。

2007年10月，搜索引擎公司百度宣布进军电子商务，筹建C2C平台，预计2008年年初推出。

2008年5月5日，易趣宣布任何用户只要在易趣开店，无论是普通店铺、高级店铺还是超级店铺，都将终身免费。

2008年6月18日，百度网络交易平台正式在北京启动其在全国范围的巡回招商活动。

2008年10月8日，淘宝总裁陆兆禧对外宣布，阿里集团未来5年将对淘宝投资50亿元，并将继续沿用免费政策。

2008年10月28日，百度电子商务网站“有啊”正式上线，有望开创新的电子商务格局。

2009年C2C新形式诞生，网购导购业进驻C2C抢占市场份额。

2009年12月，D客商城正式上线，推动了个性定制业发展。

2011年4月，百度电子商务网站“有啊”宣布关闭C2C平台，转型提供生活服务。

2015年7月，创意电商“鸟差网”上线运营，该平台为C2C类型。

3.4.2 C2C电子商务的优势

C2C电子商务不再受时间和空间限制，降低了市场沟通成本。过去，卖方往往具有决定商品价格的绝对权力，消费者的议价空间非常有限。C2C电子商务模式的出现，使得消费者也有了决定产品价格的权力，并且可以通过消费者相互之间的竞价结果，让价格更有弹性。因此，C2C电子商务的交易方式受到越来越多的人欢迎。C2C电子商务模式的优势主要有以下几点。

（1）较低的交易成本。C2C电子商务通过减少交易环节使得交易成本更低；以互联网为交易平台，大大降低了通信费用；由卖家保存商品，降低了商品的库存。

（2）经营规模不受限制。C2C电子商务利用互联网提供的虚拟经营环境，可以轻松地通过增加网页来扩大其经营规模。

（3）便捷的信息收集。互联网的电子信息技术使得C2C电子商务中的买卖双方更易于获得对方的信息。

（4）扩大销售范围。C2C 电子商务是基于互联网的商业模式，不仅不受空间的限制，能够面对全国甚至全世界的客户，而且其运营时间也不受限制，为客户提供 24 小时不间断的服务。

正因为 C2C 电子商务模式能够为消费者带来便利和实惠，才使得 C2C 网站能够吸引网民的注意力，成为一种火爆的电子商务模式。

知识链接

国内主要 C2C 电子商务交易平台介绍

1. 淘宝网

淘宝网是深受中国网民欢迎的网购零售平台，拥有近 5 亿名注册用户，每天有超过 6000 万名固定访客，同时每天的在线商品数超过 8 亿件，平均每分钟售出 4.8 万件商品。截至 2011 年年底，淘宝网单日交易额峰值达到 43.8 亿元，创造了 270.8 万个直接且充分的就业机会。随着淘宝网规模的扩大和用户数量的增加，淘宝网也从单一的 C2C 网络集市变成了包括 C2C、团购、分销、拍卖等多种电子商务模式在内的综合性零售商圈，已经成为世界范围的电子商务交易平台之一。淘宝网首页如图 3-6 所示。

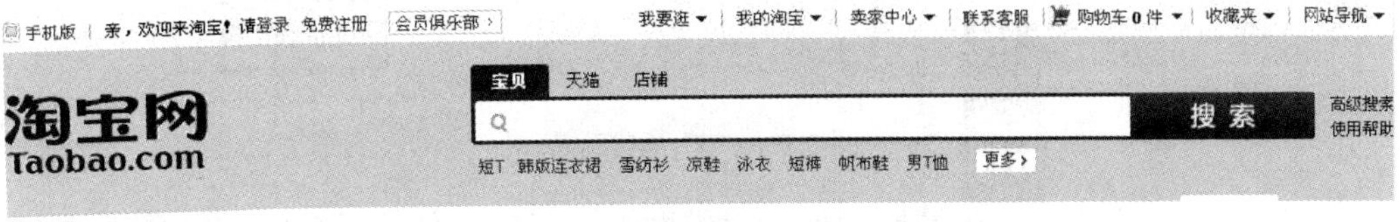

图 3-6　淘宝网首页

2. 拍拍网

拍拍网是大型的知名网络零售商，致力于打造全球领先的网络零售商圈。该网站于 2005 年 9 月 12 日上线发布，2006 年 3 月 13 日宣布正式运营。拍拍网依托于腾讯 QQ 超过 5.9 亿人的庞大用户群及 2.5 亿名活跃用户的优势资源，具备良好的发展基础。拍拍网运营满百天即已进入“全球网站流量排名”前 500 强（据 Alexa 数据），并且创下电子商务网站进入全球网站 500 强的最短时间纪录，迅速跃居国内 C2C 网站排名第二位。凭借丰富多样的商品类别和高人气的互动社区，拍拍网已成为国内成长最快、最受网民欢迎的 C2C 电子商务交易平台之一。拍拍网在经营理念、产品技术等方面提出了很多创新。例如，拍拍网在业界首次研发的“边聊边买”、“买家与卖家信用分离制度”等创新专利均获得了业界的广泛认可和采纳。拍拍网首页如图 3-7 所示。

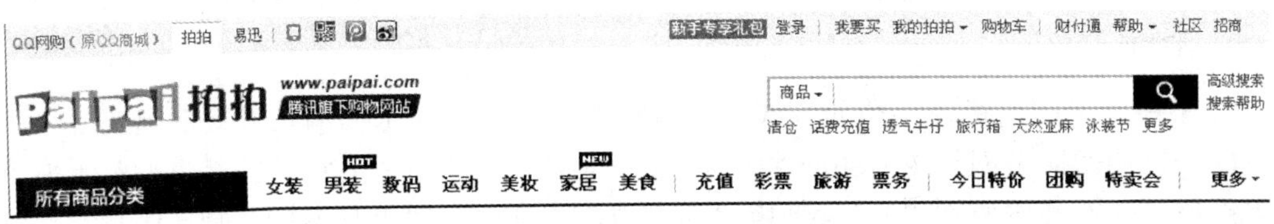

图 3-7　拍拍网首页

3.4.3 C2C 电子商务模式的交易流程

C2C 电子商务网站的功能模块主要分为前台交易模块和后台管理模块。前台交易模块包括：会员注册、销售物品登记、商品浏览、物品查找、关注物品、投诉、价格参考、购买物品、顾客留言等。会员通过浏览和查找商品，关注物品，对商品进行购买，投诉不合法的物品；还可以参考历史成交物品记录后再进行相应的操作；顾客可以在会员管理模块修改自己的个人资料、重新提交未成交的物品等。在 C2C 电子商务交易平台上的网购物流程和开店流程分别如图 3-8 和图 3-9 所示。

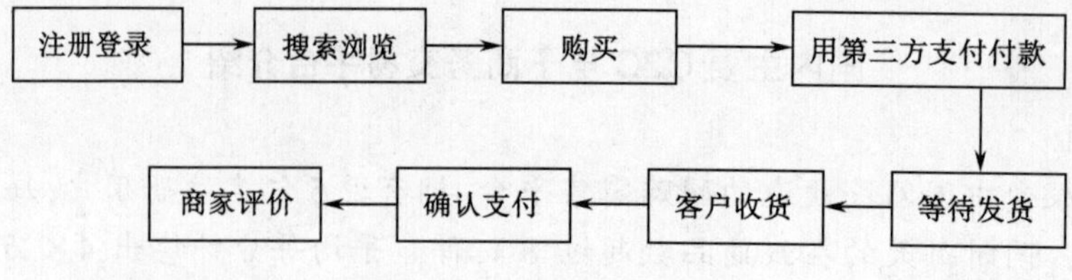

图 3-8 C2C 购物流程

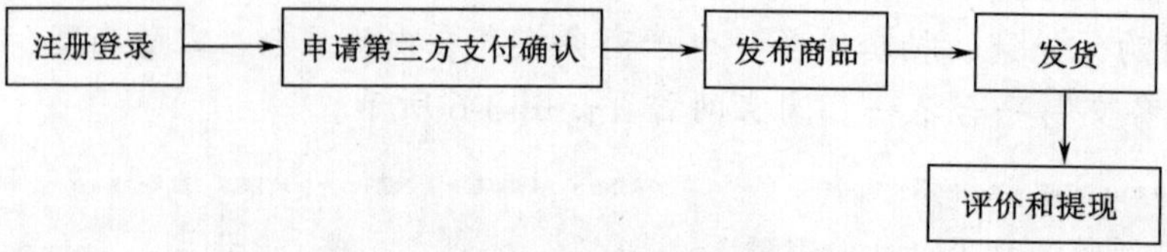

图 3-9 C2C 开店流程

C2C 后台管理模块主要为网站管理者提供网站运营的各种管理功能，后台管理模块包括：类别管理、物品管理、用户管理、公告栏管理。管理人员可以删除、增加、修改类别，对物品进行推荐、删除管理，还可以查看、修改、删除用户资料，通过公告栏管理模块可以实现在首页发布信息等功能。

3.5 其他电子商务模式

其他电子商务模式包括消费者与企业之间（Customer to Business，C2B）的电子商务，企业与政府机构之间（Business to Government，B2G；或者 Government to Business，G2B）的电子商务，消费者与政府机构之间（Customer to Government，C2G；或者 Government to Customer，G2C）的电子商务，企业与员工之间（Company to Employee，C2E；或者 Employee to Company，E2C）的电子商务、线上线下之间（Online to Offline，O2O）的电子商务等。

1. C2B 模式

C2B 模式采用消费者主动的方式，也可把各地有同样需求的消费者集中起来，统一和厂家砍价。旅游服务网络 Priceline 将传统的“商家出价看哪个消费者愿意购买”改为“消费者出价看哪个商家愿意卖”。这种模式的优点不言而喻；缺点是不能及时达成交易，消费者需要等待数天或更长的时间才能知道是否成交。

2. B2G（或 G2B 模式）

B2G 电子商务模式可以覆盖公司与政府组织间的许多事务。目前我国很多地方政府已经推行网上采购，出现了 G2B 电子商务模式。

3. C2G（或 G2C 模式）

C2G 或 G2C 电子商务行为不以营利为目的，主要包括政府采购、网上报关、报税等活动。其中消费者对行政机构间的电子商务，指的是政府对个人的电子商务活动。这类电子商务活动目前在我国还没有真正形成。然而，在个别发达国家，如澳大利亚，政府的税务机构已经指定私营税务或财务会计事务所用电子方式来为个人报税。虽然这类活动还没有达到真正的报税电子化，但已经具备了消费者对行政机构电子商务的雏形。随着商业机构对消费者、商业机构对行政机构的电子商务的发展，政府将对社会公民实施更为全面的电子服务。政府各部门向社会纳税人提供的各种服务，如社会福利金的支付等，将来都会在网上进行。

4. C2E（或 E2C 模式）

正当人们把视线集中在 B2B 和 B2C 等立足销售关系的电子商务模式时，一种以改进企业内部管理形态为目的的新型电子商务形式悄然出现。广州地球村计算机网络软件技术有限公司把一种新的电子商务模式 C2E 和 E2C 运用于实践，并取得了成功。

5. O2O 模式

O2O 模式将线下商务的机会与互联网结合在一起，让互联网成为线下交易的前台。如此线下服务就可以在线上揽客，消费者可以在线上挑选服务、成交和结算。通过打折（团购，如美团）、提供信息、服务（预定，如 Opentable）等方式，把线下商店的消息推送给互联网用户，从而将他们转换为自己的线下客户。该模式最重要的特点是：推广效果可查，每笔交易可跟踪，相对传统网购更强调互动性。

知识链接

O2O 模式引领互联网+生活

1. 苏宁云商："门店到商圈+双线同价"的 O2O 模式

所属行业：店商+平台电商+零售服务商。

苏宁的 O2O 模式是以互联网零售为主体的"一体两翼"的互联网转型路径。苏宁利用自己的线下门店和线上平台，实现了全产品、全渠道的线上线下同价，打破了实体零售在转型发展中与自身电商渠道互搏的现状。O2O 模式下的苏宁实体店不再是只有销售功能的门店，而是一个集展示、体验、物流、售后服务、休闲社交、市场推广为一体的新型门店——云店，店内将开通免费 WiFi，实行全产品的电子价签，布设多媒体电子货架，利用互联网、物联网技术收集、分析各种消费行为，推进实体零售进入大数据时代。

在 2014 年的"百日会战"中，苏宁 O2O 模式优势凸显，"双 11"期间，苏宁发起第二届 O2O 购物节，推出门店、网站、手机、TV"四端协同作战计划"，并取得了一定成绩。

2. 京东："大数据+商品+服务"的O2O模式

所属行业：综合自营+平台电商

京东与15余座城市的上万家便利店合作，布局京东小店O2O，由京东提供数据支持，便利店作为其末端实现落地;京东与獐子岛集团拓展生鲜O2O，为獐子岛开放端口，獐子岛提供高效的生鲜供应链体系。另外，京东还与服装、鞋帽、箱包、家居家装等品牌专卖连锁店达成优势整合，借此扩充产品线，渠道全面下沉，各连锁门店借助京东进行精准营销，最终实现"零库存"。

京东O2O模式基于线上大数据分析，与线下实体店网络广泛布局、极速配送优势互补，发挥了京东的平台优势、物流优势，扩大了市场地盘，填补了用户结构单一的短板，是开拓O2O发展的又一渠道。但该模式末端的传统便利店是否有社区购物习惯的数据积累，这些积累是否有价值等，仍有待考量，京东O2O未来的路还很长。

3. 万达："线下商场+百万腾电商"的O2O模式

所属行业：商业地产

万达联合百度、腾讯，共同出资成立了万达电子商务公司，三者将联手打造线上线下一体化的账号及会员体系；探索创新型互联网金融产品；建立通用积分联盟及平台。同时，万达、百度、腾讯三方还将建立大数据联盟，实现优势资源大数据融合。近日，万达投资20亿元入股快钱，弥补自身在O2O支付环节短板。

万达联合互联网大佬、多方借力的O2O发展模式，有望牵制阿里，给二、三线城市电商施加压力。但能否完成三方团队的无缝隙对接，实现1+1+1>3，仍有待考验。万达投资快钱是其构建O2O版图的重要一步，快钱将成为万达电商重要的支付平台。

4. 银泰"线下商圈+阿里电商生态"O2O模式

所属行业：商业百货

银泰所有商场都参加天猫购物狂欢节，并率先尝试线下选品、线上支付购买的O2O模式。银泰商业集团还得到阿里的战略入股，双方优势互补，共同打造涉及食品、住宿、购物、娱乐、游戏和公共服务六大领域的商圈O2O平台。2014年"双11"，银泰商业协同参与了阿里设立的020专场"去逛街"，纵深化增强自己的O2O实力。

银泰与阿里"联姻"的O2O模式，一定程度上与腾讯、苏宁等巨头在O2O领域"跑马圈地"。银泰依靠其在全国的零售网络帮助阿里搭建O2O的基础设施体系，进而全面解决双方在线上和线下的货品、支付、物流等关键环节的融合，试图树立O2O领域的某种行业标准，并向全社会开放。

5. 大润发："乡镇低线市场+飞牛网"的O2O模式

所属行业：商场超市

大润发于2014年1月16日正式上线B2C平台飞牛网，在飞牛网运行半年后，携手喜士多便利店推行O2O"千乡万馆"项目，建立飞牛网购体验馆，实施O2O战略。飞牛网设置网购体验馆旨在服务大润发服务不到的地区。飞牛网还将借力其他便利店、社区服务中心、乡镇连锁小店、加油站、专卖店等探索多元化渠道。随后，飞牛网推出以"店庆日秒杀"为主题的活动，预热"双11"，4万平方米的青浦仓投入使用，配送效率显著提升。飞牛网又与南通邮政达成战略合作，正式启用首批体验馆，飞牛网南通地区O2O"千乡万馆"计划开始落地。

大润发作为传统零售企业，积累了长久的用户资源和较好的口碑，其借飞牛网设置“千乡万馆”的 O2O 战略，以点带面，在很大程度上满足了用户需求，也能更好地实现线下切入线上、线上商业线下服务的互补，为未来用户市场的开拓争取更多的资源。大润发 O2O 模式将成为商超类进入互联网的借鉴。

案例与思考

苏宁易购是苏宁云商旗下的新一代 B2C 综合网上购物平台，现已覆盖传统家电、3C 电器（3C 产品指的是计算机、通信和消费类电子产品三者结合，也称“信息家电”）、日用百货等品类。苏宁易购于 2010 年 2 月 1 日正式上线运营，苏宁云商也由此正式进军电子商务 B2C 领域。

苏宁易购的市场份额位居国内 B2C 前三，线上线下的融合发展引领了零售发展新趋势。其所属的苏宁云商，是中国最大的商业连锁企业，名列中国上规模民企前三，位居中国企业 500 强第 54 位，经营商品涵盖传统家电、消费电子、百货、日用品、图书、虚拟产品等综合品类，线下实体门店 1700 多家。

苏宁易购作为苏宁云商的线上品牌，依托规模采购和品牌优势，共享苏宁线下资源、物流配送与售后服务网络，加快建设高水准的网购平台。苏宁易购为顾客建立了一个集购买、学习、交流于一体的社区，全面打造出一个专业的家电购物与咨询网站，努力为用户营造轻松、和谐、愉悦的购物环境，不断丰富品牌类型，优化产品结构，不仅为顾客提供家电类产品，更增加了家居用品及办公用品，极大地丰富了消费者的购物体验，改变了网购的传统模式，让顾客在充分享受网购的过程中，体验人性化的服务。

思考：

1. 根据苏宁的成功转型，分析传统企业开展电子商务的竞争优势。
2. 结合案例，分析电子商务模式的未来发展方向。

实践题

1. 在当当网购买一本自己喜欢的书籍，体验一下网上购物的经历，熟悉其购物流程和支付方式，了解其配送方式。
2. 了解在淘宝网开立个人网店的具体步骤，尝试在淘宝网上建立个人店铺。
3. 访问阿里巴巴网站，了解 B2B 电子商务的业务流程。

第 4 章 电子商务技术基础

引导案例

互联网技术自发明以来已经走过了 40 多个年头，今天的互联网上活跃着黑客攻击、多媒体音视频下载应用、移动应用等多种元素。为了解决这些新元素给互联网带来的问题，各国的计算机科学家们已经开始考虑修改互联网的整体结构，这些措施涉及 IP 地址，路由表技术及互联网安全等多方面的内容。

互联网的用户数量将进一步增加，目前全球互联网用户总量已经达到 17 亿人左右，预测 2020 年前全球互联网用户将增加到 50 亿人。电子计算机将不再是互联网的中心设备，未来的互联网将摆脱目前以电脑为中心的形象，越来越多的城市基础设施将被连接到互联网上。互联网最终将走向无线化，预计到 2020 年，由于接入互联网的设备种类增多，心怀不轨的黑客数量也将大大增加。Symantec 公司的数据表明，2008 年出现了 160 万种新的恶意代码，比过去几年来出现的恶意代码总量 60 万种还多了好几倍。专家们纷纷表示未来的黑客技术将向高端化、复杂化、普遍化的趋势发展。

【本章学习目标】

1. 了解计算机网络的含义。
2. 掌握计算机网络的分类、IP 地址与域名。
3. 熟悉 Internet 的功能及接入技术。

职业指导

电子商务是信息与技术的结合体。网络技术的发展对电子商务的发展至关重要。随着电子商务的发展，产生了对计算机网络管理职业的需求，也就是计算机网络管理员，主要从事计算机网络运行、维护工作。工作内容涉及操作系统安装调试及调用、机房环境维护、网络线路运行维护、网络设备运行维护、软件系统运行维护、数据备份与恢复等内容。具体职位分为中级网络管理员、高级网络管理员、技师、高级技师四个等级。

4.1　计算机网络技术基础

计算机网络技术是伴随着计算机技术和通信技术的发展而发展的，是二者有机的结合。随着计算机技术和通信技术的发展，同时在联机系统的基础上发展到把多台计算机连接起来，组成以共享资源为目的的计算机网络。

4.1.1　计算机网络的定义和功能

1. 计算机网络的定义

计算机网络是指用通信设备和线路将地理位置不同的、分散在不同地点的、功能自治的多台（两台以上）计算机系统互相连接起来，按照网络的通信协议进行数据传输的通信，实现资源共享的信息系统。

该定义的主要特点如下。

（1）联网的计算机是可以独立运行的，没有明确的主从关系。

（2）计算机之间通过通信线路实现数据传输和信息交换。

（3）联网的目的是实现资源共享。

2. 计算机网络的功能

建立计算机网络的主要目的是实现在计算机通信基础上的“资源共享”，其功能有以下几个方面。

（1）实现资源共享，即所有网内用户均能享受网上计算机系统中的全部或部分资源，包括硬件、软件、数据等。资源共享是计算机网络产生的主要原动力。通过资源共享，可使网络中各处的资源互通有无、分工协作，从而大大提高系统资源的利用率。

①硬件资源。网络硬件资源主要包括大型主机、大容量磁盘、光盘库、打印机、网络通信设备和通信线路、服务器硬件等。

②软件资源。网络软件资源主要包括网络操作系统、数据库管理系统、网络管理系统、应用软件、开发工具和服务器软件等。

③数据资源。网络数据资源主要包括数据文件、数据库和光磁盘所保存的各种数据。数据包括文字、图表、图像和视频等。数据是网络中最重要的资源。

（2）进行数据信息的集中和综合处理。将地理上分散的生产部门、业务部门及数据资料通过计算机网络集中综合处理。

（3）能够提高计算机的可靠性及可用性。当计算机连接网络后，各计算机可以通过网络互为后备，互为补充，从而减少用户的等待时间，均衡各计算机的负担。

（4）能够进行分布处理。在计算机网络中，用户可根据问题性质和要求选择网内最合适的资源来处理。

（5）节省软、硬件设备的开销。用户可以共享网络资源，设计者可以统一考虑各工作站的具体配置，从而用最低的开销获得最佳效果。

4.1.2 计算机网络系统的组成

计算机网络由通信子网和资源子网组成，即计算机网络的二级结构，如图 4-1 所示。

通信子网主要负责全网的数据通信，为网络用户提供数据传输、转接、加工和转换等通信处理工作。资源子网主要负责全网的信息处理，为网络用户提供网络服务和资源共享功能等。它主要包括网络中所有的主计算机、I/O 设备和终端，各种网络协议、网络软件和数据库等。

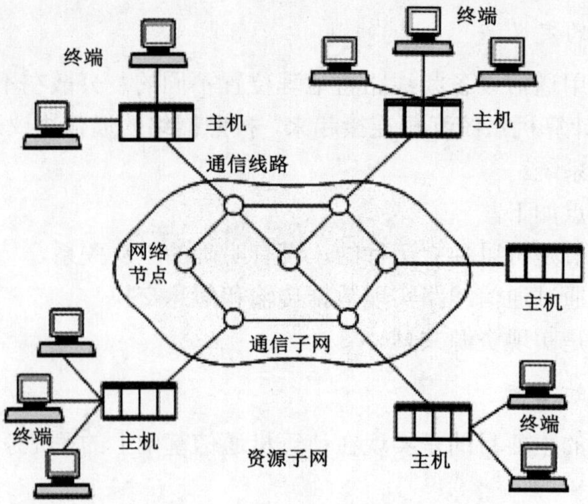

图 4-1 计算机网络的二级结构

大型的计算机网络是一个复杂的系统，如应用最广泛的 Internet 网络。它是一个集计算机软件系统、通信设备、计算机硬件设备及数据处理能力为一体的，能够实现资源共享的综合服务系统。计算机网络系统主体可分为网络硬件和网络软件两大部分。

1. 网络硬件

硬件系统是计算机网络的基础，硬件系统可分为 4 类：网络服务器、网络工作站、网络交换互联设备和外部设备。

（1）网络服务器。在计算机网络中，核心的组成部分是服务器（Server）。服务器是计算机网络中向其他计算机或网络设备提供服务的计算机。按照提供的服务不同，可把服务器分为 Web 服务器、文件服务器、打印服务器、通信服务器、数据库服务器、邮件服务器等。

文件服务器用来存放网络中的各种文件，运行的是网络操作系统，并且配有大容量磁盘存储器。文件服务器的基本任务是协调处理各工作站提出的网络服务请求。一般影响服务器性能的主要因素包括：处理器的类型和速度、内存容量的大小和内存通道的访问速度、缓冲能力、磁盘存储容量等，在同等条件下，网络操作系统的性能起决定作用。如图 4-2 所示是 IBM 的塔式服务器的外观，如图 4-3 所示是曙光的刀片式服务器的外观。

图 4-2　IBM 的塔式服务器

图 4-3　曙光的刀片式服务器

（2）网络工作站。网络工作站是指能使用户在网络环境中工作的计算机，常被称为客户机。网络工作站可以不配置软驱和光驱，而且硬盘可以选择容量较小的，这样不仅可以充分利用服务器的资源，节省资金，还可防止病毒感染，保证网络安全。

（3）网络交换互联设备。把多台计算机连成局域网所需要的交换互联设备，包括网卡（也称网络适配器）、调制解调器、网络传输介质、中继器、集线器、网桥、路由器和网关等。

①网卡。网卡又称网络适配器或网络接口卡（Network Interface Board）。网络适配器是使计算机联网的设备，平常所说的网卡就是将 PC 和 LAN 连接的网络适配器。网卡插在计算机主板插槽中，负责将用户要传递的数据转换为网络上其他设备能够识别的格式，通过网络介质传输。它的主要技术参数为带宽、总线方式、电气接口方式等。如图 4-4 所示是台式机网卡，如图 4-5 所示是笔记本电脑网卡。

图 4-4　台式机网卡

图 4-5　笔记本电脑网卡

②调制解调器。调制解调器（Modem）俗称“猫”，具有调制和解调的功能，其作用是模拟信号和数字信号的“翻译员”。调制是用调制解调器把数字信号“翻译”成模拟信号。解调是用调制解调器把模拟信号“翻译”成数字信号。调制解调器的外观如图 4-6 所示。

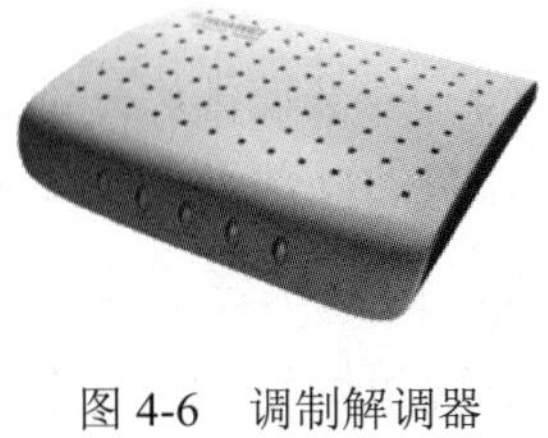

图 4-6　调制解调器

③集线器和交换机。集线器是局域网中常用的连接设备，英文称为“Hub”，意为“中心”。它有多个端口，可以连接多台本地计算机，外观如图 4-7（a）所示。主要功能是对接收到的信号进行再生整形放大，以扩大网络的传输距离，同时把所有节点集中在

以它为中心的节点上。

交换机是集线器的升级换代产品，从外观上来看，它与集线器基本上没有多大区别，都是带有多个端口的长方形盒状体，外观如图 4-7（b）所示。交换机是按照通信两端传输信息的需要，用人工或设备自动完成的方法把要传输的信息送到符合要求的相应路由上的技术统称。交换机拥有一条很高带宽的总线和内部交换矩阵。交换机的所有端口都挂接在这条总线上。交换机可充分共享带宽，数据传输速率高。这也是交换机很快取代集线器的重要原因。

④路由器。路由器（Router）又称网关设备（Gateway），是一种多端口设备，可用于连接不同传输速度并运行于多种环境的局域网和广域网。网络与网络的连接，都是通过路由器实现的，路由器为通过它的数据包选择合适的路径以到达目的地。路由器的外观如图 4-8 所示。

（a）集线器　　（b）交换机

图 4-7　集线器和交换机

图 4-8　路由器

⑤网桥。网桥（Bridge）又称桥接器，是一种在链路层实现局域网互联的存储转发设备，也是局域网常用的连接设备。网桥能对不同类型的局域网实行桥接，实现互相通信，又能有效地防止各自网内的通信不会流传到别的网络。网桥有时也用在同一网络内，可以隔离不同的网段，把不需要越出网段的通信限制在段内，避免网络传输的负担过重。网桥外观如图 4-9 所示。

图 4-9　网桥

（4）外部设备。外部设备属于可被网络用户共享的硬件资源，通常情况下是一些大型的、昂贵的外部设备，如大型激光打印机、大容量的存储系统等。

2. 网络软件

计算机网络系统是在网络软件的控制下工作的。网络软件是一种在网络环境下使用和运行或控制和管理网络工作的计算机软件。网络软件包括网络操作系统和网络协议等。常见的网络操作系统有 UNIX、Netware、Windows NT、Linux 等。

知识链接

LAN 中的网络操作系统分类

1. Windows 类

对于这类操作系统相信用过电脑的人都不会陌生，这是全球最大的软件开发商——微软公司开发的。微软公司的 Windows 系统不仅在个人操作系统中占有绝对优势，它在网络操作系统中也具有非常强劲的力量。这类操作系统配置在整个局域网配置中是最常见的，但由于它对服务器的硬件要求较高，且稳定性能不是很高，所以微软的网络操作系统一般只用在中低档服务器中，高端服务器通常采用 UNIX、LINUX 或 Solaris 等非 Windows 操作系统。在局域网中，微软的网络操作系统主要有：Windows NT 4.0 Serve、Windows 2000 Server/Advance Server、Windows 2003 Server/Advance Server 等。工作站系统可以采用任一 Windows 或非 Windows 操作系统，包括个人操作系统，如 Windows 9x/ME/XP 等。

在整个 Windows 网络操作系统中，最成功的要算 Windows NT 4.0 这套系统，它几乎成为中小企业局域网的标准操作系统，原因一是它继承了 Windows 家族统一的界面，使用户学习、使用起来更加容易；二是它的功能的确比较强大，基本上能满足所有中小企业的各项网络需求。虽然相比 Windows 2000/2003 Server 系统来说，Windows NT 4.0 在功能上要逊色许多，但它对服务器的硬件配置要求要比前二者低许多，可以在更大程度上满足许多中小企业的 PC 服务器配置需求。

2. NetWare 类

NetWare 操作系统虽然远不如早几年那么风光，在局域网中也早已失去了当年雄霸一方的气势，但是 NetWare 操作系统仍以对网络硬件的要求较低（工作站只要是 286 机就可以了）而受到一些设备比较落后的中小型企业，特别是学校的青睐。人们一时还忘不了它在无盘工作站组建方面的优势，以及其需求的极易满足性；而且因为它兼容 DOS 命令，应用环境与 DOS 相似，经过长时间的发展，具有相当丰富的应用软件支持，技术完善、可靠。目前常用的版本有 3.11、3.12 和 4.10、V4.11、V5.0 等中英文版本。NetWare 服务器对无盘站和游戏的支持较好，常用于教学网和游戏厅。目前这种操作系统的市场占有率呈下降趋势，这部分的市场主要被 Windows NT/2000 和 Linux 系统瓜分了。

3. UNIX 系统

目前常用的 UNIX 系统版本主要有：UNIX SUR4.0、HP-UX 11.0、SUN 的 Solaris8.0 等。支持网络文件系统服务，提供数据等应用，功能强大，由 AT&T 和 SCO 公司推出。这种网络操作系统的稳定性和安全性能非常好，但由于它多数是以命令方式来进行操作的，因此其操作方式不容易掌握，特别是对初级用户来说。正因如此，小型局域网基本不使用 Unix 作为网络操作系统，UNIX 一般用于大型的网站或大型的企、事业局域网。UNIX 原本是针对小型机主机环境开发的操作系统，是一种集中式分时多用户体系结构。因其体系结构不够合理，其市场占有率呈下降趋势。

4. Linux

这是一种新型的网络操作系统，它的最大特点就是源代码开放，用户可以免费得到许多应用程序。目前也有中文版本的 Linux，如 REDHAT（红帽子）、红旗 Linux 等。Linux 在国内得到了用户充分的肯定，主要体现在它的安全性和稳定性方面。它与 UNIX 有许多类似之处，但目前这类操作系统仍主要应用于中、高档服务器中。

总的来说，对特定计算环境的支持使得每个操作系统都有适合自己的工作场合，这就是系统对特定计算环境的支持。例如，Windows 2000 Professional 适用于桌面计算机，Linux 目前较适用于小型的网络，而 Windows 2000 Server 和 UNIX 则适用于大型服务器应用程序。因此，对于不同的网络应用，需要有目的地选择合适的网络操作系统。

网络操作系统是网络上各计算机能方便而有效地共享网络资源，为网络用户提供所需的各种服务的软件和有关规程的集合。网络操作系统与通常的操作系统有所不同，它除了具有通常操作系统应有的处理机管理、存储器管理、设备管理和文件管理外，还应具有以下两大功能。

（1）提供高效、可靠的网络通信能力。

（2）提供多种网络服务功能，如远程作业录入并进行处理的服务功能、文件转输服务功能、电子邮件服务功能、远程打印服务功能等。

网络协议是保证网络中两台设备之间正确传送数据而建立的规则、标准或约定。在计算机网络中，两个相互通信的实体处在不同的地理位置，二者相互之间的通信，需要通过交换信息来协调它们的动作达到同步，而信息的交换必须按照预先共同约定好的规则进行。

4.1.3 计算机网络的分类

计算机网络可以从网络的覆盖范围、网络的拓扑结构、网络的交换方式、网络的传输介质等方面进行分类。下面介绍按覆盖范围分类和按拓扑结构分类。

1. 按网络的覆盖范围分类

根据网络的覆盖范围（即网络传输的距离）大小，计算机网络可以分为三种基本类型：局域网（Local Area Network，LAN）、城域网（Metropolitan Area Network，MAN）和广域网（Wide Area Network，WAN）。三者的传输速率范围如表 4-1 所示。

表 4-1 局域网、广域网和城域网的传输速率范围

网络分类	分布距离	跨越地理范围
局域网	10～2000 米	房间、校园内
城域网	2～100 千米	城市
广域网	1000 千米	国家、洲或洲际

（1）局域网。局域网分布于一个间房、每个楼层、整栋楼及楼群之间，范围一般在 2 千米以内，最大距离不超过 10 千米。局域网速率高，延迟小，传输速率通常为 10Mbps～2Gbps。一般用来构建一个单位的内部网络，如办公室网络、办公大楼内的局域网、学校的校园网、工厂的企业网、大公司及科研机构的园区网等。

（2）城域网。城域网是介于广域网与局域网之间的一种大范围的高速网络，它的覆盖范围通常为 2～100 千米，传输速率为 2Mbps 到每秒几吉字节。城域网设计的目标是满足几十公里范围内的大量企业、机关、公司与社会服务部门的计算机联网需求，实现大量用户、多种信息传输的综合信息网络。城域网主要指在大型企业集团、互联网服务提供商、电信部门、有线电视台和政府构建的专用网络和公用网络。

（3）广域网。广域网的覆盖范围很大，几个城市、一个国家、几个国家甚至全球都属于广域网的范畴，距离从几十公里到几千或几万公里。此类网络起初是出于军事、国防和科学研究的需要发展起来的，如美国国防部的 ARPAnet 网络。由于广域网分布距离很远，因此其速率要比局域网低得多。

2. 按计算机网络拓扑结构分类

网络拓扑结构是指网线与节点之间排列所构成的图形，它能表示出网络服务器、工作站、网络设备的网络配置和互相之间的连接。计算机网络拓扑结构一般可以分为星状、树状、环状、总线、网状等。

（1）星状拓扑结构。星状网络是以中央节点为中心，通过中央节点与其他各节点连接而成的网络。多个节点与中央节点通过点到点的方式连接，其拓扑结构如图 4-10 所示。星状网络的特点是：网络结构简单，便于管理；控制简单，建网容易；网络共享能力较差，通信线路利用率不高；中央节点负荷太重。

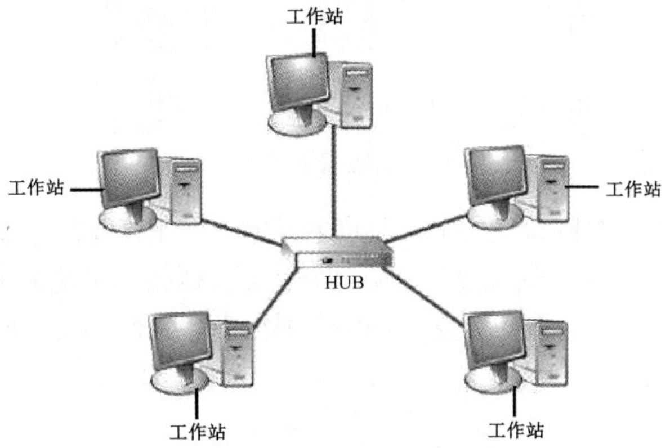

图 4-10　星状网络的拓扑结构

（2）环状拓扑结构。在环状网络中，各节点通过环路接口连在一条首尾相连的闭合环形通信线路中，其拓扑结构如图 4-11 所示，环线上任何节点均可请求发送信息。环状结构的优点是传输控制机制简单，实时性强；缺点是可靠性差，任何一个结点出现的差错，都会影响网上所有设备的运行。

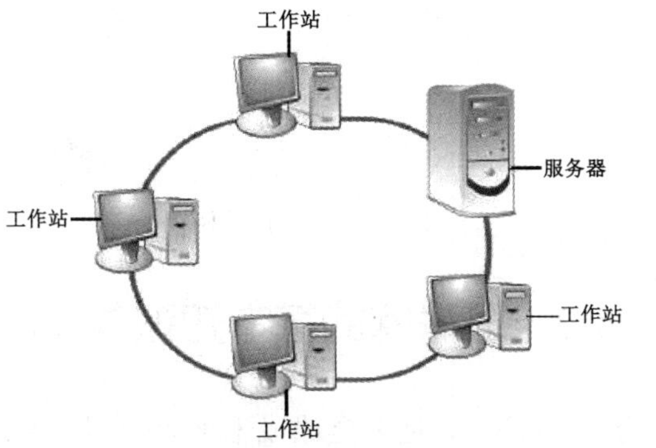

图 4-11　环状网络的拓扑结构

（3）总线拓扑结构。总线网络是由一条高速公用总线连接若干节点所形成的网络，其拓扑结构如图 4-12 所示。总线结构的特点是：多个节点共用一条传输信道，安装容易，结构简单；维护较困难，网络延伸距离有限，在总线上只要有一个点出现连接问题，就会影响整个网络的工作。

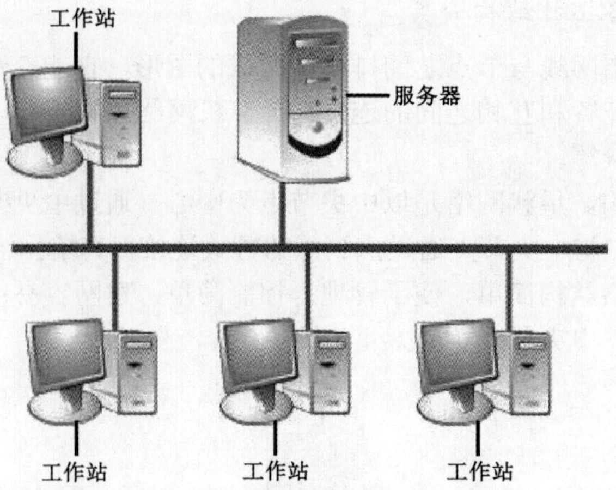

图 4-12 总线网络的拓扑结构

（4）网状拓扑结构。在网状结构中，节点之间的连接是任意的，没有规律。其拓扑结构如图 4-13 所示。网状拓扑结构的优点是节点间路径多，碰撞和阻塞减少，局部故障不会影响整个网络的正常工作，可靠性高。但这种网络关系复杂，建网不易，网络控制机制复杂。

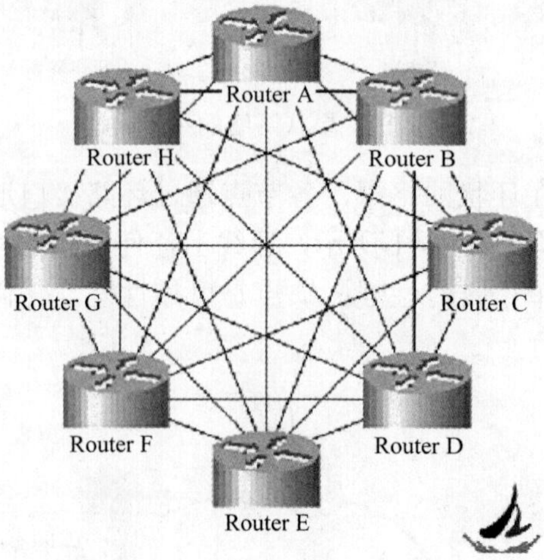

图 4-13 网状结构

4.2 互联网的基本知识与应用

Internet，译成中文为"因特网"，是由全球成千上万个网络互联起来的规模空前的超级计算机广域网。它们遵守共同的 TCP/IP 协议，并进行数据通信和资源共享。

互联网具有许多强大的功能，其中包括电子邮件、远程登录、交互式信息查询、文件传送、电子论坛、交互式多用户服务等。其中电子邮件和交互式信息查询是在网上发邮件、用浏览器浏览信息时最常用的功能。

知识链接

国内外计算机网络的形成与发展

1. 国外（美国）计算机网络的产生与发展

在 20 世纪 50 年代初，美国航空公司与 IBM 公司开始联合研究计算机通信技术应用于民用系统方面的技术，并于 60 年代初投入使用飞机订票系统 SABRE-I。1968 年美国通用电气公司投入运行了最大的商用数据处理网络信息服务系统，该系统具有交互处理和批处理能力，由于地理范围大，因此可以利用时差充分利用资源。

早期的计算机通信网络中，为了提高通信线路的利用率并减轻主机的负担，已经使用了多点通信线路、终端集中器及前端处理机等技术。这些技术对以后计算机网络的发展有着深刻的影响。例如，以多点线路连接的终端和主机间的通信建立过程，可以用主机对各终端轮询或各终端连接成雏菊链的形式实现。

1969 年 12 月，Internet 的前身——美国的 ARPA 网投入运行，它标志着计算机网络的兴起。该计算机网络系统是一种分组交换网。分组交换技术使计算机网络的概念、结构和网络设计方面都发生了根本性的变化，并为后来的计算机网络打下了坚实的基础。

20 世纪 80 年代初，随着个人计算机的推广，各种基于个人计算机的局域网纷纷出台。这个时期计算机局域网系统的典型结构是在共享介质通信网平台上的共享文件服务器结构，即为所有联网的个人计算机设置一台专用的可共享的网络文件服务器。每台个人计算机用户的主要任务仍在自己的计算机上运行，仅在需要访问共享磁盘文件时才通过网络访问文件服务器，实现了计算机网络中各计算机之间的协同工作。由于使用了较 PSTN 速率高得多的同轴电缆、光纤等高速传输介质，使个人计算机网上访问共享资源的速率和效率大大提高。这种基于文件服务器的计算机网络对网内计算机进行了分工：个人计算机面向用户，计算机服务器专用于提供共享文件资源，这就形成了客户机/服务器模式。

计算机网络系统是非常复杂的系统，计算机之间相互通信涉及许多复杂的技术问题，为实现计算机网络通信，计算机网络采用的是分层解决网络技术问题的方法。但是，由于存在不同的分层网络系统体系结构，它们的产品之间很难实现互联。为此，20 世纪 80 年代早期，国际标准化组织正式颁布了“开放系统互联基本参考模型”OSI 国际标准，使计算机网络体系结构实现了标准化。

进入 20 世纪 90 年代，计算机技术、通信技术以及建立在计算机和网络技术基础上的计算机网络技术得到了迅猛的发展。特别是 1993 年美国宣布建立国家信息基础设施后，全世界许多国家纷纷制定和建立本国的信息基础设施，从而极大地推动了计算机网络技术的发展，使计算机网络进入了一个崭新的阶段。

2. 我国互联网的发展

我国互联网的发展启蒙于 20 世纪 80 年代末。1987 年 9 月 20 日，钱天白教授通过意大利公用分组交换网 ITAPAC 设在北京的 PAD 发出了我国的第一封电子邮件，与德国卡尔斯鲁厄大学进行了通信，揭开了中国人使用 Internet 的序幕。

1989 年 9 月，在国家计委的组织下建立了中国国家教育与科研示范网络（National Computing and Networking Facility of China，NCFC）。这个项目的主要目标是在北京大学、清华大学和中科院 3 个单位之间建设高速互联网络，并建立一个超级计算中心，该项目于 1992 年建设完成。

1990 年 10 月，中国正式在 DDN-NIC 注册登记了我国的顶级域名 cn。1993 年 4 月，中国科学院计算机网络信息中心召集部分网络专家调查了各国的域名系统，据此提出了我国的域名体系。

1994 年 1 月 4 日，NCFC 通过美国 Sprint 公司接入 Internet 的 64K 国际专线开通，实现了与 Internet 的全功能连接。从此我国正式成为有 Internet 的国家。此事被国家统计公报列为 1994 年的重大科技成果之一。

从 1994 年开始，分别由国家计委、邮电部、国家教委和中科院主持，建成了我国的四大互联网，即中国金桥信息网、中国公用计算机互联网、中国教育科研网和中国科技网。在短短几年间，这些主干网络就投入使用，形成了国家主干网的基础。

1996 年以后，我国互联网的发展进入应用平台建设和增值业务开发阶段，中国互联网进入了空前活跃的高速发展时期。一大批中文网站，包括综合性的门户网站和各种专业性网站纷纷出台，提供新闻报道、技术咨询、软件下载、休闲娱乐等 ICP 服务，以及虚拟主机、域名注册、免费空间等技术支持服务。与此同时，各种增值服务也逐步展开，其中主要有电子商务、IP 电话、视频点播、无线上网等。在互联网的应用面和普及率快速增长的前提下，一些中国互联网公司开始进军海外股市纳斯达克，成为世纪之交中国新经济发展的重要标志。

1997 年 6 月 3 日，根据国务院信息化工作领导小组办公室的决定，中国科学院网络信息中心组建了中国互联网络信息中心（China Internet Network Information Center，CNNIC），与此同时，国务院信息化工作领导小组办公室宣布成立中国互联网络信息中心工作委员会。

1997 年 11 月，CNNIC 发布了第一次《中国互联网络发展状况统计报告》。截止到 1997 年 10 月 31 日，我国共有上网计算机 29.9 万台，上网用户 62 万人，cn 下注册的域名 4066 个，Web 站点 1500 个，国际出口带宽为 18.64Mb/s。

此后的十余年间，我国的互联网发展异常迅速，并于 2008 年上半年网民数量首次大幅度超过美国，跃居世界第一位。根据 2013 年 1 月 15 日 CNNIC 发布的第 31 次统计报告，截至 2012 年年底，我国网民数已经达到 5.64 亿人，仍然位居全球第一；我国域名总数为 1341 万个，其中“.cn”域名总数为 751 万个，占比为 56.0%；中国网站总数（即网站的域名注册者在中国境内的网站数，包括在境内接入和境外接入）升至 268 万个。网页总数 1227 亿个，国际出口带宽总量达到 1899792 MB，中国内地的 IPv4 地址数达到 3.31 亿个。截至 2012 年 12 月底，我国 IPv6 地址数量为 12535 块/32，较 2011 年同期大幅增长 33.4%，位列世界第三位。根据 2012 年 3 月七部委联合下发的《下一代互联网“十二五”发展建议意见的通知》，我国在 2013 年年底前逐步开展 IPv6 的小规模商用试点，形成商业模式和技术演进路线，为全面部署 IPv6 做准备。综合来看，我国的互联网普及率和网民已经超过了全球平均水平，中国的互联网正在实现飞速发展。

4.2.1　计算机网络协议

自从计算机网络面世以来，它不断地促进着社会的发展，而且人类对计算机网络的依靠与需求越来越强烈，许多计算机厂商都建立了一套与众不同的网络协议体系，然后配套一系列相对应的计算机网络硬件设备来完成计算机的联网需求，而且它们之间并不能通用。这样就妨碍了计算机网络的进一步发展。

为了将不同类型、不同操作系统的计算机互联起来形成一个计算机网络，就必须有一个体系结构。在计算机网络的体系结构中，需要制定一系列有关的硬件和软件互联互通的规则、标准或约定，即网络中计算机之间通信时必须遵循的规则。这些标准和规则的集合称为网络协议。

1. 网络协议概述

在计算机网络技术中，一般把通信规程称作协议。所谓协议，就是人们在设计计算机网络系统时，预先做出的一系列约定。约定做好后，数据通信必须完全遵照约定来进行，协议由语法、语义和交换规则三个部分组成。

（1）语义：通信双方要表达的内容，即协议所包含的元素。

（2）语法：规定这些内容的表示形式。

（3）交换规则：数据通信过程中要发生的状态的变化规则。

数据从计算机网络中的源站发出，到目的地站的接收，最后达到收发双方之间的对话或互操作，需要经历一系列的协议操作。例如，发送站把数据发送到线路上，根据目的地地址，先要经历在链路上的传输，链路是在通信节点间保证无差错传输的路径单元。每个节点收到信息后，对它做差错检测和改正差错，然后发送到下一个节点。如果遇到无法改正的差错，则退回上一个节点要求重发。目的地址包括目的地站所在的网络段号网络地址和在该网络段上的节点号节点地址，如果在某个中间节点上有多个网络分支的路径，为使信息以最经济、快捷的路径传送，要由该中间节点经过的路由确定，然后可能跨越多个网络，进行端对端从发站到收站的传输，把数据送到目的地站。此后，还可能要做端到端的差错校验和改正。在进行收发站之间的交互行中的计算机程序之间的衔接进程和进程之间的连接，语言或代码转换，最后到达应用层进行，应用的信息处理操作通信结束后，要进行拆除连接，释放信道的过程，如此完成一次通信，这其中每个阶段都需要有严格的协议作为保证。

2. 开放系统互连参考模型 OSI

世界上第一个网络体系结构由 IBM 公司提出（1974 年），之后其他公司也相继提出了自己的网络体系结构，如 Digital 公司的 DNA，美国国防部的 TCP/IP 等。多种网络体系结构并存，其结果是若采用 IBM 的结构，则只能选用 IBM 的产品，并且只能与同种结构的网络互联。为了促进计算机网络的发展，ISO 于 1977 年成立了一个委员会，在现有网络的基础上，提出了不基于具体机型、操作系统或公司的网络体系结构。即全世界范围内凡遵循同一 ISO 标准的任何系统都能开放式地进行信息交换。1984 年 ISO 提出了开放系统互联基本参考模型，称为 ISO/OSI 参考模型。

OSI 将计算机网络的体系结构分成七层。建立七层模型的主要目的是解决异种网络互联时所遇到的兼容性问题，其最主要的功能是帮助不同类型的主机实现数据传输。OSI 参考模型采用了分层的结构化技术，将功能从逻辑上加以划分，以使整个结构具有较高的灵活性。如图 4-14 所示为 OSI 参考模型的工作模式。OSI 参考模型的七层包括应用层（Application Layer）、表示层（Presentation Layer）、会话层（Session Layer）、传输层（Transport Layer）、网络层（Network Layer）、数据链路层（Data Link Layer）、物理层（Physical Layer）。

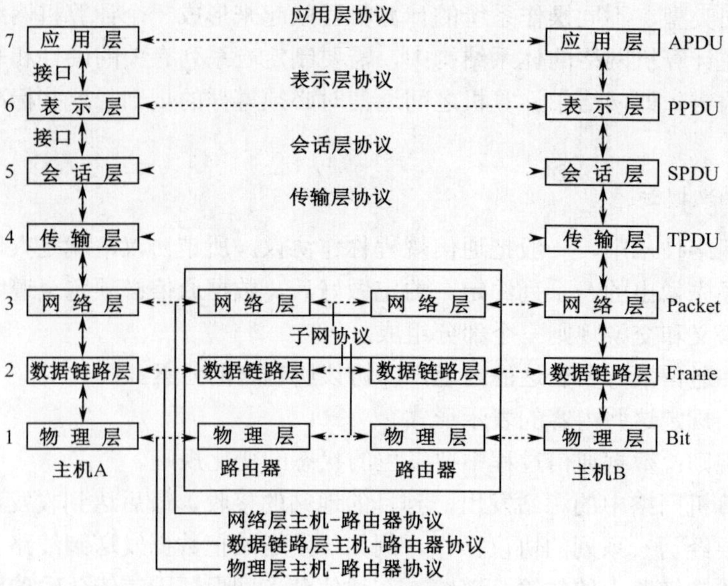

图 4-14 OSI 参考模型的工作模式

以上七层的第 1～4 层是低层，是面向通信的，第 5～7 层是高层，是面向信息处理的。下面对各层做一个相对简单的介绍。

（1）物理层协议。实现物理上互联系统间位流信息的透明传输，即实现了一位（组）数据在两个通信实体之间的可靠传送通信，它描述了经通信介质在数据链路实体之间建立、维护和拆除物理连接。

（2）数据链路层协议。数据链路层协议主要是对高层屏蔽传输介质的特性，为网络通信实体之间提供建立、维护和释放数。数据链路连接的功能和手段，实现无差错的数据以帧为单位的可靠传送。

（3）网络层协议。网络层协议主要是为通信子网与高层结构之间提供界面连接，其主要任务是对通信子网实现路径选择，实现通信实体之间端到端的透明数据传送，对高层屏蔽了数据传送经过的路径。

（4）传输层协议：传输层协议也称主机-主机层协议，它为会话层的通信实体之间提供透明的数据传送，其主要任务是接收会话实体送来的数据，根据需要把它们分成若干个比较小的单元，保证所有数据单元经过下面三层正确地到达另一个会话实体。

（5）会话层协议。会话层协议也称进程-进程层协议，它通过协议提供的一组命令为网上两个进程之间的通信建立会话连接和释放会话连接，并管理它们在该连接上的对话。

（6）表示层协议。表示层协议以对应用实体有意义的形式提供有关信息表示的服务。

这些服务有文本压缩、代码转换、数据加密与解密、文件格式变换、信息格式变换、终端属性的转换等。

（7）应用层协议。应用层协议是用户访问网络的接口层，直接为正在通信的端点用户的应用进程服务。

4.2.2　IP 地址

与 Internet 相连的任何一台计算机，包括服务器、单用户客户机或联网设备（路由器、交换机等），都称为主机。为了使联网的主机互相识别并进行通信，必须给每台主机配备一个唯一的“标示号”，在 Internet 中，一般采用 IP 地址和域名地址来对主机进行标识。

知识链接

TCP/IP 协议是一个协议集，其中传输控制协议（Transmission Control Protocol，TCP）和网际协议（Internet Protocol，IP）是最核心的两个协议。Internet 的其他网络协议都要用到这两个协议提供的功能，因而人们称整个 Internet 协议为 TCP/IP 协议族，或简称为 TCP/IP 协议。

目前，在 Internet 中使用的协议有 100 多个，如超文本传输协议 HTTP、电子邮件传输协议 SMTP、文件传输协议 FTP、远程登录协议 Telnet、域名服务 DNS 等应用程序执行的协议，以及 TCP、IP 等底层协议。

1. IP 地址的含义和特点

在 Internet 上为每台主机指定的地址称为 IP 地址。它是 TCP/IP 协议中所规定的 Internet 的每个节点都要有的统一的地址格式，是 Internet 主机地址的一种数字型标识，是一台机器可识别的地址。

IP 地址的特点如下。

小提示

一台计算机可以有多个 IP 地址，但一个 IP 地址不能由两台或两台以上计算机共同拥有。

（1）它是 Internet 上通用的地址格式。通过 IP 地址使得网上的计算机能够彼此交换信息。它采用 32 位二进制地址格式进行编码。IP 地址能贯穿于整个网络，不管每个具体的网络采用何种技术或结构。

（2）Internet 上的每台主机都必须有 IP 地址。IP 地址是识别 Internet 上每台主机（包括计算机、路由器等）的端口地址，凡是上网的计算机都必须分配有 IP 地址，否则无法进行通信。

（3）IP 地址是唯一的。IP 地址是识别 Internet 上每台主机的“身份证”，因此每台计算机的 IP 地址在全网中是唯一的。

2. IP 地址的格式

目前使用的 IPv4 协议规定，每个 IP 地址由 32 个二进制位组成，分为 4 组，每组 8 个二进制位。在实际表示中，为了阅读和使用的方便，每组以十进制数字 0～255 表示，每个组间以“.”隔开，称为点分十进制编址。

（1）二进制数表示的 IP 地址。由以一个 32 位的二进制数组成，分为 4 段，每段 8 位。例如，110001010-11000000-00100000-01100100。

（2）点分十进制表示。将上述分为 4 段得二进制数，每段用相应的十进制数表示，段与段之间用“.”隔开。例如，上面的 32 位二进制的 IP 地址所对应的十进制数标识为：202.192.32.100。

说明：从点分十进制的 IP 地址表示法可知，每个十进制数的取值范围是 0～255，因此 Internet 上最多可容纳的主机数为：2564≈43 亿台。

3. IP 地址的分类

在 Internet 中，每个 IP 地址由网络标示和主机标示两部分组成。网络标示的长度决定能标示的网络数量，主机标示的长度决定每个网络能容纳多少台主机。

为便于管理和合理使用 IP 地址资源，国际互联网络信息中心根据网络规模的大小，将 IP 地址分为 5 类，即 A 类、B 类、C 类、D 类和 E 类。其中 D 类地址叫多目地址，E 类地址用于将来的扩展之用，这两类地址并不常用。我们常用的地址有 A 类、B 类和 C 类地址。图 4-15 表示了 A、B、C 三类地址的分类方法。

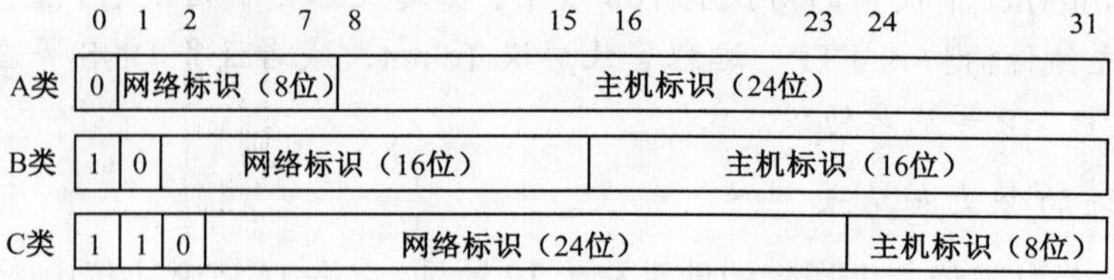

图 4-15 IP 地址的分类（A、B、C 类）

下面具体说明其 IP 地址的分类特征。IP 地址的最左侧字节的 8 比特的高位是用来区分网络的类型。

（1）A 类网：网络号为 1 字节，定义最高比特为 0，为 A 类网识别符，余下 7 比特为网络号，主机号则可有 24 比特编址。可见 A 类网支持大型网络，可用网络号为 126 个，每个 A 类网可含 2^{24}（16777216）个主机号。例如，IP 地址为 15.1.2.25，是 A 类网，其网络号为 15，主机号为 1.2.25。

（2）B 类网：网络号为 2 字节，定义最高二比特为 10，为 B 类网识别符，余下 14 比特为网络号，主机号则可有 16 比特编址。B 类网是中型网络，可用网络号为 16382 个，每个 B 类网可含 2^{16}（65536）个主机号。

（3）C 类网：网络号为 3 字节，定义最高三比特为 110，为 C 类网识别符，余下 21 比特为网络号，主机号仅有 8 比特编址。C 类网是小型网络，可用网络号为 2097150 个，每个 C 类网可含 2^{8}（256）个主机号，可用主机号为 254 个。

（4）D 类网：不分网络号和主机号，定义最高四比特为 1110 为 D 类网址识别符，表示一个多播地址，即多目的地传输，可用来识别一组主机。

4. IPv6 协议

目前通常使用的是 IPv4 技术，它的最大问题是网络地址资源有限，从理论上讲，编址 1600 万个网络、40 亿台主机。但采用 A、B、C 三类编址方式后，可用的网络地址和主机地址的数目大打折扣，以至 IP 地址已于 2011 年 2 月 3 日分配完毕。其中北美占有 3/4，约 30 亿个，而人口最多的亚洲只有不到 4 亿个，地址不足，严重地制约了互联网的应用和发展。

为了彻底解决 IPv4 存在的问题，Internet 工程特别工作组从 1995 年开始，研究开发下一代 IP 协议，即 IPv6。IPv6 具有长达 128 位的地址空间，这意味着，如果全球有 60 亿人口，每人可以分配到 6～8 个 IP 地址，彻底解决了 IPv4 地址不足的问题。

IPv6 的主要特点有以下几个。

（1）IPv6 地址长度为 128 位，地址空间增大了 2^{96} 倍。

（2）灵活的 IP 报文头部格式。使用一系列固定格式的扩展头部取代了 IPv4 中可变长度的选项字段。IPv6 中选项部分的出现方式也有所变化，使路由器可以简单路过选项而不做任何处理，加快了报文处理速度。

（3）IPv6 简化了报文头部格式，字段只有 8 个，加快了报文转发速度，提高了吞吐量。

（4）提高了安全性。身份认证和隐私权是 IPv6 的关键特性。

（5）支持更多的服务类型。

（6）允许协议继续演变，增加了新的功能，使之适应未来技术的发展。

知识链接

2012 年 6 月 6 日，国际互联网协会举行了世界 IPv6 启动纪念日，这一天，全球 IPv6 网络正式启动。多家知名网站，如 Google、Facebook 和 Yahoo 等，于当天全球标准时间 0 点（北京时间 8 点整）开始永久性支持 IPv6 访问。

根据飓风电子统计，截至 2013 年 9 月，互联网 318 个顶级域名中的 283 个支持 IPv6 接入它们的 DNS，约占 89.0%，其中 276 个域名包含 IPv6 黏附记录，共 5138365 个域名在各自的域内拥有 IPv6 地址记录 。

4.2.3 域名系统

1. 域名的含义和作用

在 Internet 中，采用 IP 地址可以直接访问网络中的一切主机资源，但是 IP 地址难以记忆，于是便产生了一套易于记忆的、具有一定意义的用字符来表示的 IP 地址，这就是域名。

域名采用分层次方法命名，由若干子域构成，一般为 3～5 个，子域之间用“.”分隔，最右边的子域是一级域名，也称顶级域名。从右向左层次逐级降低，最左边的子域是主机的名字。

域名便于人们记忆和使用，但计算机之间是使用 IP 地址进行通信的，因此，需要在域名和 IP 地址之间建立一种对应关系，即“域名-IP 地址”及“IP 地址-域名”的映射，在 Internet 中采用域名系统将域名解析为 IP 地址。

域名的一般格式是：主机名.单位域名.行业域名.国家域名。例如，在一个典型的主机域名 www.pku.edu.cn 中，www 表示 WWW 服务器；pku 表示北京大学；edu 表示教育机构；cn 表示中国。

2. 域名的类别

（1）顶级域名。顶级域名分为两种。

①国家顶级域名（National Top-Level Domainnames，NTLDs），200 多个国家都按照 ISO 3166 国家代码分配了顶级域名，如中国是 cn，美国是 us，日本是 jp。

②国际顶级域名（International Top-Level Domain names，ITDs），如表示工商企业的.com .top、表示网络提供商的.net、表示非营利组织的.org 等。大多数域名争议都发生在 com 的顶级域名下，因为多数公司上网的目的都是营利。为加强域名管理，解决域名资源紧张的问题，Internet 协会、Internet 分址机构及世界知识产权组织等国际组织经过广泛协商，在原来三个国际通用顶级域名的基础上，新增加了 7 个国际通用顶级域名：firm（公司企业）、store（销售公司或企业）、Web（突出 WWW 活动的单位）、arts（突出文化、娱乐活动的单位）、rec（突出消遣、娱乐活动的单位）、info（提供信息服务的单位）、nom（个人），并在世界范围内选择新的注册机构来受理域名注册申请。

国家/地区顶级域名根据网络所属国别划分，用国家/地区的两个字母缩写来表示。通用顶级域名根据网络类别划分，常见的通用顶级域名如表 4-2 所示。

表 4-2 常见的通用顶级域名

以地域分类的域名		以网站性质分类的域名	
cn	中国	com	商业机构
ca	加拿大	gov	政府机构
jp	日本	edu	教育机构
au	澳大利亚	org	非营利机构
uk	英国	net	网络机构
fr	法国	mil	军事机构
hk	中国香港	int	国际机构

需要说明的是，由于 Internet 起源于美国，在美国的主机域名可省略国家代码 us，如 www.microsoft.com，表示美国微软公司的 WWW 的主机。

（2）二级域名。二级域名是指顶级域名之下的域名。在国际顶级域名下，它是指域名注册人的网上名称，如 ibm、yahoo、microsoft 等；在国家顶级域名下，它是表示注册企业类别的符号，如 com、.top、edu、gov、net 等。

中国在国际互联网络信息中心正式注册并运行的顶级域名是 cn，这也是中国的一级域名。在顶级域名之下，中国的二级域名又分为类别域名和行政区域名两类。类别域名共 7 个，包括：用于科研机构的 ac；用于工商金融企业的 com、top；用于教育机构的 edu；用于政府部门的 gov；用于互联网络信息中心和运行中心的 net；用于非营利组织的 org。

国家/地区域名下的二级域名由各个国家或地区管理。在我国.cn 下的二级域名由 CNNIC 负责管理。.cn 下的域名体系分为类别域名和行政区域名两套。类别域名有六个，分别为政府（gov）、商业（com）、军事（mil）、教育（edu）、科研（ac）、网络（net），行政区域名按照我国的各个行政区划分：如上海（sh）、江苏（js）、山西（sx）、河南（hn）等。

（3）三级域名。三级域名用字母（A～Z，a～z）、数字（0～9）和连接符（-）组成，各级域名之间用“.”连接，三级域名的长度不能超过 20 个字符。如无特殊原因，建议采用申请人的英文名（或缩写）或汉语拼音名（或缩写）作为三级域名，以保持域名的清晰性和简洁性。

4.2.4 Internet 的基本服务

Internet 提供了用于创建、浏览、搜索、阅读等信息交流的各种服务，其基本服务功能有万维网、电子邮件、文件传输、远程登录等。

1. 万维网服务

万维网（World Wide Web，WWW）服务用以帮助人们从 Internet 上浏览所需的信息。万维网 WWW（World Wide Web）是建立在 TCP 基础上，采用浏览器/服务器（Browser/Server，B/S）工作模式的一种网络应用。它将分散在世界各地的 Web 服务器（专门存放和管理 WWW 资源）中的信息，用超文本方式链接在一起，供 Internet 上的计算机用户查询和调用。

在 WWW 上，每一信息资源都有统一的且在网上唯一的地址，该地址称为统一资源定位符（Uniform Resource Locator，URL），它是 WWW 的统一资源定位标志。URL 由三部分组成：资源类型、存放资源的主机域名和资源文件名。

URL 的目标是用统一的方式来指明某一资源的位置，它是标准的编址机制，用来定位和检索在 WWW 上任何地方的文档。

URL 的地址格式为：“应用协议类型：//信息资源所在主机名（域名或 IP 地址）/路径名/…/文件名”。例如，http://www.100e.com/Inspirit/index.asp，表示用 http 协议访问主机名为 www.100e.com 的一个 asp 文件。

2. 电子邮件服务

电子邮件是 Internet 最基本的功能之一，在浏览器技术产生之前，Internet 网上用户之间的交流大多是通过电子邮件进行的。

电子邮件是利用互联网进行通信的工具，是 Internet 上一种典型的客户机/服务器（Client/Server）系统。这个系统主要包括电子邮件客户机、电子邮件服务器，以及在电子邮件客户机和服务器上运行、支持 Internet 上电子邮件服务的各种服务协议。

电子邮件与传统的通信方式相比有着巨大的优势，它所体现的信息传输方式与传统的信件有较大的区别。

（1）发送速度快。电子邮件通常在数秒钟内即可送达至全球任意位置的收件人信箱中，其速度比电话通信更为高效快捷。如果接收者在收到电子邮件后短时间内做出回复，往往发送者仍在计算机旁工作的时候就可以收到对方回复的电子邮件，接收双方交换一系列简短的电子邮件就像一次次简短的会话。

（2）信息多样化。电子邮件发送的信件内容除普通文字内容外，还可以是软件、数据，甚至是录音、动画、电视或各类多媒体信息。

（3）收发方便。与电话通信或邮政信件发送不同，电子邮件采取的是异步工作方式，它在高速传输的同时允许收信人自由决定在什么时候、什么地点接收和回复，发送电子邮件时不会因“占线”或接收方不在电脑旁而耽误时间，收件人无须守候在线路另一端，而可以在方便的任意时间、任意地点，甚至在旅途中收取电子邮件，从而跨越了时间和空间的限制。

（4）成本低廉。电子邮件最大的优点还在于其低廉的通信价格，用户花费极少的网络通信费用即可将重要的信息发送到远在地球另一端的用户手中。

（5）更为广泛的交流对象。同一对信件可以通过网络极快地发送给指定的一个或多个成员，甚至召开网上会议进行互相讨论，这些成员可以分布在世界各地，但发送速度与地域无关。与任何一种其他的 Internet 服务相比，使用电子邮件可以与更多的人进行通信。

（6）安全。电子邮件软件是高效可靠的，如果目的地的计算机正好关机或暂时从 Internet 断开，电子邮件软件会每隔一段时间自动重发；如果则在一段时间之内无法递交，则会自动通知发信人。作为一种高质量的服务，电子邮件是安全可靠的高速信件递送机制，Internet 用户一般只通过电子邮件方式发送信件。

电子邮箱实际上就是在互联网服务商 ISP 的电子邮件服务器上为用户开辟的一块专用的磁盘空间，用来存放用户的电子邮件文件。每个电子邮箱都有一个地址，称为电子邮箱地址（E-mail Address）。电子邮箱地址的格式是固定的，并且在全球范围内是唯一的。电子邮件的地址格式为：用户名@主机名。用户名是申请电子邮箱时用户自己起的名字；主机名是拥有独立 IP 地址的计算机的名字。例如，computer@126.com，意思是用户名为“computer”，主机名为“126.com”。

Internet 服务提供商 ISP 的电子邮件服务器实际上起到了“网上邮局”的作用。它管理着众多用户的电子邮箱，当用户有邮件来时就暂存其中，供用户查收阅读。电子邮箱容量有限，需用户定期整理，以便腾出空间接收新邮件。

3. 文件传输服务

文件传输是 Internet 中最重要的服务之一。用户可以使用文件传输进行相互的文件传输，实现信息共享。它通过网络可以将文件从一台计算机传送到另一台计算机，不管这两台计算机距离多远，使用什么操作系统，采用何种技术与网络连接，文件传输都能在网络上两个站点之间传输文件。在 Internet 上实现文件传输的软件是文件传输协议（File Transfer Protocol，FTP）。

与大多数 Internet 服务一样，FTP 也是一个客户机/服务器系统。用户通过一个支持 FTP 协议的客户机程序，连接到在远程主机上的 FTP 服务器程序。用户通过客户机程序向服务器程序发出命令，服务器程序执行用户所发出的命令，并将执行的结果返回到客户机。例如，用户发出一条命令，要求服务器向用户传送某个文件的一份拷贝，服务器会响应这条命令，将指定文件送至用户的机器上。客户机程序代表用户接收到这个文件，将其存放在用户目录中。

在 FTP 的使用当中，用户经常遇到两个概念：“下载”（Download）和“上传”（Upload）。下载文件就是从远程主机拷贝文件至自己的计算机上；上传文件就是将文件从自己的计算机中拷贝至远程主机上。用 Internet 语言来说，用户可通过客户机程序向（从）远程主机上传（下载）文件。

要登录 FTP 服务器，必须有该 FTP 服务器的账号。如果已是该服务器主机的注册客户，用户就会拥有一个 FTP 登录账号和密码，并以该账号和密码连上服务器。但 Internet 上有很大一部分 FTP 服务器被称为匿名（anonymous）FTP 服务器。这类服务器向公众提供文件拷贝服务，但不要求用户事先在该服务器上进行注册登记。

4.3　EDI 技术

4.3.1　EDI 的基本内涵

企业在商业活动中，同其供应商和客户之间存在着大量的信息交流。如图 4-16 所示，一个企业要同其供应商之间完成一笔采购业务，从开始的寻价到最后交易结束后发票的送达，有五类信息需要在企业和供应商之间交换。在传统的商业活动中，这些信息一般是以纸介质为载体在企业之间进行传送的。这种以纸介质来传送信息的方式不仅速度慢，而且由于其中的数据需要多次录入，因此容易出错。20 世纪 70 年代末 80 年代初，随着计算机网络技术在商业领域应用的发展，一种以计算机网络为媒介来传输商业信息的新型方式出现了，这就是 EDI。

简单地讲，EDI 就是在企业内部和企业的合作伙伴之间，以结构化的、计算机能直接识别的方式，通过计算机网络来传输商业信息。使用这种方式来传输商业信息之后，贸易伙伴之间可以不再使用纸介质，所以 EDI 贸易又被形象地称为“无纸化贸易”。

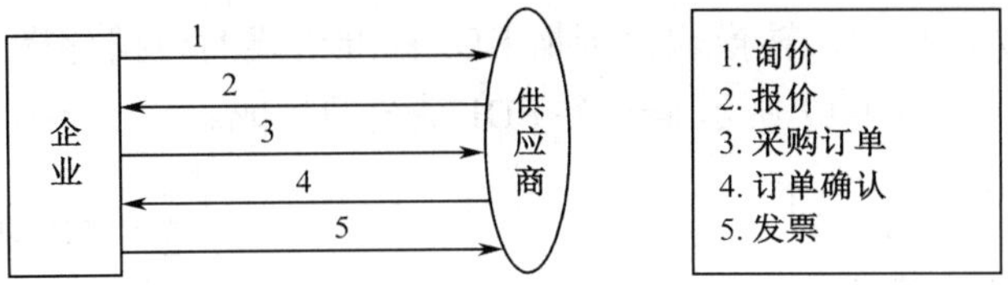

图 4-16　企业与供应商之间的商业信息传送

4.3.2　EDI 的特点

与一般的计算机网络在商业领域的应用相比较，EDI 在技术上的特点主要表现在两个方面：一是传输的是结构化的标准数据，二是传输的数据可以被计算机直接识别。

EDI 系统中传输的数据是商业数据，要能为接受方所识别。而企业的商业伙伴有许多家，这就要求这些数据要有标准的结构，从而能为不同的商业伙伴的不同计算机系统所接收并识别。此外，企业与其商业伙伴之间的计算机要以 EDI 方式来进行数据通信，怎样发出请求、怎样做出响应、怎样取消通信等，都要求遵守一定的协议。把 EDI 中对数据格式、通信进程等方面的要求汇集在一起，就形成了 EDI 标准。

目前，世界上有两大 EDI 标准，一是北美使用的标准 ANSI-ASC-X12，二是国际标准

（行政管理、商务与运输用电子数据交换，Electronic Data Interchange for Administration, Commerce and Transport，EDIFACT）。由于 ANSI ASC-X12 已经于 1992 年决定在其第四版后不再继续发展新的标准，而全力向国际标准靠近，因此，目前的 EDI 标准已逐渐统一为 EDIFACT。

实际上，从协议的角度，可以将 EDI 定义为：EDI 是一种通过计算机网络来传输数据的方式，它遵守 EDI 标准。

EDI 系统在传输数据时的一个基本要求是所传输的数据要能直接为计算机所识别，从而直接而不通过人工的转换进入计算机系统。企业之间通过电子邮件方式也可以快速地传输信息，但电子邮件中的数据要通过人工的阅读判断处理之后，才能进入计算机系统。也就是说，EDI 实现了数据在整个传输处理过程中的“不落地”。

与传统的企业之间传输信息的方式相比，EDI 在商业方面的特点主要表现在三个方面：一是 EDI 所传输的一般为企业的业务资料，如发票、订单等，而非一般的信函；二是由于是通过计算机网络来传输，因此大大地提高了效率；三是由于数据在传输处理过程中“不落地”，因此避免了人工处理过程中可能出现的差错。

4.3.3 EDI 系统的构成

EDI 系统由硬件系统和软件系统组成。硬件系统又包括计算机、通信设备和计算机网络。在 EDI 系统中，不同企业之间的计算机可以通过通信线路直接连接，也可以采用第三方机构提供的增值网络。由于 EDI 系统传输的大多是具有一定商业价值的商业资料，因此通过有专门机构管理的增值网络进行传输具有较高的安全性和可靠性。随着 Internet 的发展，Internet 也可以被 EDI 系统使用来传输数据。

在 EDI 的软件系统中，需要一个特殊的转换软件。企业需要发送的数据往往是由计算机中其他的应用软件生成的，转换软件的作用就是把不同格式的数据翻译为 EDI 能接受的标准格式数据。而在接收方，转换软件则把 EDI 标准格式的数据翻译为其他应用软件所能接受的格式的数据。如图 4-17 所示是一个 EDI 系统的构成。

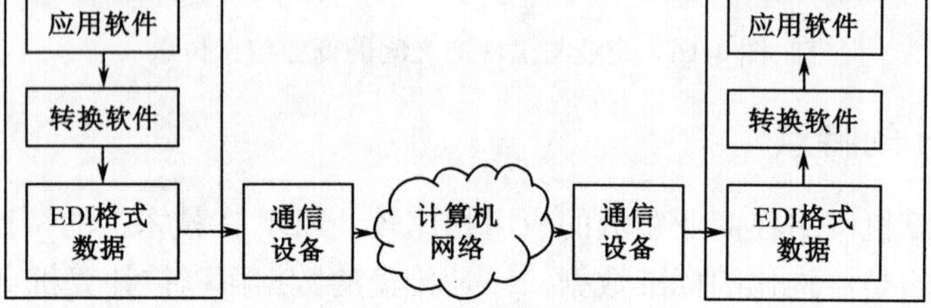

图 4-17 EDI 系统的构成

案例与思考

摩尔定律是由英特尔创始人之一戈登·摩尔（Gordon Moore）提出来的。其内容为：当价格不变时，集成电路上可容纳的晶体管数目，约每隔 18 个月便会增加一倍，性能也将提升一倍。换言之，每 1 美元所能买到的电脑性能，将每隔 18 个月翻两倍以上。这一定律揭示了信息技术进步的速度。同时，Internet 的传输带宽也在大幅增加，宽带上网应用越来越普遍。

思考：

1．技术的进步能够为 Internet 的应用带来怎样的变化？上网搜索相关前沿信息并撰写一篇综述。

2．结合你身边发生的变化，谈谈信息技术对我们的生活和工作产生了怎样的影响。

实践题

1．请到 CNNIC（www.cnnic.com）的网站上申请一个中文域名和一个英文域名，注意操作流程。

2．体会 Internet 的基本功能：用 CuteFTP 连接 FTP 站点完成文件的下载和上传，用 Outlook 收发邮件。

第5章　电子商务安全

引导案例

受害者：索尼

失窃的财产：超过1亿个客户账户的详细资料和1200万个没有加密的信用卡号码。

攻击者闯入索尼三个不同的数据库，这些数据库含有敏感的客户信息，包括姓名、出生日期及一部分索尼拥有的信用卡号码，这影响了索尼的 PlayStation 网络（PSN）、Qriocity 音乐视频服务以及索尼在线娱乐公司的广大客户。索尼旗下大约9个服务网站因最初的泄密事件而被黑客攻破。

备受尊崇的安全专家、普渡大学的 Spafford 博士所做的证词表明，索尼在使用一台过时的 Apache 服务器时，既没有打补丁，又没有装防火墙，其实早在发生泄密事件的几个月前，索尼就知道了这件事。而后不久，黑客又往索尼的伤口上撒了把盐：他们再度开始钻 PSN 的空子，因为索尼明知道黑客已弄到了客户电子邮件地址和出生日期，还是没有加强密码重置系统。在索尼再次关闭 PSN 以解决问题之前，不法分子改掉了没有更改与 PSN 账户有关联的电子邮件的用户的密码。

索尼在本次泄密事件之后付出了昂贵的代价用于客户挽救、法律成本和技术改进企业形象也严重受损。由此可以看出，在当今时代，不重视网络安全问题将使企业蒙受惨重的损失。

【本章学习目标】

1. 了解电子商务安全现状。
2. 熟悉电子商务安全问题与安全要素。
3. 掌握电子商务安全的常用技术与协议。

职业指导

高职院校电子商务专业毕业生的工作岗位主要集中在相关的商务运营、网站管理、网络营销等方面。技术应用方向主要培养学生电子商务系统的应用和维护管理能力，熟练掌握各种技术在企业商务运作中的应用。面向的岗位主要有：网站维护人员、数据库维护人员、电子商务系统操作人员等。

5.1　电子商务安全概述

电子商务系统是在公开的网上进行的，支付信息、订单信息、谈判信息等商务往来文件大量在计算机系统中存放、传输和处理，其安全问题引起了人们的广泛重视。计算机诈骗、计算机病毒等造成的商务信息被窃、篡改和破坏，以及机器失效、程序错误、误操作、传输错误等造成的信息失误或失效，都严重地危害了电子商务系统的安全。因此，保证商务信息的安全是进行电子商务的前提。

电子商务安全从整体上可分为两大部分：计算机网络安全、商务交易安全。计算机网络安全的内容包括：计算机网络设备安全、计算机网络系统安全和数据库安全等。其特征是针对计算机网络本身可能存在的安全问题，实施网络安全增强方案，以保证计算机网络自身的安全性为目标。商务交易安全要解决网络交易活动所面临的各种安全问题，其目标是实现电子商务交易的保密性、完整性、不可否认性和身份的真实性。

5.1.1　电子商务安全的主要内容

为了保障交易各方的合法权益，保证能够在安全的前提下开展电子商务，安全性通常要考察以下几个方面。

1. 信息的完整性

信息的完整性包括信息传输和信息存储两个方面。在信息传输过程中，接收端收到的信息与发送的信息完全一样，说明在传输过程中信息没有遭到破坏。尽管信息在传输过程中被加了密，能保证第三方看不到真正的信息，但并不能保证信息不被篡改。例如，如果发送的信用卡号码是“4399”，接收端收到的却是“4396”，这就说明信息的完整性遭到了破坏。在信息存储时，要防止破坏和非法篡改网站上的信息。

2. 信息的保密性

信息的保密性是指信息在传输过程中或在存储中不被他人窃取。因此，信息需加密并在必要的节点设置防火墙。例如，信用卡号在网上传输的过程中，如果非持卡人从网上拦截并且得知了这个号码，就可以用这个号码在网上消费。因此，必须对需要保密的信息进行加密处理，然后在网上传输。

3. 不可否认性

信息的不可否认性是指信息的发送方和接收方不能否认已发送和已接收的信息。由于商情的千变万化，如果否认达成的交易，势必有一方会损失利益。例如，订购一批水泥，订货时和收到订单时的价格不一样，收到订单时水泥价格上涨了，如果卖方不承认收到订单的时间或直接否认收到订单，那么买方就会受到不必要的损失，这是不允许的。

4. 系统的可靠性

系统的可靠性是指防止因计算机失效、传输错误、程序错误、自然灾害等引起的计算机信息失效或错误，保证信息在存储介质上的准确性。

5. 身份的真实性

身份的真实性是指网上交易时双方身份信息的真实性。双方交换信息前要确保自身身份的准确性，并且能够识别参与者的身份，以免被伪装攻击。

5.1.2 电子商务安全威胁

1. 信息的截获和窃取

如果加密强度不够或加密措施不足，攻击者可以通过互联网、公共电话网或在数据包通过的网关和路由器上截获数据等方式获取传输的机密信息，或者通过对信息流量和流向、通信频度和长度等参数的分析推出有用信息，例如，消费者的银行账号，密码及企业的商业机密等。

2. 信息假冒

当攻击者掌握并破解了网络数据规律时，可以发送假冒的信息来欺骗用户。

3. 信息的篡改

当网络信息格式被攻击者熟悉了之后，他们会通过各种技术方法在网络传输信息的过程中进行篡改，从而破坏信息的完整性。

这种破坏手段主要表现在三个方面。

（1）篡改：改变信息次序和内容。

（2）删除：删除某个消息。

（3）插入：在消息中插入一些不明或错误信息。

4. 交易抵赖

交易抵赖包括多个方面，一般都是否认发过某条信息或收到某条信息；或者因差价否认之前的交易订单。

5.1.3 电子商务安全对策

1. 使用网络监测和锁定监控

网络管理员应对网络实施监控，服务器应记录用户对网络资源的访问，对非法的网络访问，服务器应以图形、文字或声音等形式报警，以引起网络管理员的注意。

2. 采用信息流安全控制

防止不法分子通过流量和流向分析手段来确定攻击的目标。这类安全控制包括：掩盖通信的频度及报文的长度、形式、地址等。具体方法是填充和改变报文的传输路径。一般采用物理层的链路加密方式来掩盖报文地址，用带反馈的加密方式来掩盖报文的形式。

3. 对通信端口和通信线路进行保护

远程终端和通信线路是网络安全的薄弱环节，对目前已有各种各样的端口保护专用设备，要选择符合实际需要的技术先进的产品。对于通信线路，应尽可能地用光缆埋在地下，因为光缆不存在电磁泄漏，并且抗干扰性能极好。若采用电缆，要抑制和防止电磁泄漏，目前主要措施有两类：一类是对传导发射的防护，主要采取对电源线和信号线加装性能良好的滤波器，减小传输阻抗和导线间的交叉耦合；另一类是对辐射的防护，可采用电磁屏蔽措施和干扰方式的防护措施。

4. 安装高性能的防火墙

防火墙是一个用以阻止网络中的黑客访问某个机构网络的屏障。

如果内部网络要进入 Internet，必须在内部网络与外部网络的接口处设置防火墙，在网络的边界通过建立起相应的网络通信监控系统来隔离内部和外部网络，以阻挡外部网络的侵入，确保内部网络中的数据安全。

5. 采用访问控制

从计算机系统处理能力方面对信息提供保护，按照事先确定的规则决定主体对客体的访问是否合法。当主体试图非法使用一个未经授权的资源时，访问控制机制将拒绝，并将这一事件报告给审计跟踪系统。系统将给出报警，并记入日志档案。

6. 采用数据加密技术

数据加密技术分为对称密钥加密和非对称密钥加密技术。对称密钥加密技术在发送方和接收方使用相同的密钥，对数据使用相同的密钥进行加解密。在非对称密钥技术中，数据加解密的双方使用不同的密钥，但两个密钥之间拥有一个特定的关系:可以使用其中一个密钥进行加密，使用另外一个密钥进行解密。

5.2 电子商务系统中常用的安全技术

电子商务系统中常用的安全技术有防火墙技术、数据加密技术、认证技术和安全协议。

5.2.1 防火墙技术

1. 防火墙的含义

防火墙（Firewall）是 Internet 上广泛应用的一种安全措施的形象说法。它是一个由软硬件设备组合而成，用于加强内部网络和公共网络之间安全防范的系统，是 Internet 之间的屏障，包含两个网络之间执行访问控制策略（允许、拒绝、检测）的一系列部件的组合。防火墙如图 5-1 所示。

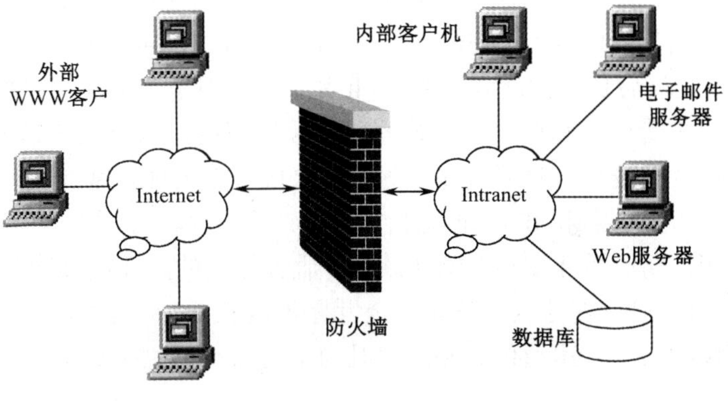

图 5-1 防火墙

防火墙是不同网络之间信息的唯一出口，能根据企业网络安全策略控制出入网络的信息流，且其本身具有较强的抗攻击能力。防火墙的安全策略有两种。

（1）凡是没有被列为允许访问的服务都是被禁止的。

（2）凡是没有被列为禁止访问的服务都是被允许的。

2. 防火墙的功能

防火墙可以是一套用于安全控制的软件系统，也可以是固化的有安全控制软件的硬件设备。防火墙技术有助于提高计算机系统总体的安全性，其功能体现在以下几个方面。

（1）防火墙是网络安全的屏障。一个防火墙（作为阻塞点、控制点）能极大地提高一个内部网络的安全性，并通过过滤不安全的服务来降低风险。由于只有经过精心选择的应用协议才能通过防火墙，所以网络环境变得更安全。例如，防火墙可以禁止诸如众所周知的不安全的 NFS 协议进出受保护网络，这样外部的攻击者就不可能利用这些脆弱的协议来攻击内部网络。防火墙同时可以保护网络免受基于路由的攻击，如 IP 选项中的源路由攻击和 ICMP 重定向中的重定向路径。防火墙应该可以拒绝所有以上类型攻击的报文并通知防火墙管理员。

（2）防火墙可以强化网络安全策略。通过以防火墙为中心的安全方案配置，能将所有安全软件（如口令、加密、身份认证、审计等）配置在防火墙上。与将网络安全问题分散到各个主机上相比，防火墙的集中安全管理更经济。例如，在网络访问时，一次一密口令系统和其他的身份认证系统完全可以不必分散在各个主机上，而集中在防火墙一身上。

（3）对网络存取和访问进行监控审计。如果所有的访问都经过防火墙，那么防火墙就能记录下这些访问并做出日志记录，同时也能提供网络使用情况的统计数据。当发生可疑动作时，防火墙能进行适当的报警，并提供网络是否受到监测和攻击的详细信息。另外，收集一个网络的使用和误用情况也是非常重要的，这样首先可以清楚防火墙是否能够抵挡攻击者的探测和攻击，其次可以清楚防火墙的控制是否充足。而网络使用统计对网络需求分析和威胁分析等而言也是非常重要的。

（4）防止内部信息的外泄。通过利用防火墙对内部网络的划分，可实现内部网重点网段的隔离，从而限制局部重点或敏感网络安全问题对全局网络造成的影响。此外，隐私是内部网络非常关心的问题，一个内部网络中不引人注意的细节可能因包含有关安全的线索而引起外部攻击者的兴趣，甚至因此而暴露内部网络的某些安全漏洞。使用防火墙就可以隐蔽那些透漏内部细节的内容，如 Finger、DNS 等服务。Finger 显示了主机的所有用户的注册名、真名，以及最后登录时间和使用 shell 类型等。但是 Finger 显示的信息非常容易被攻击者所获悉。攻击者可以知道一个系统使用的频繁程度，这个系统是否有用户正在连线上网，这个系统是否在被攻击时引起注意等。防火墙可以同样阻塞有关内部网络中的 DNS 信息，这样一台主机的域名和 IP 地址就不会被外界所了解。

除了安全作用，防火墙还支持具有 Internet 服务特性的企业内部网络技术体系 VPN。通过 VPN，将企事业单位在地域上分布于全世界各地的 LAN 或专用子网，有机地联成一个整体。这样不仅省去了专用通信线路，而且为信息共享提供了技术保障。

3. 防火墙的主要类型

目前使用的防火墙主要可分为包过滤和应用代理两种。

（1）包过滤防火墙。数据包过滤是指在网络层对数据包进行分析、选择和过滤。选择的数据是系统内设置的访问控制表（又叫规则表），规则表制定允许哪些类型的数据包可以流入或流出内部网络。通过检查数据流中每个 IP 数据包的源地址、目的地址、所用端口号、协议状态等因素或它们的组合来确定是否允许该数据包通过。包过滤防火墙一般可以直接集成在路由器上，在进行路由选择的同时完成数据包的选择与过滤，也可以由一台单独的计算机来完成数据包的过滤。包过滤防火墙的工作过程如图 5-2 所示。

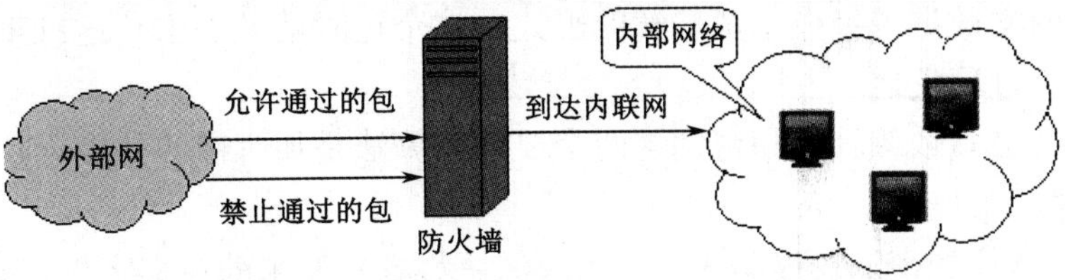

图 5-2　包过滤防火墙的工作过程

数据包过滤防火墙的优点是速度快、逻辑简单、成本低、易于安装和使用、网络性能和通明度好，因此广泛地用于 Cisco 和 Sonic System 等公司的路由器上。缺点是配置困难，容易出现漏洞，而且为特定服务开放的端口存在潜在的危险。

例如，“天网个人防火墙”就属于包过滤类型防火墙，根据系统预先设定的过滤规则及用户自己设置的过滤规则来对网络数据的流动情况进行分析、监控和管理，有效地提高了计算机的抗攻击能力。

（2）应用代理防火墙。应用代理技术是建立在网络应用层上的协议过滤技术，它在内部网络和外部网络之间设置一个代理主机，并针对特定的网络应用服务协议采取特定的数据过滤规则或逻辑，同时还对数据包进行统计分析，形成相关的报告。

应用代理防火墙能够将所有跨越防火墙的网络通信链路分为两段，使得网络内部的客户不直接与外部的服务器通信。防火墙内外计算机系统间应用层的连接由两个代理服务器之间的连接来实现。其优点是外部计算机的网络链路只能到达代理服务器，从而起到隔离防火墙内外计算机系统的作用。其缺点是执行速度慢，操作系统容易遭到攻击。应用代理防火墙的工作过程如图 5-3 所示。

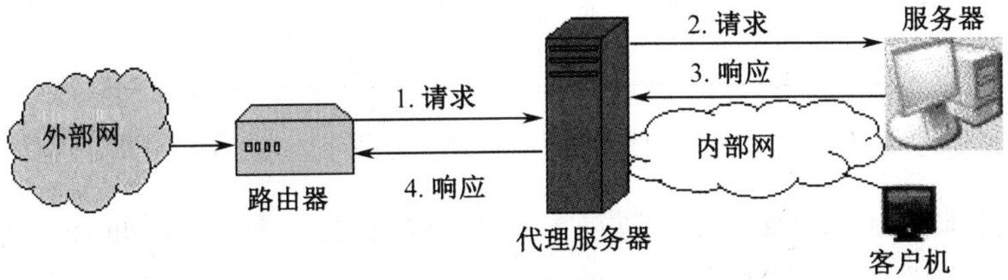

图 5-3　应用代理防火墙的工作过程

代理服务在实际应用中比较普遍，如学校校园网的代理服务器一端接入 Internet，另一端接入内部网，在代理服务器上安装一个实现代理服务的软件，如 WinGate Pro、Microsoft

Proxy Server 等，就能起到防火墙的作用。

5.2.2 数据加密技术

数据加密技术是为提高信息系统及数据的安全性和保密性，防止秘密数据被外部窃取所采用的主要技术手段之一，也是网络安全控制的基本技术。加密技术是一种主动的信息安全防范措施，其原理是利用一定的加密算法，将明文转换成从字面上无法正确理解的密文，阻止非法用户获取和理解原始数据，从而确保数据的保密性。

1. 密钥加密技术

密钥是将明文数据变换成不可理解的形式，这个过程就是加密，这种不可理解的形式称为密文。解密过程反之。

加密和解密必须依赖算法和密钥这两个要素。算法是加解密的计算方法；密钥是加解密所需的一串数字。

例如，采用移位加密法使移动 3 位后的英文字母表示原来的英文字母（凯撒加密算法），如图 5-4 所示，此例中移位规则就是算法，移动的位数 3 就是密钥。

A	B	C	D	E	F	G	H	I	J	K	L	M	N	O	P	Q	R	S	T	U	V	W	X	Y	Z
D	E	F	G	H	I	J	K	L	M	N	O	P	Q	R	S	T	U	V	W	X	Y	Z	A	B	C

图 5-4 凯撒加密算法

2. 对称加密技术

对称算法（Symmetric Algorithm），有时又叫传统密码算法，就是加密密钥能够从解密密钥中推算出来，同时解密密钥也可以从加密密钥中推算出来。在大多数的对称算法中，加密密钥和解密密钥是相同的，所以也称这种加密算法为秘密密钥算法或单密钥算法。它要求发送方和接收方在安全通信之前商定一个密钥。对称算法的安全性依赖密钥，泄漏密钥就意味着任何人都可以对发送或接收的消息解密，所以密钥的保密性对通信安全至关重要。对称加密过程如图 5-5 所示。

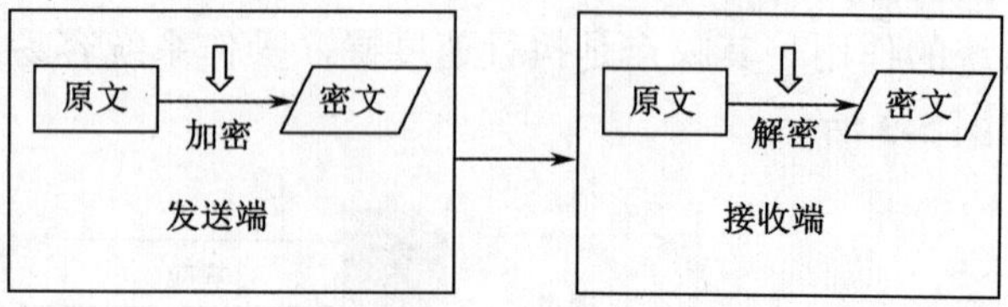

图 5-5 对称加密过程

对称加密技术的加密标准主要有两个，一个是数据加密标准（Data Encryption Standard，DES），另一个是国际数据加密算法（International Data Encryption Algorithm，IDEA）。DES 标准是由 IBM 公司开发的，现在已成为国际标准，由美国国家安全局和国家标准与技术局来管理。IDEA 于 1992 年正式提出，它比 DES 的加密性好，而且需要的计算机功能也不那么强。

DES 是一种数据分组的加密算法，它将数据分成长度为 64 位的数据块，其中 8 位作为奇偶校验。有效的密钥长度为 56 位。首先将明文数据进行初始置换，得到 64 位混乱的明文组，再将其分成两段，每段 32 位。然后进行乘积变换，在密钥的控制下，做 16 次迭代，最后进行逆初始变换而得到密文。

IDEA 同样也是采用分组迭代的加密方法，但使用的有效密钥长度为 128 位，因此其加密性能更好，可以有效消除任何穷尽搜索秘钥的可能性。

对称加密的优点在于算法实现后的效率高、速度快；缺点在于密钥的管理过于复杂。

（1）任意两个不同用户之间一般都应该使用互不相同的密钥。

（2）这样巨大的密钥量给密钥分配、使用和管理带来了极大的困难，也带来了非技术因素上的安全问题。

（3）在很多场合需要身份认证和数字签名，这一问题对称密码体制无法很好地解决。

3. 非对称加密技术（公-私钥加密技术）

非对称密码体制也叫公钥加密技术，该技术就是针对私钥密码体制的缺陷提出来的。在公钥加密系统中，加密和解密是相对独立的，加密和解密会使用两把不同的密钥，加密密钥向公众公开，谁都可以使用，解密密钥只有解密人自己知道，非法使用者根据公开的加密密钥无法推算出解密密钥，故其可被称为公钥密码体制。如果一个人选择并公布了他的公钥，另外任何人都可以用这一公钥来加密传送给那个人的消息。私钥是秘密保存的，只有私钥的所有者才能利用私钥对密文进行解密。

非对称加密过程如图 5-6 所示。

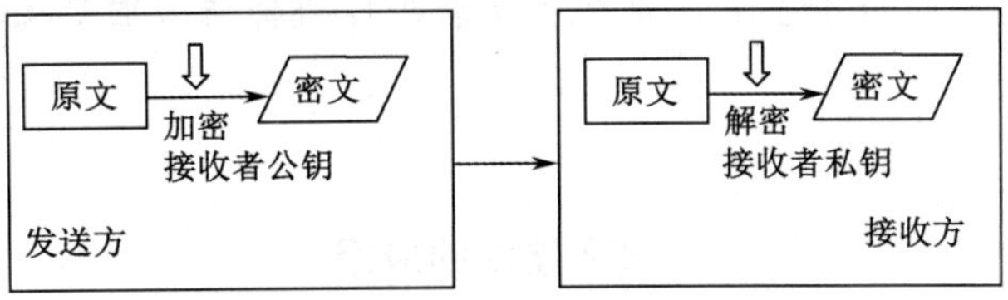

图 5-6　非对称加密过程

公钥加密技术的典型算法是 RSA 标准，RSA 算法是 1978 年由 Ronald Rivest、Adi Shamir 和 Leonard Adleman 三人开发的，所以该算法以他们三人名字的首字母命名为 RSA。RSA 是第一个既能用于数据加密也能用于数字签名的算法。

RSA 是建立在大整数分解的困难上的，是一种分组密码体制。RSA 建立方法如下：首先随机选两个大素数 p,q，计算 $n=p\bullet q$；计算欧拉函数 $\varphi(n)=(p-1)(q-1)$；其次，任选一个整数 e 为公开加密密钥，由 e 求出秘密解密密钥加密/解密。将明文分成长度小于位的明文块 m，加密过程是：$c=E(m，e)=\mathrm{mod}\ n$；解密过程是：$m=D(c，d)=\mathrm{mod}\ n$。RSA 的安全性依赖大数分解，但是否等同于大数分解一直未能得到理论上的证明，因为没有证明破解 RSA 就一定需要做大数分解。假设存在一种无须分解大数的算法，那它肯定可以修改成为大数分解算法。目前，RSA 的一些变种算法已被证明等价于大数分解。不管怎样，分解 n 是最显然的攻击方法。现在，人们已能分解多个十进制位的大素数。因此，模数 n 必须选大一些，因具体适用情况而定。

公钥加密技术成功解决了私钥加密技术中密钥分配、密钥管理和收发双方身份认证困难的问题，具体如下。

（1）密钥分发和管理简单。加密密钥可以做成密钥本公开，解密密钥由各用户自行掌握。

（2）每个用户秘密保存的密钥量减少。网络中每个用户只需要秘密保存自己的私钥，与其他用户通信所使用的加密密钥可以由密钥本得到。

（3）适应于计算机网络的发展，能够满足互不相识的用户之间进行保密通信的要求。

（4）能够很容易地完成数字签名和认证。

但是，公钥加密技术加密和解密的效率比对称密码体制要差。

小提示

假设用户甲要寄信给用户乙，他们互相知道对方的公钥。甲就用乙的公钥加密邮件寄出，乙收到后就可以用自己的私钥解密出甲的原文。由于别人不知道乙的私钥，所以即使甲本人也无法解密那封信，这就解决了信件保密的问题。另外，由于每个人都知道乙的公钥，他们都可以给乙发信，那么乙怎么确信是不是甲的来信呢？那就要用到基于加密技术的数字签名了。

甲用自己的私钥将签名内容加密，附加在邮件后，再用乙的公钥将整个邮件加密（注意这里的次序，如果先加密再签名的话，别人可以将签名去掉后签上自己的签名，从而篡改了签名）。这样这份密文被乙收到以后，乙用自己的私钥将邮件解密，得到甲的原文和数字签名，然后用甲的公钥解密签名，这样一来就可以确保两方面的安全了。

知识链接

加密技术的应用

1. 加密技术在 VPN 中的应用

现在，越来越多的公司走向国际化，一家公司可能在多个国家都有办事机构或销售中心，每个机构都有自己的 LAN，但在当今的网络社会，人们的要求不仅仅如此，用户希望将这些 LAN 连接在一起组成一家公司的广域网，这个在现在已不是什么难事了。

事实上，很多公司都已经这样做了，但它们一般会租用专用线路来连接这些局域网，它们考虑的就是网络的安全问题。现在具有加密/解密功能的路由器已到处都是，这就使人们通过互联网连接这些 LAN 成为可能，这就是我们通常所说的 VPN。当数据离开发送者所在的 LAN 时，该数据首先被用户端连接到互联网上的路由器进行硬件加密，数据在互联网上是以加密的形式传送的，当达到目的 LAN 的路由器时，该路由器就会对数据进行解密，这样目的 LAN 中的用户就可以看到真正的信息了。

2. 加密技术在电子邮件中的应用

用户在收取邮件时，往往都会简单地认为发信人就是电子邮件上的姓名和信箱地址，但实际伪造一封电子邮件极为容易，这种情况下，就要用到信息加密技术基础上的数字签名，用它来确认发信人身份的真实性。

3. **加密技术在服务器访问中的应用**

如某公司为了信息交流，提供用户合作伙伴非匿名的 FIP 服务或把 Web 网页上载到用户的 WWW 服务器上，需要确定正在访问用户的服务器的人就是用户认为的那个人，最好的技术方案，就是信息技术加密基础上的身份认证。

5.2.3 认证技术

认证技术是为了满足电子商务系统的安全性要求而采取的一种常用而且必需的安全技术。下面来分析电子商务中的几种常用认证技术：数字签名、数据摘要、数字信封。

1. 数字签名

使用密码机制对文件进行加密只解决了信息的保密性问题，但是如果他人对加密的文件进行破坏，或者你向一家公司下了订单但事后又加以否认，或者你冒充某人从账户上支取钱款等，对于这些问题，单靠密码技术是不能解决的，还要靠数字签名（Digital Signature）技术。签名是不能伪造的，接收者和第三方能够验证该文档确实来自签名者，并且在进行数字签名后文档未被修改过。一个安全的数字签名系统包括签名方法和验证方法，而且不可否认。实现数字签名的算法有很多，但利用公开密钥加密技术的数字签名是应用得最广泛的一种。基于密钥加密和数字摘要技术，可以实现数字签名。

目前应用广泛的数字签名方法主要有三种，即 RSA 签名、DSS 签名和 Hash 签名。其中 Hash 签名是最主要的数字签名方法，也称为数字摘要法。用 Hash 编码法实现数字签名的原理如下。

（1）发送方将要发送的文件生成一个 128 位的数字摘要，然后发送方用自己的私钥加密生成的数字摘要，这就形成了数字签名。

（2）发送方将生成的数字签名会同密文一起通过网络发送给接收方；接收方用发送方的公钥对数字签名进行解密，若解密出的数字摘要与其从接收到的文件中计算出的数字摘要相同，则可确定发送方的身份是真实的，同时说明文件在传输过程中没有被破坏或篡改。

数字签名的生成与使用过程如图 5-7 所示。

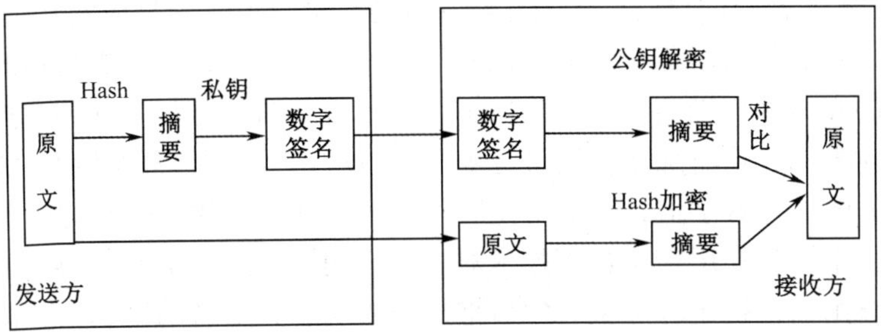

图 5-7　数字签名的生成与使用过程

2. 数字摘要

数字摘要也叫数字指纹（Finger Print），是将任意长度的消息变成固定长度的短消息，它类似于一个自变量是消息的函数，也就是 Hash 函数。数字摘要就是采用单项 Hash 函数将需要加密的明文“摘要”成一串固定长度（128 位）的密文，这串密文又称为数字指纹，它有固定的长度，而且不同的明文摘要成密文，其结果总是不同的，同样的明文其摘要必定一致。在电子商务交易中，数字摘要可以有效地检测交易信息是否完整或是否被篡改。

数字摘要的使用过程如下。

（1）发方 A 将原文信息进行 Hash 运算，得一 Hash 值即数字摘要 MD。

（2）发方 A 用自己的私钥，采用非对称算法，对数字摘要进行加密，即得数字签名。

（3）发方 A 用对称算法的对称密钥对原文信息、数字签名及发方 A 证书的公钥采用对称算法加密，得加密信息。

（4）发方用收方 B 的公钥，采用非对称算法对对称密钥加密，形成数字信封，就像将对称密钥装到了一个用收方公钥加密的信封里。

（5）发方 A 将加密信息和数字信封一起发送给收方 B。

（6）收方 B 接收到数字信封后，首先用自己的私钥解密数字信封，取出对称密钥。

（7）收方 B 用对称密钥通过 DES 算法解密加密信息，还原出原文信息、数字签名及发方 A 证书的公钥。

（8）收方 B 验证数字签名，先用发方 A 的公钥解密数字签名得数字摘要。

（9）收方 B 同时将原文信息用同样的 Hash 运算，求得一个新的数字摘要。

（10）将两个数字摘要进行比较，验证原文是否被修改。如果二者相等，说明数据没有被篡改，是保密传输的，签名是真实的；否则拒绝该签名。这样就做到了敏感信息在数字签名的传输中不被篡改，未经认证和授权的人看不见原数据，起到了在数字签名传输中对敏感数据的保密作用。

3. 数字信封

数字信封的功能类似于普通信封。普通信封在法律的约束下保证只有收信人才能阅读信的内容；数字信封则采用密码技术保证了只有规定的接收人才能阅读信息的内容。

数字信封中采用了单钥密码体制和公钥密码体制。在数字信封中，信息发送方采用对称密钥来加密信息内容，然后将此对称密钥用接收方的公开密钥来加密（这部分称数字信封）之后，将它和加密后的信息一起发送给接收方，接收方先用相应的私钥打开数字信封，得到对称密钥，然后使用对称密钥解开加密信息，这样就保证了数据传输的真实性和完整性。这种技术的安全性相当高。数字信封主要包括数字信封打包和数字信封拆解，数字信封打包是使用对方的公钥将加密密钥进行加密的过程，只有对方的私钥才能将加密后的数据（通信密钥）还原；数字信封拆解是使用私钥将加密过的数据解密的过程。

数字信封技术首先使用密钥加密技术对要发送的消息进行加密，再利用公钥加密技术对密钥系统中使用的密钥进行加密。然后把加密的消息和加密的密钥一起传送给接收方。其具体的实现方法和步骤如下。

（1）在需要发送信息时，发送方 A 先生成一个对称密钥。

（2）A 利用生成的对称密钥和相应的对称密钥算法对要发送的明文消息进行加密，生成密文。

（3）A 再用接收方 B 提供的公钥对刚才用到的加密明文的密钥进行加密，得到加密后的密钥。

（4）A 把加密后的消息和加密后的对称密钥作为密文一起传送给 B。

（5）B 接收到密文后，先用自己的私钥解密还原对称密钥，然后用得到的密钥，根据事先商定好的对称密钥算法解密得到明文。

数字信封的工作原理如图 5-8 所示。

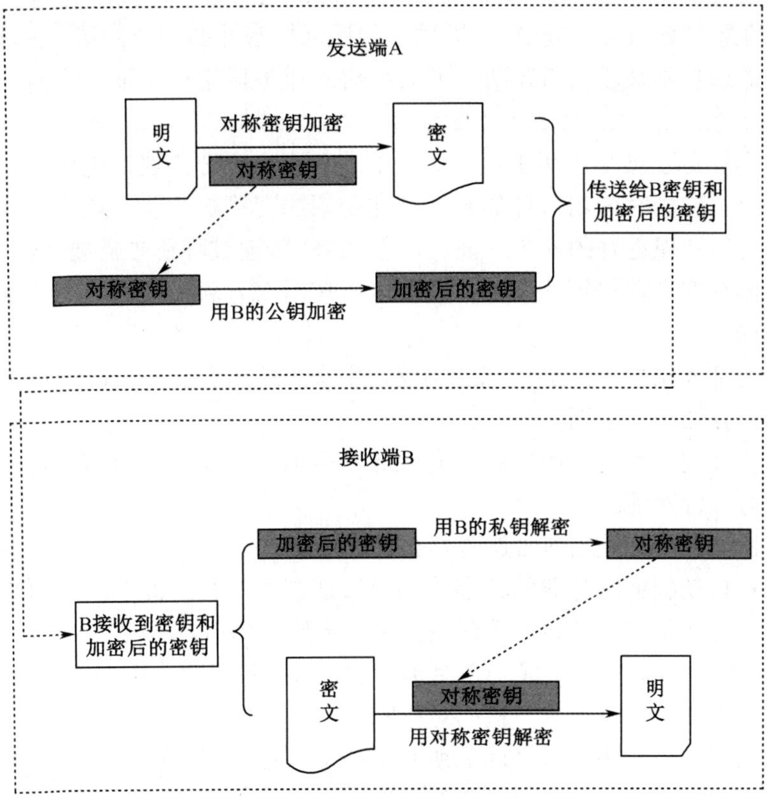

图 5-8 数字信封的工作原理

数字信封技术实际上使用的是双层加密体制。在内层，利用对称密钥加密技术，每次传送消息都可以重新生成新的对称密钥，实现了“一次一密”，保证了信息的安全性。在外层，使用公钥加密技术对对称密钥进行加密，保证对称密钥传输的安全性。数字信封技术的应用，使资料信息在公共网络中的传输有了安全保障。

通过对这些认证技术的介绍和比较，我们了解了它们不同的功效。面对电子商务浪潮，如何保障电子商务交易安全并促进其自身的良性发展，建立电子商务信用机制，是当前面临的一个重大问题，除了要在理论和立法上加强和完善信用法制的建设之外，采用与信息安全和身份认证等有关的加密技术成为解决电子商务安全的关键问题，必须采用先进的安全技术对网上的数据、信息发送方、接收方进行身份确认，以保证各方信息传递的安全性、完整性、可靠性和交易的不可抵赖性。

5.2.4 安全协议

针对电子商务交易安全的要求，IT 业界与金融行业共同推出了许多不同的安全协议和整体解决方案。主要的协议标准有安全套接层协议和安全电子交易协议。

1. 安全套接层协议

安全套接层（Secure Sockets Layer，SSL）协议是网景公司提出的基于 Web 应用的安全协议，其目的是在 Internet 的基础上提供一种保证机密性的安全协议。它能使客户端 / 服务器应用之间的通信不被攻击者窃听，并且始终对服务器进行认证，而且可以选择对客户端进行认证。

SSL 协议是国际上最早应用于电子商务的一种网络安全协议，主要用于提高应用程序之间的数据安全。它同时使用对称加密算法和公钥加密算法，前者在速度上比后者要快很多，但是后者可以实现更好的安全认证。一个 SSL 传输过程首先需要“握手”：用公钥加密算法使服务器在客户端得到认证，之后就可以使用双方商议成功的对称密钥来更快速地加密、解密数据。

SSL 协议的基本结构为：SSL 记录协议，用来封装高层的协议；SSL 握手协议，能够通过特定的加密算法相互鉴别。

（1）客户机（用户上网用的电脑）向服务器提出访问要求。例如，要访问一个安全网站，必须输入对方的网址。

（2）服务器向客户机发出包含服务器公钥的证书。

（3）客户机自动验证服务器的证书，如果该证书不在客户机上，则浏览器会提示安全风险。也就是说，如果你愿意访问该网站，你选择确认即可。

（4）客户机的浏览器自动生成一个对称密钥，用服务器的公钥加密后，发送到服务器，服务器用私钥解密，从而获得客户机的对称密钥。

（5）此时，客户机与服务器之间的所有交换数据都会用对称密钥自动加密，并且送到对方后会自动解密，从而保证了信息的保密性。

以上过程实际上也是数字信封的整个过程，SSL 协议完成了数据传输的加密及服务器身份的认定，但是没有进行客户机的数字签名。

但是，SSL 协议也有其局限性。

（1）客户的信息先到商家，让商家阅读，这样，客户资料的安全性就得不到保证。

（2）SSL 只能保证资料信息传递的安全，而传递过程是否有人截取就无法保证，所以，SSL 并没有实现电子支付所要求的保密性、完整性，而且多方互相认证也是很困难的。

（3）SSL 协议最大的弱点是不能做数字签名，因此不支持不可否认性。另外，它不能对商家进行认证，不能防止网上欺诈行为。

2. 安全电子交易协议

安全电子交易（Secure Electronic Transaction，SET）协议是由 Visa 和 Master Card 公司在 1996 年年底开发的，是主要为在网上在线交易时保证使用信用卡进行支付时的安全而设立的一个开放的协议，它是面向网上交易，针对利用信用卡进行支付而设计的电子支付规范。SET 提供了消费者、商家和银行之间的认证，确保交易的保密性、可靠性和不可否认性，从而保证在开放网络环境下使用信用卡进行在线购物的安全。目前，SET 已得到 IBM、微软、威瑞信等著名公司的参与和支持，是国际上公认的 Internet 电子商务的安全标准。

SET 协议的设计思想为：保证信息的加密性、验证交易各方；保证支付的完整性和一致性，保证互操作性。SET 的交易流程如图 5-9 所示。

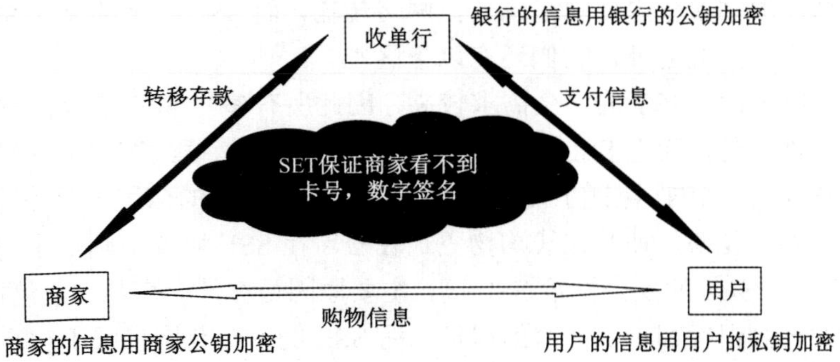

图 5-9　SET 的交易流程

SET 协议在一般环境下的工作步骤如下。

（1）持卡人注册。持卡人为了使用信用卡，必须向支持 SET 的发卡银行申请开户，从而获得一个可用于 Internet 支付的信用卡账号，同时向 CA 申请该信用卡的数字证书。此后，持卡人可以使用终端进行购物。

（2）商家注册。商家同样向 CA 申请用于电子商务支付的数字证书。此后，商家可以在网络上开设商城来销售货物。

（3）持卡人利用电子商务平台选定物品，并提交订单。

（4）商家接收订单，生成初始应答消息，数字签名后与商家数字证书、支付网关数字证书一起发送给持卡人。

（5）持卡人对应答消息进行处理，选择支付方式，确认订单，签发付款指令，将订单信息和支付信息进行双签名，对双签名后的信息和用支付网关公钥加密的支付信息签名后连同自己的数字证书发送给商家（商家看不到持卡人的账号信息）。

（6）商家认证持卡人数字证书和双签名后，生成支付认可请求，并连同加密的支付信息转发给支付网关。

（7）支付网关通过金融专网到发卡银行认证持卡人的账号信息，并生成支付认可消息，数字签名后发给商家。

（8）商家收到支付认可消息后，认证支付网关的数字签名，生成购买订单确认信息发送给持卡人。

至此，交易过程结束。商家发送货物或提供服务并请求支付网关将购物款从发卡银行持卡人的账号转账到收单银行商家账号，支付网关通过金融专网完成转账后，生成取款应答消息发送给商家。

在以上的工作步骤中，持卡人、商家和支付网关都通过 CA 来认证通信主体的身份，以确保通信的对方不是冒名顶替的。

3. SSL 协议与 SET 协议的比较

SET 是一个多方面的消息报文协议，它定义了银行、商家、客户之间必须符合的报文规范。SSL 只是简单地在客户端与服务器之间建立了一个安全传输通道，在涉及多方的电子交易中，只能提供交易中客户端与服务器之间的认证，其并不具备商务性、服务性和集成性。SET 报文能够在银行内部网络或其他网络传输，而 SSL 之上的支付系统只能与 Web 浏览器捆绑在一起。除此之外，它们还有以下区别。

（1）认证机制方面，SET 的安全需求较高，因此所有参与 SET 交易的成员都必须先申请数字证书来识别身份，而在 SSL 中只有商家服务器需要认证，客户端认证是可选的。

（2）对客户而言，SET 保证了商家的合法性，并且用户的信用卡号不会被窃取。SET 替客户保守了更多的秘密，使其在线购物更加轻松。在 SSL 协议中则缺少对商家的认证。

（3）安全性上，SET 的安全性较 SSL 高，主要原因是在整个交易中，包括客户到商家、商家到支付网关再到银行都受到严密的保护。而 SSL 的安全范围只限于客户到商家的信息交流。

总的来说，由于 SSL 协议的成本低、速度快、使用简单，对现有网络系统不需进行大的修改，因而其应用也相对较广泛。目前我国已有多家银行采用 SSL 协议来开展网上银行业务。SET 协议比较复杂，它还要求在银行网络、商家服务器、客户端的 PC 上安装相应的软件，此外还要求必须向各方发放数字证书。这些需求都阻碍了 SET 的广泛发展。但从安全角度看，SSL 协议不如 SET 协议安全，对使用信用卡支付的系统来说，SET 协议是最好的选择。

知识链接

计算机病毒防范

《中华人民共和国计算机信息系统安全保护条例》明确定义，计算机病毒指“编制者在计算机程序中插入的破坏计算机功能或者破坏数据，影响计算机使用并且能够自我复制的一组计算机指令或者程序代码”。以前的计算机病毒主要通过软盘传播，当互联网成为人们的主要通信方式后，网络又成了计算机病毒传播的主要渠道。

1. 计算机病毒的特征

（1）传染性。病毒程序一进入计算机系统，就开始寻找准备感染的其他程序或文件。它通过自我复制，很快会在其他文件中添加自己的病毒代码，使其带有这种病毒，并成为一个新的传染源，甚至通过网络传播到其他的计算机上。这是计算机病毒的最基本特征。

（2）隐蔽性。计算机病毒都是一些可以直接或间接运行、具有高超技巧的程序，它们可以隐藏在操作系统、可执行程序或数据文件中，病毒的存在、传染和对数据的破坏过程不易被计算机操作人员发现。

（3）触发性。病毒的发作一般都有一个激发条件，即一个条件控制。这个条件根据病毒编制者的要求可以是日期、时间、特定程序的运行或程序的运行次数条件等。

（4）破坏性。病毒在触发条件满足时，立即对计算机系统的运行进行干扰或对数据进行恶意的修改。如发一些恶意邮件或破坏硬盘上的文件，造成数据丢失，有的甚至会损坏计算机硬件，造成系统瘫痪。

2. 算机病毒的分类

（1）计算机病毒有多种分类方式，按病毒特有的算法分类，可分为以下几种。

①伴随型病毒。这类病毒并不改变文件本身，它们根据算法产生 exe 文件的伴随体。当加载文件时，伴随体优先执行，再加载执行原来的文件。

②“蠕虫”病毒。这类病毒是一种网络病毒，利用网络从一台主机传播到其他主机。它们一般不改变文件和资料信息，而是自动计算网络地址，不断复制自身，通过网络发送。

③寄生型病毒。除了以上两种，其他均为寄生型病毒。它们依附在系统的引导扇区和文件中，通过系统的功能进行传播。

（2）按病毒的寄生方式分类，可分为以下几种。

①文件型病毒。这种病毒主要以感染文件扩展名为.com、.exe 和.ovl 等可执行文件为主。它的安装必须借助病毒的载体程序，需要运行病毒的载体程序，才能把文件型病毒引入内存。

②引导型病毒。这种病毒感染软盘的引导区及硬盘的主引导记录或引导扇区。它是在 BIOS 启动之后，系统引导时出现的病毒，其先于操作系统，依托的环境是 BIOS 中断服务。

③混合型病毒。这种病毒兼具引导型病毒和文件型病毒的特性，可以传染.com、.exe 等可执行文件，也可以传染磁盘的引导区。计算机一旦被传染此类病毒，就会经开机或执行程序而感染其他磁盘或文件。因此，此类病毒有相当大的感染性，很难彻底清除。

（3）按病毒的连接方式分类，可分为以下几种。

①源码型病毒。这种病毒攻击高级语言编写的程序，在源程序编译之前就插入其中。被感染的源程序再编译、链接和生成可执行文件时便已经带病毒。

②嵌入型病毒。这种病毒将自身嵌入现有程序中，把计算机病毒的主体程序与其攻击对象以插入的方式链接。这种病毒只攻击特定程序，针对性强。

③外壳病毒。这种病毒依附在正常程序的开头和结尾，对原来的程序不做修改。大部分文件病毒属于这一种。

④操作系统型病毒。这种病毒可用其自身部分加入或取代部分操作系统进行工作，具有很强的破坏性。

除以上分类外，计算机病毒还有许多其他分法，如按攻击的程度分、按寄生方式分等。因此，同一种病毒可以有不同的类属。

计算机病毒可以说是无孔不入，从用户的角度而看，对计算机病毒的防范可以从以下几个方面进行。

（1）建立有效的计算机病毒防护体系。建立完整的病毒防护体系，对应用服务器、局域网内部所有的客户机进行全面的防毒扫描，保证建立及时、快速的病毒响应机制，发现病毒及时进行处理，迅速抑制病毒传播。

（2）慎重使用来源不明的磁盘。有些病毒即便计算机上安装有防病毒软件，也不一定能够做到百分之百的查杀，别忘记病毒总是走在防病毒的前面。

（3）上网浏览时，对网站的选择也很重要，下载文件时一定要查杀后方能使用。不要回复陌生人的邮件，有些钓鱼网站可能会冒充某些正规网站，然后要求用户输入账户账号与密码，如果按下“确定”，用户的账号和密码就被黑客所掌握。所以一定要注意认真甄别虚假网站。

（4）做好IE的安全设置，ActiveX控件和 Applet有较强的功能，但也存在被人利用的隐患，网页中的恶意代码往往就是利用这些控件编写的小程序，只要打开网页就会被运行。要避免恶意网页的攻击，只有禁止这些恶意代码的运行。IE对此提供了多种选择，具体设置步骤是：“工具”→“Internet选项”→“安全”→“自定义级别”，建议将ActiveX控件与相关选项禁用。另外，在IE的安全性设定中我们只能设定Internet、本地Intranet、受信任的站点、受限制的站点。

（5）及时修补系统和应用软件的安全漏洞。绝大多数计算机病毒都是利用操作系统或第三方软件的漏洞进行传播和对用户进行攻击的，应及时下载安装补丁修复各种漏洞，切断病毒入侵的渠道。

（6）在网络环境中应用防火墙。防火墙的主要功能是对网络中传输的数据进行过滤，配置合理的访问策略能够有效阻止来自外部网络的非法攻击，建立一道安全保护屏障。

（7）做好系统和重要数据的备份，以便系统能够在遭受病毒侵害后及时恢复。在有条件的情况下，最好做异地备份或多点备份。

计算机病毒虽然发作起来破坏力大，但仍是可以避免和控制的，只要对其有充分的认识，加强电脑技术和技能的学习，掌握各种基础软件的使用技巧，就能筑起心理上和技术防范措施上的安全屏障，区别是病毒危害还是误操作所引起的后果，将病毒影响降至最低。

5.3 电子商务安全管理方法

5.3.1 数字证书

1. 数字证书概述

为了保证电子交易及支付的保密性和安全性，防范交易支付过程中的欺诈行为，必须建立一种信任机制。这就要求参与电子交易的买方和卖方都必须拥有合法的身份，并且在网上能够有效无误地被验证。数字证书是一种权威的电子文档，它提供了一种在 Internet 上验证用户身份的方式，它由权威机构——证书授权中心发行，人们可以在互联网交往中用它来识别对方的身份。

数字证书必须具有唯一性和可靠性。为了达到这一目的，需要采用很多技术来实现。数字证书通常采用公钥体制，即利用一对互相匹配的密钥进行加密。每个用户自己设定一把特定的密钥，用它进行解密和签名；同时设定一把公共密钥，由本人公开，为一组用户所共享，用于加密和验证签名。密钥发布的管理问题通过用公开密钥的技术解决了，用户可以公开其公开密钥，而保留其私有密钥。

数字证书颁发过程一般为：用户首先产生自己的密钥对，并将公共密钥及部分个人身份信息传送给认证中心。认证中心在核实身份后，将执行一些必要的步骤，以确信请求确实由用户发送而来，然后，认证中心将发给用户一个数字证书，该证书内包含用户的个人信息和他的公钥信息，同时还附有认证中心的签名信息。用户就可以使用自己的数字证书进行相关的各种活动。数字证书由独立的证书发行机构发布。数字证书各不相同，每种证书可提供不同级别的可信度。用户可以从证书发行机构获得自己的数字证书。

2. 数字证书的内容

目前数字证书的内部格式一般采用 X.509 国际标准。最简单的证书包含一个公开密钥、名称及证书授权中心的数字签名。一般情况下证书中还包括密钥的有效时间、发证机关(证书授权中心)的名称、该证书的序列号等信息。一个标准的 X.509 数字证书包含以下一些内容。

（1）证书的版本信息。

（2）证书的序列号，每个证书都有一个唯一的证书序列号。

（3）证书所使用的签名算法。

（4）证书的发行机构名称，命名规则一般采用 X.500 格式。

（5）证书的有效期，现在通用的证书一般采用 UTC 时间格式，它的计时范围为 1950～2049。

（6）证书所有人的名称，命名规则一般采用 X.500 格式。

（7）证书所有人的公开密钥。

（8）证书发行者对证书的签名。

3. 数字证书的分类

从数字证书使用对象角度分，目前的数字证书类型主要包括个人身份证书、企业或机构身份证书、支付网关证书、服务器证书、 安全电子邮件证书等。

从数字证书的技术角度分，证书授权中心发放的证书分为两类：SSL 证书和 SET 证书。一般地说，SSL 证书是服务于银行对企业或企业对企业的电子商务活动的；而 SET 证书则服务于持卡消费、网上购物。虽然它们都是用于识别身份和数字签名的证书，但它们的信任体系完全不同，而且所符合的标准也不一样。简单地说，SSL 数字证书的功能作用是通过公开密钥证明持证人的身份；而 SET 证书的作用则是通过公开密钥证明持证人在指定银行确实拥有该信用卡账号，同时也证明了持证人的身份。

下面主要从对象角度说明数字证书的使用。

（1）个人身份证书。个人证书属于个人所有，帮助个人用户在网上进行安全交易和安全的网络行为。证书中包含个人身份信息和个人的公钥，用于标识证书持有人的个人身份。数字安全证书和对应的私钥存储于 E-key 中，用于个人在网上进行合同签订、订单、录入审核、操作权限、支付信息等活动中标明身份。个人的数字证书安装在客户端的浏览器中，通过安全电子邮件进行操作。

（2）企业或机构证书。此类证书中包含企业信息和企业的公钥，用于标识证书持有企业的身份。数字安全证书和对应的私钥存储于 E-key 或 IC 卡中，可以用于企业在电子商务方面的对外活动，如合同签订、网上证券交易、交易支付信息等方面。

（3）支付网关证书。支付网关证书是证书签发中心针对支付网关签发的数字证书，是支付网关实现数据加解密的主要工具，用于数字签名和信息加密。支付网关证书仅用于支付网关提供的服务（Internet 上各种安全协议与银行现有网络数据格式的转换）。支付网关证书只能在有效状态下使用。支付网关证书不可被申请者转让。

（4）服务器证书。符合 X.509 标准的数字安全证书中包含服务器信息和服务器的公钥，在网络通信中用于标识和验证服务器的身份。数字安全证书和对应的私钥存储于 E-key 中。

服务器软件利用证书机制保证与其他服务器或客户端通信时双方身份的真实性、安全性、可信任度等。

（5）安全电子邮件证书。符合 X.509 标准的数字安全证书，通过 IE 或 Netscape 申请，用 IE 申请的证书存储于 Windows 的注册表中；用 Netscape 申请的存储于个人用户目录下的文件中。该证书用于安全电子邮件或向需要客户验证的 Web 服务器（http 服务）表明身份。

有了数字证书，我们在网络上就可以畅通无阻。数字证书可用于安全电子邮件、网上缴费、网上炒股、网上招标、网上购物、网上企业购销、网上办公、软件产品、电子资金移动等安全电子商务活动。

知识链接

建行数字证书

登录中国建设银行的网上服务站点（http：//ibsbjstar.ccb.com.cn/index.html），双击右下角的黄色小锁标志，就可以看到建设银行的相关认证信息，如图 5-10 和图 5-11 所示。

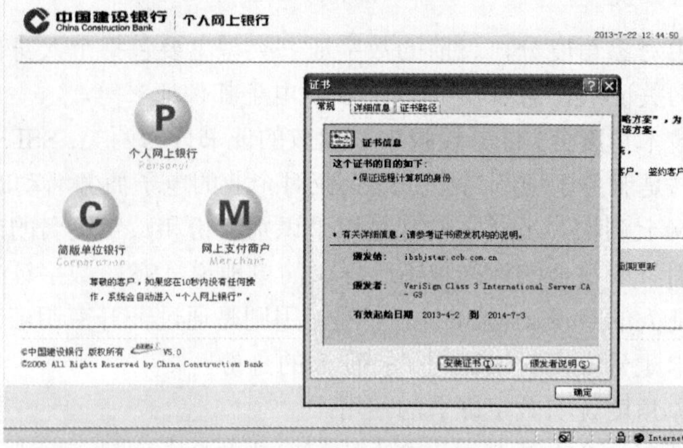

图 5-10　建设银行的认证信息

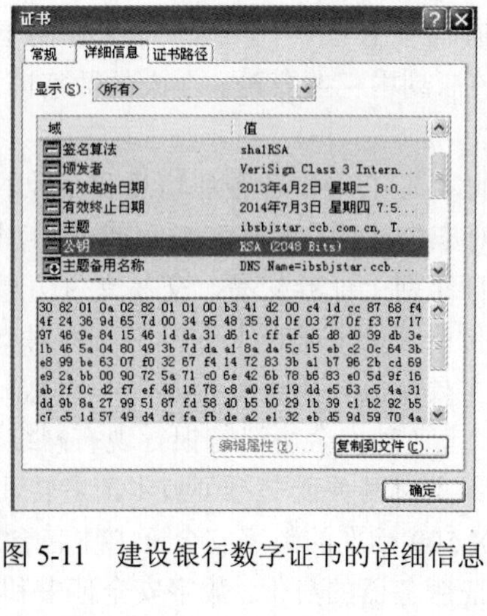

图 5-11　建设银行数字证书的详细信息

4. 数字证书的作用

数字证书认证体系是以密码技术为基础的网络信任体系，主要解决了电子商务身份验证、数据的机密性、数据的完整性和不可抵赖性四个方面的问题。

（1）保证了信息除发送方和接收方外不被其他人窃取。

（2）信息在传输过程中不被篡改。

（3）发送方能够通过数字证书来确认接收方的身份。

（4）发送方对自己的信息不能抵赖。

5.3.2 认证中心

认证中心（Certification Authority，CA）是在电子交易中承担网上安全交易认证服务、签发数字证书、确认用户身份等工作并具有权威性和公正性的第三方服务机构，它是保证电子商务交易安全进行的一个不可缺少的重要环节。

1. CA 系统结构

CA 是一个负责发放和管理数字证书的权威机构。CA 的主要功能是：接收注册请求、处理、批准、拒绝请求、颁发证书等。用户向 CA 提交代表自己身份的信息（如身份证号码或电子邮件地址），CA 验证了用户的有效身份之后，向用户颁发一个经过 CA 私有密钥签名的证书。对于一个大型的应用环境，认证中心往往采用一种多层次的分级结构，各层次的认证中心类似于各级行政机关，上级认证中心负责签发和管理下级认证中心的证书，最下一级的认证中心直接面向最终用户。处在最高层的是认证根中心(Root CA)。CA 系统结构说明如图 5-12 所示。

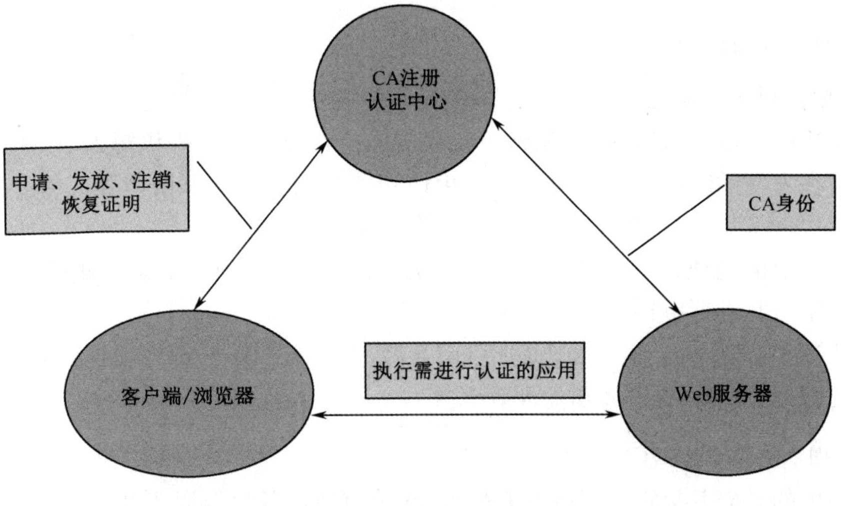

图 5-12　CA 系统结构说明

（1）采用第三方认证机构建立 CA 和数字证书注册中心（Registration Authority，RA），实现 CA 证书的注册、验证、管理功能。

（2）通过专线连接 CA，在需要安装进行 CA 证书验证的应用服务器上安装接口程序，实现对 CA 证书的验证功能。

（3）当用户进行需进行 CA 认证的应用操作时，Web Server 服务器自动使用 CA 认证接口程序，完成对用户身份的验证。

2. 认证中心的功能

CA 是一个负责发放和管理数字证书的权威机构，主要有以下几种功能。

（1）证书的颁发。CA 接收、验证用户的数字证书申请，将申请的内容备案，并根据申请的内容确定是否受理该数字证书申请。如果 CA 接受该数字证书申请，则进一步确定给用户颁发何种类型的证书。新证书用 CA 的私钥签名之后，发送到目录服务器供用户下载和查询。为了保证信息的完整性，返回给用户的所有应答信息都要使用 CA 的签名。

（2）证书的更新。CA 可以定期更新所有用户的证书，或者根据用户的请求来更新用户的证书。

（3）证书的查询。证书的查询可以分为两类，其一是证书申请的查询，CA 根据用户的查询请求返回当前用户证书申请的处理过程；其二是用户证书的查询，这类查询由目录服务器来完成，目录服务器根据用户的请求返回适当的证书。

（4）证书的作废。当用户的私钥由于泄密等原因造成用户证书需要申请作废时，用户需要向 CA 提出证书作废请求，认证中心根据用户的请求确定是否将该证书作废。另一种情况是证书已经过了有效期，CA 自动将该证书作废。CA 通过维护证书作废列表（Certificate Revocation List，CRL）来完成上述功能。

（5）证书的归档。证书具有一定的有效期，过了有效期之后就将被作废，但是不能将作废的证书简单地丢弃，因为有时可能需要验证以前的某个交易过程中产生的数字签名，这时就需要查询作废的证书。基于此类考虑，认证中心还应当具备管理作废证书和作废私钥的功能。

3. 认证中心的组成

CA 主要由以下三部分组成。

（1）注册服务器。通过 Web Server 建立的站点，可为客户提供每天 24 小时的服务。因此客户可在方便的时候在网上提出证书申请和填写相应的证书申请表，免去了排队等候等烦恼。

（2）证书申请受理和审核机构。该机构负责证书的申请和审核。它的主要功能是接受客户的证书申请并进行审核。

（3）认证中心服务器。认证中心服务器是数字证书生成、发放的运行实体，同时提供发放证书的管理、CRL 的生成和处理等服务。

4. 我国 CA 中心简介

目前国内的 CA 主要分为区域性 CA 和行业性 CA，具体有以下几个。

（1）根证书。根证书是指 CA 与用户建立信任关系的基础，用户的数字证书必须有一个受信任的根证书，这样用户的数字证书才是有效的。从技术上讲，证书其实包含三部分：用户的信息、用户的公钥，以及 CA 对该证书中的信息的签名，要验证一份证书的真伪（验证 CA 对该证书信息的签名是否有效），需要用 CA 的公钥验证，而 CA 的公钥存在于对这份证书进行签名的证书内，故需要下载该证书，但使用该证书验证又需先验证该证书本身的真伪，故又要用签发该证书的证书来验证，这样一来就构成一条证书链的关系，这条证书链在哪里终结呢？答案就是根证书，根证书是一份特殊的证书，它的签发者是它自己，下载根证书就表明用户对该根证书以下所签发的证书都表示信任，而技术上则是建立起一个验证证书信息的链条，证书的验证追溯至根证书即为结束。

用户在使用自己的数字证书之前必须先下载根证书。

（2）中国金融认证中心。中国金融认证中心（China Financial Certification Authority，CFCA），是经中国人民银行和国家信息安全管理机构批准成立的国家级权威的安全认证机构，是重要的国家金融信息安全基础设施之一。

CFCA 认证系统采用国际领先的 PKI 技术，总体为三层 CA 结构，第一层为根 CA；第二层为政策 CA，可向不同行业、领域扩展信用范围；第三层为运营 CA，根据证书运作规范发放证书。运营 CA 由 CA 系统和证书注册审批机构两大部分组成。

中国金融认证中心网站首页如图 5-13 所示。

图 5-13　中国金融认证中心网站首页

（3）上海市数字证书认证中心。上海市数字证书认证中心（以下简称上海认证中心）成立于 1998 年，是中国第一家专业的第三方网络安全和信任服务提供商，专门从事信息安全技术认证和安全信任服务以及相关产品的研发和整合，以其领先的技术和精湛的服务为客户提供信息安全整体解决方案与第三方服务。

上海认证中心是依法设立的电子认证服务机构，建设和运营协卡认证体系。作为被信任的第三方，协卡认证体系内有多个可以签发证书的实体，包括不同的根 CA 和子 CA，这些签发实体作为 CA，均可发放证书。通常，根 CA 只签发子 CA 证书，子 CA 可签发最终用户证书或其他 CA 的证书。协卡认证体系的 CA 为电子政务、电子商务和其他网络作业的各类参与方发放数字证书，保证公钥能与确定的主体身份唯一相对应。

上海认证中心网站首页如图 5-14 所示。

图 5-14 上海认证中心网站首页

知识链接

用户使用 CA 证书的操作流程

1. 证书申请、审核、下载流程

证书申请提供两种方式：通过 CA 的 Web 站点在线填写，或者到证书发放中心面对面申请。以面对面申请为例，其流程如下。

（1）证书申请者采用面对面的身份验证过程。证书申请到 RA 填写证书申请表单（表单内容需要在实施时具体确定），向 RA 的录入管理员提交一些个人信息证明。

（2）RA 录入员将用户信息录入到未审核数据库中，等待审核员的审核。

（3）RA 的审核员对申请人提交的信息进行审核，决定同意或拒绝客户的证书申请。

（4）如果审核通过，审核员使用 RA 应用程序在 CA 系统中注册该申请用户。

（5）CA 接到操作员的证书审核通过信息后为用户产生参考号和授权码。授权码可由 CA 经过 RA 服务器传至操作员的操作平台，操作员将其打印出来交给用户，也可在 RA Server 端打印密码信封，由 RA 负责发放。参考号将下传至 RA 服务器，由 RA 服务器通过电子邮件传给用户，参考号和授权码的发放方式可以互换。

（6）证书申请人回到家里，登录 CA 所在网站的下载界面。

（7）证书申请人通过浏览器下载安装 CA 的 WWW 服务器的证书。

（8）下载 CA 的根证书。

（9）证书申请人在下载页面中填入参考号和授权码。

（10）用户的客户端浏览器生成密钥对。浏览器将私钥保存在本地密钥库中，将公钥及所添入的两个号码打包成 pkcs#10 的格式送往 CA。

（11）CA 接到用户的证书下载请求，生成证书。

（12）用户下载证书，并安装到浏览器中。

2. 证书更新流程

用户证书具有一定的使用期限，到期后需要申请进行更新。

具体流程如下：用户证书过期时，注册中心可以通过提供新的参考号码和授权码，更新到用户的证书上。与证书的初始下载过程相同，用户可以使用证书下载系统的相同URL。用户一旦获取上述信息，就可以直接进入上述URL，填写注册站点提供的表格，输入参考号和授权码，然后回答浏览器提供的对话框。浏览器将生成密钥和证书请求，而且将自动与证书下载系统执行交互，以便注册。证书下载系统将检测浏览器是Netscape还是Microsoft浏览器，并采用正确的MIME类型和过程执行注册。

3. 证书废止流程

证书废止或注销主要有两种形式：主动注销和被动注销。主动注销是指由用户提出注销申请，由RA具有相关权限的管理员对其要求进行处理，注销证书；被动注销是指当管理员确认持证人有违反证书应用规定的行为发生时采取注销证书的手段以停止对该证书的证明。具体流程如下。

（1）由证书持有者本人持有效证件到申请证书的RA提出证书注销请求。

（2）审核管理员对有效证件进行审核。

（3）审核通过后在RA服务器的数据库中根据客户信息进行查询。

（4）得到用户信息后提交到CA进行签字。

（5）CA签发服务器将需注销证书的证书序列号写入证书注销列表。

（6）CA将证书注销列表直接送到目录服务器供客户查询。

4. 证书恢复流程

当一个用户的证书撤销后，管理员可能会处理和恢复这个用户。下面将提供两种解决方案中典型的用户恢复处理。如果RA管理员决定重新将用户作为一个可信实体时，可以恢复用户证书。

具体流程如下：使用RA系统完成对一个用户恢复密钥的设定后，一个新的参考号和授权码会提供给用户。与申请和接收证书相类似，用户可使用证书下载系统相同的URL地址。一旦用户获取参考号和授权码，他们将很简单地根据URL填写注册站点提供的表格，输入参考号和授权码，然后回答浏览器中对话框提出的问题。浏览器将生成一把密钥和一个证书申请并会自动与证书下载系统交互，注册浏览器。证书下载系统将检查浏览器是Netscape浏览器还是IE浏览器，并使用正确的MIME类型和步骤注册。

案例与思考

1. 移动支付安全堪忧

随着互联网的发展，支付方式也发生了天翻地覆的变化。现在人们出门只用带部手机，就可以满足所有的消费、交易和支付行为。2015年上半年，中国第三方移动支付市场规模达就已经达到40261.1亿元，环比增速24.8%。如此庞大的数据，彰显了该行业的蓬勃前景。但网络安全问题却一直让移动支付巨头感到困扰。

（1）支付宝系统大面积瘫痪无法进行操作。2015年5月，拥有将近3亿名活跃用户的支付宝出现了大面积瘫痪，全国多省市支付宝用户出现电脑端和移动端均无法进行转账付款、出现余额错误等问题。后来又有支付宝用户爆料称在登录支付宝官网后无意间发现，自己的实名认证信息下多出了5个未知账户，而这些账户都没有经过他本人的认证。

（2）财付通用户账号遭冻结，余额不翼而飞。2015年8月10日，腾讯一名用户的财付通账号无故被冻结，财付通客服解释为账户异常，但并未给出具体解释。从11日开始，该用户反复提交材料并与客服要求解冻未果。直至26日，账户终于解冻，但用户发现账户余额内的2000余元不翼而飞。随后，该用户申请冻结账户，账户在27日下午被冻结后又在28日自动解冻，而客服解释是之前申请过冻结账户。"等于我丢了2000元，他们却不知道。"

（3）翼支付频遭盗刷，系统疑存隐患。翼支付绑定银行卡被盗刷事件频频出现，盗刷金额从几百元到几万元不等。多名受害者表示，在他们不知情的情况下，银行卡中的资金通过翼支付被盗刷，且翼支付无法查询到被盗刷资金的去向。没有开通翼支付的银行卡也被盗刷，并且被盗刷期间持卡人没有收到任何消费和支付的短信提醒，这让受害者百思不得其解。

2. 理财平台频遭黑客攻击

近年来，随着人们投资意识的增强和理财渠道的简便，越来越多的人热衷于把自己的钱放在理财平台进行投资。理财平台的数量日益增长，但黑客攻击、黑客勒索等事件在互联网金融行业也频频发生。2014年春节前夕，人人贷、拍拍贷、好贷网等多家平台就受到了黑客恶意攻击，规模越大的平台遭受的攻击次数越多。

（1）金海贷遭黑客攻击被索要700元。2014年8月9日，深圳P2P平台金海贷发布公告称，因为遭遇黑客攻击，网站不能正常运营。金海贷运营总监肖海涛表示，8月9日15点55分左右，金海贷客服收到来自"黑客"的消息，要求公司给付400元，否则将"封闭网站"，并且提供了一个支付宝账号。此后，金海贷网站开始受到攻击而打不开。此后，又有人通过QQ两次联系金海贷客服，索要的金额从400元涨到了600元，最后到700元。

（2）多家P2P平台同时遭流量攻击，网站访问受影响。2015年6月15日11时04分至16日9时，信融财富官网遭受到恶意流量攻击，造成网站无法访问的情况。深圳P2P平台信融财富发布公告称，其官网遭到了黑客大规模DDOS恶意流量攻击，使平台网站访问受到影响，平台已于第一时间启动应急防御措施。几乎与此同时，另外两家平台宝点网和立业贷也遭到了大规模黑客攻击。

根据乌云漏洞收集平台的数据显示，2014年以来，平台收到的有关P2P行业漏洞总数为402个，其中，高危漏洞占56.2%，中危漏洞占23.4%，低危漏洞占12.3%，8.1%被厂商忽略。自P2P平台频繁遭受黑客攻击后，网贷平台的技术安全问题越来越为投资人所关注，风控对互联网金融企业的意义不言而喻。因此，监管层在设定P2P平台门槛时应提出明确的技术标准，从而更好地规范网贷行业发展。相信随着监管细则的出台，P2P平台的发展也会越来越规范，而风控也会有更高的标准。

3. 信息漏洞时常发生

2015年以来，各种安全漏洞被曝光，其中包括酒店客户信息、政府相关敏感机构数据等，信息泄露无一幸免。

（1）数千万名社保用户信息泄露。2015年4月22日，从补天漏洞响应平台获得的数据显示，围绕社保系统、户籍查询系统、疾控中心、医院等方面大量爆出高危漏洞的省市就已经超过 30 个，被泄露的信息有社保参保、财务、薪酬、房屋等敏感信息。这些信息一旦泄露，不仅使个人隐私受到侵犯，还会被犯罪分子利用，如复制身份证、盗用信用卡、盗刷信用卡等一系列刑事犯罪和经济犯罪。

（2）七大酒店被曝泄露数千万条开房信息。2015 年 2 月，漏洞盒子平台的安全报告指出，知名连锁酒店桔子、锦江之星、速 8、布丁，以及高端酒店万豪酒店集团、喜达屋集团、洲际酒店集团存在严重安全漏洞，房客的订单一览无余，包括房客的姓名、家庭地址、电话、邮箱乃至信用卡后四位等敏感信息，同时还可对酒店订单进行修改和取消。

（3）国家旅游局漏洞致 6 套系统沦陷，涉及全国 6000 万名客户。该漏洞被补天漏洞响应平台披露，涉及全国 6000 万名客户、6 万多家旅行社账号密码、上百万名导游信息；并且攻击者可利用该漏洞进行审核、拒签等操作。通过该漏洞，安全工作者获取了一份长长的名单，能够直接看到每位用户的详细行程及个人信息。

思考：

结合以上案例，利用本章所学知识讨论如何才能全面有效地解决电子商务的安全问题。

实践题

1．登录中国数字认证网（http：//www.ca365.com）主页，进行免费个人数字证书申请、安装、导入和导出。

2．熟悉个人证书在安全电子邮件中的应用。Outlook Express 是主流的电子邮件客户端软件，能够支持发送签名邮件或邮件的加密、解密。我们所要做的只是申请电子证书，并在电子邮件客户端软件上指定每个电子邮件地址将使用哪种电子证书。当需要为发送的电子邮件签名或加密时，单击相应的按钮即可完成。当收到使用电子签名的邮件时，验证邮件是否完整和解密的工作也将由电子邮件客户端软件自动完成。请以 Outlook Express 为例，分析加密、解密和签名的过程。

第 6 章 电子支付与网络银行

引导案例

第三方支付平台——支付宝

支付宝（中国）网络技术有限公司是国内领先的第三方支付平台，致力于提供“简单、安全、快速”的支付解决方案。支付宝主要提供支付及理财服务，包括网购担保交易、网络支付、转账、信用卡还款、手机充值、水电煤缴费、个人理财等多个领域。在进入移动支付领域后，支付宝为零售百货、电影院线、连锁商超和出租车等多个行业提供服务，还推出了余额宝等理财服务。

支付宝与国内外 180 多家银行及 VISA、MasterCard 等机构建立战略合作关系，成为金融机构在电子支付领域最为信任的合作伙伴。2016 年 1 月 12 日，蚂蚁金服对外发布 2015 年支付宝年账单。账单显示，按省级行政区划分来看，上海人均支付金额排名全国首位，达到 104155 元，这标志着网上人均支付开始迈入“10 万时代”。从移动支付笔数占比分别来看，排前五位的地区分别是西藏、贵州、甘肃、陕西和青海，其移动支付占比分别高达 83.3%、79.7%、79.4%、78.8%和 78.7%。统计还显示，2015 年移动支付笔数占整体比例高达 65%，而 2014 年这个数字是 49.3%。

2016 年 7 月 1 日开始，实名认证不完善的用户，其余额支付和转账等功能会受到限制。9 月，支付宝宣布自 2016 年 10 月 12 日起，将对个人用户超出免费额度的提现收取 0.1%的服务费，个人用户每人累计享有 2 万元的基础免费提现额度。11 月 1 日支付宝入驻苹果 App Store。中国大陆用户已经能在 App Store 的付款方式和充值两个地方看到支付宝的加入，可以用于购买应用、给账户充值，或者给 Apple Music 等订阅服务付费等。

【本章学习目标】

1. 了解电子支付和网上银行的概念。
2. 掌握电子货币的知识及第三方支付的流程。
3. 学会使用移动支付和网上银行。

职业指导

电子商务的发展需要高素质复合型人才，电子商务师就是通过专业的网络商务平台，帮助商家与顾客、商家与商家之间完成商务买卖活动的中介人员。电子商务师的职业按照国家职业标准分为四个等级：电子商务员、助理电子商务师、电子商务师和高级电子商务师。

6.1　电子支付概述

6.1.1　电子支付的含义与特点

自 20 世纪 90 年代以来，以计算机和网络技术为代表的信息技术对金融业产生了巨大的影响，不仅改变了人们的金融意识、投资方式、融资行为，而且改变了金融企业的经营方式、经营理念和经营行为。随着电子商务的快速发展和我国加入 WTO 各项承诺的逐步落实，发展网上支付等电子支付业务是我国银行业在激烈的竞争中求得生存和发展的必然选择。

1. 电子支付的含义

电子支付是指通过电子终端发出支付指令，实现货币支付与资金转移的行为。简单来说，电子支付是指消费者、厂商和金融机构，使用安全电子支付手段，通过网络进行的货币支付或资金流转。电子支付是电子商务系统的重要组成部分。

2. 电子支付的特点

与传统的支付方式相比，电子支付具有以下特点。

（1）支付方式。电子支付是采用先进的技术通过数字流转来完成信息传输的，其各种支付方式都是通过数字化的方式进行款项支付的；而传统的支付方式则是通过现金的流转、票据的转让及银行的汇兑等物理实体来完成款项支付的。

（2）工作环境。电子支付的工作环境基于一个开放的系统平台（互联网）；而传统支付则是在较为封闭的系统中运作，如银行系统的专用网络。

（3）设备要求。电子支付使用的是最先进的通信手段，如互联网、外联网，而传统支付使用的则是传统的通信媒介；电子支付对软、硬件设施的要求很高，要求有联网的微机、相关的软件及其他一些配套设施。而传统支付只对银行端有要求，采用传统的通信媒介，如内部网，对软硬件要求相对较低。

（4）支付效率。电子支付具有方便、快捷、高效、经济的优势。用户只要拥有一台能上网的 PC 机，便可足不出户，在很短的时间内完成整个支付过程。电子支付完全突破了时间和空间的限制，满足每周 7 天每天 24 小时的工作模式，支付费用仅相当于传统支付费用的几十分之一，甚至几百分之一。

在电子商务中，支付过程是整个商贸活动中非常重要的一个环节，同时也是电子商务中准确性、安全性要求最高的业务过程。

6.1.2　电子支付系统的构成

电子支付的产业链正在因支付渠道和介质的多样化而呈现前所未有的复杂性，电子支付涉及商业活动中的所有实体，其实现需要一个复杂系统的支持。电子支付系统的基本构成包括支付活动参与主体、支付工具及遵循的支付协议等几个部分，如图 6-1 所示。其中，支付活动参与主体包括客户、商家、银行和认证中心四个部分。

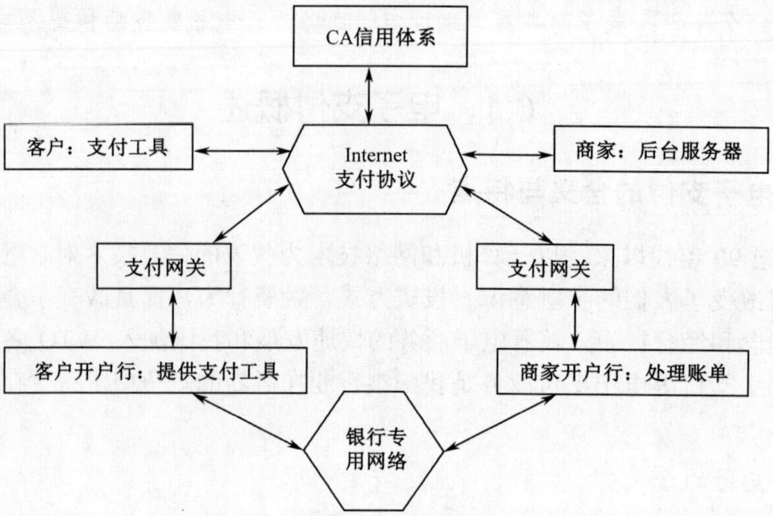

图 6-1 电子支付体系的基本构成

以下重点分析电子支付活动的参与主体。

1. 客户

客户向商家购买商品或服务，使用支付工具（如信用卡、第三方支付平台）进行网上支付，这是电子支付系统运作的原因和起点。

2. 商家

商家是商品交易中拥有债权的与客户交易的另一方。商家可以根据客户发出的支付指令向金融体系请求资金入账。

3. 银行

各种支付工具都要依托于银行，没有银行便无法运行。作为参与方的银行会涉及客户开户行、商家开户行、支付网关和银行专用网等主体。

（1）客户开户行。客户开户行是客户拥有的自己账户的银行，客户所拥有的支付工具就是由开户银行提供的。客户开户行在提供支付工具的同时也提供了银行信用，保证支付工具的兑付。

（2）商家开户行。商家开户行是商家拥有的自己账户的银行。商家将客户的支付指令提交给其开户行后，就由商家开户行进行支付授权的请求及银行间的清算等工作。

(3)支付网关。支付网关是Internet和银行专用网之间的接口，是由银行操作的将Internet上的传输数据转换为金融机构内部数据的设备。其主要作用是完成Internet和银行专用网之间的通信、协议转换和进行数据加密、解密，以及保护银行专用网的安全。支付信息必须通过支付网关才能进入银行支付系统，进而完成支付的授权和获取。

（4）银行专用网。银行专用网是银行内部及各银行间进行通信的网络，具有较高的安全性，包括中国国家现代化支付系统、中国人民银行电子联行系统、商行电子汇兑系统、银行卡授权系统等。

4. CA

CA 是数字证书的授权中心，是法律认可的权威机构。它为参与的各方（包括客户、商家与支付网关）发放数字证书，以确认各方的身份，保证网上支付的安全性。

6.1.3　电子支付方式的分类

电子支付的业务没有统一的分类，根据支付信息形态分类，可以将电子支付分为电子代币支付和指令支付；根据支付时间分类可将电子支付分为预支付、即时支付和后支付三种；根据载体的不同，电子支付工具又可以分为卡基型电子支付工具和数基型电子支付工具。

1. 根据支付信息形态分类

根据支付信息形态分类，可以将电子支付分为电子代币支付和指令支付。

（1）电子代币支付。电子代币支付是指消费者使用电子代币支付时，网络中传输的数据流本身就是货币，和现实中的人民币、美元的意义一样，只不过是将其用特殊的数据流表示。

（2）指令支付。指令支付是指将包含币种、支付金额等信息的数据指令通过网络传输给银行，银行根据此指令在支付双方的账户间进行转账操作，完成支付。

2. 根据支付时间分类

根据支付时间分类，可将电子支付分为预支付、即时支付和后支付三种。

（1）预支付。预支付就是在消费者消费之前，消费者已经把一定数量的货币付给了开户行。这些钱被用于以后的支付行为。预支付是银行和商家首选的支付方式，因为这种方式要求用户预先支付，银行不再需要为这些钱支付利息，在购买商品的同时钱已经传送给商家。

（2）即时支付。即时支付指交易发生的同时，资金也从银行转入卖方账户。随着电子商务的发展，即时支付方式越来越多，它是在线支付的基本模式。

（3）后支付。后支付是消费者购买一件商品之后再进行支付。在现实生活的交易中，后支付比较普遍。后支付可通过信用卡、电子支票及货到付款等方式来实现。

3. 根据载体的不同分类

根据载体的不同，电子支付工具可以分为卡基型电子支付工具和数基型电子支付工具。

（1）卡基型电子支付工具。其载体是各种物理卡，包括银行卡、IC 卡、电话卡等，消费者在使用这种支付工具时，必须携带卡介质。

（2）数基型电子支付工具。其完全基于数字的特殊编排，依赖软件的识别与传递，不需要特殊的物理介质。

除以上分类外，电子支付还有很多其他分类方式，如根据对纸币的依附关系，可以将电子支付工具分为对法定货币（纸币）存在直接依附关系的电子化支付工具和对法定货币存在间接依附关系的电子货币；根据支付指令的发起方式可以分为网上支付、电话支付、移动支付等；根据运营主体可分为银行电子支付、第三方电子支付、以电信运营商为主体的电子支付。

6.2 电子支付工具

6.2.1 电子货币

关于电子货币的最早研究是在 20 世纪 90 年代初期，由欧美人发起。1992 年 11 月，一项被称为 CAFE 的试验开始计划，主要研究数字支付系统及其安全性。由欧共体的成员国英国、丹麦、比利时、荷兰、法国、德国及挪威率先共同提出。其研究成果可以在各国的金融公司进行共享。随后，欧洲其他国家也开始先后对电子货币进行试验和研究。国内数基电子货币发展较快，概括起来，国内数基电子货币主要有两种形式：一是第三方支付平台中的电子货币；二是各大网络服务提供商发行的电子货币。

1. 电子货币的含义

电子货币的使用者以一定的现金和存款，从发行者处对换并获得代表相同金额的数据，并以读写的电子信息方式储存起来，当须偿清债务时，使用者可以通过某些电子化媒介和方法，将该电子数据直接转移给支付对象，此种电子数据便称为电子货币。

电子货币就是由消费者（及相对的特约商户）占有的，存储在一定电子装置中，代表一定的货币价值的“储值”或“预付价值”的产品。具体而言，这里所讲的电子装置通常包括两种形态：以 IC 卡为媒质的智能卡和以计算机为基础的电子货币载体。电子货币的货币价值以数字信息的方式存储在电子装置载体中，表现为各种各样的储值卡、智能卡，以及利用计算机网络进行支付的货币形态。电子货币不是纸质的，也不像电子资金划拨一样涉及银行，这种新的货币形态可以离开银行的中介作用，在交易过程中不用与存款发生密切联系。

2. 电子货币的特征

电子货币除了必须具备现实交易中的货币的特征（交易行为的自主性、交易条件的一致性、交易方式的独立性和交易过程的可持续性等）外，还具有以下几个特征。

（1）发行主体趋于分散。从发行主体看，传统的通货是以国家信誉为担保的法币，由中央银行或特定机构垄断发行，由中央银行承担其发行成本，其发行收益则形成中央银行的铸币税收入。商业银行即使具有发行存款货币的权利，也要受到中央银行存款准备金等机制的影响和控制，货币发行权控制在中央银行的手中。大部分电子货币是不同的机构自行开发设计的带有个性特征的产品，其担保主要依赖于各发行机构自身的信誉和资产，其使用范围受到设备条件、相关协议等的限制。

（2）流通突破主权范围。一般货币的使用具有严格的地域限定，一个国家货币一般都是在本国被强制使用的唯一货币（欧元除外）。但是电子现金以数字文件的形式，依托于虚拟的互联网空间，在一个没有国界地域限制的一体化空间内快速流通。消费者可以较容易地获得和使用不同国家的发行机构发行的以本币或外国货币标值的电子货币。

（3）交易行为更加隐秘。电子货币支持的交易都在计算机系统和电子网络上进行，没有显见的现钞货币或其他纸基凭证。电子货币要么是非匿名的，可以记录详细的交易内容甚至交易者的具体情况；要么是匿名的，其交易完全以虚拟的数字流进行，交易双方根本无须直接接触，几乎不可能追踪到其使用者的个人信息。

（4）交易过程更加安全。传统的货币总是表现为一定的物理形式，电子货币主要是用电子脉冲依靠互联网进行金额的转账支付和储存，其防伪主要采取电子技术上的加密算法或认证系统的变更来实现。电子货币下的支付行为，需要资金的拥有人持有一定的身份识别证明，来验证交易的合法性，这些电子保安措施的安全性要远远高于现钞货币的安全防伪措施。

（5）交易成本更加低廉。传统货币的流通要承担巨额纸币印钞、物理搬运和点钞等大量的社会劳动和费用支出，而电子货币本质上是一组特定的数据信息，使用电子货币的交易行为是经由电子流通媒介在操作瞬间借记和贷记货币账户，一系列的识别、认证和记录数据的交易工作时间很短暂。这些特征使电子货币相对传统货币而言更方便、快捷，从而极大地降低了交易的时空成本和交易费用。

3. 电子货币的分类

根据目前电子货币的发展阶段，可以将其按不同的标志划分为以下几类。

（1）按电子货币的载体分类。根据载体的不同，可以将电子货币分为以下两大类：以卡片为基础的电子货币和以互联网或软件为基础的电子货币。以卡片为基础的电子货币就是通常所说的多功能预付卡或电子钱包，载体是各种物理卡片，包括智能卡、电话卡等。使用中其作为现钞或硬币等传统货币工具替代品，为小额的、面对面的零售支付提供了便利。消费者在使用这种电子货币时．必须携带特定的卡介质，消费的电子货币金额需要预先储存在卡中。卡基电子货币是现在电子货币的主要形式。

以互联网或软件为基础的电子货币即数基电子货币，其表达完全基于数字的特殊编排，依赖软件的识别与传递，不需特殊的物理介质，为远距离互联网小额交易提供了便利。只要能连接上网，电子货币的持有者就可以随时随地通过特定的数字指令完成支付。

（2）按电子货币的被接受程度分类。根据电子货币的被接受程度，电子货币可以分为单一用途电子货币和多用途电子货币。单一用途电子货币往往由特定的发行者发行，只能被特定的商家所接收，用于购买特定的产品或服务。多用途电子货币的典型代表是 Mondex 智能卡系统，这种智能卡随着其发行者与其他商家签订协议范围的扩大而被多家商户所接受，它可购买的产品与服务也不限于一种，有时它还可以储存、使用多种货币。

（3）按电子货币的使用方式和条件分类。根据电子货币使用方式和条件的不同，可将其分为认证或匿名系统和在线或离线系统。将其组合形成四类：在线认证系统、在线匿名系统、离线认证系统和离线匿名系统。认证是指电子货币的持有者在使用电子货币时，需要对其身份进行确认，其个人资料被保存在发行者的数据库中，以电子货币进行的交易是可被追踪的；匿名是指电子货币的持有者在使用电子货币时不需进行身份认证，其交易不能被追踪；在线是指客户使用电子货币支付时，需要在网络上利用电信设备连接商家或第三方进行确认，这种确认不一定是身份的确认，也可以是对电子货币的合法性和金额等的确认，然后才能决定是否接受支付请求。

（4）比特币。比特币不依靠特定货币机构发行，它依据特定算法，通过大量的计算产生。比特币经济使用整个网络中众多节点构成的分布式数据库来确认和记录所有的交易行为，并使用密码学的设计来确保货币流通各个环节的安全性。比特币与其他虚拟货币最大的不同，是其总数量非常有限，具有极强的稀缺性。比特币可以用来兑现，可以兑换成大多数国家的货币。使用者可以用比特币购买一些虚拟物品，只要有人接受，也可以使用比特币购买现实生活当中的物品。

6.2.2 电子现金

现金（Cash），是指立即可以投入流通的交换媒介。它具有普遍的可接受性，可以有效地立即用来购买商品、货物、劳务或偿还债务。它是企业中流通性最强的资产，是可由企业任意支配使用的纸帛、硬币。现金是我国企业会计中的一个总账账户，在资产负债表中并入货币资金，列作流动资产，但具有专门用途的现金只能作为基金或投资项目列为非流动资产。

1. 电子现金的含义

电子现金（Electronic Cash，E-Cash）也叫数字现金（Digital Money），是一种以数字形式流通的货币。它把现金数值转换成为一系列加密序列数，通过这些序列数来表示现实中各种金额的币值。电子现金的发行机构根据客户的存款额（用现金缴存或转账缴存均可）向客户发放等值的电子现金，并保证电子现金的防伪性。客户可以持电子现金在特约商家进行日常支付和网上购物活动。

广义的电子现金是指那些以电子形式储存的货币，可以直接用于电子购物。狭义的电子现金通常是指一种以电子形式储存并流通的货币，通过把用户银行账户中的资金转换成为一系列的加密序列数，通过这些序列数来表示现实中各种金额的市值，用户在开展电子现金业务的银行开设账户并在账户内存钱后，就可以在 Internet 上那些接受电子现金的商店购物了。在这里主要介绍狭义的电子现金，它包括三个主体——商家、用户、银行；四个安全协议过程——初始化协议、提款协议、支付协议、存款协议。

电子现金以数字信息形式存在，通过互联网流通，比现实货币更加方便、经济。多数电子现金系统都能为小额在线交易提供快捷与方便，在小额支付领域拥有一定的优势。

2. 电子现金的特点

（1）协议性。电子现金的应用要求银行和商家之间有协议和授权关系，电子现金银行负责消费者和商家之间资金的转移。

（2）对软件的依赖性。消费者、商家和电子现金银行都需要使用电子现金软件。

（3）匿名性。电子现金用于匿名消费，即便银行和商家相互勾结，也不能跟踪电子现金的使用过程，就连卖方也不知道买方的身份。

（4）不可重复性。电子现金只能使用一次，重复花费能被容易地检查出来。

（5）不可跟踪性。电子现金不能提供用于跟踪持有者的信息，保证了交易的保密性，也维护了交易双方的隐私权。

（6）不可伪造性。用户不能造假币，这包括两种情况：一是用户不能凭空制造有效的电子现金；二是用户从银行提取 N 个有效的电子现金后，也不能根据提取和支付这 N 个电子现金的信息制造出有效的电子现金。

（7）可传递性。用户能将电子现金像普通现金一样，在用户之间任意转让，且不能被跟踪。

（8）可分性。电子现金不仅能作为整体使用，还能被分为更小的部分多次使用，只要各部分的面额之和与原电子现金面额相等，就可以进行任意金额的支付，所以电子现金适用于小额交易。

3. 电子现金的支付流程

电子现金的网络支付过程涉及商家、客户和发行银行三个主体，电子现金接收商家与电子现金发行银行分别安装电子现金应用软件，为了安全交易与支付，商家与发行银行从 CA 中心申请数字证书。电子现金的支付流程如图 6-2 所示。

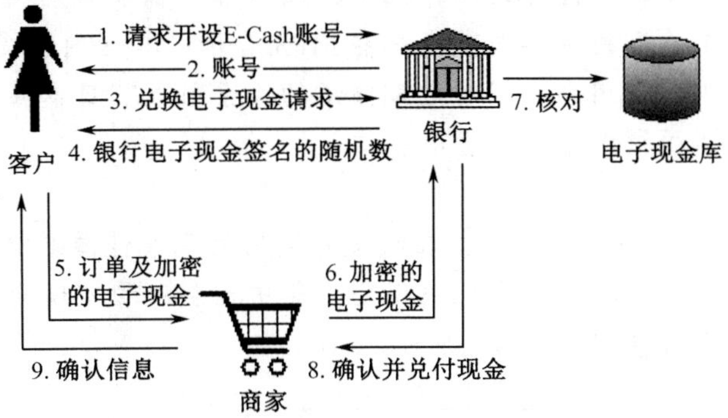

图 6-2　电子现金的支付流程

（1）购买电子现金。消费者要想拿到电子现金，必须持能够证明其身份的证件到发行电子现金的银行去开设一个账户并存入一定金额，得到电子现金应用软件后将其安装到自己的计算机上。为了安全交易，消费者一般也需要到 CA 中心申请自己的数字证书。当消费者想用电子现金支付时，就可以通过互联网访问发行银行并提供身份证明（一般是数字证书）。银行确认了消费者的身份后，就会发给消费者一定量的电子现金，并从消费者的账户上减去相同的金额。

（2）用电子现金购买商品或服务。客户验证网上商家的真实身份（安全交易需要），并确认商家能够接收电子现金后，挑好商品，选择自己持有的电子现金来支付。

（3）资金清算。客户把订单与电子现金借助 Internet 一起发送给商家服务器（可利用商家的公钥对电子现金进行加密传送，商家收到后利用自己的私钥解密）。对客户来说，到支付这一步就算完成得差不多了，无须银行的中转。

商家收到电子现金后，可以随时一次或批量地到发行银行兑换电子现金，即把接收的电子现金发送给电子现金发行银行，与发行银行协商进行相关的电子现金审核与资金清算，电子现金发行银行认证并收回电子现金后把同额资金转账给商家开户行账户。

（4）确认订单。商家确认客户电子现金的真实性与有效性后，确认客户的订单与支付，并发货。

在整个支付过程中，最重要的环节是发行银行对电子现金真伪的鉴别和是否重用的识别。对于完全匿名的电子现金，银行在其所发行的电子现金中嵌入一个序列号以实现对电子现金的数字签名。消费者支付电子现金后，商家把它发给发行银行，因为有银行的数字签名，银行就可以确认电子现金的真实性。银行将新收到的电子现金与电子现金库中所存储的已收回电子现金的序列号对照就可知道该电子现金是否被重复使用。若为合法的电子现金，就将其收回，序列号记入电子现金库中。

知识链接

1. KCOM 通信的电子现金

KCOM 通信是日本最大的长途电话公司 Kokusai Denshin Denwa 的网络子公司。KCOM 提供自己的 NetCoin 电子现金系统，并通过其 NetCoin 中心来提供电子现金。购物者可到 NetCoin 中心将电子现金装到自己的计算机上，然后就可以在线购买食谱、旅行手册（10 美分一份）或以每首 1 美元的价格来下载一些 MP3 音乐。其他内容提供商很快行动起来，如日文报纸会收取很少的费用来提供对过期报纸的检索服务。日本甚至还创建了一个捐赠网站，浏览者可向某些组织捐赠电子货币。

2. E-Cash

E-Cash 是由 Digicash 公司开发的、在线交易使用的无条件匿名电子货币系统。E-Cash 采用硬盘数据文件形式，以数字形式记录现金，集中控制和管理现金，是一种安全性较强的电子交易系统。其支付流程如图 6-3 所示。

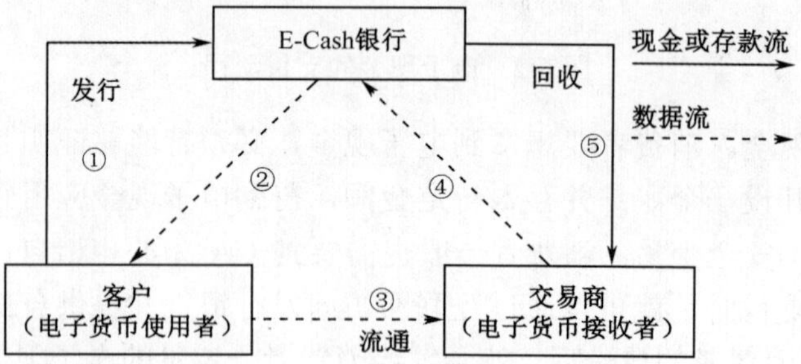

图 6-3 E-Cash 系统支付流程

具体的支付流程如下。

（1）E-Cash 银行为客户设立特殊账户，客户可用现金或存款申请兑换 E-Cash 现金。

（2）客户通过联机方式从 E-Cash 银行兑付 E-Cash 现金，存入自己的计算机，以便用于支付。

在具体操作中，首先由客户利用专门创建电子现金的软件创建 E-Cash，对每个电子现金生成一个序列号，然后在使用前传送到 E-Cash 银行以获得授权。E-Cash 银行根据客户账户进行授权。E-Cash 银行采用“盲签字”技术对序列号进行签字授权，经签字授权后的电子现金又能显示其序列号，以便在使用中确定其唯一性。所以 E-Cash 系统实现了电子现金完全匿名性。

（3）客户用授权后的 E-Cash 现金进行支付，将 E-Cash 现金经由网络发送至交易商。

（4）交易商在收到 E-Cash 现金之后，向 E-Cash 银行发送电子现金信息请求验证真伪，以及是否被复制过。

（5）在经过 E-Cash 银行确认之后，交易商向银行申请 E-Cash 现金的兑付，E-Cash 银行将 E-Cash 现金回收，并保留已使用过的 E-Cash 现金序列号，用于检查以后该 E-Cash 现金是否被复制及多次重复使用，随后再将等额的货币资金存入交易商的银行账户中。

通过 E-Cash 的支付流程可见，E-Cash 系统中的电子现金只允许使用一次，不可复制，不可重复使用，这就极大地保证了电子现金的防伪性，避免了数据文件型电子现金易被复制的缺点。

6.2.3 电子支票

1. 电子支票的含义

电子支票是一种借鉴纸张支票转移支付的优点，利用数字传递将钱款从一个账户转移到另一个账户的电子付款形式。这种电子支票的支付是在与商户及银行相连的网络上以密码方式传递的，多数使用公钥加密签名或个人身份识别码代替手写签名。

作为纸质支票的电子替代物，电子支票将纸质支票改变为带有数字签名的电子报文，或利用其他数字电文代替纸质支票的全部信息。消费者使用电子支票在网上消费时，需要输入支票的相关信息，如账户号码、9 位字母的银行代码、银行账户类型、姓名和支付额等。

电子支票的运作，需要客户在支票上进行数字签名，然后借助认证中心辨别客户的真伪，在此过程中，公共密钥、电子证书也被广泛使用。具体运作情况是：银行负责管理各自客户的公共密钥，客户开户行负责管理客户的公共密钥，为客户发放认证的电子证书；商家开户行负责管理商家的公共密钥，为商家发放认证的电子证书；银行之间的联合组织，如自动清算所，要负责银行间的清算，以及负责管理银行的公共密钥、发放电子证书。这样便形成了一种稳定的网状结构，确保了交易的安全性。

2. 电子支票支付方式的特点

（1）电子支票与传统支票工作方式相同，保留了纸质支票的基本特征和灵活性，加强了纸质支票的功能，易于理解和接受。

（2）加密的电子支票比数字现金更易于流通，买卖双方的开户银行只要用公开密钥认证确认支票即可，数字签名也可以被自动验证。

（3）电子支票适于各种市场，并为企业提供服务，企业运用电子支票在网上进行结算，要比采用其他结算方式更加节省成本。

（4）第三方金融机构不仅可以从交易双方收取固定交易费用或按一定比例提取费用，而且可以从提供存款账目和无利息的电子支票存款账户中获利。

（5）电子支票技术将 Internet 与金融支付和银行清算网络相连接，充分发挥了公共网络和现有金融结算基础设施的作用。

3. 电子支票的交易过程

使用电子支票进行支付，客户可以通过计算机与网络将电子支票发送至商家的电子邮箱，同时把电子付款通知单发送至银行，银行随即把款项转入商家的银行账户，这一过程的实现仅需数秒，其交易过程如图 6-4 所示。

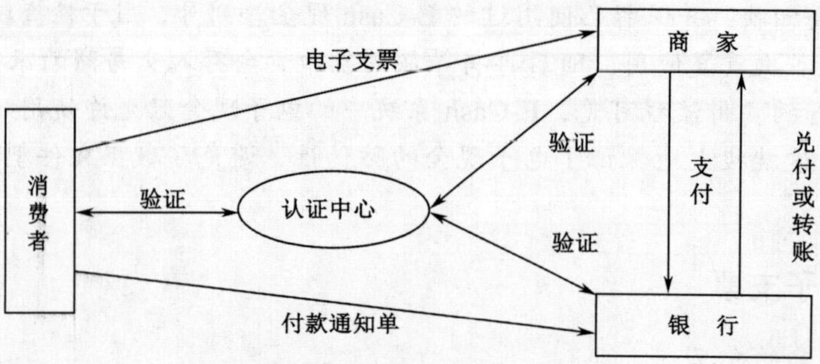

图 6-4 电子支票的交易过程

电子支票交易的过程可分为以下几个步骤：

（1）消费者和商家达成购销协议并选择使用电子支票支付。

（2）消费者通过网络向商家发出电子支票，同时向银行发出付款通知单。

（3）商家通过验证中心对消费者提供的电子支票进行验证，验证无误后将电子支票送交银行索付。

（4）银行在商家索付时通过验证中心对消费者提供的电子支票进行验证，验证无误后即向商家兑付或转账。

知识链接

电子支票案例——FSTC 电子支票系统

金融服务技术联合会（Financial Services Technology Consortium，FSTC）成立于 1993 年，共有 60 多个成员，包括美洲银行、化学银行和花旗银行等。1995 年 9 月，FSTC 给出了一个示范性的电子支票概念，和纸质支票一样，电子支票包含了给付款人银行的一条指令，用来向被确认的收款人支付一笔指定数额的款项。由于这种支票是电子形式的，并且通过计算机网络来传送，从而给支票处理带来了更大的灵活性；同时也提供了一些新的服务，如可以立即验证资金的可用性，通过数字签名增强其安全性，电子支票支付能够很容易地与电子订单和票据处理一体化等。

FSTC 电子支票系统采用的技术主要有：金融服务标记语言（Financial Services Markup Language，FSML）、强大的数字签名技术、安全的硬件身份标记（如智能卡）、数字证书等。这样使得电子支票系统具有消息完整性、真实性、不可否认性。电子支票的传输方式可以采用交互式 Web 或电子邮件。因为电子支票不依赖于实时交互或第三方认证，所以其适应性更广泛。

FSTC 电子支票的基本流程如下。

（1）付款人在签发支票时，需要提供的信息与使用纸质支票时所提供的信息一样多。在 FSTC 系统中，“支票簿”设备是电信设备（Telequip）公司生产的被称作“智能辅币机”的安全硬件设备，签发电子支票的个人都拥有此设备。该设备的功能就是安全地存储密码和证书信息，并保持最近签发或背书过的支票的记录。支票在某种安全信封中被传送给收款人，这种信封将以安全电子邮件方式或双方之间已加密过的交互对话方式进行传送。

（2）收款人收到支票后，也将使用某种安全硬件设备对支票进行背书，然后把支票发送给收款人银行。

（3）收款人银行收到支票后，将利用自动清算所或电子支票呈送方式来清分支票。从这一点来讲，其处理过程与当前纸质支票所经历的过程是完全相同的。

（4）电子支票通过传统的自动清算所网络进行传送。相应地，资金从付款人银行账户转账到收款人银行账户。

6.2.4　电子钱包

1. 电子钱包的含义

电子钱包（E-Wallet 或 E-Purse），是电子商务购物活动中常用的一种支付工具，尤其适于小额支付。从本质上说，电子钱包是一个客户用来进行安全网络交易特别是安全网络支付并储存交易记录的特殊计算机软件或硬件设备，如同生活中随身携带的钱包一样，其中可以存放电子货币（如电子现金、电子零钱、电子信用卡等）、所有者的身份证书、所有者地址及结算和送货所需要的其他信息。

电子钱包能够提高网上购物的效率。由于电子钱包里存储了信用卡、电子现金、所有者身份证书和所有者联系地址等信息，消费者选好要采购的商品后，点击自己的电子钱包，电子钱包就会自动填写相关信息完成支付过程，使得消费者不必在每个购物网站、每次购物时都做这些重复性工作。

2. 电子钱包的功能

（1）个人信息管理。电子钱包可以存放信用卡、电子现金、所有者身份证书、所有者地址以及在线付款所需要的其他信息。

（2）协助完成支付过程。消费者选好商品后，只要点击自己的电子钱包，就可以由电子钱包自动填写相关信息，完成付款过程。

（3）保存交易记录。保存每笔交易记录以备日后查询。增强功能的电子钱包还可以使用网络机器人帮助主人发现经常购买的商品的最低价格。

用户使用电子钱包时，将电子钱包通过电子钱包应用软件安装到电子商务服务器上，利用电子钱包服务系统把自己的各种电子货币或电子金融卡的数据录入，发生付款时，如客户需要使用银行卡支付，则只要单击一下相应项目即可完成。

3. 电子钱包的特点

电子钱包主要具有以下特点。

（1）非实名制。实名制的作用是允许挂失和交易验证，由于电子钱包大部分是脱机交易，如果允许挂失，那么挂失信息必须及时在各个终端生效，才能保证挂失效果，这样对系统和终端的技术性能要求将大大提高，导致交易系统复杂，成本提高。因此，为了减少钱包的维护成本，简化交易机制，加快交易速度，大部分电子钱包都是不记名、不挂失的。

（2）脱机交易。出于对成本和交易速度的考虑，大部分电子钱包选择了脱机交易的方式。脱机交易验证较连线交易简单，本地验证的内容主要是电子钱包的真实性(是否伪卡)。由于使用脱机交易的方式，而且无须加密、签名，因此电子钱包交易处理的时间很短。

（3）小额支付。电子钱包主要是用于不适合银行卡交易的小额支付领域。由于银行卡的交易要求在线授权、认证，对通信条件有一定要求，不能满足小额支付领域对离线支付和交易处理速度的需求，因此小额支付市场成为银行卡应用的一个盲点，而电子钱包正好具备脱机、无须密码、机具成本小、交易结算费用低等小额支付所需要的优点，填补了银行卡的市场盲点。

（4）使用环境相对封闭。由于电子钱包不是法定货币，其使用的范围与发卡机构的营销手段及受理环境的建设密切相关。电子钱包的大面积推广牵涉更多的利益平衡，因此开放度有限，一般在小范围、相对封闭的环境中应用比较成功。

4. 电子钱包的支付流程

电子钱包的网络支付模式，是电子商务过程中客户利用电子钱包作为载体，选择其存放的电子货币如信用卡、电子现金等，在 Internet 平台上实现即时、安全可靠的在线支付形式。具体支付流程如下。

（1）客户在商家的网站上选择要购买的商品，检查且确认自己的购物清单后，单击电子钱包的相应项或电子钱包图标，电子钱包立即打开，然后输入自己的保密口令，在确认是自己的电子钱包后，从中选择一张电子信用卡来付钱（以信用卡支付为例进行说明）。

（2）如经发卡银行确认后被拒绝且不予授权，则说明此卡不够钱或没有钱，可换卡再次付款。

（3）发卡银行证实此卡有效且授权后，后台网络平台将资金转移到商家收单银行的资金账号，完成结算，回复商家和客户。

（4）商家按订单发货，与此同时，商家或银行服务器端记录整个过程中发生的财务与物品数据，供客户电子钱包管理软件查询。

知识链接

国外几种常用的电子钱包

1. Agile Wallet

Agile Wallet 技术由 CyberCash 公司开发，可处理消费者的结算和购物信息，提供快速和安全的交易。用户第一次用 Agile Wallet 购物时需要输入姓名、地址和信用卡数据。这些信息会被安全地存储在 Agile Wallet 服务器上。以后用户访问支持 Agile Wallet 的商家网站时，在商家的结算页面上会弹出有顾客购物信息的 Agile Wallet 框。用户验证了框内信息的正确性后，用鼠标点击一次就可完成购物交易。用户还可将新的信用卡和借记卡信息加入受保护的个人信息中。

2. E-Wallet

Launchpad 技术公司的 E-Wallet 是一个免费的钱包软件，消费者可将其下载并安装到自己的计算机上，而不像其他钱包那样存在中心服务器上。和其他钱包一样，E-Wallet 将顾客个人信息和结算信息存在钱包里。E-Wallet 甚至还专门为用户留出放照片的地方（就像真正的钱包一样）。购物完成时，只需点击图标并输入密码，然后从 E-Wallet 中选定信用卡并拖到结账表中，E-Wallet 就能把用户在安装软件时所提供的个人信息填写到表中。为保护用户的个人信息，E-Wallet 还有加密和密码保护措施。

3. Microsoft Wallet

Microsoft Wallet 预装在 IE4.0 及以上版本（英文版）中，但不会预装在网景公司的 Navigator 中。其功能与大多数电子钱包一样，在用户需要时可自动填写订单表。Microsoft Wallet 是微软公司为钱包的标准化而推出的。用户输入 Microsoft Wallet 里的所有个人信息都经过加密并用密码进行保护。它的新版本还能与电子现金系统、网络银行账户及其他结算模式交互。目前它支持运通卡、万事达卡和维萨卡。

4. Mondex

位于“英国的硅谷”斯温敦市的西敏寺银行开发的电子钱包 Mondex 是世界上最早的电子钱包系统，于 1995 年 7 月首先在斯温敦试用，很快就被广泛应用于斯温敦的超市、酒吧、珠宝店、宠物商店、餐饮店、食品店、停车场、电话亭和公交车辆之中。使用时只要把 Mondex 卡插入终端，几秒钟之后，一笔交易就完成了。读取器将从 Mondex 卡的钱款中扣除本次交易的费用。此外，通过专用终端还可将一张 Mondex 卡上的钱转移到另一张 Mondex 卡上。

6.2.5　银行卡

银行卡是指经批准由商业银行（含邮政金融机构）向社会发行的具有消费信用、转账结算、存取现金等全部或部分功能的信用支付工具。

1. 银行卡的种类

银行卡的分类标准有多种。从结算方式看，银行卡主要有两种，即信用卡和借记卡。信用卡的持有者可以在发行银行规定的信用额度内消费，相当于向银行借钱消费，然后在一定期限内把钱还清。信用卡通常不收取年费，但如果在规定时间内没有还清，则银行要收取罚金，并在账户上留下不良记录。维萨、万事达和欧陆卡是目前国际上最主要的三种信用卡。信用卡又分为贷记卡和准贷记卡。借记卡按功能不同分为转账卡、专用卡、储值卡。借记卡不能透支，要求持卡人先将资金存到卡账户中，再持卡消费。每次消费都要核对用户的账户是否有足够的余额来支付。

（1）信用卡按是否向发卡银行交存备用金分为贷记卡、准贷记卡两类。

①贷记卡。贷记卡是指发卡银行给予持卡人一定的信用额度，持卡人可在信用额度内先消费、后还款的信用卡。贷记卡内的存款根据《银行卡业务管理办法》的规定是不计付利息的，它是真正意义上的与国际接轨的标准信用卡。其具备的功能主要有信用贷款功能、消费支付功能、转账结算功能、消费信贷功能、自动存取款功能与其他拓展功能等，贷记卡并不具备其他银行卡具备的定期、活期储蓄存款功能。

②准贷记卡。准贷记卡是指持卡人须先按发卡银行要求交存一定金额的备用金，当备用金账户余额不足支付时，可在发卡银行规定的信用额度内透支的信用卡。准贷记卡给予持卡人的透支额较小，而且规定透支款项只能用于消费。其功能主要有信用贷款、存取款、消费支付、转账结算、自动存取款与其他拓展功能等。

目前国内银行发行的信用卡基本上都是贷记卡。

（2）借记卡按功能不同，分为转账卡、专用卡、储值卡。

①转账卡。转账卡是实时扣账的借记卡，具有转账结算、存取现金和消费功能。国内各家银行发行的储蓄卡、借记卡等均属转账卡范畴。转账卡在使用时，其支付或消费金额不得超出银行卡存款账户的存款余额，但持卡人如在转账卡账户中开立有定期账户，可向发卡银行申请办理消费信贷或小额抵押贷款。目前国内转账卡由于业务发展的需要，其存取款功能已由简单的活期通存通兑业务延伸到了一卡多户、一卡多币种等业务，在转账卡上不仅可以开立活期账户，还可以开立定期账户、外币活期账户和外币定期账户等。转账卡除了没有信用贷款的功能，银行卡的其他功能均具备，如存取款、消费支付、转账结算、自动存取款与其他拓展功能等。

②专用卡。专用卡是具有专门用途、在特定区域使用的借记卡，具有转账结算、存取现金的功能。中国人民银行规定的专门用途是指在百货、餐饮、饭店、娱乐行业以外的用途。专用卡内的存款按照活期利率计付利息。

③储值卡。储值卡是发卡银行根据持卡人要求将其资金转至卡内储存，交易时直接从卡内扣款的预付钱包式借记卡。根据中国人民银行的有关规定，储值卡内的存款不计付利息。储值卡的功能比其他卡种单一，只有消费支付这一功能。目前，银行已经很少有此类产品，但是在公交、零售等领域，储值卡的使用却越来越广泛。

2. 银行卡的功能

银行卡由于卡的种类不同，功能也有所差别，概括起来主要有以下几种。

（1）存取款功能。持卡人凭卡可以在发卡行或与其签约代理行的营业机构办理通存通兑现金业务。这是银行储蓄功能的拓展。根据中国人民银行的相关规定，持卡人在异地存取现金应收取一定的手续费。发卡行利用银行卡的存取款功能，吸收了存款，方便了银行卡持卡人及时还付款项，避免了大额携现的不便，增加了资金来源，也增加了手续费收入。同时，银行对信用卡以外的活期存款应按照活期储蓄存款利率计付利息，对于在银行卡上开立的定期账户，应按照国家规定以相应档次的利率支付利息。

（2）消费支付功能。持卡人凭借银行发行的银行卡，可以在发卡行与信息结算中心发展的全部或部分指定特约商户（国际卡可在所加入国际组织的特约商户处）直接购物消费，即客户购物、用餐、住宿、旅游等进行账务结算时，可以凭银行卡在特约商户处直接刷卡结算，而不需支付现金，特约商户事后凭单向发卡银行或收单银行收取结算金额，并按规定的手续费率向银行支付消费结算的手续费。

（3）转账结算功能。持卡人凭借银行发行的银行卡可以在特约商户处办理大额购货转账结算，也可在发卡行的营业机构办理同城转账、异地电汇、信汇等业务。持卡人通过办理转账结算业务，减少了携带现金办理业务的不便，有效地支持了商品流通和商品交换，方便了持卡人与特约商户。根据中国人民银行的规定，在办理转账结算业务时，转账金额应为其实际存款额，并可根据中国人民银行规定的转账结算收费标准收取一定的手续费和工本费。

（4）代收付功能。随着竞争的不断加剧，银行为了拓展业务领域，扩大银行卡的服务范围，纷纷开办了利用银行卡为企事业单位员工办理代发工资、奖金的代发业务，为满足持卡人缴交电话费、水电费等日常生活需要而开办的代缴费业务，利用银行卡作为结算账户为客户办理的股票转账交易结算业务等，这些崭新的中间业务实际上是银行转账结算功能的延伸。银行卡通过代收代付业务的办理，拓展了自身的服务领域和范畴，扩大了客户群，还可以增加一定的代办手续费收入。

（5）消费信贷功能。信用卡由于事先对客户进行了信用评估，因此能给予客户一定的透支消费额度，甚至可以取现，以满足持卡人的不时之需。信用卡透支实际上就是一种短期信贷业务。

（6）自动存取款功能。目前国内绝大多数银行都具有自动柜员机业务，通过银联的牵线，各银行发行的转账卡均可以在带有银联标识的 ATM 机上存取现金。部分银行也开放了信用卡在自动柜员机存取款服务的功能。自动柜员机的使用方便了客户一天 24 小时办理现金业务。持卡人凭卡就可以在自动柜员机上自助操作，办理现金存取、转账、查询余额、更改密码等业务。

（7）网上支付功能。随着金融业的发展和金融新产品的不断产生，银行卡的功能也在不断发展和完善。网上支付功能就是随着互联网技术的发展而生的。

（8）自助服务功能。各种银行自助机具的发展，以及自助缴费机和电话银行服务的日渐普及，使银行卡具备了主动缴费和查询交易明细的功能。而银行卡与其他移动工具（如手机、电脑等）结合起来，催生了移动理财、家居理财服务等更新的自助服务功能。

6.2.6　智能卡

1970 年，法国人罗兰德•莫瑞诺（Roland Moreno）第一次将可进行编程设置的集成电路（Integrated Circuit，IC）芯片放于卡片中，使卡片具有更多的功能。当时，他对这项技术的描述是：镶嵌有可进行自我保护的存储器的卡片。这样就诞生了世界上第一张 IC 卡。在此后的三十多年里，随着超大规模集成电路技术、计算机技术及信息安全技术等的发展，IC 卡技术更趋成熟。1997 年，摩托罗拉和 Bull HN 公司研制出在塑料卡上安装嵌入式微型控制器芯片的 IC 卡，即真正意义上的智能卡。

1. 智能卡的含义

智能卡（Smart Card）是一种将具有微处理器及大容量存储器的集成电路芯片嵌装于塑料基片上制成的卡片，是 IC 卡的一种。其外形与信用卡的大小、形状相似，但卡上不是磁条，而是计算机集成电路芯片（如微型 CPU 与存储器 RAM 等），用来存储用户的个人信息及电子货币信息，是具有支付与结算等功能的消费卡。由于 IC 卡是在 IC 芯片上将消费者信息和电子货币存储起来，因此不但存储信息量大，还可用来支付购买的产品、服务和存储信息等，具有多功能性。

2. 智能卡的特点

智能卡内带有微处理器和存储器，能储存并处理数据，可进行复杂的加密运算和密钥密码管理，因此智能卡具有以下特点。

（1）体积小，便于随身携带。智能卡可以方便地放到钱包或卡包中，易于携带。另外，一张智能卡可保存 4～6MB 的信息，其存储量比一个磁卡多 100 倍，可存储用户的个人信息，如财务数据、私有加密密钥、账户信息、交易信息、信用卡号码及健康保险信息等，因而可以支持一卡多用。

（2）信息记录的高可靠性。由于采用激光打孔式的记录方法，因此智能卡不怕任何电/磁干扰，有很强的抗水、抗污染及抗剧烈温度变化的能力。卡中的信息可保存 100 年以上，读写次数在 10 万次以上，至少可用 10 年。

（3）信息记录的高安全性。智能卡从设计到生产，设置了多级密码，并具有独特的不可复制且防外部侵入的存储区。同时，智能卡采用国际标准和技术协会的 DES 加密标准与加密算法对卡上的信息进行加密，因此明显提高了智能卡的安全性，伪造假卡或使用非法窃取的卡都是非常困难的。智能卡本身经过严格的防伪技术处理，也不可能被复制和伪造，安全性很高。

（4）适用范围广。由于智能卡存储容量大且存储信息的范围广，能够支持一卡多用，因此目前从全球范围看，智能卡已被广泛地应用于金融财务、社会保险、交通旅游、医疗卫生、政府行政、商品零售、休闲娱乐、学校管理及其他领域。在欧洲和日本，智能卡已用于交电话费和有线电视费。中国香港的智能卡也非常普及，几乎所有的零售店和饭店的结账台都有智能卡刷卡器；公交系统（包括地铁、公共汽车、火车、有轨电车、轮渡）也联合推出了 Octopus 智能卡。

3. 智能卡的支付流程。

使用智能卡进行消费时，需要配置一个硬件——安装在计算机设备上的可携式智能卡读写设备，智能卡的交易要通过卡片进行。运用智能卡的支付流程如下。

（1）用户选择商品，使用智能卡支付。

（2）将卡插入读写器，读写器向卡充电，从而启动卡中的 COS 并运行；卡片向读写器自动发出复位应答信号；利用内外部鉴别命令，使读写器和卡相互鉴别真伪；若需要，持卡人通过读写器输入个人密码，读写器将这一密码传给卡片进行校验。

（3）通过计算机输入智能卡号码，登录到用户的发卡银行，输入密码和商家的账号，支付金额，读写器发出交易命令，从智能卡中下载现金到商家账户上。

（4）交易是在卡中进行的，卡返回给读写器本次交易是否成功的应答，结束交易，拔卡，完成支付过程。

6.3 第三方支付

6.3.1 第三方支付简介

随着互联网金融浪潮的到来，第三方支付变得愈加重要，网上交易量爆发式增长也给第三方支付带来了发展的春天。第三方支付，顾名思义，是在服务方与消费方之间加入了一个第三者，这个第三者在双方的交易中起了过渡的作用。

1. 第三方支付的含义

第三方支付是指具备资质的独立的，通过与所在国家及国外各大银行合作，为收、付款人提供网络支付、预付卡、银行卡收单及中国人民银行确定的其他资金转移业务的，为互联网交易提供支持的第三方平台。

在第三方支付平台的交易中，买方选购商品后，使用第三方平台提供的账户进行货款支付，由第三方通知卖家货款到达、进行发货；买方检验物品后，就可以通知付款给卖家，第三方再将款项转至卖家账户。第三方支付方式作为一个新兴的支付方式，颠覆了人们对支付方式的认知。第三方支付的方式解决了交易的地域性问题，即它可以将不在同一个城市，甚至不在同一个国家的买方与卖方连接起来，完成一笔交易、一次支付，并且在很大程度上提高了交易的便捷性与安全性，在买卖双方缺乏信用保障与法律支持的情况下，第三方提供了安全交易服务。

2. 第三方支付的优势

（1）在成本上，它拥有支付成本较低的优势，支付中介集中了大量的电子小额交易，形成规模效应，因而支付成本较低。

（2）在使用上，第三方支付使用起来十分方便，不存在复杂的交易过程与技术操作。

（3）在安全性方面，第三方支付中所需要的信用卡信息或账户信息只需要告诉值得信赖的支付中介，如支付宝，而无须告诉收款人，大大减少了信用卡信息和账户信息失密的风险，在一定程度上解决了网上银行支付方式不能对交易双方进行约束和监督，支付方式比较单一，以及在整个交易过程中，货物质量、交易诚信、退换要求等方面无法得到可靠的保证，交易欺诈广泛存在等问题。

第三方支付平台本身依附于大型的门户网站，且以与其合作的银行的信用作为信用依托，因此第三方支付平台能够较好地突破网上交易中的信用问题，有利于推动电子商务的快速发展。

6.3.2　第三方支付流程

在第三方支付交易流程中，支付模式使商家看不到客户的信用卡信息，同时又避免了信用卡信息在网络上多次公开传输而导致信用卡信息被窃，增强了网络交易的安全性。第三方支付平台的工作流程主要分三步：将买方货款转拨到第三方平台所在的账户；买方转账成功后通知卖方发货；买方确认货物信息后，货款转拨到卖方账户。一次成功的第三方支付过程包括 9 个环节，其具体流程如图 6-5 所示。

9 个环节分别描述如下。

（1）买方进入卖方市场，浏览所需商品的信息。

（2）买方如果觉得某件商品合适，就和卖方达成交易协议，卖方就发送信息通知买方到与其结盟的第三方支付平台进行支付。

（3）买方进入第三方支付平台，提交其账户和密码及所付款额等信息给第三方支付平台。

（4）第三方支付平台接收到买方提供的银行账户信息后，进入买方账户所在银行，对其提供的账户信息进行验证。

（5）验证成功后，第三方支付平台将买方所应支付的款额转拨到第三方支付平台所在账户，对其进行临时保管。

（6）第三方平台通知与其结盟的电子商务网站买方应付货款已到，准备发货。

（7）电子商务网站配送商品到买方手中。

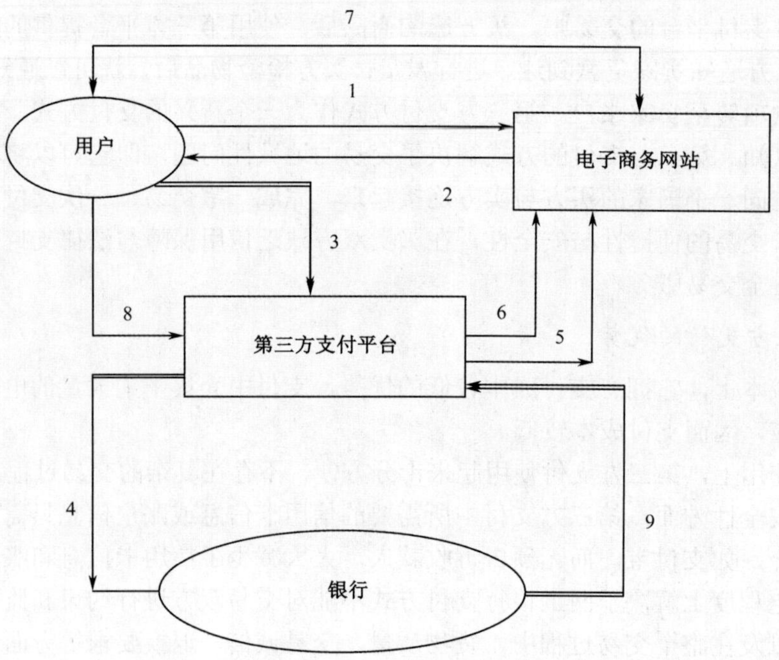

图 6-5　第三方支付交易流程

（8）买方收到商品后进行验货，如果满意就发送信息给第三方支付平台，确认商品已经验收，同意付款。

（9）第三方支付平台接收到用户的确认信息后，将其临时保存的货款转拨给卖方，就完成了一次完整的支付过程。

6.3.3　第三方支付平台介绍

近年来，我国第三方支付行业发展迅速，中央银行于 2010 年颁布的《非金融机构支付服务管理办法》标志着中央银行认可了第三方支付机构的行业地位，并于次年开始发放第三方支付牌照。2014 年中国第三方互联网支付交易规模市场份额中，支付宝占比 49.6%，财付通占比 19.5%，银商占比 11.4%，快钱占比 6.8%，汇付天下占比 5.2%，易宝支付占比 3.2%，环迅支付占比 2.7%，其他占比 1.6%。

第三方支付平台是提供第三方支付服务的网络平台，旨在通过一定手段为交易双方提供信用担保，从而有效地防止电子交易中的欺诈行为。第三方支付平台可以分为两类，一是以支付宝、财付通为代表的宿主型平台：二是以快钱、汇付天下为代表的独立运营平台。目前。已经获得支付牌照的第三方支付机构已达 250 家，主要集中在北京、上海、杭州、广东等发达地区，如支付宝、PayPal、银联在线等。

1. 支付宝

支付宝（Alipay）是阿里巴巴公司于 2004 年创办的第三方支付平台。针对国内网络购物市场中买卖双方互不信任的情况，支付宝全球首创了担保交易模式，由买家先打款给支付宝，支付宝通知卖家发货，买家收到货后确认付款，支付宝才将货款打给卖家。通过这种居中担保方式，在整个交易过程中，如果出现欺诈行为，支付宝将进行赔付。支付宝成功解决了困扰国内网络购物发展的诚信问题。在支付宝的支持下，淘宝网逐渐成为市场占有率稳居国内第一的 C2C 平台。

基于交易流程的不同，支付宝在处理用户支付时主要有两种方式。

（1）买卖双方达成付款的意向后，由买方将款项划至其在支付宝的账户（其实是支付宝在相对银行的账户），支付宝发电子邮件通知卖家发货，卖家发货给买家，买家收货后通知支付宝，支付宝于是将买方先前划来的款项从买家的虚拟账户中划至卖家在支付宝的账户。

（2）支付宝的即时支付功能，“即时到账交易（直接付款）”，交易双方可以不经过确认收货和发货的流程，买家通过支付宝立即发起付款给卖家。支付宝发给卖家电子邮件（由买家提供），在邮件中告知卖家买家通过支付宝发给其一定金额的款项。如果卖家这时不是支付宝的用户，那么卖家要通过注册流程成为支付宝的用户后才能取得货款。有一点需要说明，支付宝提供的这种即时支付服务不仅适用于淘宝和其他网上交易平台，还适用于买卖双方达成的其他线下交易。从某种意义上说，如果实际上没有交易发生（双方不是交易的买卖方），人们也可以通过支付宝向任何一个人进行支付。

支付宝的成功并不是一朝一夕的，它的成功不仅得益于第三方支付方式本身所具有的优势，同时也得益于其自身具有的天然优势。

（1）捆绑了淘宝这样知名的电子商务平台，因此聚集了庞大的用户群。

淘宝网是国内最早的电子商务网站之一，它的成功不仅标志着电子商务时代的正式来临，同时对于后期一大批优秀的电子商务网站的成功，有着不可磨灭的作用。自淘宝网成立，截至 2013 年，淘宝网拥有近 5 亿名注册用户数，每天有超过 6000 万名固定访客，同时每天的在线商品数超过 8 亿件，平均每分钟售出 4.8 万件商品。这么庞大的一个用户群，对支付宝的成功有着直接的影响。2015 年 4 月 22 日，DoNews 发布消息，支付宝钱包最新公布的数据显示，支付宝钱包活跃用户现已超过 2.7 亿人。

（2）拓展行业众多，生活中处处可使用支付宝。支付宝主要提供支付和理财服务，涉及网购担保交易、网络支付、转账、信用卡还款手机充值、水电煤缴费、个人理财等多个领域。在进入移动支付领域后，为零售百货、电影院线、连锁商超和出租车等多个行业提供服务。在生活中无论是手机欠费了，或是一时兴起想看场电影，又或是匆匆出行，只需用手指在支付宝的界面上快速操作几下，就可以完成充话费、购物、打的等事情，不可不说。支付宝对人们衣食住行带来的改变，是以前从来都无法想象到的。

（3）余额宝的成功，带来了一场连接互联网与金融界的跨界营销革命。2013 年，支付宝再次提供了一个新功能——余额宝。余额宝是一个类似网上银行的功能，用户可以通过余额宝在网上进行转账、购物等，还可以通过余额宝进行理财。而它优于银行的其中一点是，余额宝的转账、存钱等不需收取任何手续费（至 2016 年 10 月 11 日）。

2. PayPal

PayPal（在中国内地的品牌为贝宝），是美国 eBay 公司的全资子公司，1998 年 12 月由 Peter Thiel 及 Max Levchin 建立。PayPal 是一个总部在美国加利福尼亚州圣荷西市的 Internet 服务商，允许在使用电子邮件来标识身份的用户之间转移资金，避免了传统的邮寄支票或汇款的方法。PayPal 也和一些电子商务网站合作，成为它们的货款支付方式之一；但是用这种支付方式转账时，PayPal 将收取一定数额的手续费。

通过 PayPal 支付一笔金额给商家或收款人，可以分为以下几个步骤。

（1）只要有一个电子邮件地址，付款人就可以登录开设 PayPal 账户，通过验证成为其用户，并提供信用卡或相关银行资料，增加账户金额，将一定数额的款项从其开户时登记的账户（如信用卡）转移至 PayPal 账户下。

（2）当付款人启动向第三人付款程序时，必须先进入 PayPal 账户，指定特定的汇出金额，并提供收款人的邮箱给 PayPal。

（3）PayPal 向商家或收款人发出电子邮件，通知其有等待领取或转账的款项。

（4）如商家或收款人也是 PayPal 用户，其决定接受后，付款人所指定的款项可即时到达收款人的 PayPal 账户。

（5）若商家或收款人没有 PayPal 账户，收款人需依 PayPal 电子邮件内容中指示的连线站进入网页注册获得一个 PayPal 账户，收款人可以选择将取得的款项转换成支票寄到指定的处所、转入其个人的信用卡账户或转入另一银行账户。

PayPal 集国际流行的信用卡、借记卡、电子支票等支付方式于一身，帮助买卖双方解决各种交易过程中的支付难题。在跨国交易中超过 95%的卖家和超过 85% 的买家认可并正在使用 PayPal 电子支付业务。

PayPal 与支付宝的差异如下。

（1）PayPal 是全球性的，通用货币为加元、欧元、英镑、美元、日元、澳元 6 种货币；支付宝是中国的，以人民币结算。

（2）PayPal 是保护买方方针，支付宝是偏向卖家方针。也就是说 PayPal 从买家角度考虑问题，买家有任何不满意都可以提出争议，卖家无法拿到钱；而支付宝超过时效就钱货两清。

（3）PayPal 是一个将会员分等级的机构，对高级账户会收取手续费，当然利益保障也更牢靠。支付宝则不存在这一分等级。

（4）PayPal 账户如果投诉率过高会导致账户永久性关闭，因此卖家是很谨慎的。支付宝不会轻易关闭账户。

（5）PayPal 的资金在美国可以提现至银行，在中国可以电汇至银行，都是要手续费的。支付宝直接提现银行。

3. 银联在线

银联在线（China Pay）是中国银联旗下的第三方支付平台。作为非金融机构提供的第三方支付平台，银联在线依托于中国银联，构建了银联便民支付网上平台、银联理财平台、银联网上商城三大业务平台，为广大持卡人提供公共事业缴费、信用卡还款、跨行转账、账单号支付、基金理财等全方位的互联网金融支付服务。目前，已有超过 85 家银行的银联卡接入“银联在线支付”，商户通过银联在线来进行网上支付、网上代付等业务，包括铁路客户服务中心、京东商城、苏宁电器、东方购物、东方航空、同程网等各类主流商户网站上的业务。

"银联在线支付"具有方便快捷、安全可靠、全球通用、金融级担保交易、综合性商户服务和无门槛网上支付六大显著特点。基于特殊的"无卡通道"，用户使用银联认证支付、快捷支付和普通支付时，无须使用网银，只要在银联网站输入必要的认证信息就能快速付款，完成交易。

6.4 移动支付

6.4.1 移动支付的含义与特点

目前，我国移动支付产业已形成较为完备的产业链条，众多商业银行、通信运营商和第三方支付组织的积极参与，有力地促进了此项新兴产业的发展，支付范围涉及转账汇款、网上购物、自助缴费、手机话费、公共交通、个人理财等诸多小额支付领域。

1. 移动支付的含义

广义的移动支付是指进行交易的双方为了某种货物或业务，以一定信用额度或一定金额的存款通过移动设备从移动支付服务商处兑换代表相同金额的数据，以移动终端为媒介，将该数据转移给支付对象，从而清偿消费费用完成交易的支付方式。移动支付所使用的设备可以是手机、移动 PC、移动 POS 机等。狭义的移动支付也称为手机支付，是允许用户使用其移动终端（通常是手机）对所消费的商品或服务进行账务支付的一种服务方式。

单位或个人通过移动设备、互联网或近距离传感，直接或间接向银行金融机构发送支付指令，产生货币支付与资金转移行为，从而实现移动支付功能。移动支付将终端设备、互联网、应用提供商及金融机构相融合，为用户提供货币支付、缴费等金融业务。

2. 移动支付的特点

移动支付属于电子支付方式的一种，因而具有电子支付的特征，但因其与移动通信技术、无线射频技术、互联网技术相互融合，又具有自己的特征。

（1）交易的安全性。通过银行卡号与手机卡号的一一对应，将银行卡和手机进行技术关联，用户在装有 SIM 卡的手机上即可进行安全的移动支付。首先，IC 卡比磁卡具有更高的安全保障；其次，通过第三方颁发的数字证书、数字签名及各种加密机制，移动支付的用户可以实现安全信息数据的交换；再次，作为移动支付系统的参与方，金融业与电信业都具有高性能的处理主机，可以保证银行卡支付的安全。

（2）内容的丰富性。支付市场的潜力正逐渐被重视。手机用户将拥有可随身携带的支付终端，银行卡可以延伸到每个手机用户身边，实现贴身服务。手机也不再是简单的通信工具，用户可以在任何时间、任何地点用手机办理消费、缴费和转账等业务。持卡人还可利用手机完成银行卡余额查询、商户消费、电子支付等各种业务。

（3）移动性。随身携带的移动性，消除了距离和地域的限制，结合了先进的移动通信技术的移动性，使用户可以随时随地获取所需要的服务、应用、信息和娱乐。

（4）及时性。移动支付不受时间和地点的限制，信息获取更为及时，用户可随时对账户进行查询、转账或购物消费。

（5）集成性。移动支付以手机为载体，通过与终端读写器近距离识别进行的信息交互，运营商可以将移动通信卡、公交卡、地铁卡、银行卡等各类信息整合到以手机为平台的载体中进行集成管理，并搭建与之配套的网络体系，从而为用户提供十分方便的支付和身份认证渠道。

6.4.2 移动支付的方式与种类

1. 移动支付的方式

（1）短信支付。手机短信支付是手机支付的最早应用，将用户手机 SIM 卡与用户本人的银行卡账号建立一种一一对应的关系，用户通过发送短信的方式在系统短信指令的引导下完成交易支付请求，操作简单，可以随时随地进行交易。手机短信支付服务强调了移动缴费和消费。

（2）扫码支付。扫码支付是一种基于账户体系搭起来的新一代无线支付方案。在该支付方案下，商家可把账号、商品价格等交易信息汇编成一个二维码，并印刷在各种报纸、杂志、广告、图书等载体上发布。

用户通过手机客户端扫拍二维码，便可实现与商家支付宝账户的支付结算。最后，商家根据支付交易信息中的用户收货、联系资料，就可以进行商品配送，完成交易。

（3）指纹支付。指纹支付即指纹消费，是采用目前已成熟的指纹系统进行消费认证，即顾客使用指纹注册成为指纹消费折扣联盟平台会员，通过指纹识别即可完成消费支付。

与传统支付方式不同，指纹支付在商家消费支付时不需要刷卡、付现金，只要用户在指纹支付终端上，用手指轻轻一按，不到 5 秒钟就能轻松完成埋单。

（4）声波支付。声波支付是利用声波的传输，完成两个设备的近场识别。其具体过程是，在第三方支付产品的手机客户端里，内置有“声波支付”功能，用户打开此功能后，用手机麦克风对准收款方的麦克风，手机会播放一段“咻咻咻”的声音。

2. 移动支付的种类

（1）根据实现方式的不同，可以将移动支付分为近场支付和远程支付两种。所谓近场支付，就是用手机刷卡的方式坐车、买东西等，很便利。主要的近距离通信技术有蓝牙、射频识别（Radio Frequency Identification, RFID）和近场通信（Near Field Communication, NFC，由 RFID 演变而来）等。远程支付是指通过发送支付指令（如网银、电话银行、手机支付等）或借助支付工具（如通过邮寄、汇款）进行的支付方式，如掌中付推出的掌中电商、掌中充值、掌中视频等，都属于远程支付。

（2）根据支付金额的大小，可以将移动支付分为小额支付和大额支付。小额支付业务是指运营商与银行合作，建立预存费用的账户，用户通过移动通信的平台发出划账指令代缴费用。大额支付是指把用户的银行账户和手机号码进行绑定，用户通过多种方式对与手机捆绑的银行卡进行交易操作。

（3）根据支付账户的性质，可以将移动支付分为银行卡支付、第三方支付账户支付、通信代收费账户支付。银行卡支付就是直接采用银行的借记卡或贷记卡账户进行支付的形式。第三方账户支付是指为用户提供与银行或金融机构支付结算系统接口的通道服务，实现资金转移和支付结算功能的一种支付服务。第三方支付机构作为双方交易的支付结算服务的中间商，需要提供支付服务通道，并通过第三方支付平台实现交易和资金转移结算安排的功能。通信代收费账户是指移动运营商为其用户提供的一种小额支付账户，用户在互联网上购买电子书、歌曲、视频、软件、游戏等虚拟产品时，通过用手机发送短信等方式进行后台认证，并将账单记录在用户的通信费账单中，月底进行合单收取。

（4）根据支付的结算模式，可以将移动支付分为及时支付和担保支付。及时支付是指支付服务提供商将交易资金从买家的账户即时划拨到卖家账户。该模式一般应用于“一手交钱一手交货”的业务场景（如商场购物），或者应用于信誉度很高的 B2C 及 B2B 电子商务，如首信、云网等。担保支付是指支付服务提供商先接收买家的货款，但并不马上支付给卖家，而是通知卖家货款已冻结，卖家发货；买家收到货物并确认后，支付服务提供商将货款划拨到卖家账户。支付服务商不仅负责资本的划拨，同时还要为不信任的买卖双方提供信用担保。担保支付业务为开展基于互联网的电子商务提供了基础，特别是对于没有信誉度的 C2C 交易及信誉度不高的 B2C 交易。这方面做得比较成功的是支付宝。

（5）根据用户账户的存放模式，可分为在线支付和离线支付。在线支付是指用户账户存放在支付提供商的支付平台，用户消费时，直接在支付平台的用户账户中扣款。离线支付是指用户账户存放在智能卡中，用户消费时，直接通过 POS 机在用户智能卡的账户中扣款。

6.4.3 移动支付流程

从消费者的购买行为来看，消费者不管在商城、超市等零售卖场进行购物，还是在网上商城进行购物，移动支付都已成为支付方式的一种。移动支付流程如图 6-6 所示。

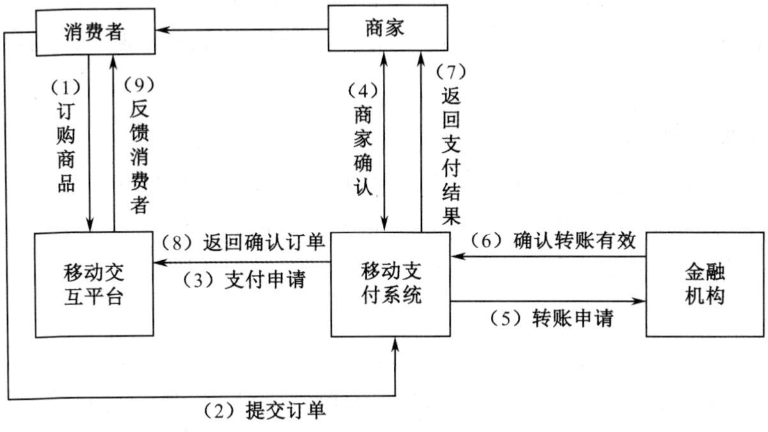

图 6-6　移动支付流程

移动支付流程的步骤如下。

（1）用户通过客户端在支付内容平台订购商品或服务。

（2）支付内容平台向移动支付平台的交易系统提交订单。

（3）用户通过客户端向交易系统发起支付请求。

（4）商家确认订单。

（5）交易系统接收用户的支付请求，检查用户的订单信息，向账户系统发起扣款请求。

（6）账户系统接收扣款请求，对账户信息进行鉴权，鉴权通过后，完成转账付款，并发送扣款确认信息给支付交易系统。

（7）交易系统将支付结果通知支付内容平台。

（8）支付内容平台向交易系统返回支付结果确认的应答。

（9）交易系统为客户端返回支付成功确认，完成交易流程。

6.5 网络银行

6.5.1 网络银行的定义和特点

1995 年 10 月 18 日，美国诞生了第一家网络银行——安全第一网络银行，这是世界上第一家将其所有银行业务都通过 Internet 处理的开放式银行。安全第一网络银行是一家纯网络银行，该行的营业厅就是网页画面，网上“营业大厅”里设有账户设立、客户服务及个人理财三个主要的服务“柜台”，此外还有提供客户查询的咨询台、行长台等。自安全第一网上银行诞生以来，全球银行业在电子化道路上开始了爆发式的飞跃。

1. 网络银行的定义

网络银行又称网上银行、在线银行，是指银行利用网络技术，通过网络向客户提供开户、销户、对账、行内转账、跨行转账、投资理财等服务项目，使客户足不出户就能够安全便捷地管理活期存款、支票及个人投资等。网络银行可以说是在网络上的虚拟银行柜台。

简言之，网上银行就是利用计算机网创建虚拟的网上金融银行机构，开展金融业务和服务的银行。网上银行以一种全新的银行与客户的合作方式，为客户提供服务。它使用户可以不受时空的限制，只要能够上网，无论在哪里都能够方便快捷地管理自己的资产和享受银行的服务。

2. 网络银行的特点

只要有网络，人们可以在全球各个地方通过上网办理网上银行业务，因此网上银行也被称为 3A 银行，即网上银行能够在任何时间(Anytime)、任何地点(Anywhere)，以任何方式(Anyhow)提供服务。网络银行是 24 小时的银行、全球化的银行、服务方式多样化的银行。网络银行具有如下几个特点。

（1）运行成本低。采用网上银行这种新的交易方式，可以极大地降低银行的经营成本。传统银行的销售渠道是分行及其分布广泛的营业网点，传统银行的建立需要大量的人力、物力、财力，如场地费用、室内装修费、照明及水电费、支点的人员工资等。而网上银行的主要销售渠道是计算机网络系统，它是虚拟的，没有实体场地，只需要在网络上设置相应的网站服务，所以网上银行的成本比传统银行低得多。

小提示

据资料统计，通过不同途径进行每笔交易的成本，营业点为 1.07 美元，电话银行为 0.54 美元，ATM 为 0.27 美元，PC 为 0.15 美元，Internet 为 0.1 美元。可见，网上银行交易成本是最低的。

（2）一站式服务。由于网络具有很好的交互性，客户除了可以办理一般的银行业务外，还可以通过网上银行全面了解保险、证券、基金等金融产品的详细介绍，而只需少量的网上银行的专业人员就可以通过网络很方便地回答全球的客户提出的各类问题。这样的互动，使网上银行销售保险、证券基金等金融产品很容易成功。

（3）服务方便、快捷、高效、可靠。网上银行可以为用户提供任何时间、任何地点、任何方式的全年 365 天、每天 24 小时全天候服务。网上银行的服务突破了时间和空间的限制，突破了服务手段的限制。客户可以随时上网办理相应的网上银行业务，可以在全球各个地方通过上网办理网上银行业务。

网上银行是通过网络进行运作的，它处理业务的速度以计算机的处理能力能为依托。计算机科技的迅猛发展让以它为基础的网上银行的运行速度远远高于传统银行的速度。Internet 使银行服务活动的节奏大大加快。因此与传统银行相比，网上银行服务提供时间短、产品更新快、服务创新时间短。速度是网上银行相比于传统银行的一大优势。

6.5.2　网络银行的种类

1. 按服务对象，网上银行可分为企业网上银行和个人网上银行

（1）企业网上银行。企业网上银行主要针对企业与政府部门等企事业组织客户。企事业组织可以通过企业网上银行服务实时了解企业的财务运作情况，及时在组织内部调配资金，轻松处理大批量的网上支付和工资发放业务，并可处理信用证相关业务。

（2）个人网上银行。个人网上银行主要适用于个人与家庭消费支付与转账。客户可以通过个人网上银行服务，完成实时查询、转账、网络支付和汇款功能。

2. 按经营组织形式，网上银行可分为分支型网上银行和纯网上银行

（1）分支型网上银行。分支型网上银行是指现有的传统银行将互联网作为新的服务手段，建立银行站点、提供在线服务而设立的网上银行。传统银行一直是计算机和网络技术的最大用户，银行不断采用新技术进行金融创新，在提高服务效率的同时，推出丰富的金融产品，满足客户不同的需求。现在几乎所有的传统银行事实上已经拥有完善的网络，只不过需要由其职员操作才能提供服务，只要在现有的网络上开放一个接口，让客户通过互联网访问银行现有的网络，然后自行操作来处理自己的银行业务，使银行服务更具个性化。网上银行延伸了传统银行的服务空间，延长了传统银行的服务时间，更关键的是，网上银行为客户提供了优质的个性化服务，适合不同客户的需要，从而为银行留住了老客户，吸引了新客户。

中国银行网上银行属于分支型网上银行，既有企业网上银行，也有个人网上银行。

（2）纯网上银行。纯网上银行又称虚拟银行，是指一些网络技术公司借助其在网络技术上的优势，通过互联网提供某些银行服务的网上银行。这类网上银行没有任何实体的经营网点，通过互联网为其客户提供服务。纯网上银行起源于美国 1985 年开业的安全第一网上银行。纯网上银行是专门提供在线银行服务而成立的独立银行，因此也被称为“只有一个站点的银行”。

事实上，纯网上银行并没有在大多数国家出现，很多国家出于对金融监管的原因，首

先会对从事银行业务的经营者的资格进行严格审查，其次对于所经营的银行业务都有严厉的监管。但传统的资格审查和监管措施对新兴的网上银行并不适用，虽然表面看二者的业务是类似的，但经营手法完全不同，纯网上经营难以维持，只有依附传统业务从而充分发挥网络的优势。

知识链接

美国安全第一网络银行

美国安全第一网络银行是全球第一家完全通过国际互联网经营的独立银行，是在美国成立的第一家无营业网点的虚拟网上银行，它的营业厅就是网页画面，成立初期员工仅有19名。顾客通过国际互联网进入该行的站点，页面上即刻显示出一幅银行大厅的画面。画面上设有账户设置（Account Setup）、客户服务（Customer Service）及个人财务（Personal Finance）三个主要服务柜台。此外，还有供客户查询的“咨询台”（Information）和“行长”（President）等柜台。安全第一网络银行为客户提供多种银行服务，如开户、存款、支付账单及各项转账服务，还有外币买卖、长期存款和信用卡服务。客户还可以在网络上申请房屋汽车贷款、购买保险、通过经纪人员买卖各项金融产品。银行每天会产生一次交易汇总表供客户查询及核对。如需提取现金，客户只要到附近的提款机利用金融卡操作即可。

6.5.3 网络银行的功能

目前网络银行的功能一般包括银行业务项目、网上银行服务、信息发布和商务服务几个部分。

1. 银行业务项目

银行业务项目主要包括储蓄业务、对公业务、信用卡业务、在线查询余额、转账业务及特色服务等功能模块。

2. 网上银行服务

网上银行服务主要包括家庭银行、企业银行、各种支付、国际业务和信贷业务等功能模块。

（1）家庭银行。家庭银行为用户提供方便的个人理财渠道。包括网上开户、账户余额及利息的查询、交易历史查询、个人账户挂失、电子转账等。

（2）企业银行。企业银行为企业或团体提供综合账户业务；划转企业内部各单位之间的资金；核对调节账户，进行账户管理等服务；电子支付职工工资；支票挂失；将账户信息输出到空白表格软件，或者打印诸如每日资产负债表报告、银行明细表之类的各种金融报告或报表；通过互联网实现支付和转账等。

（3）各种支付。各种支付提供数字现金、智能卡、代付或代收费等网上支付方式，以及各种企业间转账或个人转账，如同一客户不同账号间，包括活期转定期、活期转信用卡、银行账户与证券资金账户之间的资金互转等。

（4）国际业务。国际业务包括国际收支的网上申报服务等。目前国内的企业可向中国银行总行申请办理此项业务。

（5）信贷业务。信贷业务包括信贷利率的查询等。银行可根据用户的信用记录决定是否借贷。

3. 信息发布

信息发布主要通过网站发布银行信息、储蓄利率、国际金融信息、外汇市场行情等，使客户能通过 Web 网站了解这些信息；为客户提供必要的软件与数据下载。

4. 商务服务

商务服务主要提供资本市场、投资理财和网上购物等子功能。对资本市场来说，除人员直接参与的现金交易之外的任何交易均可通过网上银行进行。投资理财服务可通过客户主动进入银行的网站进行金融、账户等的信息查询及处理自己的财务账目；也可由网上银行系统对用户实施全程跟踪服务，适时地向用户提供符合其经济状况的理财建议或计划。在网上购物方面，网上银行可以网上商店的形式向供求双方提供交易平台，商户在此可建立自己的订购系统；客户可进入银行的网上商店，选购自己所需的商品，并通过银行直接进行网上支付，供求双方均通过网上银行这一中介机构建立联系和实现收支，降低了交易的风险度。

6.5.4 网络银行的系统结构

网络银行通过互联网及其相关技术实现了银行与客户之间安全、方便的友好连接，为客户提供全方位的多种金融服务。它不仅能向客户提供信息咨询和账务划转等基本的银行金融服务，而且能向商户、客户提供网上购物实时结算等新型金融服务。

1. 网络银行系统建设的目标

（1）建立具有集中财务结算处理功能的全面、完整的电子银行综合应用系统，为银行现代化、电子化和信息化的持续发展提供强有力的保证。

（2）体系结构的适应性要强，保证银行要不断拓展新业务，使银行能长期处于电子商务和各种服务新领域的前沿，提高银行在数字经济下的竞争力。

（3）在银行电子化的基础上，实现银行信息化，全面改善银行的经营环境。它包括实现业务运行管理智能化，全面监控和管理银行的各类绩效指标，对银行的运营进行科学分析，为银行的发展提供及时、准确、科学的决策支持。

2. 网上银行的基本设计思想

综合应用 Web 技术和 Java 中间件，客户端采用浏览器或图形用户界面（Graphical Clser Interface，GUI）界面，支持现有的网上银行功能，满足稳定性、安全性，并具有良好的性能价格比。设计中应考虑如下方面。

（1）定义可重用服务模块，使用代码重用的概念。整个应用系统由提交服务请求的客户程序和完成各种服务功能的可重用模块构成。这些服务包括用户认证、文件访问及数据访问等。这些服务模块被设计为可在多个应用之间共享使用。采用 BeaJl 来实现这些可重用模块。

（2）对数据的完整性和安全性要求。由于 Internet 是一个开放性系统，信息的安全性没有保障。使用 Java Sccurity API 来实现信息的加密、数字签名，以及数据使用 KSI 的加密传输等方式，为交易过程中的客户和服务器之间提供了安全的数据传输。

（3）对公网上银行包括企业登录、账户管理、主动划拨款项、企业间转账、客户服务模块；个人网银包括我的注册账户、账务查询、个人转账、行内汇款和客户服务模块。

3. 网络银行的系统结构

一个中等规模的网络银行系统架构可以从网络银行技术架构、人员与部门组成架构、业务平台架构等方面来进行分析，如图 6-7 所示。

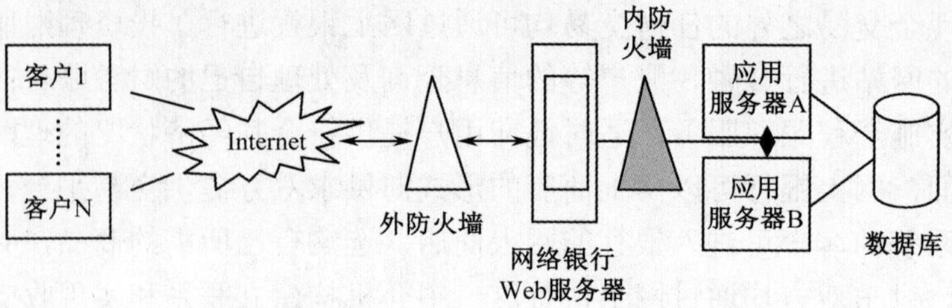

图 6-7 网络银行的系统结构

（1）网络银行的技术架构主要由网络服务系统、硬件系统、网络管理系统和数据库系统组成。中间注意防火墙的隔离。

（2）网络银行的人员与部门组成架构可以设计为市场部、客户及后勤服务中心、信息网络部和财务部 4 个部门。

（3）网络银行的业务平台设计根据网络银行主要客户的需求变化来设置服务品种和服务流程，从而构筑网络银行的业务内容。

知识链接

网上银行的欺诈与防范

1. 网上银行欺诈的几个实例

（1）欺诈邮件。市民小张收到所谓“中国工商银行客户安全警告”的邮件，由于小张办理了该银行的卡，就查看了邮件。邮件的内容大体是：“客户安全须知：尊敬的张某某先生，您好，我们是中国工商银行网银安全科。由于您的账号在网上银行登录，输入错误密码次数过多，可能您的账号和密码被不法分子盗用，近日已临时冻结您的账户。请您尽快点击下面的链接，登录中国工商银行通道修改您的密码。”小张点开了链接，在上面修改了密码。结果工资卡里的钱都给人取走了。

（2）短信引诱。不法分子通过发送短信，称客户在异地消费，如有疑问，可电话咨询，并留下电话号码。受骗客户拨打电话咨询时，不法分子称已经查询到客户在异地消费，不法分子称可能是银行卡被盗用，要求客户报案，并留下“报案电话”。受骗客户拨打“报案电话”，如实交代资金被盗情况，由于受骗客户认为自己拨打的是公安机关的报案电话，因此一般会放松警惕，将身份证号码、账号甚至密码等信息如实告知，不法分子在“报案电话”中称，公安机关已经受理了类似案件，相当重视此类案件，已经和“银联中心”紧密合作，“银联中心”已经建立了报警系统，一旦“犯罪分子”再次盗用银行卡作案，可立即实施抓捕，并要求客户拨打“银联中心”电话，设置报警系统。受骗客户对“报案电话”深信不疑，再次拨打“银联中心”电话，“银联中心”称可为客户建立报警系统，需要客户到银行网点签约网上银行，并要求客户不要将此事透露给任何人，包括银行柜员。受骗客户按照不法分子要求办理网上银行签约，并将签约信息、密码等信息提供给“银联中心”。不法分子在得到这些签约信息后，立即登录网上银行下载客户证书，将该客户资金转出。

（3）假冒签约。不法分子通过某种手段，得到客户的身份证号码、账号、密码等，通过网上银行注销原客户信息，以客户身份重新申请成为非签约客户，伺机作案。一旦客户到银行网点签约网上银行后，不法分子立即下载证书，将客户资金转出。

（4）套取网银信息。不法分子在报纸上刊登小广告，并留下了手机号码。受骗客户拨打手机号码向不法分子就无须抵押的银行贷款进行咨询时，不法分子要求客户到银行网点开立一个零余额账户并签约网上银行，提供网上银行签约信息、密码等，受骗客户按照不法分子要求开立了账户，进行了网上银行签约，将签约信息、密码等提供给不法分子。不法分子在得到这些签约信息后，立即登录网上银行下载客户证书。之后不法分子要求客户再开立一个账户，并存入贷款金额 30%的保证金，不法分子将进行验资，验资合格后进行放款。不法分子还提醒客户要保存该账户密码，不要透露给任何人，以赢得客户信任，同时要求受骗客户将此账户签约网上银行。受骗客户以为持有账户介质，账户密码也未透露他人，资金应该是安全的。在受骗客户将存有保证金的账户签约网上银行后，不法分子立即通过网上银行将该账户的资金转走。

2. 防范欺诈的措施

假银行网站是网银诈骗的一个主要途径。不法分子通过电子邮件冒充银行，以系统升级等名义诱骗不知情的用户单击进入这些假网站，诈骗用户登录犯罪嫌疑人提供的假网站地址，并要求他们同时输入自己的账号、网上银行登录密码、支付密码等信息。此外，还有人通过网络上的木马病毒来盗取用户的银行卡密码等信息。因此，采取有效的防范措施是必需的。

（1）在任何情况下都不能将密码和身份资料透露给他人，在任何情况下，银行工作人员都不会要求客户口头或书面提供密码，也绝对不要回复要求你确认密码的电子邮件，因为这可能是个圈套。

（2）在转账支付过程中，增加确认程序。也就是说，客户在网上银行完成了相关的转账支付手续之后，在银行将资金从该客户账户转出之前，由银行再次通过短信提示，发送验证码，由客户确认。

（3）客户不要随便打开来历不明并载有附件的电邮。当需要浏览银行的网站时，客户应在浏览器的网址栏输入有关银行的网址，或者将真正的网址记录在电脑的书签内，借此接驳至其网上银行账户。

（4）密码不要设置为简单密码。有些客户为了便于记忆和操作，将密码设置得过于简单，极易被他人猜中或被黑客破解。还有，在进行网上交易后，注意关闭电脑，不要让电脑处于休眠状态。

案例与思考

1. 零售业的移动支付

零售企业为了吸引和方便顾客消费，需要提供多样化的支付方式。近年来，微信支付、支付宝支付等新兴支付方式对商家补贴力度之大，促使零售企业逐渐采用移动支付方式。

如表 6-1 所示，先来看看零售业有哪些常用支付方式。

表 6-1 常用支付方式

分类	序号	名称	说明
传统支付方式	1	现金	人民币，如果企业允许收外币，需要另外设置支付方式
	2	银联卡	支持有“银联”标识的借记卡和信用卡支付
新兴支付方式	3	微信支付	海鼎提供 Polyservice 组件连接第三方平台与 HDJPOS，支持第三方在线支付
	4	支付宝支付	
企业自有支付平台	5	储值卡	企业自己发行的储值卡，需要刷卡支付 法律规定储值卡余额上限，实名卡上限 5000 元，匿名卡上限 1000 元
	6	电子钱包	顾客申请成为电子会员，扫付款码即可扣减会员账户余额，实现支付
	7	积分支付	企业支持其会员使用积分支付，如 100 积分抵 1 元
第三方支付平台	8	斯马特卡	HDJPOS 支持从衫德刷卡机获取刷卡金额，因此由衫德刷卡机决定可以支持刷哪些卡种
	9	衫德卡	
企业自有券支付	10	品牌券	企业为活动需要派发的代金券，需要系统校验，如某品牌购买满 100 元送 50 元券，限抵用 A 品牌商品
	11	代金券	企业为活动需要派发的代金券，也可以不用系统校验，如派发 DM 海报（印刷制品），凭海报一角可以抵 10 元
	12	员工福利券	企业为员工发放的福利券，员工可凭券到店消费抵现。如员工生日可领取 100 元福利券，可以在门店抵现金用
第三方券支付	13	第三方抵用券	第三方派发的代金券，由第三方校验。HDJPOS 上只是将这种支付方式区分出来，统计收入，如知而行

现金和银联卡支付方式是企业提供的基本支付方式，此处不再赘述。本节重点关注移动支付两巨头——支付宝支付和微信支付，2015 年第一季度全国移动支付规模达到 2 亿元，其中支付宝占 77.2%，微信支付占 11.5%。

（1）支付宝支付的特点：用户基数大，支持商户多，周期性活动预占购买力。2014 年 12 月 12 日，支付宝“双十二”给全国 100 多个品牌的 2 万家门店补贴了 1 亿元。2015 年 5 月 28 日起，每月 28 日为“支付宝日”全场 8 折，第一个“支付宝日”有 1.2 万家超市便利参与，第二个“支付宝日”商家增至 2 万家，第三个“支付宝日”商家增至 2.5 万家。60 多个超市便利品牌参与，覆盖 20 多个省市。整体上参与“支付宝日”的绝大部分超市和便利店品牌的销量增加了 5%～10%。加上支付宝拥有 2 亿名活跃用户资源，零售企业争相上线支付宝支付。

（2）微信支付的特点：活动花样多，小范围突击，引爆顾客好奇心。微信支付的活动形式灵活多变，有周期性的“周二微信支付日”10 元以上立减 10 元。还有不定期的活动，如 2015 年 6 月 30 日，家乐福与微信合作，使用微信支付 100%随机立减优惠，当天微信支付的来客数占比 2.7%，较往常增长近 10 倍，销售占比 3.71%，远超平日。新颖的活动形式是增加来客数的利器。

上线移动支付本身也许带不来太多的效益，但是移动支付后续固定周期的活动会增加销售/来客数，从而培养一部分客户的忠诚度，提升品牌黏性。这点是晚接入移动支付的商户所丢失的。

移动支付是互联网企业 O2O 布局的一环，只有尽早上车才能跟上时代的浪潮，把握互联网时代的先机。对早期上线的商户而言，这方面积累的经验和思想是宝贵的。O2O 是未来一段时间的大势所趋，在接入移动支付后，企业同样可以反客为主，利用线上平台为自己创造价值，结合当前流行的新产品来建设自己的顾客生态圈。

2. 微信支付安全案例

（1）接龙红包。遂宁市民兰烈被拖进一个陌生的微信群，一进群就抢到一个 101 元的大红包，可当他暗喜运气好的时候，群里很多人都在@他继续发红包，他这才发现原来手气最佳者要玩红包接龙，于是他只好按照规矩发了一个 200 元的红包让大家抢。接下来不到两小时，兰烈玩微信红包接龙就赔了 2000 多元。

接龙红包拼的是手气，通常抢到最少或最多的继续发。类似玩法还有比红包尾数大小、石头剪刀布等。一些庄家会利用软件作弊，设定不抢最小包或最大包、尾数修正、单双等。至于石头剪刀布、丢骰子等，则根本不需要软件，作弊者先把网络断开，接连发送几个骰子，无网络状态则显示发送失利，然后连接网络，选点数大的那条消息重发，骗取不知情的玩家。

另外，由于每人每天发红包的限额只有 5000 元，群主会招聘代发红包的人员。当成员达到限额、又需要发红包时，群内成员就转账给群主，由群主请人代发。群主和代发者会拿 5%～10%的提成，剩下的钱发到群里。

（2）抢红包神器。

徐女士在微信群里认识了一位朋友，这位朋友向她介绍了一款抢红包神器，称可以设置自动抢红包及降低抢到小额红包的概率。徐女士听后很心动，就花了 350 元购买了这个软件安装到手机中。第二天徐女士登录微信发现一万多元余额被转走。其实抢红包软件中暗藏木马病毒的可能性很大，一旦安装使用，个人信息面临被窃取、微信钱包及银行卡余额被盗走的风险。

（3）AA 收款“红包”。3·15 晚会曾曝光微信“AA 收款”功能遭篡改伪装成红包，不法分子假装发红包，在群里发送“每人 68 元”等链接，受骗者点开红包显示输入支付密码就可以进入 AA 收款专项账户。“AA 收款”不是红包，而是一个微信支付平台还款系统，骗子利用部分人不了解微信 AA 还款服务制造骗局。微信红包与 AA 收款的一个很明显的区别是，微信红包在微信群里显示为橘红色，点击后会直接显示是否抢到红包，AA 收款显示的是一个方块状的红底白字图标，并附带链接，点击后需要输入支付密码。

（4）木马“红包”。最近出现了一种携带木马病毒的微信红包，与普通红包一模一样，但受害者一旦打开，手机里所有的相关信息就会被盗取，包括手机绑定的银行卡信息等，这种病毒的严重程度仅次于“熊猫烧香”，而且删不了，因此，用户一旦收到带有“微信红包”的图片，应立即删除。

（5）付款码截图。小赵在朋友圈做化妆品生意，一天他收到昵称“美美”的人要购买眼霜，美美称自己当日红包和转账金额已超额，让小赵某发二维码给自己扫码付款。小赵将收款码截图发给美美后对方称该码不对，并诱导小赵将付款码发给自己。在美美的提示下小赵一共发送了 3 个付款码，结果损失了 1500 元。

（6）微信盗号。小琳的微信收到好友消息，称手机刷机后联系人号码没了，要重新建立联系方式。得到小琳的手机号码后，对方又发来微信称登录微信需要好友验证，要小琳把收到的验证码发给他。小琳将验证码发给对方后却发现登不上自己的微信了，等她再修改密码重新登录，零钱已没有了。

（7）扫码送礼。3·15 晚会曾模拟了一个典型的生活情景剧“扫二维码免费送一桶油”，不少网友抱着扫完关注对方领礼品后马上取消关注的心态，对扫码送礼活动来者不拒，却不知个人身份信息、银行卡卡号包括密码等都被骗子一一获悉，导致资金被盗。

二维码暗藏木马风险，光从表面看难以辨别其是否隐藏了病毒木马。该类案件利用受害者侥幸和贪图小利的心理，以丰富的奖品为诱饵引导受害者扫码，但实际上这些二维码带有手机木马病毒的下载网址，一旦不小心安装，盗刷就发生了。

（8）砍价 0 元购。吴女士参加某公众号的“砍价”买包活动，只要邀请朋友在链接页面中帮忙“砍价”就能低价买到女包，最低可砍至 0 元。吴女士在十几个群里让人帮砍价后，女包总算降到 0 元，但兑换时却显示库存不足，与商家联系被告知活动限量 5 个。

微信“砍价”是商家常用的网络营销方式，或者骗取个人信息与钱财。参与砍价时多数要提交个人信息，而你邀请数十甚至数百个朋友砍价后，以为将 6000 元的商品砍到 2000 元，最后买到的只是假货，甚至根本没发货。而微信用户并非实名，案件调查取证难大，损失难以挽回。

（9）微信投票。白女士参与某微信公众号发起的“萌宝宝大赛”，不用缴纳任何费用，直接微信报名即可。报名后白女士发动亲朋好友一起投票，并花 6000 元找人刷票，结果排名还是落后。

微信投票活动大多需要参与者提供真实的照片、姓名、生日、手机号，存在个人信息被倒卖的可能性。帮忙投票的也一样，投票外链还可能隐藏木马病毒。另外，切勿轻信网络“刷票”，此类活动存在主办方与刷票公司合作从中提取分成的可能，而主办方在后台可随时改动数据，受害者无论花多少钱刷票，也可被别人超越。

（10）微信捐款。白血病女孩黄绮雯向“白血病公益救助会”微信公众号发出求救，该公众号很快在微信上发起爱心捐款活动，并称活动与广州市志愿者协会联合组织，请大家放心捐款。调查发现该机构收捐款统计与捐款数额明显不符，而后该公众号主体“深圳市华泰暗夜科技有限公司”消失无踪，大伙给黄绮雯捐的款也已消失。

手机转账的快速与便捷让爱心捐款门槛变得很低，郭美美事件后，大家对微信公益平台的信任甚至在“红十字会”之上，很多公益组织扎堆微信，开通微信公众号，当然不乏鱼目混珠者。由于微信平台的监管体系存在极大的缺陷，这些诈骗组织游离在法律监管之外，不被排查。大部分捐款的民众也不会关心捐款的最终流向，从而让微信公益骗局更加猖獗。

思考：

1．移动支付已成为人们日常生活中的主要支付方式之一，目前有哪些常用的移动支付方式？对这些移动支付方式进行比较分析。

2．伴随着移动支付的普及，移动支付的安全问题成为关键，我们应如何防范移动支付安全问题？

实践题

1．了解一些常用的第三方支付平台的使用情况，请分别登录支付宝网站（https://www.alipay.com）、财付通网站（https://www.tenpay.com）、快钱网站（https://www.99bill.com），分析这 3 家支付工具各自提供哪些服务、使用的具体流程，并进行申请，再选择适合的网络交易平台。尝试使用这些支付工具，体验电子支付的具体流程。

2．浏览某商业银行网站，查看该银行主要提供了哪些网上银行服务，试将自己拥有的银行卡开通网上银行业务，通过网上银行进行账户的管理、查询，并进行网上转账、交易等相关操作。

第 7 章　网络营销

引导案例

小米的营销之道

网络营销是小米成功的最大秘密！小米的成功与雷军分不开，没有雷军这样能将互联网应用与营销完美结合起来的专家，就没有小米的成功。

首先，小米的网络营销定位。网络营销定位，包括企业盈利模式、企业核心竞争力、目标客户群、核心产品和产品卖点的定位。小米的盈利模式主要是一种网上直销的盈利模式；核心竞争力是小米的网络营销能力；主要目标客户群是年轻人；核心产品是高性能的智能手机；其高性能智能手机的最大卖点是高性价比的智能作用。

其次，小米的营销型网站系统所起的作用。小米网站系统的核心是小米手机官网（xiaomi.com）。另外，还有 MIUI 官网、米聊官网、小米游戏、多看阅读、小米社区等，以及大量的其他网店、博客、论坛、微博、微信等站点。小米正是将这些自建的网站和免费的站点系统地结合起来，形成了小米网络营销所需要的营销型网站系统。

最后，小米所做的网络推广。网络推广，包括付费网络推广和免费网络推广。小米所做的免费网络推广，非常经典。第一，搜索引擎优化（Search Engine Optimization，SEO），这是最基本也是最重要的网络推广方法。当打开小米手机官网的源文件，或者用站长工具查看小米手机官网首页，一看网页标题和关键词标签的设置，以及网站内外的优化就知道小米团队对 SEO 还是比较专业的。这就是小米手机官网的百度权重和流量都比较大的根本原因。第二，小米的论坛营销、微博营销、视频营销、饥饿式营销等网络推广方法，做得非常好。

【本章学习目标】

1. 了解网络营销的基本含义和特点。
2. 熟悉网络营销的方法。
3. 理解网上市场调查的方法。
4. 熟悉网络广告的策略。

职业指导

网络营销师证书由国家工业和信息化部统一颁发，国家承认，全国通用，是国家相关部门及企事业单位招聘人才和评选职称时的重要参考依据。网络营销师证书分为初级、中级、高级。其中，初级以理论基础为主；中级以实操技能为主，课程 80%以上为教授实践操作的内容；高级以实操技能和运营管理知识为主。网络营销师也叫网络营销工程师，其职责为将互联网技术与市场营销相结合，通过各种技术手段，迅速提高网站综合排名和访问量，为企业提供网络营销规划、网站建设规划、SEO 竞价推广和网盟推广、整合网络营销推广等服务，帮助企业有效提升销售额。

7.1 网络营销概述

网络营销是随着互联网进入商业应用而逐渐诞生的，尤其是万维网、电子邮件、搜索引擎等得到广泛应用之后，网络营销的价值才越来越明显。电子邮件虽然早在 1971 年就已经诞生，但在互联网普及应用之前，并没有被应用于营销领域；到了 1993 年，才出现基于互联网的搜索引擎；1994 年 10 月网络广告诞生；1995 年 7 月，目前全球最大的网上商店亚马逊成立。1994 年对网络营销的发展来说是重要的一年，因为网络广告诞生的同时，基于互联网的知名搜索引擎 Yahoo!、Webcrawler、Infoseek、Lycos 等也相继于 1994 年诞生。另外，由于曾经发生了“第一起利用互联网赚钱”的“律师事件”，促使人们对电子邮件营销开始进行深入思考，也直接促成了网络营销概念的形成。从这些事实来看，可以认为网络营销诞生于 1994 年。

7.1.1 网络营销的含义与功能

1. 网络营销的含义

关于网络营销，国外有许多不同的表达方式，如 Internet Marketing、Web Marketing、Net Marketing、Online Marketing 等，这些短语里面都包含“互联网营销”或“网络营销”的含义，但它们所应用的场合却有所差异。Internet Marketing 的主要意义在于互联网营销；Net Marketing 可视为网络营销；Web Marketing 强调的是在网络大环境下进行营销活动；Online Marketing 可以直译为线上营销。相比较而言，人们更易接受 Internet Marketing。

网络营销，顾名思义，就是以传统的营销为基础，通过新型互联网技术，对产品进行售前、售中及售后的跟踪服务。使用互联网技术寻找新客广、服务老客户，最大限度上满足客户的各种需求，借以达到开拓市场、增加盈利的经营目标。它是市场营销的最新形式，包括以下几方面的含义。

（1）网络营销与传统营销一样，并不是网络销售及支付等服务。它和传统营销是互相联系又互相区别的。

（2）网络营销是市场营销的新形式。它通过互联网，使得企业能比通过传统媒介更高效地与顾客沟通。

（3）网络营销不仅是网络技术和市场营销的简单延续，更是以现代信息技术、互联网发展及市场的变革和竞争为基础，不断转化的一门新型学科。

（4）网络营销包括许多内容：目标市场选择、网站策划、网上调查、网络分销、网络公关等许多内容。而不仅仅是在网络上施行营销手段。

（5）网络营销也不完全是网站营销，网站不仅包含营销，还包括许多其他应用，所以网站是网络营销的重要基础。没有网站的网络营销是不完整的，但是网络营销不能直接等同于网站营销。

2. 网络营销的功能

网络营销的基本功能包括：网络品牌、网站推广、信息发布、销售促进、网上销售、顾客服务、顾客关系、网上调研。这些也是网络营销的主要内容。

（1）网络品牌。网络营销的重要任务之一就是在互联网上建立并推广企业的品牌，以及让企业的网下品牌在网上得以延伸和拓展。网络营销为企业利用互联网树立品牌形象提供了有利的条件，无论大型企业还是中小企业，都可以用适合自己企业的方式展现品牌形象。网络品牌建设是以企业网站建设为基础，通过一系列的推广措施，达到顾客和公众对企业的认知和认可。网络品牌价值是网络营销效果的表现形式之一，通过网络品牌的价值转化实现持久的顾客关系和更多的直接收益。

（2）网站推广。获得必要的访问量是网络营销取得成效的基础，尤其对中小企业来说，由于经营资源的限制，发布新闻、投放广告、开展大规模促销活动等宣传机会比较少，因此通过互联网手段进行网站推广的意义显得更为重要，这也是中小企业对网络营销更为热衷的主要原因。即使对大型企业来说，网站推广也是非常必要的，事实上许多大型企业虽然有较高的知名度，但网站访问量不高。因此，网站推广是网络营销最基本的职能之一，是网络营销的基础工作。

（3）信息发布。网络营销的基本思想就是通过各种互联网手段，将企业营销信息以高效的手段向目标用户、合作伙伴、公众等群体传递，因此信息发布就成为网络营销的基本职能之一。互联网为企业发布信息创造了优越的条件，企业不仅可以将信息发布在企业网站上，还可以利用各种网络营销工具和网络服务商的信息发布渠道向更大的范围传播信息。

（4）销售促进。市场营销的基本目的是为最终增加销售提供支持，网络营销也不例外，各种网络营销方法大都直接或间接具有促进销售的效果，同时还有许多针对性的网上促销手段，这些促销方法并不限于对网上销售的支持，事实上，网络营销对促进网下销售同样很有价值，这也是一些没有开展网上销售业务的企业一样有必要开展网络营销的原因。

（5）网上销售。网上销售是企业销售渠道在网上的延伸，一个具备网上交易功能的企业网站本身就是一个网上交易场所，网上销售渠道建设并不限于企业网站本身，还包括建立在专业电子商务平台上的网上商店，以及与其他电子商务网站不同形式的合作等，因此网上销售并不仅仅是大型企业才能开展，不同规模的企业都能拥有适合自己需要的在线销售渠道。

（6）顾客服务。互联网提供了更加方便的在线顾客服务手段，从形式最简单的常见问题解答（Frequently Asked Questions，FAQ），到电子邮件、邮件列表，以及在线论坛和各种即时信息服务等。在线顾客服务具有成本低、效率高的优点，在提高顾客服务水平方面具有重要作用，同时也直接影响网络营销的效果，因此在线顾客服务成为网络营销的基本组成内容。

（7）顾客关系。顾客关系对开发顾客的长期价值具有至关重要的作用，以顾客关系为核心的营销方式成为企业创造和保持竞争优势的重要策略。网络营销为建立顾客关系、提高顾客满意和顾客忠诚提供了更为有效的手段，通过网络营销的交互性和良好的顾客服务手段，增进顾客关系成为网络营销取得长期效果的必要条件。

（8）网上调研。网上市场调研具有调查周期短、成本低的特点，网上调研不仅为制定网络营销策略提供支持，也是整个市场研究活动的辅助手段之一，合理利用网上市场调研手段对市场营销策略具有重要价值。网上市场调研与网络营销的其他职能具有同等地位，它既可以依靠其他职能的支持而开展，也可以相对独立地进行，网上调研的结果反过来又可以为其他职能更好的发挥提供支持。

7.1.2 网络营销的理论基础

在网络环境下，生产者和消费者在网络的支持下直接构成商品流通循环，其结果使得商业的部分作用逐步淡化。消费者参与企业营销的过程，市场的不确定因素减少，生产者更容易掌握市场对产品的实际需求。同时，由于网络和电子商务系统巨大的信息处理能力，为消费者挑选商品提供了空前规模的选择余地。

由于这些变化，使得传统营销理论不能完全胜任对网络营销的指导。但是网络营销仍然属于市场营销理论的范畴，它在强化了传统市场营销理论的同时，也提出了一些不同于传统市场营销的新理论。目前网络营销主要建立在以下基础理论之上。

1. 网络整合营销理论

1）4P 理论

在传统的市场营销策略中，由于技术手段和物质基础的限制，产品的价格、宣传和销售渠道、商家（或厂家）所处的地理位置及企业促销策略等成了企业经营、市场分析和营销策略的关键内容。美国密歇根州立大学的麦卡锡将这些内容归纳为市场营销策略中的 4P 组合，即产品（Product）、价格（Price）、地点（Place）和宣传（Promotion）。

2）4C 理论

传统的以 4P 理论为典型代表的营销理论的经济学基础是厂商理论，即利润最大化。而网络互动的特性使得顾客能够真正参与到整个营销过程中来，顾客不仅参与的主动性增强，而且选择的主动性也得到加强，在满足个性化消费需求的驱动之下，企业必须严格地执行以消费者需求为出发点、以满足消费者需求为归宿的现代市场营销思想，否则顾客就会选择其他企业的产品。因此，网络营销首先要求把顾客整合到整个营销过程中来，从他们的需求出发开始整个营销过程。这样就要求企业同时考虑顾客需求和企业利润。

据此，一批营销学者从顾客需求的角度出发研究市场营销理论，提出了 4C 组合。它以消费者需求为导向，重新设定了市场营销组合的 4 个基本要素：消费者（Customer）、成本（Cost）、便利（Convenience）和沟通（Communication）。它强调企业首先应该把追求顾客满意放在第一位，其次是努力降低顾客的购买成本，然后要充分考虑到顾客购买过程中的便利性，而不是从企业的角度来决定销售渠道策略，最后还应以消费者为中心实施有效的营销沟通。

（1）消费者需求。企业必须首先了解和研究顾客，根据顾客的需求来提供产品。同时，企业提供的不仅仅是产品和服务，更重要的是由此产生的客户价值（Customer Value）。

（2）消费者愿意支付的成本。成本不仅仅是指企业的生产成本，或者说 4P 中的价格，它还包括顾客的购买成本，同时也意味着产品定价的理想情况，应该是既低于顾客的心理价格，又能够让企业有所盈利。此外，顾客购买成本不仅包括其货币支出，还包括其为此耗费的时间、体力和精力，以及购买风险。

（3）消费者的便利性。便利，即为顾客提供最大的购物和使用便利。4C 营销理论强调企业在制定分销策略时，要更多地考虑顾客的方便，而不是企业自己方便。要通过好的售前、售中和售后服务来让顾客在购物的同时，也享受到便利。便利是客户价值不可或缺的一部分。

（4）与消费者沟通。以消费者为中心实施营销沟通是十分重要的，通过互动、沟通等方式，将企业内外营销不断进行整合，把顾客和企业双方的利益无形地整合在一起。

企业从 4P 对应的 4C 出发（而不是从利润最大化出发），营销过程的起点是消费者的需求。营销决策（4P）是在满足 4C 要求的前提下的企业利润最大化，最终实现的是消费者需求的满足和企业利润最大化。由于个性化需求得到良好的满足，消费者会对企业的产品、服务形成良好的印象，在他第二次需求该种产品时，会对该企业的产品、服务产生偏好，从而首先选择该企业的产品和服务，随着第二轮的交互，产品和服务可能更好地满足消费者的需求。如此循环往复，一方面，顾客的个性化需求不断地得到越来越好的满足，建立起对公司产品的忠诚意识；另一方面，由于这种满足是针对差异性很强的个性化需求，企业和顾客之间的关系就变得非常紧密，甚至牢不可破，这就形成了“一对一”的营销关系。

当然，4C 理论依然存在不足。首先，它以消费者为导向，着重寻找和满足消费者需求，而市场经济还存在竞争导向，企业不仅要看到消费者需求，还应该更多地注意到竞争对手，冷静地分析自身在竞争中的优劣势并采取相应的策略，这样才能在激烈的市场竞争中立于不败之地。其次，在 4C 理论的引导下，企业被动地去适应顾客的需求，容易失去方向，为被动地满足消费者需求付出更大的成本，因此，如何将消费者需求与企业长期利润结合起来是 4C 理论发展的关键。由此，学者们提出了一种新的营销工具——4S 网络营销组合模型。

3）4S 理论

4S 网络营销策略主要强调从消费者需求出发，建立起一种“消费者占有”的导向。它要求企业针对消费者的满意程度，对产品、服务、品牌不断进行改进，从而达到企业服务品质最优化，使消费者满意度最大化，进而使消费者对企业产品产生一种忠诚。4S 具体是指满意（Satisfaction）、服务（Service）、速度（Speed）和诚意（Sincerity）。

（1）满意。满意是指顾客满意，强调企业要以顾客需求为导向，以顾客满意为中心，企业要站在顾客立场上考虑和解决问题，要把顾客的需要和满意放在一切考虑因素之首。

（2）服务。服务包括几个方面的内容，首先，精通业务工作的企业营销人员要为顾客提供尽可能多的商品信息，经常与顾客联系，询问他们的要求；其次，对顾客的态度亲切友善，用体贴入微的服务来感动用户；再次，将每位顾客都视为特殊和重要的人物，也就是那句“顾客是上帝”；再次，在每次服务结束后要邀请每位顾客下次再度光临，作为企业，要以最好的服务、优质的产品、适中的价格来吸引顾客多次光临；最后，要为顾客营造一个温馨的服务环境，这要求企业对文化建设加大力度。当然，在整个服务过程中最重要的是服务人员用眼神表达对顾客的关心，用眼睛去观察，用头脑去分析，真正做到对顾客提供体贴入微的服务。

（3）速度。速度是指不让顾客久等，能迅速地接待、办理，用最快的速度迎来最多的顾客。

（4）诚意。诚意是指企业要以他人利益为重，真诚服务顾客。企业要想赢得顾客的心，必先投之以情，用真情服务感化顾客，以有情的服务赢得无情的竞争。

上述这个理论框架称为网络整合营销理论。它始终体现了以顾客为出发点及企业和顾客不断交互的特点，它的决策过程是一个双向的链。

2. 网络“软营销”理论

网络营销是一种“软营销”。这是网络营销中有关消费者心理的另一个理论基础。导出这个理论基础的原因仍然是网络本身的特点和消费者个性化需求的回归。

“强势营销”是工业化大规模生产时代的营销方式。传统营销中最能体现强势营销特征的是两种促销手段：传统广告和人员推销。这两种营销模式企图以一种信息灌输的方式在消费者心中留下深刻印象，而不管消费者是否需要和喜欢（或憎恶）企业的产品和服务。在网络上，这种以企业为主动方的强势营销（无论是有直接商业利润目的的推销行为还是没有直接商业目标的主动服务）是不受欢迎的。网络营销必须遵循一定的规则，这就是“网络礼仪”。网络礼仪是网上一切行为都必须遵守的规则，网络营销也不例外。

“软营销”的特征主要体现为“遵守网络礼仪的同时通过对网络礼仪的巧妙运用从而获得一种微妙的营销效果”。概括地说，软营销和强势营销的一个根本区别就在于，软营销的主动方是消费者，而强势营销的主动方是企业。个性化消费需求的回归也使消费者在心理上要求自己成为主动方，而网络的互动特性又使其成为主动方真正有了可能。他们不欢迎不请自到的广告，但他们会在某种个性化需求的驱动下自己到网上寻找相关的信息、广告，此时的情况是企业静静地等待消费者的寻觅，一旦消费者找到企业，企业就应该活跃起来，使出浑身解数把消费者留住。

3. 网络直复营销理论

网络直销是指生产厂家通过网络直接分销渠道直接销售产品。目前常见的做法有两种。一种是企业在 Internet 上建立自己的网站，由专人处理有关网站上产品销售的事务；另一种是企业在信息服务商的网站上发布信息，客户与企业联系，直接销售产品。虽然在这一过程中有信息服务商参加，但主要的销售活动仍然是在买卖双方之间完成的。

网络直销的优点是多方面的。

（1）网络直销促成产需直接见面。企业可以直接从市场上收集到真实的第一手资料，合理地安排生产。

（2）网络直销对买卖双方都有直接的经济利益。由于网络营销大大降低了企业的营销成本，因此企业能够以较低的价格销售自己的产品，消费者也能够买到大大低于市场价格的产品。

（3）营销人员可以利用网络工具，如电子邮件、公告牌等，随时根据用户的愿望和需要，开展各种形式的促销活动，迅速扩大产品的市场占有率。

（4）企业能够通过网络及时了解到用户对产品的意见和建议，并针对这些意见和建议提供技术服务，解决疑难问题，提高产品质量，改善经营管理。

仅从销售的角度来看，网络营销是一种直复营销。直复营销中的“直”（其实是“直接”），是指不通过中间分销渠道而直接通过媒体连接企业和消费者。企业在网络上销售产品时，顾客可通过网络直接向企业下订单付款；直复营销中的“复”（其实是“回复”）是指企业与顾客之间的交互，顾客对这种营销努力有一个明确的回复（买还是不买），企业可统计出给出这种明确回复的数据，据此可对以往的营销效果做出评价。

4. 网络关系营销论

所谓关系营销，是把营销活动看成一个企业与消费者、供应商、分销商、竞争者、政府机构及其他公众发生互动作用的过程，其核心是建立和发展与这些公众的良好关系。它主要包括两个基本点：首先，在宏观上认识到市场营销会对范围很广的一系列领域产生影响，包括顾客市场和影响者市场；其次，在微观上认识到企业与顾客的关系不断变化，市场营销的核心应从过去简单的一次性交易关系转变到注重保持长期关系上来。

所谓“网络关系”营销，是指企业借助联机网络、电脑通信和数字交互式媒体的影响力来实现营销目标。它是一种以消费者为导向、强调个性化的营销方式，适应了定制化时代的要求；它具有极强的互动性，是实现企业全程营销的理想工具；它还能极大地简化顾客的购买程序，节约顾客的交易成本，提高顾客的购物效率。此外，网络营销更多地强调企业应借助于信息网络，在全球范围内拓展客源，为企业走向世界提供了基础。现代企业应充分发挥 Internet 的互动优势，灵活地开展网络营销，促进企业的持续发展。

在网络关系营销理论中，互联网作为一种有效的双向沟通渠道，企业与顾客之间可以实现低费用成本的沟通和交流，它为企业与顾客建立长期关系提供了有效的保障，原因如下。

（1）企业可以利用互联网直接接收顾客的订单，顾客可以直接提出自己的个性化需求。企业根据顾客的个性化需求，利用柔性化的生产技术最大限度地满足顾客的需求，为顾客在消费产品和服务时创造更多的价值。企业也可以从顾客的需求中了解市场、细分市场和锁定市场，最大限度地降低营销费用，提高对市场的反应速度。

（2）企业可以利用互联网更好地为顾客提供服务和与顾客保持联系。互联网不受时间和空间限制的特性能最大限度地方便顾客与企业沟通，顾客可以借助互联网在最短的时间内以简便的方式获得企业的服务。同时，通过互联网交易，企业可以实现对从产品质量、服务质量到交易服务等整个过程的全程质量的控制。

7.1.3 网络营销的特点

随着互联网技术发展的成熟及联网成本的低廉，互联网好比一种“万能胶”，将企业、团体、组织及个人跨时空联结在一起，使得它们之间的信息交换变得“唾手可得”。市场营销中最重要也最本质的是组织和个人之间进行信息传播和交换。如果没有信息交换，那么交易就无从谈起。正因如此，互联网具有营销所要求的某些特性，使得网络营销呈现出一些特点。

1. 时域性

营销的最终目的是占有市场份额，由于互联网能够超越时间约束和空间限制进行信息交换，使得营销脱离时空限制进行交易变成可能，企业有了更多的时间和更大的空间进行营销，可每周 7 天、每天 24 小时随时随地提供全球性营销服务。

2. 富媒体

互联网被设计成可以传输多种媒体的信息，如文字、声音、图像等，使得为达成交易进行的信息交换能以多种形式存在和交换，可以充分发挥营销人员的创造性和能动性。网络营销的载体基本上是多媒体、超文本格式文件，广告受众可以对其感兴趣的产品信息进行更详细的了解，使消费者能亲身体验产品、服务与品牌。

3. 交互式

互联网通过展示商品图像，商品信息资料库提供有关的查询，从而实现供需互动与双向沟通；还可以进行产品测试与消费者满意调查等活动。互联网为产品联合设计、商品信息发布及各项技术服务提供了最佳工具。

4. 个性化

互联网上的促销是一对一的、理性的、消费者主导的、非强迫性的、循序渐进式的，而且是一种低成本与人性化的促销，避免了推销员强势推销的干扰，并通过信息提供与交互式交谈，与消费者建立长期良好的关系。通过提供众多的免费服务，网站一般都能建立完整的用户数据库，包括用户的地域分布、年龄、性别、收入、职业、婚姻状况、爱好等。

5. 成长性

互联网使用者数量快速增长并遍及全球，使用者多属年轻人、中产阶级、较高的受教育水平，由于这部分群体购买力强而且具有很大的市场影响力，因此极具开发潜力。

6. 整合性

互联网上的营销从商品信息收集至收款、售后服务一气呵成，因此是一种全程的营销渠道。另外，企业还可以借助互联网将不同的传播营销活动进行统一设计规划和协调实施，以统一的传播资讯向消费者传达信息，避免不同传播方式中的信息不一致性产生的消极影响。

7. 高效性

计算机可储存大量的信息，可传送的信息数量与精确度，远超过其他媒体，并能回应市场需求，及时更新产品或调整价格，从而使企业及时有效地了解并满足顾客的需求。

8. 经济性

通过互联网进行信息交换，代替以前的实物交换，一方面可以减少印刷与邮递成本，可以实现无店面销售，免交租金，节约水电与人工成本；另一方面可以减少由于来回多次交换带来的损耗。

9. 技术性

网络营销大部分是通过网上工作者的一系列宣传、推广，这其中的技术含量相对较低，对客户来说是小成本大产出的经营活动。网络营销是建立在以高科技为支撑的互联网络的基础上的，企业实施网络营销必须有一定的技术投入和技术支持，改变传统的组织形态，提升信息管理部门的功能，引进懂营销与电脑技术的复合型人才，这样才能具备市场竞争优势。

10. 低成本

网络销售无店面租金成本，且有实现产品直销功能，能帮助企业减轻库存压力，降低运营成本。网络营销制作周期短，即使在较短的周期进行投放，也可以根据客户的需求很快完成制作，而传统广告制作成本高，投放周期固定。

小提示

据资料显示，电视并不能集中人的注意力，电视观众中有 40%看电视的同时在阅读，21%同时在做家务，13%同时在吃喝，12%同时在玩赏他物，10%同时在烹饪，9%同时在写作，8%同时在打电话。而网上用户 55%在使用计算机时不做任何他事，只有 6%同时在打电话，只有 5%同时在吃喝，只有 4%同时在写作。

7.1.4 网络营销与传统营销

1. 网络营销对传统营销的冲击

网络营销是建立在互联网基础上，借助互联网手段来实现一定目标的一种营销手段，与传统营销方式相比，网络营销具有无可比拟的优势，它的出现对传统营销产生了重大的冲击和影响。

（1）网络营销对传统营销策略的冲击。传统营销致力于建立并维持和依赖层层严密的渠道，在市场上投入大量的人力、物力和财力；在网络时代，人员推销、市场调查、广告促销、经销代理等传统营销手法将与网络相结合，并充分运用互联网上的各种资源，形成以最低的成本投入获得最大的市场销售量的新型营销模式。

（2）网络营销对传统营销标准化产品的冲击。网络营销借助 Internet 可以在全球范围内进行市场调研，厂商通过 Internet 可以迅速获得关于产品概念和广告效果测试的反馈信息，也可以测试顾客对产品的认同水平和评价，从而更加容易地了解消费者行为方式和偏好。网络营销将发挥出传统营销没有的优势，迅速地给不同的消费者提供不同的产品，以更好地满足消费者的需求。

（3）网络营销对传统营销品牌全球化管理的冲击。与现实企业的单一品牌与多品牌的决策相同，开展网络营销的公司面临的主要挑战是如何对全球品牌和共同名称或标志识别进行管理。在实际执行时，对公司的品牌管理采取不同的方法会产生不同的情况。

（4）网络营销对传统营销定价策略的冲击。Internet 先进的网络浏览功能会使变化不定且存在差异的价格水平趋于一致，这将对那些在海外分布有分销商并在各地采取不同价格的公司产生巨大冲击。

（5）网络营销对传统营销的营销渠道的冲击。在网络环境下，生产商可以通过 Internet 与最终用户直接联系，这样不但缩短了营销渠道，也降低了营销成本。

2. 网络营销对传统营销方式的影响

随着网络技术迅速发展，用户可以在更广阔的领域方便地实现声音、图像、动画和文字一体化的多维信息共享和人机互动功能。正是这种发展使得传统营销方式发生了革命性的变化，其结果可能导致大众市场的逐步终结，并逐步体现市场的个性化，最终使企业以每个用户的需求来组织生产和销售。

（1）重新营造顾客关系。网络营销的企业竞争是一种以顾客为焦点的竞争形态，争取新顾客、留住老顾客、扩大顾客群、建立亲密的顾客关系、分析顾客需求、创造顾客需求等，这些都是关键的营销课题。因此，在基于网络时代的目标市场下，顾客形态、产品种类与传统营销有很大的差异，如何跨越地域、文化和时空的差异重新营造企业与顾客的关系，将需要许多创新的营销行为。

（2）对营销战略的影响。由于互联网所具有的平等性、自由性和开放性等特征，使得网络时代企业的市场竞争是透明的，人人都能掌握竞争对手的产品信息与营销作为。因此，适时地运用在网络上获得的信息来研究并采用具有优势的竞争策略，可以使中小企业更易于在全球范围内参与竞争。网络营销将降低传统营销环境下跨国公司所拥有的规模经济的竞争优势。

（3）对跨国经营的影响。在网络时代，企业开展跨国经营是非常必要的。在过去分工经营的时期，企业只需专注于本行业和本地区的市场,而将其在国外的市场委托给代理商或经销商去经营。但互联网所具有的跨时空性和全球性，使得进行全球营销的成本低于地区营销。

3. 网络营销与传统营销的整合

（1）网络营销中营销组合概念的整合。网络营销过程中营销组合概念因产品性质不同而不同。对于知识产品，企业直接完成其经营销售过程。在这种情况下，市场营销组合发生了很大的变化。

①传统营销组合 4P 中的三个——产品、渠道、促销，由于摆脱了对传统物质载体的依赖，已经完全电子化和非物质化了。因此，就知识产品而言，网络营销中的产品、渠道和促销本身纯粹就是电子化的信息，它们之间的分界线已变得相当模糊，以至于三者不可分。若不与作为渠道和促销的电子化信息发生交互作用，就无法访问或得到产品。

②价格不再以生产成本为基础，而是以顾客意识到的产品价值来计算。

③顾客对产品的选择和对价值的估计很大程度上受网上促销的影响，因而网上促销的作用备受重视。

④由于网上顾客普遍具有高素质、高收入等特点，因此，网上促销的知识、信息含量比传统促销大大提高。

（2）网络营销中顾客概念的整合。传统市场营销学中的顾客是指与产品购买和消费直接有关的个人或组织。在网络营销中这种顾客仍是企业最重要的顾客。

网络营销与传统营销所面对的顾客并没有太大区别，但是网络社会的最大特点是信息的“爆炸性”。在 Internet 上，面对全球数百万个站点，每个网上消费者只能根据自己的兴趣浏览其中的少数站点，而应用搜索引擎可以大大节省消费者的时间和精力。面对这种趋势，从事网络营销的企业必须改变原有的顾客概念，应该将搜索引擎当作企业的特殊顾客，因为搜索引擎虽然不是网上直接消费者，却是网上信息最直接的受众，它的选择结果直接决定了网上顾客接受的范围。

（3）网络营销中产品概念的整合。市场营销学中将产品解释为能够满足某种需求的东西，并认为完整的产品是由核心产品、形式产品和附加产品构成的，即整体的产品概念。网络营销一方面继承了上述整体产品的概念；另一方面比以前任何时候都更加注重和依赖信息对消费者行为的引导，因而将产品的定义扩大了，即产品是提供到市场上引起人们注意、需要和消费的东西。

网络营销主张以更加细腻的、更加周全的方式为顾客提供更完美的服务和满足。因此，网络营销在扩大产品定义的同时，还进一步细化了整体产品的构成。它用五个层次来描述整体产品的构成：核心产品、一般产品、期望产品、扩大产品和潜在产品。在这里，核心产品与原来的意义相同；扩大产品与原来的附加产品相同，但还包括区别于其他竞争产品的附加利益和服务；一般产品和期望产品由原来的形式产品细化而来。

（4）网络营销对企业组织的整合。网络营销带动了企业理念及企业内部网络的发展，形成了企业内外部沟通与经营管理均以网络为主要渠道和信息源的局面。销售部门人员的减少，销售组织层级的减少和扁平化，经销代理与门市店数量的减少，渠道的缩短，虚拟经销商、虚拟门市及虚拟部门等内外组织的盛行，都导致企业对组织进行再造工程的迫切需要。

企业组织再造过程中，在销售部门和管理部门中将衍生出一个负责网络营销及与公司其他部门协调的网络营销管理部门。该部门区别于传统的营销管理部门，主要负责解决网上疑问、开发新产品及网上顾客服务等事宜。同时，企业内部网的兴起将改变企业内部运作方式及员工素质。在网络营销时代到来之际，形成与之相适应的企业组织形态十分重要。

7.2 网络消费者的行为分析

7.2.1 网络消费者的行为特征

网络世界的巨大容量、更新的及时性、无可比拟的信息处理能力，都为消费者提供了前所未有的选择空间。这种多重选择必然使消费者在选购商品时增加了更多的可比性，从而能够使其更加理性地选择自己的需求。

网络消费者的行为特征可以从购买前、购买时和购买后三个方面来分析。

1. 网络时代下消费者购买前的特征

（1）主动性。社会发展日益更新，分工更加细化、专业化，产品更新换代的速度也是空前迅猛。这使消费者在选择商品时，虽然选择机会增多，但同时带来的是不确定性的上升。消费者不能肯定这个产品的好坏，那么就会产生心理上的不平衡感、风险感，当买到不合格产品时就会增加更多的后悔感。为了避免这种现象的产生，消费者在决定购买某种产品时就不得不更加主动地去收集相关的信息，进行比较和分析，从而对需求的产品有一个详细的了解，增加对产品的信任度，最终购买。这种消费主动性的增强源于网络环境的不确定性和消费者追求优质产品、需求心理平衡和稳定的特征。

（2）互动性。为了减少网络市场的不确定性，就应该改变传统的由生产者、经销商、消费者组成的商业流通渠道中经销商位于中间环节的现状。这种流通渠道使生产者无法及时了解消费者的需求，而消费者也不能够将自己的需求及时反映给厂家，造成厂家盲目生产，消费者无意购买。在网络环境下，这一状况就得到了切实的改变。消费者可以直接参与到生产和流通中去，直接和厂家进行沟通。消费者与厂家、商家的互动意识增强。

（3）价格低廉化。在现实的购物中，由于存在经销商这个环节，商品的价格会高出其本身价值许多。从消费者的角度来看，当购买某种商品时，需求应该是最基本的考虑因素；但是，价格的高低往往决定了他们最终是否购买。网络购物环境的存在魅力恰恰就在于网上销售的商品价格普遍低廉，在网络环境下，跳过了经销商，消费者完全可以联合起来向厂商讨价还价，产品的定价逐步由企业定价转变为消费者引导定价。

2. 网络时代下消费者购买时的特征

（1）个性化。长期以来，产品理念、企业理念、利润最大化理念相继引领市场，以至于产品工业化、标准化、单一化，使企业对消费者的购买需求未给予足够的重视，致使消费者的选择性大大降低。在网络时代，消费市场变得越来越巨大，消费品更是琳琅满目。消费者在选择产品时，从最初的单一转向多元，从狭隘的地域转向全球范围的选择，这使消费者可以根据自己的需求，按照自己的想法和爱好来选择商品。网络营销是个性化的市场，每个消费者都是一个细分的市场，独立、个性化的消费成为主流。

（2）差异性。消费者个性化的消费特征必然导致网络消费需求呈现差异性。不同的网络消费者生活环境不同，经历不同，知识水平不同，购买需求不同，对产品的选择也就必然各有不同。网络消费者是由世界各地的网民组成的，这就使需求差异性更加明显。企业要想让自己的产品能够立足于市场，那么就必须在产品的整个生产过程中投入更多的精力和耐心，应该抛弃“生产什么就卖什么的”理念，做到从产品的构思、设计、制造到产品的包装、运输、销售都深刻包含消费者差异性需求，针对不同的消费者，采取不同的措施和方法。

（3）简单化。一部分人由于现实生活中工作压力，精神高度紧张，使得他们更热衷于选择那些方便及时的商品，尽可能节约时间和劳动成本；而另一部分人则由于劳动生产率的提高，自己可以支配的时间增多，他们更喜欢将这些闲暇时间花费在网上，享受消费带来的乐趣。网络这种虚拟购物环境恰恰轻松地满足了他们追求快捷简单的购物心理，这种消费心理也将在较长的时间内存续。

（4）理性化。巨大的网络环境容纳了前所未有的商品数量，这为消费者选择商品时提供了更多比较的机会。消费者能够及时地根据自己收集的信息进行反复比较，最终决定是否购买。对企事业单位的采购人员来说，可以利用预先设计好的计算程序，迅速比较进货价格、运输费用、优惠条件、折扣率、时间效率等各种指标，最终选择最有利的进货渠道和途径。这些都反映了网络时代下的消费者已经不再盲目购物，能够更加理性地选择商品。

3. 网络时代下消费者购买后的特征

（1）及时的信息反馈。网络时代下，消费者拿到自己购买的商品后，会将其与最初决定购买前的信息是否对称进行详细的比较，然后，消费者根据自己的满意度在商家网店进行理性的评价。这种购买后行为使厂家、经销商及消费者之间的沟通变得更加及时、便捷，从而为厂家生产更适应市场需求的产品提供了必要的信息，而消费者也能够买到更适合自己的商品。

（2）品牌忠诚度的变化。消费者对购买后的产品的认同度决定了商家品牌知名度的高低。如果产品品质过于低劣，无法达到消费者的预期效果，那么对消费者的忠诚度将是一个极大的打击，可能使消费者转向其他网店，这将极大地减少商家的客户量。因此，好的产品、好的商家信誉对当今企业来说将是其吸引并维持顾客忠诚度的必不可少的因素。

7.2.2 影响消费者行为与消费特征的因素

消费者的行为是受动机支配的，因此研究消费者的购买行为应先分析消费者的需求和欲望。影响消费者行为的主要因素有以下几个。

1．产品因素

（1）产品特性。网上市场不同于传统市场，根据网上消费者的特征，网上销售的产品首先要考虑产品的新颖性，因为网上消费者以青年人为主，他们追求商品的时尚和新颖;其次要考虑产品购买的参与程度，对消费者要求参与的程度比较高且要求消费者现场体验的产品，一般不宜在网上销售。但这类产品可以采用网络营销推广的功能来增强产品的宣传力度，辅助传统营销活动。

（2）产品的价格。从消费者的角度讲，价格不是决定消费者购买的唯一因素，却是消费者在购买商品时肯定要考虑的因素，而且是一个非常重要的因素。当今市场是一个不完全竞争的市场，这个市场最明显的特征就是完全垄断。寡头垄断、垄断竞争和自由竞争并存，决定商品价格的主要是企业，尤其是那些具有垄断性质的大企业。互联网的出现为创造一个完善的市场机制创造了条件，互联网上的信息具有透明性、完全性和平等性等特点，网上营销的价格对互联网用户而言是完全公开的，价格的制定要受到同行业、同类产品价格的约束，从而制约了企业通过价格来获得高额垄断利润的可能，使消费者的选择权大大提高，交易过程更加直接。现在越开越多的企业或通过电子邮件进行议价，或在自己的网站上设立“价格讨论区”，或在网上通过智能化议价系统直接议价，或通过其他平台进行竞价、拍卖等。

（3）购物的便捷性。方便快捷的购物方式也是消费者购物时要考虑的因素之一，消费者选择网上购物的便捷性主要体现在以下两个方面。

①时间上的便捷性。网上虚拟市场全天候提供销售服务，随时准备接待顾客，而不受任何限制。

②商品挑选范围的便捷性。消费者足不出户就可以在很大的范围内选择商品，对个体消费者来说，购物可以“货比多家”、“精心挑选”；对单位采购进货人员来说，其进货渠道和视野也不再局限于少数几个定时、定点的订货会议或几个固定的供应厂家，而可以大范围地选择品质最好、价格最便宜、各方面最实用的产品，这是传统购物方式难以做到的。

（4）安全可靠。影响消费者进行网络购物的另一个重要因素，就是安全性和可靠性问题。对现阶段的网络营销来说，很多问题归根结底还是安全问题。因此，对于网上购物的各个环节，都必须加强安全和控制措施，保护消费者购物过程中的信息传递安全和个人隐私，以树立消费者对网站的信心。网络购物与传统营销购物不同，在网上消费一般需要先付款后送货，这种购物方式更加决定了网络购物应具备更高的安全性、可靠性。

2. 心理影响因素

消费者的个性心理包括消费者的需要、动机、兴趣、理想、信念、世界观等个性心理倾向，以及能力、气质、性格等个性心理特征，它们是影响消费者行为的内在因素，消费者在购买决策上受到四种主要的心理因素的影响。

（1）动机。所谓动机，是指推动人进行活动的内部原动力（内在的驱动力），即激励人行动的原因。人只要处于清醒状态，就要从事这样或那样的活动。网络消费者的购买动机是指在网络购买活动中，能使网络消费者产生购买行为的某些内在的驱动力。对企业促销部门来说，通过了解消费者的动机，就能有依据地说明和预测消费者的行为，采取相应的促销手段。而对网络促销来说，动机研究更为重要。因为网络促销是一种不见面的销售，网络消费者复杂的、多层次的、交织的和多变的购买行为不能被企业直接观察到，只能够通过文字或语言的交流加以想象和体会。

网络消费者的购买动机基本上可以分为两大类：需求动机和心理动机。前者是指人们由于各种需求（包括低级的和高级的需求）而引起的购买动机；而后者是指由于人们的认识、感情、意志等心理过程而引起的购买动机。

（2）知觉。知觉是指个人选择、组织和解释外来信息以构成其内心世界景象的一种过程，人们受动机激发后就会准备行动，但是被激发的人将如何行动则取决于其对情况的知觉。处于相同激发状态和客观情况的两个人，可能因为对情况的知觉不同而产生不同的行为。

（3）学习。学习是指个人由于经验而改变其行为。大多数的人类行为是从学习中得来的。人类的学习是通过冲动、刺激、提示、反应和增强等相互作用而产生的。冲动是指迫使一个人采取行动的强大的内在刺激；刺激是指某种对象给予一个人的提示诱因和驱动力；提示是较微弱的刺激，它决定一个人在何时、何地及如何反应；反应是指一个人对刺激所做出的回应行为；增强是指一个人在获得行为结果的正效应后，自身的刺激反应会进一步加深。

（4）信念与态度。信念是指个人对某些事物所持有的想法；态度则是指个人对某些事物或观念所始终持有的评价、情感和行动倾向。通过行动与学习过程之后，人们会形成某些信念和态度，这些观念又将影响他们的购买决策。公司应该尽可能使自己符合消费者已有的信念或态度。

3. 社会影响因素

社会因素是指消费者周围的人对他产生的影响，其中以参考群体、家庭和角色地位最为重要。参考群体是影响一个人的态度、意见和价值观的所有团体，分为两类：成员团体——自己身为成员之一的团体，如家庭、同事、同业工会等；理想团体——自己虽非成员，但愿意归属的团体，如知名运动员、影视明星等，对消费者行为相当有影响力。参照群体对消费者购买行为的影响，表现在以下三个方面。

（1）参照群体为消费者展示新的行为模式和生活方式。

（2）由于消费者有效仿其参照群体的愿望，因而消费者对某些事物的看法和对某些事物产生的态度也会受到参照群体的影响。

（3）参照群体促使人们的行为趋于某种“一致化”，从而影响消费者对某些产品和品牌的选择。

社会文化对消费者的购买行为也有影响作用，这一点在网络环境下也不例外，人类的某种社会生活，随着时间的推移，必然会形成某种特定的文化，包括一定的态度和看法、价值观念、道德规范及世代相传的风俗习惯等。文化是影响人们欲望和行为的一个很重要的因素。企业的最高管理层做出市场营销决策时必须研究这种文化动向。

7.2.3 网络消费者的购买过程分析

1. 网络环境下消费者的购买过程

网络环境下消费者的购买过程，也就是网络消费者购买行为形成和实现的过程。网络环境下消费者的购买过程可以粗略地分为五个阶段：诱发需求、收集信息、比较选择、购买决策和购后评价。如图 7-1 所示。

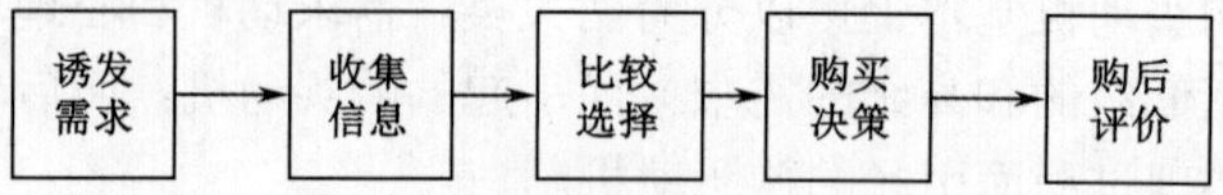

图 7-1 网络消费者购买决策过程

（1）诱发需求。网络环境下购买过程的起点是诱发需求。消费者的需求是在内外因素的刺激下产生的。当消费者对市场上出现的某种商品或某种服务发生兴趣后，才可能产生购买欲望。这是消费者做出消费决定过程中不可缺少的基本前提。如果不具备这一基本前提，消费者也就无从做出购买决定。

对网络营销说来，诱发需求的动因只能局限于视觉和听觉。文字的表述、图片的设计、声音的配置是网络营销诱发消费者购买的直接动因。从这方面讲，网络营销对消费者的吸引具有相当的难度。这要求从事网络营销的企业或中介商注意了解与自己产品有关的实际需求和潜在需求，了解这些需求在不同时间的不同程度，了解这些需求是由哪些刺激因素诱发的，进而巧妙地设计促销手段去吸引更多的消费者浏览网页，诱导他们的需求欲望。

（2）收集信息。在购买过程中，收集信息的渠道主要有两个——内部渠道和外部渠道。内部渠道是指消费者个人所储存、保留的市场信息，包括购买商品的实际经验、对市场的观察及个人购买活动的记忆等；外部渠道则是指消费者可以从外界收集信息的通道，包括个人渠道、商业渠道和公共渠道等。

个人渠道主要提供来自消费者的亲戚、朋友和同事的购买信息和体会。这种信息和体会在某种情况下对购买者的购买决策起着决定作用。网络营销决不可忽视这一渠道的作用。

商业渠道，如展览推销、上门推销、中介推销、各类广告宣传等，主要是通过厂商有意识的活动把商品信息传播给消费者。

公共渠道主要依靠网络广告和检索系统中的产品介绍，包括在信息服务商网页上所做的广告、中介商检索系统上的条目及自己主页上的广告和产品介绍。

一般来说，在传统的购买过程中，消费者对信息的收集大都出于被动进行的状况。与传统购买时信息的收集不同，网络购买的信息收集带有较大的主动性。在网络购买过程中，商品信息的收集主要是通过 Internet 进行的。一方面，上网消费者可以根据已经了解的信息，通过 Internet 跟踪查询；另一方面，上网消费者又不断地在网上浏览，寻找新的购买机会。由于消费层次的不同，上网消费者大都具有敏锐的购买意识，始终领导着消费潮流。

（3）比较选择。消费者需求的满足是有条件的，这个条件就是消费者的实际支付能力。没有实际支付能力的购买欲望只是空中楼阁，不可能导致实际的购买。为了使消费需求与自己的购买能力相匹配，比较选择是购买过程中必不可少的环节。消费者对各条渠道汇集而来的资料进行比较、分析、研究，了解各种商品的特点和性能，从中选择最满意的一种。一般来说，消费者的综合评价主要考虑产品的功能、可靠性、性能、样式、价格和售后服务等。

网络购物不直接接触实物。消费者对网上商品的比较依赖厂商对商品的描述，包括文字描述和图片描述。网络营销商如果对自己的产品描述不充分，就不能吸引众多的顾客。而如果对产品的描述过于夸张，甚至带有虚假的成分，则可能永久地失去顾客。

（4）购买决策。网络环境下消费者在完成了对商品的比较选择之后，便进入购买决策阶段。与传统的购买方式相比，网络购买者的购买决策有许多独特的特点。首先，网络购买者理智动机所占比重较大，而感情动机所占比重较小。其次，网络购买受外界影响较小，大部分的购买决策是消费者自己做出的或是与家人商量后做出的。再次，网上购物的决策行为较之传统的购买决策要快得多。

网络环境下，消费者在决策购买某种商品时，一般必须具备三个条件：第一，对厂商有信任感；第二，对支付有安全感；第三，对产品有好感。因此，树立企业形象，改进货款支付办法和商品邮寄办法，全面提高产品质量，是每个参与网络营销的厂商必须重点抓好的三项工作。只有这三项工作做好了，才能促使消费者毫不犹豫地做出购买决策。

（5）购后评价。消费者购买商品后，往往通过使用商品来对自己的购买选择进行检验和反省，重新考虑这种购买是否正确、效用是否理想、服务是否周到等问题。这种购后评价往往决定了消费者今后的购买动向。

为了提高企业的竞争力，最大限度地占领市场，企业必须虚心倾听顾客反馈的意见和建议。Internet 为网络营销者收集消费者购后评价提供了得天独厚的优势。方便、快捷、便宜的电子邮件紧紧连接着厂商和消费者。厂商可以在订单的后边附上一张意见表。消费者购买商品的同时，就可以同时填写自己对厂商、产品及整个销售过程的评价。厂商从网络上收集到这些评价之后，通过计算机的分析、归纳，可以迅速找出工作中的缺陷和不足，及时了解消费者的意见和建议，随时改进自己的产品性能和售后服务。

2. 网上购物消费者的类型

进行网上购物的消费者可以分为六种类型：简单型、冲浪型、接入型、议价型、定期型和运动型。

（1）简单型消费者。简单型消费者需要的是方便直接的网上购物。他们每月只花几小时上网，但他们进行的网上交易却占了网络交易总量的一半。时间对他们来说相当宝贵，他们上网的目的就是快捷地购物，购物前他们有明确的购物清单。零售商必须为这一类型的人提供真正的便利，让他们觉得在自己的网站上购买商品将节约更多的时间。要满足这类人的需求，首先要保证订货、付款系统的方便、安全，最好设有购买建议的页面。例如，设置一个解决各类礼物选择问题的网上互动服务，为顾客出主意，最起码也要提供一个易于搜索的产品数据库，便于顾客采取购买行为。另外，网页的设计要力求精简，避免过多的图像影响传输速度。

（2）冲浪型消费者。冲浪型消费者占常用网民数量的 8%，而他们在网上花费的时间却占了 32%，并且他们访问的网页是其他网民的 4 倍。很多冲浪者在网上漫步仅仅是为了寻找乐趣或找点刺激。冲浪型网民对经常更新、具有创新设计特征的网站很感兴趣。Internet 包罗万象，无所不有，是一个绝好的“娱乐媒体”，在这里你可以玩游戏、竞赛，访问很“酷”的站点，看有趣的个人网页，听音乐、看电影，了解占星术、烹饪、健身、美容等。正是由于这类冲浪者的存在，才使网站投其目标用户所好成为可能。

（3）接入型消费者。接入型消费者是刚接触网络的新手，占网民总数 36%的比例，他们很少购物，而是喜欢网上聊天和发送免费问候卡。那些有着著名传统品牌的公司应对这群人保持足够的重视，因为网络新手们更愿意相信生活中他们所熟悉的品牌。另外，由于他们的上网经验不足，一般对网页中的简介、常见问题解答、名词解释、站点结构图等链接感兴趣。

（4）议价型消费者。议价型消费者占网民总数的 8%，他们有一种趋向购买便宜商品的本能，eBay 网站一半以上的顾客属于这一类型，他们喜欢讨价还价，并有强烈的愿望在交易中获胜。因此，对他们来说，网站上的“free”这类字眼犹如现实生活中的“大减价”、“清仓甩卖”等一样，具有较强的吸引力。

（5）定期型和运动型消费者。定期型的网络使用者通常都是为网站的内容吸引，定期网民常常访问新闻和商务网站，运动型的网民喜欢运动和娱乐网站。对这类消费者务必保证站点包含他们所需要的和感兴趣的信息，否则他们就会很快跳过网站。

知识链接

第 38 次中国互联网络发展状况统计报告（节选，有改动）

1. 网民分析

（1）性别结构。截至 2016 年 6 月，中国网民男女比例为 53:47，同期全国人口男女比例为 51.2:48.8，网民性别结构趋向均衡，且与人口性别比例基本一致。

（2）年龄结构。截至 2016 年 6 月，我国网民仍以 10～39 岁群体为主，占整体的 74.7%，其中 20～29 岁年龄段的网民占比最高，达 30.4%，10～19 岁、30～39 岁群体占比分别为 20.1%、24.2%。与 2015 年年底相比，10 岁以下儿童群体与 40 岁以上中高龄群体占比均有所增长，互联网继续向这两个年龄群体渗透。

（3）学历结构。截至 2016 年 6 月，我国网民依然以中等学历群体为主，初中、高中/中专/技校学历的网民占比分别为 37.0%、28.2%。与 2015 年年底相比，小学及以下、大专、大学本科及以上学历的网民占比均有所提升。

（4）职业结构。截至2016年6月，中国网民中学生群体占比仍然最高，为25.1%；其次为个体户/自由职业者，比例为 21.1%；企业/公司的管理人员和一般职员占比合计达到13.1%。对比2015年年底，这三类人群的占比保持相对稳定。

（5）收入结构。截至2016年6月，网民中月收入在2001～3000元及3001～5000元的群体占比较高，分别为 16.2%和 22.7%。随着社会经济的不断发展，网民的收入水平也逐年增长，对比2015年年底，收入在5000元以上的网民人群占比提升了3.8%。

2. 商务交易类应用发展

（1）网络购物。截至2016年6月，我国网络购物用户规模达到4.48亿人，较2015年年底增加了 3448 万人，增长率为 8.3%，我国网络购物市场依然保持快速、稳健的增长趋势。其中，我国手机网络购物用户规模达到4.01 亿人，增长率为18.0%，手机网络购物的使用比例由54.8%提升至61.0%。

从宏观政策到企业促销，政府和企业合力推动消费升级。“十三五”规划从顶层设计明确了消费升级方向，强调以扩大服务消费为重点带动消费结构升级，引导消费朝着智能化、环保化、集约化、品质化方向发展。作为传统零售与信息消费相结合的产物，网络购物顺应了这一向新型消费升级的发展趋势。与此同时，电商平台营销方式多元化升级，从购物消费模式向服务消费模式延伸拓展。例如，在 PC 端和移动端引入了媒体元素进行兴趣导购，拓展电商媒体化功能；探索视频电商导购模式，以短视频和直播为载体深挖网红效应的经济价值等。

跨境电商方面，随着税收新政的出台，我国跨境电商由政策红利期进入规范发展期。2016年3月，财政部、海关总署、国家税务总局联合发文《关于跨境电子商务零售进口税收政策的通知》，同时在4月7日公布了《跨境电子商务零售进口清单》。新政的出台，一方面标志着从“税”的基本层面确定了跨境电子商务进口的模式和地位，代表了政府对跨境电子商务行业发展的积极态度；另一方面也意味着行业“由乱而治”，进入规范化、机制化、规模化的高速发展轨道，助力利好行业的中长期发展。而税收新政的延长过渡期有利于探索监管新模式，为行业提供缓冲。

农村电商方面，政府和电商企业推动的“网货下乡”和“农产品进城”双向流通，加速了城乡一体化进程。国务院办公厅印发的《关于促进农村电子商务加快发展的指导意见》提出了七大政策措施，营造了良好的政策环境。电子商务企业在县域建立农村服务站，延伸电商平台的优势，突破物流和信息流瓶颈，补齐人才和意识的短板，不仅有利于缩小城乡收入和消费差距，同时能吸引更多的人才回流创业，从而推动农村现代化经济的发展建设。此外，随着农村电子商务的推进，围绕电商发展起来的电商服务业拥有了更为广阔的市场空间和发展潜力。

（2）网上外卖。截至2016年6月，我国网上外卖用户规模达到1.50亿人，较2015年年底增加了3610万人，增长率为31.8%。其中，我国手机网上外卖用户规模达到1.46亿人，增长率为40.5%，手机网上外卖的使用比例由16.8%提升至22.3%。

网上外卖行业处于高速发展阶段。政策环境的逐步规范、市场竞争的理性回归、产业服务半径的不断延伸，促使外卖行业用户规模持续增长。从政策环境来看，网上外卖行业发展规范逐步建立。商务部与国家发展改革委颁布的《餐饮业经营管理办法（试行）》首次出现对外卖送餐服务的管理规定；各地陆续推出的“网络订餐食品安全管理办法”对网上外卖行业餐饮服务经营者和第三方平台的服务行为进行约束。同时，人口密集城市的“禁摩限电”措施对网上外卖行业提出了严峻的挑战。

网上外卖行业需要在政府的监管下，逐步完善服务机制，推动整个行业持续、稳定、有序发展。从市场竞争来看，行业格局趋于稳定，企业逐步回归理性竞争。在资本的推动下，网上外卖行业格局保持稳定。然而，前期通过补贴培育消费习惯的做法容易使用户产生补贴依赖的心理，网上外卖企业需要进一步通过服务来留存高黏性用户，逐步增强其将补贴吸引转化为消费留存的能力，使企业进入良性发展的循环轨道。

从发展潜力来看，外卖行业处于市场培育前期，拥有市场潜力和发展空间。随着城市人群互联网应用水平的不断提升、个体消费能力的显著增强、个性化配送服务消费习惯的逐步养成，以及中国城镇化进程的加快，网上外卖服务需求将急速扩张；而由餐饮服务切入构建起来的物流配送体系可以围绕“短距离”服务拓展至多种与生活紧密相关的外送业务，具有更广阔的发展前景。

（3）旅行预订。截至 2016 年 6 月，在网上预订过机票、酒店、火车票或旅游度假产品的网民规模达到 2.64 亿人，较 2015 年年底增长了 406 万人，增长率为 1.6%。在网上预订火车票、机票、酒店和旅游度假产品的网民分别占比 28.9%、14.4%、15.5%和 6.1%。其中，手机预订机票、酒店、火车票或旅游度假产品的网民规模达到 2.32 亿人，较 2015 年年底增长了 2236 万人，增长率为 10.7%。我国网民使用手机在线旅行预订的比例由 33.9%提升至 35.4%。

2016 年在线旅行预订机票、酒店、旅游度假业务已进入“红海”市场，企业纷纷谋求破局之道，具体表现在以下三个方面。

首先，机票业务方面，航空公司在线机票预订业务将成为主导，进入“提直降代”时期。由于航空服务者资源相对集中，自身会员体系较为成熟，对在线旅行社（Online Travel Agent，OTA）的依赖度较低，促使各个航空公司有能力进行直销业务。而对 OTA 企业而言，其庞大的用户规模及出行服务的全面化将促使其对机票直销流量引入的作用更大。

其次，酒店业务方面，地域、品牌更为分散的酒店服务商对在线预订企业的依赖依然会持续。而对在线预订企业而言，与酒店服务商的博弈及与在线预订企业之间的竞争将更为激烈。一方面，以佣金制为主的在线预订企业对酒店服务商收入造成了一定压力，部分酒店已经注重直销；另一方面，搜索、团购、电商应用对酒店预订业务的进入及各个在线预订企业之间的竞争将更为激烈。

最后，旅游度假业务方面，OTA 企业在资本的支持下实现产业链上下游的贯通。例如，在渠道方面，与景区深度合作，从规划设计到项目投资再到景区运营，拥有足够的话语权和掌控能力；在服务方面，通过投资重构，在酒店、美食、购物等方面打造品质化的旅游享受，拥有独特的服务品牌和口碑；在产品方面，通过投资、品牌授权、委托经营的模式开发风景区项目和主题旅游活动。

7.3 网络营销的常用方法

网络营销职能是需要通过一种或多种网络营销手段来实现的。网络营销方法是对网络营销工具和各种网络资源的合理应用。在现阶段的网络营销活动中，常用的网络营销工具包括企业网站、搜索引擎、电子邮件、即时通信、浏览器工具条等客户端专用软件、电子书、博客、简易信息聚合等。借助这些手段，企业才可以实现营销信息的发布、传递及与用户之间的交互。

7.3.1 企业网站营销

企业网站的功能，可以从技术功能和网络营销功能两个方面来研究，网站的技术功能是整个网站得以正常运行的技术基础，网站的网络营销功能，则是站在网络营销策略的角度来看，一个企业网站具有哪些可以发挥网络营销作用的功能。显然，网站的技术功能是为网站的网络营销功能提供支持的，网站的网络营销功能是技术功能的体现。

企业网站是一个综合性的网络营销工具，是网络营销的基础。这里从营销的角度分析企业网站的类型与功能。

1. 企业网站的类型

企业网站主要是为让外界了解企业本身、树立良好企业形象并适当地提供一定服务的网站。根据企业建站的目的、网站的功能及主要目标群体的不同，常见的企业网站建设类型分为五种：品牌宣传型网站、展示型网站、门户综合信息网站、商务网站和商城网站。

（1）品牌宣传型网站。品牌宣传型网站的设计简单来说就是以网站宣传为主，目的是塑造企业形象和品牌建设，以此来打响企业知名度。该类型网站侧重展示企业标志、传播品牌文化、提高品牌知名度。对于产品品牌众多的企业，网站建设可以单独建立各个品牌的独立网站，以便市场营销策略与网站宣传保持统一。

（2）展示型网站。展示型网站主要是指产品（服务）查询展示型网站，其核心目的是推广产品或服务，是企业的产品“展示框”。展示型网站利用网站的多媒体技术、数据库存储查询技术、三维展示技术，配合有效的图片和文字说明，将企业的产品(服务)充分展现给新老客户，使客户能全方位地了解公司产品。与产品印刷资料相比，展示型网站可以营造更加直观的氛围和产品的感染力，促使商家及消费者对产品产生采购欲望，从而促进企业销售。

（3）门户综合信息网站。企业门户综合信息网站是所有各企业类型网站的综合，是企业面向新老客户、业界人士及全社会的窗口，是目前最普遍的网站建设形式之一。该类网站将企业的日常涉外工作公布到网上，其中包括营销、技术支持、售后服务、物料采购、社会公共关系处理等。该类网站涵盖的工作类型多，信息量大，访问群体广，信息更新需要多个部门共同完成。企业综合门户信息网站有利于社会对企业的全面了解，但不利于突出特定的工作需要，也不利于展现重点。

（4）商务网站。此类网站的核心目标是企业涉外商务服务可以通过互联网，对企业的各种涉外工作提供远程、及时、准确的服务。该类网站可实现渠道分销、终端客户销售、合作伙伴管理、网上采购、实时在线服务、物流管理、售后服务管理等，它将更进一步地优化企业现有的服务体系，实现公司对分公司、经销商、售后服务商、消费者的有效管理，加速企业的信息流、资金流、物流的运转效率，降低企业经营成本，为企业创造额外收益。

（5）商城网站。常见的商城网站是以物品销售为主的网上购物型网站，这类网站的目的就是实现网上买卖商品，购买的对象可以是企业，也可以是消费者。为了确保采购成功，该类网站需要有产品管理、订购管理、订单管理、产品推荐、支付管理、收费管理、送发货管理、会员管理等基本系统功能。对于复杂的物品销售，网上购物型网站还需要建立积分管理系统、VIP 管理系统、客户服务交流管理系统、商品销售分析系统及与内部进销存系统打交道的数据导入导出系统等。

网上销售型网站以订单为中心，以实现交易为目的。这类网站一般具有在线交易、支付、订单管理、用户管理、商品配送等功能。并且网站的经营重点也有一定的差异，除了一般的网站营销目的之外，获得直接的销售收入也是其主要目的之一。

企业网站建设的目的一是宣传展示，二是网站盈利或信息交流，根据这些目的可将网站分为不同的类型，然后再其结合企业自身的特色最终确定网站的类型。

2. 网站功能

无论网站规模多大，网站的网站营销功能主要表现在八个方面：品牌形象、产品/服务展示、信息发布、顾客服务、顾客关系、网上调查、资源合作、网上销售。

（1）品牌形象。网站的形象代表了企业的网上品牌形象，人们在网上了解一个企业的主要方式就是访问该公司的网站，网站建设的专业化与否直接影响企业的网络品牌形象，同时也对网站的其他功能产生直接影响。尤其对以网上经营为主要方式的企业来说，网站的形象是访问者对企业的第一印象，这种印象对建立品牌形象、产生用户信任具有至关重要的作用，因此具备条件的企业应力求在网站建设上体现出自己的形象，但实际上很多网站对此缺乏充分的认识，网站形象并没有充分体现出企业的品牌价值，相反一些新兴的企业利用这一宗旨做到了“小企业大品牌”，并且获得了与传统大型企业平等竞争的机会。

（2）产品/服务展示。顾客访问网站的主要目的是对公司的产品和服务进行深入的了解，企业网站的主要价值也就在于灵活地向用户展示产品说明的文字、图片甚至多媒体信息，即使一个功能简单的网站至少也相当于一本可以随时更新的产品宣传资料，并且这种宣传资料是用户主动来获取的，对信息内容有较高的关注程度，因此往往可以获得比一般印刷宣传资料更好的宣传效果，这也是一些小型企业只满足于建立一个功能简单的网站的主要原因，在投资不大的情况下，这种策略同样有可能获得理想的回报。

（3）信息发布。网站是一个信息载体，在法律许可的范围内，可以发布一切有利于企业形象、顾客服务及促进销售的企业新闻、产品信息、各种促销信息、招标信息、合作信息、人员招聘信息等。因此，拥有一个网站就相当于拥有了一个强有力的宣传工具，这就是企业网站具有自主性的体现。当网站建成之后，合理组织对用户有价值的信息是网络营销的首要任务，当企业有新产品上市、开展阶段性促销活动时，也应充分发挥网站的信息发布功能，将有关信息首先发布在自己的网站上。

（4）顾客服务。企业通过网站可以为顾客提供各种在线服务和帮助信息，如 FAQ、电子邮件咨询、在线表单、通过即时信息实时回答顾客的咨询等。一个设计水平较高的 FAQ，应能回答 80%以上顾客关心的问题，这样不仅为顾客提供了方便，也提高了顾客服务效率，节省了服务成本。

（5）顾客关系。通过网络社区、有奖竞赛等方式吸引顾客参与，不仅可以起到产品宣传的目的，同时也有助于增进顾客关系，顾客忠诚度的提高将直接增加销售。尤其是对于产品功能复杂或变化较快的产品，如数码产品、时装、化妆品等，顾客为了获得更多的产品信息，对企业网络营销活动的参与兴趣较高，可充分利用这种特点来建立和维持良好的顾客关系。

（6）网上调查。市场调研是营销工作不可或缺的内容，企业网站为网上调查提供了方便而又廉价的途径，通过网站上的在线调查表，或者通过电子邮件、论坛、实时信息等方式征求顾客意见等，可以获得有价值的用户反馈信息。无论做产品调查、消费者行为调查，还是品牌形象等方面的调查，企业网站都可以在获得第一手市场资料方面发挥积极的作用。

（7）资源合作。为了获得更好的网上推广效果，需要与供应商、经销商、客户网站及其他内容、功能互补或相关的企业建立资源合作关系，实现资源共享到利益共享的目的。如果没有企业网站，企业便失去了很多积累网络营销资源的机会，没有资源，合作就无从谈起。常见的资源合作形式包括交换链接、交换广告、内容合作、客户资源合作等。

（8）网上销售。建立网站及开展网络营销活动的目的之一是增加销售。一个功能完善的网站本身就可以完成订单确认、网上支付等电子商务功能，即企业网站本身就是一个销售渠道。随着电子商务的价值越来越多地被证实，更多的企业将开拓网上销售渠道，增加网上销售手段。实现在线销售的方式有很多种，利用企业网站本身的资源来开展在线销售是一种有效的形式。

7.3.2 搜索引擎营销

搜索引擎是常用的互联网服务之一。搜索引擎的基本功能是为用户查询信息提供方便，随着互联网上信息量的爆炸式增长，如何寻找有价值的信息显得日益重要，于是搜索引擎便应运而生。由于搜索引擎成为上网用户常用的信息检索工具，这种可以为用户提供发现信息的机会的搜索引擎，也就理所当然地成为网络营销的基本手段之一。据 CNNIC 的统计报告显示，国内用户了解网站的最主要途径是搜索引擎，占 70%以上，位列所有途径之首。

1. 搜索引擎营销的含义与特点

搜索引擎营销（Search Engine Marketing，SEM）就是根据用户使用搜索引擎的方式，利用用户检索信息的机会，尽可能将营销信息传递给目标用户。简单来说，搜索引擎营销就是基于搜索引擎平台的网络营销，利用人们对搜索引擎的依赖和使用习惯，在人们检索信息的时候尽可能将营销信息传递给目标客户。

搜索引擎营销的目标即获取目标客户的点击量，以及将他们转化为有效的顾客。搜索引擎营销所做的就是全面而有效地利用搜索引擎来进行网络营销和推广。搜索引擎营销追求最高的性价比，以最小的投入，获得最大的来自搜索引擎的访问量，并产生商业价值。因此，搜索引擎营销包含了从搜索引擎进入的流量到最后达成销售的所有工作。进行搜索引擎营销及在外部优化的同时，将其更好地推荐出去，将内外部的优化做好，然后，通过搜索引擎营销将自己放到适合的位置，即更容易被目标用户所关注的位置上，以达到营销目的。

相对于其他的营销，搜索引擎营销有如下特点。

（1）搜索引擎营销的主动性。搜索引擎对用户行为进行准确分析并实现精准定位。用户搜索时留下的各类浏览历史信息，会被搜索引擎记录并且分析判断，在用户之后的使用中主动呈现相关信息。

（2）搜索引擎营销受众广泛。无论使用搜索引擎或没有使用的用户，信息风暴都会使其成为受众。

（3）受众自主选择，可信度高。搜索引擎营销是一种用户主导的网络营销。使用搜索引擎检索信息的行为是由用户主动发生的，对搜索引擎广告的接受没有强迫性，用户更加自由，更能产生信任。

（4）搜索引擎营销可实现高精度的客户定位。搜索引擎营销可以对用户行为进行准确分析并实现高精度定位，尤其是在关键词定位方面，以用户所求，供用户所需，还可附加用户想不到的效果。

（5）搜索引擎营销不足以实现最终的交易行为，还需要辅以其他手段。搜索引擎营销的效果主要表现为网站访问量的增加。要想将访问量形成转化，决定因素有很多，其中用户体验和满足所需，是重要的两大因素。

（6）搜索引擎营销对搜索引擎服务商的依赖较大，如果搜索引擎更改算法，搜索引擎营销也应该做出相应的改变。

（7）搜索引擎营销门槛低、竞争激烈。搜索引擎是开放性的平台，门槛比较低。任何企业，不论其规模大小，也不论其品牌知名度高低，都可以在搜索引擎上推广宣传，并且机会均等，因此市场竞争十分激烈。

搜索引擎营销是让用户发现信息，并通过点击进入网站/网页进一步了解所需要的信息。搜索引擎优化设计的主要目标有两个层次：被搜索引擎收录、在搜索结果中排名靠前。但仅仅做到被搜索引擎收录并在搜索结果中排名靠前还很不够，因为取得这样的效果实际上并不一定能增加用户的点击率，更不能保证将访问者转化为顾客或潜在顾客，因此搜索引擎营销既要被搜索引擎收录，更要在搜索结果中排名靠前。

2. 搜索引擎的分类

搜索引擎按工作原理可分为两类：全文检索搜索引擎和分类目录搜索引擎。

（1）全文检索搜索引擎。全文搜索引擎从网站提取信息建立网页数据库，其原理是通过蜘蛛程序（Spider 程序）到各个网站收集、存储信息，并建立索引数据库供用户查询。当用户以关键词查找信息时，搜索引擎会在数据库中进行搜寻，如果找到与用户要求内容相符的网站，便采用特殊的算法（通常根据网页中关键词的匹配程度，出现的位置/频次，链接质量等）计算出各网页的相关度及排名等级，然后根据关联度高低，按顺序将这些网页链接返回给用户。搜索引擎的自动信息搜集功能分两种。一种是定期搜索，即每隔一段时间（如 Google 一般是 28 天），搜索引擎主动派出蜘蛛程序，对一定 IP 地址范围内的互联网站进行检索，一旦发现新的网站，它会自动提取网站的信息和网址加入自己的数据库。另一种是提交网站搜索，即网站拥有者主动向搜索引擎提交网址，它在一定时间内（两天到数月不等）定向向网站派出蜘蛛程序，扫描网站并将有关信息存入数据库，以备用户查询。

由于近年来搜索引擎的索引规则发生了很大变化，主动提交网址并不能保证网站能进入搜索引擎数据库，因此目前最好的办法是多获得一些外部链接，让搜索引擎有更多机会找到网站并自动将该网站收录。全文检索搜索引擎的工作原理如图 7-2 所示。

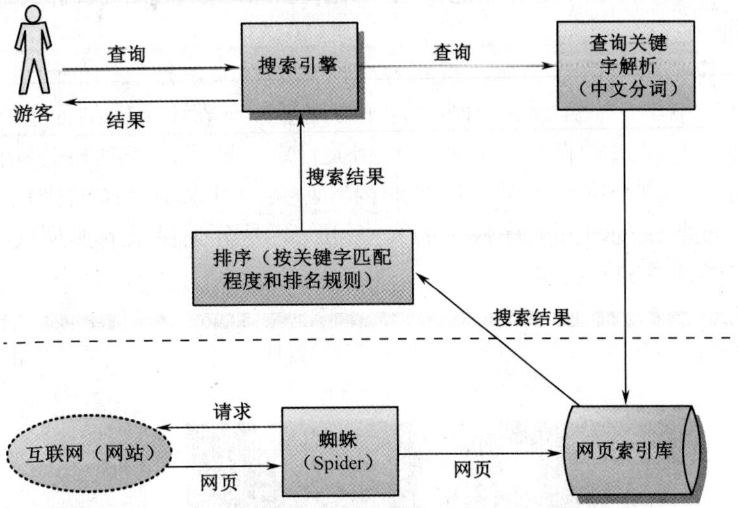

图 7-2　全文检索搜索引擎的工作原理

搜索引擎工作主要分为以下几个步骤。

①抓取网页（信息收集）。网页搜集，其实就是大家常说的蜘蛛抓取网页。每个独立的搜索引擎都有自己的网页抓取程序爬虫。爬虫顺着网页中的超链接，从这个网站爬到另一个网站，通过超链接分析连续访问抓取更多网页。被抓取的网页被称为网页快照。由于互联网中超链接的应用很普遍，理论上，从一定范围的网页出发，就能搜集到绝大多数的网页。例如，搜索 www.dgqzpj.com，就能搜集到有关起重机配件的很多网站。

②页面分析。搜索引擎抓到网页后，还要做大量的预处理工作，才能提供检索服务。其中最重要的就是提取关键词，建立索引库和索引。其他工作还包括去除重复网页、分词（中文）、判断网页类型、分析超链接、计算网页的重要度/丰富度等。

③提供检索服务。用户输入关键词进行检索，搜索引擎从索引数据库中找到匹配该关键词的网页；为了让用户便于判断，除了网页标题和 URL 外，搜索引擎还会提供一段来自网页的摘要及其他信息。

④页面排序，显示搜索结果页面。待搜索引擎对所有匹配的结果进行了排序后，就会在搜索结果页面显示出按照搜索引擎排序算法进行排序的所有网页。

（2）分类目录搜索引擎。目录索引，顾名思义就是将网站分门别类地存放在相应的目录中，因此用户在查询信息时，可选择关键词搜索，也可按分类目录逐层查找。

分类目录的整个工作过程分为收集信息、分析信息和查询信息三部分，只不过收集信息、分析信息两部分主要依靠人工完成。分类目录一般都有专门的编辑人员，负责收集网站的信息。随着收录站点的增多，一般都是由站点管理者递交自己的网站信息给分类目录，然后由分类目录的编辑人员审核递交的网站，以决定是否收录该站点。如果该站点审核通过，分类目录的编辑人员还需要分析该站点的内容，并将该站点放在相应的类别和目录中。

所有这些收录的站点同样被存放在一个索引数据库中。用户在查询信息时，可以选择按照关键词搜索，也可按分类目录逐层查找。如以关键词搜索，返回的结果与全文搜索引擎一样，也是根据信息关联程度排列网站。需要注意的是，分类目录的关键词查询只能在网站的名称、网址、简介等内容中进行，它的查询结果也只是被收录网站首页的 URL 地址，而不是具体的页面。

分类目录就像一本电话号码簿，按照各个网站的性质，把它们的网址分门别类排在一起，大类下面套着小类，一直到各个网站的详细地址，一般还会提供各个网站的内容简介，用户不使用关键词也可进行查询，只要找到相关目录，就可以找到相关的网站（注意，是相关的网站，而不是这个网站上某个网页的内容，某一目录中网站的排名一般是按照标题字母的先后顺序或收录的时间顺序决定的）。Yahoo！是分类目录的典型代表。如图 7-3 所示为 Yahoo！分类目录网站首页。

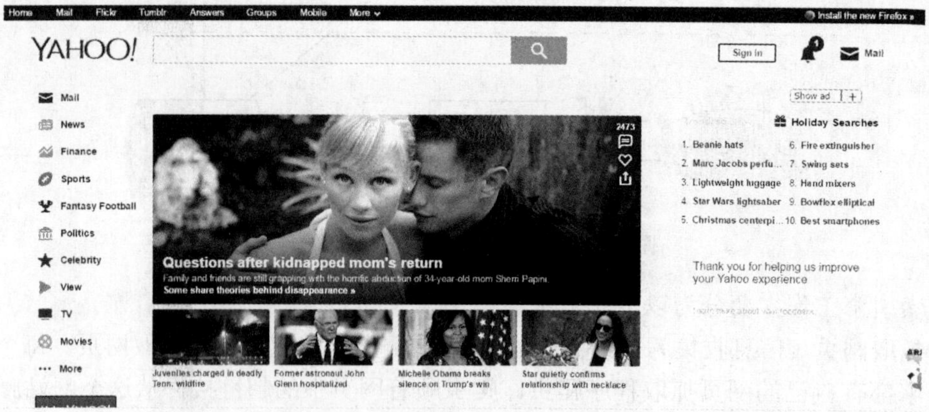

图 7-3　Yahoo！分类目录网站首页

分类目录搜索引擎虽然有搜索功能，但从严格意义上来说并不能称其为真正的搜索引擎，只是按目录分类的网站链接列表而已，用户可以按照分类目录找到所需要的信息。该类搜索引擎因为加入了人的智能，所以信息准确，导航质量高，缺点是需要人工介入、维护量大、信息量少、信息更新不及时。

（3）搜索引擎的其他形式。除上述两大类外，搜索引擎还有以下几种形式。

①元搜索引擎（META Search Engine）。元搜索引擎在接受用户的查询请求时，同时在其他多个引擎上进行搜索，并将结果返回给用户。著名的元搜索引擎有 InfoSpace、Dogpile、Vivisimo 等，中文元搜索引擎中具代表性的有搜星搜索引擎。在搜索结果排列方面，有的直接按来源引擎排列搜索结果，如 Dogpile，有的则按自定的规则将结果重新排列组合，如 Vivisimo。

②门户搜索引擎。如 AOL Search、MSN Search 等虽然提供搜索服务，但自身既没有分类目录也没有网页数据库，其搜索结果完全来自其他引擎。

③免费链接列表（Free for All Links，FFA）。这类网站一般只简单地滚动排列链接条目，少部分有简单的分类目录，不过规模比起 Yahoo！等目录索引要小得多。

④集合式搜索引擎。该引擎类似 META 搜索引擎，但二者的区别在于前者不是同时调用多个引擎进行搜索，而是由用户从提供的 4 个引擎当中选择，因此叫它“集合式”搜索引擎更确切些，如 HotBot 推出的引擎。

3. 搜索引擎营销的四个层次

从搜索引擎营销的信息传递过程和实现搜索引擎营销的基本任务，可以看出，在不同的发展阶段，搜索引擎营销具有不同的目标。最终目标在于将浏览者转化为真正存在的顾客，从而实现销售收入的增加和市场份额的扩大。搜索引擎营销的目标分为四个层次，如图 7-4 所示。

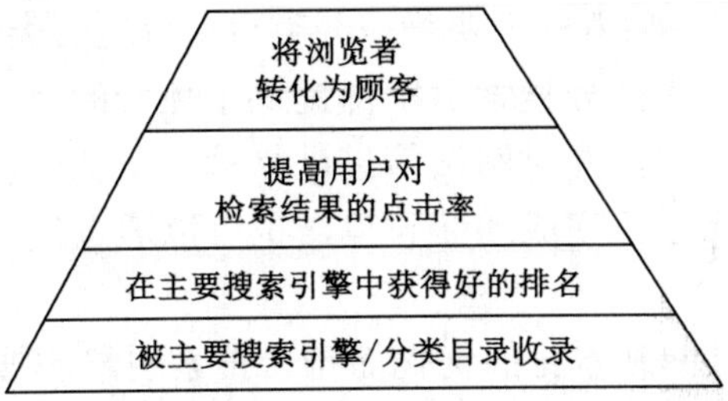

图 7-4　搜索引擎的网络营销目标层次

（1）第一层目标：在主要的搜索引擎/分类目录中获得被收录的机会。这是搜索引擎营销的基础层，即让网站中尽可能多的网页获得被搜索引擎的收录，也就是为增加网页的搜索引擎可见性。网站建设完成并发布到互联网上并不意味着就可以达到搜索引擎营销的目的，无论网站设计得多么精美，如果不能被搜索引擎收录，用户便无法通过搜索引擎发现这些网站中的信息，企业当然就不能实现网络营销信息传递的目的。因此，让尽可能多的网页被搜索引擎收录是网络营销的基本任务之一。

（2）第二层的目标：在被搜索引擎收录的基础上尽可能获得好的排名。这一目标即在搜索结果中有良好的表现，因而可称为表现层。因为大部分用户关心的只是搜索结果中靠前的少量内容，如我们浏览百度搜索网页时，一般仅浏览查看前三页，所以如果利用主要的关键词检索时网站在搜索结果中的排名靠后，那么企业信息出现的位置就会靠后，被用户发现的机会就大为降低，营销效果也就无法保证。

（3）搜索引擎营销的第三个目标：提高搜索结果点击率。这一目标即通过搜索结果点击率的增加来达到网站访问量的提高。由于只有受到用户关注，经过用户选择后的信息才可能被点击，因此可称为关注层。并非所有的检索结果都含有丰富的信息，用户通常并不能点击浏览检索结果中的所有信息，需要对搜索结果进行判断，从中筛选一些相关性最强、最能引起自己关注的信息进行点击，进入相应网页之后获得更为完整的信息。

在搜索引擎里面排名靠前，只是一个基本要素，要想顾客多点击网站，以及在网站上停留的时间够长，网站自身的优化也是很必要的。企业需要从整体上进行网站优化设计，并充分利用关键词广告等有价值的搜索引擎营销专业服务。

（4）搜索引擎营销的第四个目标：将浏览者转化为顾客。这一目标即通过访问量的增加将浏览者转化为顾客，实现企业收益的提高，因此可称为转化层。转化层是前面三个目标层次的进一步提升，是各种搜索引擎方法所实现效果的最终体现，但并不是搜索引擎营销的直接效果。从各种搜索引擎策略到产生收益，期间的中间效果表现为网站访问量的增加，而从访问量转化为收益则是由网站的功能、服务、产品等多种因素共同作用的。因此，第四个目标在搜索引擎营销中属于战略层次的目标。

4. 搜索引擎营销方法

搜索引擎营销方法是指利用搜索引擎、分类目录等具有在线检索信息功能的网络工具进行网站推广的方法。由于搜索引擎的基本形式可以分为网络蜘蛛型搜索引擎（简称搜索引擎）和基于人工分类目录的搜索引擎（简称分类目录），因此搜索引擎营销的方法也相应地有基于搜索引擎的方法和基于分类目录两种方法。前者包括 SEO、关键词广告、竞价排名和基于内容定位的广告等多种形式，后者则主要是在分类目录合适的类别中进行网站登录。

（1）搜索引擎的登录。大部分搜索引擎都提供了免费的登录方式，如百度、谷歌、搜狗等，只要我们找到登录入口，并对网站信息进行录入，就有机会被免费收录，企业既可以分别去各种搜索引擎站点手工完成递交表单，也可以通过专门的搜索引擎递交软件来完成递交工作。

（2）SEO。SEO 是通过网站本身的优化而符合搜索引擎的搜索习惯，提升网站/网页在搜索引擎搜索结果中的收录数量和排序位置。为了从搜索引擎中获取更多的免费流量、高质量的用户，针对搜索引擎的检索特点、排序规律，企业可以合理调整优化网站设计和建设方法，从而获得比较好的排名，最终达到网站推广的目的。

SEO 又分为站外 SEO 和站内 SEO。站内 SEO 优化包括网站结构的设计、网站代码优化和内部链接优化、网站内容的优化、网站用户体验优化等这些内容；站外 SEO 优化包括网站外部链接优化、网站的链接建设、网站的外部数据分析等。

（3）关键词广告。关键词广告是搜索引擎营销的基础，较传统营销方式来说成本较低。关键词广告是按照用户点击付费的，成本与关键词的热门程度及关键词的数量直接相关。

关键词广告主要是通过购买搜索引擎关键词对企业网站和广告信息进行推广。广告主根据自己的产品或服务的内容、特点等，确定相关的关键词，撰写广告内容并自主定价投放。当用户搜索广告主投放的关键词时，相应的广告就会展示（关键词被多个用户购买时，根据竞价排名原则展示），并在用户点击后按照广告主对该关键词的出价收费，无点击不收费。

如图 7-5 所示是百度关键词广告的展现形式。

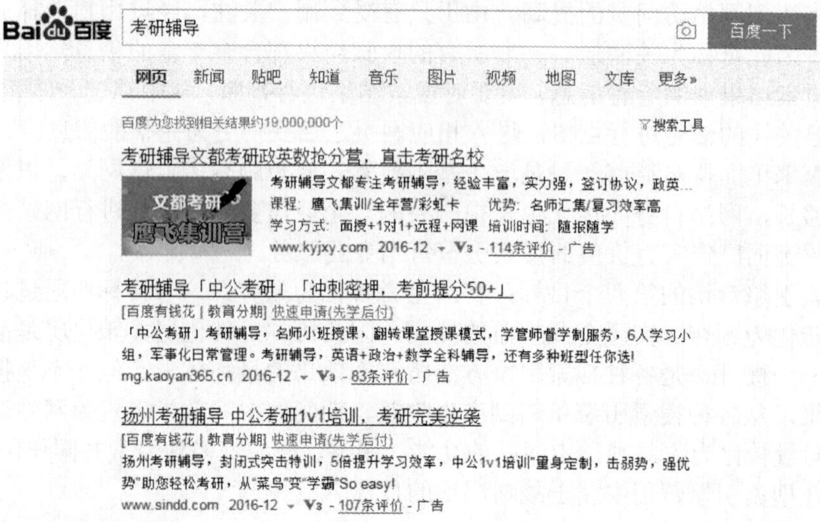

图 7-5 百度关键词广告的展现形式

（4）竞价排名。竞价排名是以效果付费的网络推广方式，由百度首先推出，在购买之后，注册一定数量的关键词，其推广信息就会显示在搜索结果中，吸引潜在客户。竞价排名属于许可式营销，让用户主动找企业，需要信息的用户才可以看到信息，因此更具有针对性。

在搜索引擎营销中，竞价排名的特点和主要作用如下。

①按效果付费，费用相对较低。

②出现在搜索结果页面，与用户检索内容高度相关，增加了推广的定位精度。

③竞价结果出现在搜索结果靠前的位置，容易引起用户的关注和点击，因而效果比较显著。

④搜索引擎自然搜索结果排名的推广效果有限，尤其对自然排名效果不好的网站来说，采用竞价排名可以很好地弥补这种劣势。

⑤企业可以自己控制点击价格和推广费用。

⑥企业可以对用户点击情况进行统计分析。

（5）免费登录分类目录。免费登录分类目录是一种比较传统的网站推广手段，通过在搜索引擎网站免费注册企业网站信息，搜索引擎会自动增加企业网站的信息到分类目录。如今这种推广方法越来越不适合实际需要，已逐步从网络营销中退出。

7.3.3　电子邮件营销

1. 电子邮件营销的含义

电子邮件因为方便、快捷、成本低廉的特点，成为目前使用最广泛的互联网应用之一，是一种有效的推广工具。以电子邮件为主要的网站推广手段，其常用的方法包括电子刊物、会员通信和专业服务商的电子邮件广告等。拥有潜在用户的电子邮件地址是开展电子邮件营销的前提，这些地址可以从用户、潜在用户资料中自行收集整理，也可以利用第三方的潜在用户资源。如果邮件发送规模比较小，可以采取一般的邮件发送方式或邮件群发软件来完成，如果发送规模较大，就应该借助专业的邮件列表发行平台来发送。

基于用户许可的邮子邮件营销与滥发邮件不同，许可营销比传统的推广方式或未经许可的邮子邮件营销具有明显的优势，如可以减少广告对用户的滋扰、增加潜在客户定位的准确度、增强与客户的关系和提高品牌忠诚度等。它是在用户事先许可的前提下，通过电子邮件的方式向目标用户提供有价值信息的同时附带一定数量的商业广告信息。未经用户许可的电子邮件，通常被归纳为垃圾邮件范畴，不但让用户反感，而且对企业本身的形象也有负面影响。

知识链接

电子邮件营销的起源

互联网上最早的赚钱方式，既不是网上销售、也不是网上拍卖，当然也不是网络广告，更不是什么著名网络公司，而是两名律师！在电子邮件和百维网得到普遍应用之前，新闻组（News Group）是人们交流的主要方式之一，也是早期网络营销的主要场所，是电子邮件营销得以诞生的摇篮。1994 年 4 月 12 日，美国亚利桑那州两位从事移民签证咨询服务的律师劳伦斯·坎特（Laurence Canter）和玛莎·西格尔（Martha Siegel）（两人为夫妻）把一封“绿卡抽奖”的广告信发到他们可以发现的每个新闻组，这在当时引起了轩然大波，他们的“邮件炸弹”让许多服务商的服务处于瘫痪状态。

有趣的是，这两名律师在 1996 年还合作写了一本书——《网络赚钱术》（*How to Make a Fortune on the Internet Superhighway*），书中介绍了他们的这次辉煌经历：通过互联网发布广告信息，他们只花费了 20 美元的上网通信费用就吸引了 25000 个客户，赚了 10 万美元。他们认为，通过互联网进行电子邮件营销是前所未有的、几乎无须任何成本的营销方式。当然他们并没有考虑别人的感受，也没有计算别人因此而遭受的损失。1995 年之后，坎特事实上已经不再从事律师职业，而是从事电脑软件开发。1997 年 7 月，坎特被吊销律师执照一年，其中部分原因为发送垃圾邮件。直到现在，很多垃圾邮件发送者还在声称通过定向收集的电子邮件地址开展“电子邮件营销”可以让你的产品一夜之间家喻户晓，这和坎特当年的态度一模一样。但现在的网络环境已经发生了很大变化，无论发送多少垃圾邮件，也无法产生任何神奇效果了。

坎特和西格尔从网上赚钱之后半年多，到了 1994 年 10 月 27 日，网络广告才正式诞生，而目前全球著名的亚马逊网上商店成立于 1995 年 7 月，比“网上赚钱第一人”的诞生要迟 15 个月！现在，仍然有很多公司或个人以发送垃圾邮件或出售非法收集的电子邮件地址牟利，但只能蒙骗一些对电子邮件营销缺乏了解的企业。实际上，无论是坎特和西格尔，还是至今仍然在出售邮件地址或发送垃圾邮件的企业或个人，也无论这些邮件是否起到了营销的效果，这种做法都不能称为真正的电子邮件营销。

现在普遍的观点是，电子邮件营销诞生于 1994 年，不是因为两个律师的“杰作”，而是因为对电子邮件营销的研究让人们对此具有了系统的了解和认可。而将电子邮件营销概念进一步推向成熟的，是“许可营销”理论的诞生。

许可营销的原理其实很简单，也就是企业在推广其产品或服务的时候，事先征得顾客的许可，得到潜在顾客许可之后，通过电子邮件的方式向顾客发送产品/服务信息，因此，许可营销就是许可电子邮件营销。许可营销的主要方法是通过邮件列表、新闻邮件、电子刊物等形式，在向用户提供有价值信息的同时附带一定数量的商业广告。例如，一些公司在要求用户注册为会员或申请某项网络服务时，会询问用户“是否希望收到本公司不定期发送的最新产品信息”，或者给出一个列表让用户选择希望收到的信息。在传统营销方式中，由于信息沟通不便，或者成本过于高昂，许可营销很难行得通，但是互联网的交互性使得许可营销成为可能。

综合有关电子邮件营销的研究，电子邮件营销是这样定义的：电子邮件营销是在用户事先许可的前提下，企业通过电子邮件的方式向目标用户传递有价值信息的一种网络营销手段。关于电子邮件营销的定义中强调了三个基本因素：基于用户许可、通过电子邮件传递信息、信息对用户是有价值的。三个因素缺少一个，都不能称之为有效的电子邮件营销。

2. 电子邮件营销的功能

如果将电子邮件营销仅仅理解为利用电子邮件来开展促销活动，显然是片面的，因为电子邮件营销的功能主要表现在八个方面：品牌形象、产品推广/销售、顾客关系、顾客服务、网站推广、资源合作、市场调研、增强市场竞争力。

（1）品牌形象。电子邮件营销对于企业品牌形象的价值，是通过长期与用户联系的过程中逐步积累起来的，规范的、专业的电子邮件营销对品牌形象有明显的促进作用。品牌建设不是一朝一夕的事情，不可能通过几封电子邮件就完成这个艰巨的任务，因此，利用企业内部列表开展经常性的电子邮件营销具有更大的价值。

（2）产品推广/销售。产品推广/销售是电子邮件营销最主要的目的之一，正是因为电子邮件营销的出色效果，使其成为最主要的产品推广手段之一。一些企业甚至用直接销售指标来评价电子邮件营销的效果，尽管这样并没有反映出电子邮件营销的全部价值，但也说明营销人员对电子邮件营销带来的直接销售有很高的期望。

（3）顾客关系。与搜索引擎等其他网络营销手段相比，电子邮件首先是一种互动的交流工具，然后才是营销功能，这种特殊功能使得电子邮件营销在顾客关系方面比其他网络营销手段更有价值。与电子邮件营销对企业品牌的影响一样，顾客关系功能也是通过与用户之间的长期沟通才发挥出来的，内部列表在增强顾客关系方面具有独特的价值。

（4）顾客服务。电子邮件不仅是顾客沟通的工具，在电子商务和其他信息化水平比较高的领域，同时也是一种高效的顾客服务手段，通过内部会员通信等方式提供顾客服务，可以在节约大量的顾客服务成本的同时提高顾客服务质量。

（5）网站推广。与产品推广功能类似，电子邮件也是网站推广的有效方式之一。与搜索引擎相比，电子邮件营销有其独特的优点：网站被搜索引擎收录之后，只能被动地等待用户去检索并发现其网站，通过电子邮件则可以主动向用户推广网站，并且推荐方式比较灵活，既可以是简单的广告，也可以通过新闻报道、案例分析等方式出现在邮件的内容中，获得读者的高度关注。

（6）资源合作。经过用户许可获得的电子邮件地址是企业的宝贵营销资源，可以长期重复利用，并且在一定范围内可以与合作伙伴进行资源合作，如相互推广、互换广告空间。企业的营销预算总是有限的，充分挖掘现有营销资源的潜力，可以进一步扩大电子邮件营销的价值，让同样的资源投入产生更大的收益。

（7）市场调研。利用电子邮件开展在线调查是网络市场调研中的常用方法之一，具有问卷投放和回收周期短、成本低廉等优点。

（8）增强市场竞争力。在所有常用的网络营销手段中，电子邮件营销是信息传递最直接、最完整的方式，可以在很短的时间内将信息发送到列表中的所有用户，这种独特的功能在风云变幻的市场竞争中显得尤为重要。电子邮件营销对于市场竞争力的价值是一种综合体现，也可以说是前述七大功能的必然结果。充分认识电子邮件营销的真正价值，并用有效的方式开展电子邮件营销，是企业营销战略实施的重要手段。

3. 电子邮件营销的类型

许可电子邮件营销根据其所应用的用户电子邮件地址资源的形式，可以分为内部列表电子邮件营销和外部列表电子邮件营销，或者简称内部列表和外部列表。

（1）内部列表也就是通常所说的邮件列表，是利用网站的注册用户资料开展电子邮件营销的方式，常见的形式如新闻邮件、会员通信和电子刊物等。

（2）外部列表电子邮件营销则是利用专业服务商的用户电子邮件地址来开展电子邮件营销，也就是以电子邮件广告的形式向服务商的用户发送信息。许可电子邮件营销是网络营销方法体系中相对独立的一种，既可以与其他网络营销方法相结合，也可以独立应用。

4. 电子邮件推广需要注意的问题

（1）确定目标顾客群。企业首先应考虑是建立自己的邮件列表，还是利用第三方提供的邮件列表服务。这两种方式都可以实现电子邮件推广的目的，但各有优缺点。利用第三方提供的邮件列表服务，费用较高，很难了解潜在客户的资料，事先很难判断定位的精度，还可能受到发送时间、发送频率等因素的制约。由于用户资料是重要资产和营销资源，因此许多企业都希望拥有自己的用户资料，并将建立自己的邮件列表作为一项重要的策略。

（2）制定发送方案。应尽可能与专业人员一起确定目标市场，找出潜在的用户，确定发送的频率。发送电子邮件联系的频率应该与顾客的预期和需要相结合，这种频率预期因时因地因产品而异，从每小时更新到每季度的促销信息。不要认为发送频率越高，收件人的印象就越深刻。过于频繁的邮件“轰炸”，会让人厌烦。研究表明，同样内容的邮件，每个月以发送 2～3 次为宜。

（3）电子邮件应该有明确的主题。邮件的主题是收件人最早看到的信息，邮件内容是否能引人注意，主题起到相当重要的作用。邮件主题应言简意赅，以便收件人决定是否继续阅读。

（4）内容要简洁。电子邮件应力求用最简洁的内容表达出诉求点，如果必要，可以给出一个关于详细内容的链接，收件人如果有兴趣，会主动点击你链接的内容，否则，内容再多也没有价值，只能引起收件人的反感。要用通俗易懂的语言介绍你的产品能为客户带来什么好处，特别是产品与你的竞争对手有什么不同，或许是在功能上，或许是在服务上，必须与众不同。不要夸夸其谈，丝毫不注意客户有什么感觉。内容一定以客户为中心，让人感到你在实实在在地为他着想。

（5）邮件格式要清楚。虽然说电子邮件没有统一的格式，但它毕竟是一封邮件，作为一封商业函件，应该参考普通商务信件的格式，包括对收件人的称呼、邮件正文、发件人签名等因素。邮件要能够方便顾客阅读。有些发件人为图省事，将一个甚至多个不同格式的文件作为附件插入邮件内容，给收件人带来很大的麻烦，最好采用纯文本格式的文档，把内容尽量安排在邮件的正文部分，除非插入图片、声音等资料。

（6）发送电子邮件，收集反馈信息，及时回复。可以选定群发邮件，也可针对某些顾客进行单独发送。开展营销活动应该获得特定计划的总体反应率（如点击率和转化率）并跟踪顾客的反应，从而根据顾客过去的反应行为作为将来的细分依据。当你接到业务问询时，你应及时做出回复，最好在 24 小时以内。拖得时间越长，对企业形象损害越大。注意养成每天查收信件数次的习惯，并做到及时回复。这样做，不仅表示重视客户的问询，也显示出你的工作高效。在对潜在顾客的问询做出及时回复之后，还应该在两三天内，跟踪问询 2～3 次。很多人一天会收到大量的电子邮件，你的回复很可能被忽略了，或者不小心被删掉了。跟踪联系意在确认对方是否收到了你的回复，同时也给对方受重视的感觉，还传达出你希望赢得这笔业务的诚意。

（7）更新邮件列表。根据从顾客那里得到的信息进行整理，更新邮件列表，创建一个与产品和服务相关的客户数据库，改善“信噪比”，增加回应率，同时了解许可的水平。客户许可的水平有一定的连续性，每封发送的邮件中都应该包含允许加入或退出营销关系的信息，没有必要用某些条件限制顾客退出营销关系。通过这些信息，加强个性化服务，增强顾客的忠诚度。

7.3.4 即时通信营销

1. 即时通信营销的含义

即时通信 Instant Messaging，是一种基于互联网的即时交流消息的业务，目前国内常见的 IM 工具包括腾讯 QQ、淘宝旺旺、新浪 UC 等。 IM 推广是指以各种 IM 工具为平台，通过文字、图片等形式进行宣传推广的活动，上面提到的众多 IM 工具里，腾讯 QQ 的市场占有率最高，所以平时在做 IM 推广的时候，都是以 QQ 平台推广为主。IM 营销是企业通过即时工具 IM 推广产品和品牌，以实现目标客户挖掘和转化的网络营销方式。

IM 作为营销工具的优势如下。

（1）互动性强。即时的在线交流方式可以让企业掌握主动权，摆脱以往等待关注的被动局面，将品牌信息主动展示给消费者。但要注意这种主动不是让人厌烦的广告轰炸，而是巧妙利用 IM 的各种互动应用，可以借用 IM 的虚拟形象服务秀，也可以尝试 IM 聊天表情，将品牌不露痕迹地融入进去，这样的隐形广告很少会遭到抗拒，用户也乐于参与这样的互动，并在好友间广为传播，在愉快的氛围下自然加深对品牌的印象，促成日后的购买意愿。

（2）营销效率高。通过分析用户的注册信息，如年龄、职业、性别、地区、爱好等，以及兴趣相似的人组成的各类群组，针对特定人群专门发送用户感兴趣的品牌信息，能够诱导用户在日常沟通时主动参与信息的传播，使营销效果达到最佳。

（3）传播范围广。任何一款 IM 工具都聚集有大量的人气，并且以高品质和高消费的白领阶层为主。IM 有无数庞大的关系网，关系网中的好友之间有着很强的信任关系，企业的任何有价值的信息，都能在 IM 开展精准的扩散传播，产生的口碑影响力远非传统媒体可比。有强大的用户规模作为后盾，IM 蕴含的巨大的市场营销价值已经为越来越多的企业所认可，而 IM 承载的传播形式更是变得越来越丰富。

2. IM 营销的常用方式

即时通信工具在网络营销中的应用主要有下列几种方式。

（1）实时交流增进顾客关系。快速、高效是即时信息的特点，如果存在信息传递障碍可以及时发现，而不是像电子邮件那样需要等待几小时甚至几天才能收到被退回的消息。即时信息已经部分取代了电子邮件的个人信息交流功能。与此同时，即时信息已经成为继电子邮件和搜索引擎之后的又一最常用的互联网服务。即时信息的实时交流功能在建立和改善顾客关系方面具有明显效果，尤其是一个网站内部中的即时信息应用，成为企业与顾客之间增强交流的有效方式。

（2）在线顾客服务。随着顾客对在线咨询要求的提高，已经不能满足于通过电子邮件提问，然后经过几小时甚至几天才收到回复的状况，许多顾客希望得到即时回复，即时通信工具正好具有这种实时顾客服务的功能。

研究表明，实时的即时通信服务对网上销售中提升订单成功率有很大帮助，如果使用即时信息合理地开展顾客服务，顾客放弃购物车的比例可以降低 20%，顾客放弃购物车是网上销售中的一种常见现象，与顾客在超市的购买行为不同，在网上购物时放弃购物车的比例很高，很大一部分原因是顾客询问时销售商无法给出解答。

（3）网络广告媒体。由于拥有众多的用户群体，即时通信工具已经成为主要的在线广告媒体之一，并且与一般基于网页发布的网络广告相比有其独到的优势，如便于实现用户定位、可以同时向大量在线用户传递信息等。例如，国内用户所熟知的在线聊天工具 QQ 就有多种广告形式。

（4）病毒性营销信息传播工具。与电子书等网络营销工具一样，即时信息也可以作为一种病毒性营销信息的传播工具。例如，一些有趣的笑话、情感故事、节日祝福、动画等都可以成为这些病毒性营销的载体，而即时信息则成为这些信息的传播工具。

IM 作为互联网的一大应用，其重要性显得日益突出。有数据表明，IM 工具的使用已经超过了电子邮件的使用，成为仅次于网站浏览器的第二大互联网应用工具。

7.3.5 资源合作

1. 资源合作的含义

企业之间通过交换各自的优势资源，达到相互宣传推广效果的活动，此即为资源合作推广。当网站具备一定的访问量后，网站本身也拥有了网络营销的资源。

每个企业网站均可以拥有自己的资源，这种资源可以表现为一定的访问量、注册用户信息、有价值的内容和功能及网络广告空间等。企业可以利用网站的资源与合作伙伴开展合作，实现资源共享，以达到共同扩大收益的目的。在这些资源合作形式中，交换链接是最简单的一种合作方式，也是新网站推广的有效方式之一。交换链接或称互惠链接，是具有一定互补优势的网站之间的简单合作形式，即分别在自己的网站上放置对方网站的标志或网站名称并设置对方网站的超级链接，使得用户可以从合作网站中发现自己的网站，达到互相推广的目的。交换链接的作用主要表现在以下几个方面：获得访问量、增加用户浏览时的印象、在搜索引擎排名中增加优势、通过合作网站的推荐增加访问者的可信度等。从更深层次的意义来说，每个网站都倾向于链接价值高的其他网站，因此获得其他网站的链接也就意味着获得了合作伙伴和一个领域内同类网站的认可。对大多数中小网站来说，这种免费的推广手段由于其操作简单、有效而成为常用的网站推广方法之一。

2. 资源合作的形式

企业可以通过网站友情链接、广告互换、内容合作、用户资源合作等方式实现互相推广的目的，其中最常用的资源合作方式为网站链接策略，利用合作伙伴之间的网站访问量资源进行合作，互为推广。

（1）友情链接。这是最最基本的一种互联网合作模式，也称为网站交换链接、互惠链接、互换链接、联盟链接等，具体含义上文已述。

（2）广告互换。每个网站都有自己的广告位，将双方突围的广告位互换，以达到相互宣传推广的目的。

（3）内容合作。通常的模式是相互转载经授权的原创内容，并在内容页面注明内容来自哪个网站，同时加上该网站的超级链接。对双方来说，增加了许多优质的内容，也提升了知名度，增加了网站访问量，而且额外获得了许多优质的外部链接。

（4）专题共建。网络专题是网络媒体的一种重要表现形式，通常围绕某一特定主题（如突发事件或宣传主题），设计固定的专题页面，进行图片与文字、即时新闻与相关资料的集中报道。一个专题就相当于一个迷你的独立主页，里面的内容也都是精挑细选的，非常具有针对性。因此，一个好的专题，能够为网站带来大量的流量。一个网站如果能经常组织优质专题，也会大大提升网站的黏性与形象。

（5）频道共建。频道共建这种模式对网站方来说，既节省了成本，使其不需要投入大量的资金去建设网站频道；又能够创收，因为频道承建方需要交纳一定的费用。而对承建方来说，也同样节省了成本，因为只需要缴纳一点点的费用，就可以直接获取大量的用户，而且可以借助对方的品牌来快速提升自身的影响力。

（6）联合运营。联合运营源自网络游戏，是游戏行业中出现的一种合作模式。游戏厂商将游戏的运营权开放，媒体、渠道推广商、公会等所有产业链上的企业或个人都可以参与运营，并共享利润空间。

3. 资源合作的作用

在合作网站上提供自己的网站链接可以大大增加被搜索引擎搜索到的概率。链接交换的意义主要体现在如下几方面。

（1）提升网页排名。这是交换友情链接最根本的目的。网页排名（Page Rank，PR）是 Google 发明的网页的级别技术，用来评测一个网页“重要性”的一种方法，级别从 1 到 10 级，10 级为满分。PR 值越高，说明该网页越受欢迎（越重要），同时也将在搜索引擎中获得更好的排名。一般 PR 值达到 4 就算一个不错的网站了。想要提升自身的 PR 值，最有效的办法之一就是与 PR 值高的网站交换链接。

（2）提高关键词排名。关键词排名的原理可以简单理解为投票原理，一个网站要想获得好的排名，就需要有很多网站给它投票，也就是外部链接，所以企业若想在搜索引擎中获得好的关键词排名，寻找优质的外部链接是必不可少的一步。

（3）提高网站权重。网站权重是指搜索引擎对网站（包括网页）的重视程度，一个网站权重越高，在搜索引擎中所占的分量越大，在搜索引擎排名就越靠前。提高网站权重，不但有利于网站（包括网页）在搜索引擎的排名更靠前，还能提高整站的流量，提高网站信任度，因此提高网站的权重是相当重要的。提高权重主要分为两个方面；对内，需要网站结构合理，内容充实，符合用户使用习惯，即所谓的优化；对外则需获得大量优质的外部链接。

（4）提高知名度。这是有针对性的，只有对于一些特定的网站和特定的情况，才会达到此效果。如一个不知名的新网站，如果能与新浪、搜狐、网易、腾讯等大的网站上全都做上链接的话，那肯定对其知名度及品牌形象是一个极大的提升。

知识链接

如何判定优质链接

（1）Alexa 排名。Alexa 是亚马逊公司的一个子公司，成立于 1996 年，是一家专门发布网站世界排名的网站。Alexa 排名代表的是流量，排名越高的网站意味着流量越高，流量高代表用户认可这个网站，自然搜索引擎也会喜欢，这样的网站往往属于优质的外链对象。我们可以在站长之家之类的站长工具类站点查到这一排名。

（2）PR 值。PR 值代表的是网站的权重，只有与权重高的网站交换链接，才会提升自己的权重。通常来说，只要对方的 PR 值比自己高就可以交换。不过至少应该达到 4 级才算一个优质的链接。

（3）知名度。对方网站最好具有一定的知名度，或者在行业内具有一定的影响力。

（4）关联性。对方网站的主题内容要与己方网站有一定的关联性，因为关联度越高，搜索引擎越重视。

（5）网页快照。对方的网页快照时间，如果日期很新，说明搜索引擎经常关注这个网站，相反则说明搜索引擎对该网站重视不够（通俗地说，网页快照就是搜索引擎在收录网页时，都会做一个备份，大多是文本形式的，保存了这个网页的主要文字内容，这样当这个网页被删除或链接失效时，用户可以使用网页快照来查看这个网页的主要内容，由于这个快照以文本内容为主，所以会加快访问速度。网页快照时间如图 7-6 所示。

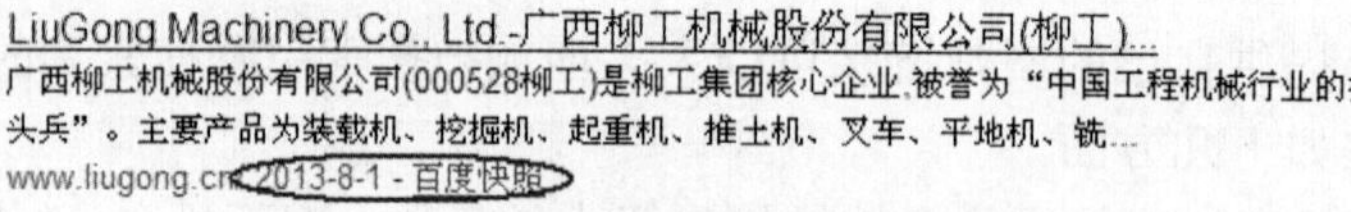

图 7-6　网页快照时间

（6）收录数。第一，搜索引擎的收录数与其网站的实际内容数，不应该相差太大。第二，对方网站在百度与 Google 中的收录数最好不要相差太大，这个可以参考同类网站在不同搜索引擎中的收录比例。

（7）更新速度。对方网站的内容最好是天天有更新，只有天天更新的网站，搜索引擎才会重视，用户才会喜欢，链接了也才会有价值。

7.3.6　微营销

微营销是现代社会的一种低成本、高性价比的营销手段。与传统营销方式相比，“微营销”主张通过“虚拟”与“现实”的互动，建立一个涉及研发、产品、渠道、市场、品牌传播、促销、客户关系等更“轻”、更高效的营销全链条，整合各类营销资源，以达到以小博大的营销效果。

1. 微营销的含义

微营销是以移动互联网为主要沟通平台，配合传统网络媒体和大众媒体，通过有策略、可管理、持续性的线上线下沟通，建立和转化、强化顾客关系，实现客户价值的一系列过程。市场细分随着电子商务的发展而日渐彻底化，消费者通过网络直接与生产企业发生联系，提出个性化需求，企业再根据每位消费者的独特要求进行“量身定制”的产品设计，使企业针对某个消费者的营销活动，即微营销得以实现。“微营销”讲究的是用户从开始阶段的参与，“个性化”成了主流。因此，对于针对“微内容”的营销，要强调更多的用户参与，用户分享的蛛丝马迹能够让市场参与者有效地定位用户行为，这样可以进行更精确的营销活动。

在操作理念上，微营销更强调“潜移默化”、“细节入微”和“精妙设计”。微营销的核心手段是客户关系管理，通过客户关系管理，实现路人变客户、客户变伙伴的过程。

随着移动互联网的发展与普及，以及Twitter、微博、微信等移动社交网络的创新与完善，微营销凭借微介质（移动手机和微博、微信等），借以微动作（鼠标点击）向微受众（小众传播），传播微内容（一句话、一张图片）。与传统媒体发布广告的营销渠道相比，企业微营销有其独特的特点。

（1）高效便捷。以微博为例，以“短、灵、快”为特点，发布内容必须精简，因此微博能够在任何时间、任何地点满足微受众碎片化的快捷化信息获取需求。

（2）高性价比。与传统媒体发布广告昂贵的营销费用相比，微营销提供了一个低成本的交流平台，而且更加人性化，充满人情味，能更好地连接企业和微受众，从而建立良好的微客户关系，凭借极少的营销费用达到良好的营销效果。

（3）高互动性。互动性是网络媒体相较传统媒体的一个明显优势，在传统媒体上投放的广告根本无法看到用户的反馈，而在网络上的官方或博客上的反馈也是单向或不即时的，互动的持续性差。而微传播、微营销更多的是通过细水长流的互动渗透式链接建立人与人、品牌与受众之间的关系。通过这种互动性极强的交流方式，从而建立起一种具有极强黏性的客户关系。

（4）高传播力。微营销的传播范围广泛，受众面覆盖大，对品牌有较大的曝光量。可以将微博看作品牌的广播台；微信则为品牌开通了“电话式”服务，当品牌成功得到关注后，便可以进行到达率几乎为100%的对话。

（5）精准定向目标客户。微营销可以掌握用户大量的信息，仅用户公开的数据中，就有大量极具价值的信息。这些信息不只是年龄、工作等一些表层的东西，通过对用户发布和分享内容的分析，可以有效地判断用户的喜好、消费习惯及购买能力等信息。随着移动互联网的发展，社交用户使用移动终端的比例越来越高，移动互联网基于地理位置的特性也将给营销带来极大的变革。这样通过对目标用户的精准人群定向及地理位置定向，在社交网络投放广告，微营销自然能收到比传统网络媒体更好的效果。

2. 微营销的形式

微营销实际就是一个移动网络微系统，将线上线下营销整合起来，线下引流到线上支付，线上引流到线下（实体店面）浏览。微博、微信、微信公众平台、微网站、APP等都是实现微营销的工具和方法的一部分。下面简单介绍一下其中的微博营销和微信营销。

1）微博营销

微博营销是指通过微博平台为商家、个人等创造价值而执行的一种营销方式，也是指商家或个人通过微博平台发现并满足用户的各类需求的商业行为方式。微博营销以微博作为营销平台，每个听众（粉丝）都是潜在的营销对象，企业利用更新自己的微博向网友传播企业信息、产品信息，树立良好的企业形象和产品形象。每天只要更新内容就可以跟大家交流互动，或者发布大家感兴趣的话题，以达到营销的目的。

该营销方式注重价值的传递、内容的互动、系统的布局、准确的定位，微博的火热发展也使得其营销效果尤为显著。微博营销涉及的范围包括认证、有效粉丝、朋友、话题、名博、开放平台、整体运营等。在中国，微博始于2007年，在经历早期独立微博的兴起后不久消沉，直到新浪以门户资源、名人效应发起新浪微博，各大门户微博相继上线，中国的微博行业终于在社会化媒体的爆发期(2009年)迎来全面发展;在社会化商业发革期(2011年)，微博则是发展最为显著的社会化媒体形态。2012年12月后，新浪微博推出企业服务商平台，为企业在微博上进行营销提供了一定的帮助。

（1）微博营销的特点。

①成本低。微博发布门槛低，成本远小于广告，效果却不差。140个字的信息发布，远比博客发布容易，相比同样效果的广告则更加经济。与传统的大众媒体（报纸、流媒体、电视等）相比，受众同样广泛，前期一次投入，后期维护成本低廉。

②覆盖广。微营销的传播效果好，速度快，覆盖面广。微博信息支持各种平台，包括手机、电脑及其他传统媒体。同时传播的方式有多样性，转发非常方便。利用名人效应能够使事件的传播量呈几何级放大。

③效果上针对性强，利用后期维护及反馈。微博营销是投资少、见效快的一种新型的网络营销模式，其营销方式和模式可以在短期内获得最大的收益。

④手段使用上多样化、人性化。在技术上看，微博营销可以同时方便地利用文字、图片、视频等多种展现形式。从人性化角度上看，企业品牌的微博本身就可以将自己拟人化，更具亲和力。

⑤开放性。在微博上几乎什么话题都可以探讨，而且没有什么拘束，微博就是要最大化地开放给客户。在微博上，美国总统可以和平民点对点交谈，政府可以和民众一起探讨，明星可以和粉丝们互动。

⑥传播速度快。微博最显著的特征之一就是其传播迅速。一条微博在触发微博引爆点后短时间内互动性转发就可以抵达微博世界的每个角落，达到短时间内最多的目击人数。

⑦便捷性。微博只需要编写好140字以内的文案，微博小秘书审查后即可发布，从而节约了大量的时间和成本。

⑧高技术性，浏览页面佳。微博营销可以借助许多先进的多媒体技术手段，从多维角度等展现形式对产品进行描述，从而使潜在消费者更形象、直接地接受信息。

⑨操作简单。微博信息发布便捷。一条微博，最多140个字，只需要简单的构思，就可以完成一条信息的发布。这点就要比博客方便得多。毕竟构思一篇好博文需要花费很多的时间与精力。

⑩互动性强。微博强调的是双向沟通。博主可以发表一个引人思考的主题，引导粉丝响应与讨论，培养企业的忠实粉丝，粉丝的转播可以起到连锁效果，使内容推广到更多的人群中。

（2）微博的形式。微博有个人微博和企业微博两种形式。

①个人微博营销。很多个人的微博营销是由个人的知名度来得到别人的关注和了解的，明星、成功的商人或社会中比较成功的人士，他们往往运用微博来让粉丝更进一步地了解和喜欢他们，他们的微博内容功利性并不是很明显，他们的宣传工作一般是由粉丝们跟踪转帖来达到营销效果的。

一般常见的个人微博形式有以下几种。

- 生活类微博。此类微博多用于发布或转发一些生活中的琐碎之事，这类微博仅是对生活的一种记录。如姚晨、王菲等名人、明星及多数大学生的个人微博。
- 杂志类微博。此类微博具有杂志、媒体相关功能，发布和转发内容具有可信度、权威性的微博，如@戴维尼聂文彪的微博像一本企业管理杂志，@mrbrand 龚文祥的微博像一本电子商务周刊。此类微博具有时间聚焦、内容聚焦及定位鲜明的特征。
- 社交类微博。此类微博起到帮助进行社交活动或侧重于达到社交目的的作用，如找人、标签、关注、关注的话题、微群、同城等。

②企业微博营销。企业一般是以盈利为目的的，它们运用微博往往是想通过微博来提升自己的知名度，最后实现卖出产品的目的。企业微博营销往往很难，因为知名度有限，短短的一条微博不能让消费者直观地理解商品，而且微博更新速度快，信息量大，消费者不能及时消化信息。企业运用微博营销时，应当建立起固定的消费群体，与粉丝多交流，多互动，多做企业宣传工作。

常见的企业微博形式一般有以下几种。

- 展示类微博。此类微博通过开设微博展示品牌信息，如企业文化宣扬、品牌形象宣传、产品展示、活动展示等。
- 销售类微博。此类微博通过开设微博直接销售产品，利用微博用户量多、在线时间长的优势，产品销售方便又快捷。
- 公关类微博。此类微博通过开设微博提供公关服务，如售后服务、招聘、调查、活动、申明等。

进行微博营销时要注意以下几个问题。

- 注重微博个性化。微博的特点是“关系”、“互动”，因此，虽然是企业微博，但也切忌把它做成一个官方发布消息的窗口那种冷冰冰的模式。要让人感觉它像一个鲜活的人，有感情，有思考，有回应，有自己的特点与个性。

  如果一个浏览者觉得你的微博和其他微博差不多，或者别的微博可以替代你，都说明你的微博是不成功的。这和品牌与商品的定位一样，必须塑造个性。一个优秀的微博具有很高的用户黏性，可以持续积累粉丝与专注，因为此时的你有了不可替代性与独特的魅力。
- 注重发布的连续性。微博就像一本随时更新的电子杂志，要注重定时、定量、定向发布内容，让大家养成观看习惯。当用户登录微博后，总想着看看你的微博有什么新动态，那就说明你成功了。
- 注重互动性加强。微博的魅力在于互动，拥有一群不说话的粉丝是很危险的，因为他们慢慢会变成不看你的内容的粉丝，最终可能离开。因此，互动性是使微博持续发展的关键。要做到这一点，首先应该注意的就是，企业宣传信息不能超过微博信息的10%，最佳比例是3%～5%。更多的信息应该融入粉丝感兴趣的内容之中。“活动内容+奖品+关注（转发/评论）”的活动形式一直是微博互动的主要方式，但实质上奖品比企业想宣传的内容更吸引粉丝的眼球。相比赠送奖品，你的微博只有做到认真回复留言，用心感受粉丝的思想，才能换取情感的认同。如果情感与“利益”（奖品）共存，那就更完美了。

- 注重系统性布局。任何一个营销活动，要想取得持续而巨大的成功，都不能脱离系统性，如果单纯地将其当做一个点子来运作，很难持续取得成功。微博营销虽然看起来很简单，但对大多企业来说效果很有限，从而被很多企业当做可有可无的网络营销小把戏。其实，微博这种全新形态的互动形式，拥有很大的潜力，它之所以发挥的作用很小，很大一部分原因是你投入的精力与重视程度本就不高。企业要想让微博发挥更大的效果，就要将其纳入整体营销规划中来，这样微博才有机会发挥更大的作用。
- 注重准确的定位。微博粉丝多当然是好事，但是，对企业微博来说，粉丝质量更重要，因为企业微博最终的商业价值，或许就需要这些有价值的粉丝的实现。这涉及微博定位的问题，很多企业抱怨：微博人数都过万了，可转载、留言的人很少，宣传效果不明显。这其中一个很重要的原因就是定位不准确。假设你的企业属于玩具行业，那么就围绕一些你的目标顾客关注的相关信息来发布微博内容，吸引目标顾客的关注，而非只考虑吸引人们的眼球，导致吸引来的都不是潜在消费群体。在微博营销的这个起步阶段，很多企业博客陷入这个误区，完全以吸引大量粉丝为目的，却忽视了粉丝是否为目标消费群体这个重要问题。
- 企业微博专业化。企业微博定位专一很重要，但是专业更重要。同场竞技，只有专业才可能超越对手，持续吸引人们的关注，因此，专业是企业微博一个重要的竞争力指标。

  微博不是企业的装饰品，如果不能做到专业，只是流于平庸，倒不如不去建设企业微博，因为作为一个零距离接触的交流平台，微博上的负面信息与不良的用户体验很容易迅速传播，为企业带来不利的影响。
- 注重控制的有效性。微博不会飞，但其传播速度却快得惊人，当极高的传播速度结合传递规模，所创造出惊人的力量可能是正面的，也可能是负面的。因此，必须有效管控企业微博这把双刃剑。
- 注重方法与技巧。对一个企业微博来说，不能定位为随笔，企业不是明星，也不是普通百姓，企业开设微博不是为了消遣娱乐，而是创造价值。要想把企业微博运行的风生水起，单纯在内容上传递价值还不够，必须讲求一些技巧与方法。例如，关于微博话题的设定，表达方法就很重要。如果你的博文是提问性的，或者是带有悬念的，引导粉丝思考与参与，那么浏览和回复的人自然就多，也容易给人留下印象。反之如果你带来的是新闻稿一样的博文，就会让粉丝想参与都无从下手。

知识链接

神州专车微博营销案

2015 年 6 月 25 日，神州专车的一则微博营销引发人们的广泛关注。从发布的海报（见图 7-7）来看，众多名人手持带有“U”字母的警示牌，并附上自己对“黑专车”的不满及各种担忧，吴秀波、海清等众多名人参与其中。其中，一些代言者的口号为“跟陌陌比约炮，跟微信比社交，朋友，你是来开专车的吗”“乌伯，我们不约”等，这些文案被指在“黑”专车市场的另一个主力玩家——Uber。

有意思的是，这则广告文案中还出现了错别字，将“怪蜀黍”写成了“怪蜀黎”，有网友猜测，这是神州专车故意为之。而神州方面调侃称，“把怪蜀黍写成怪蜀黎的文案狗，正在被惨烈吊打中……”

图 7-7　神州专车主题海报

神州专车的这一系列广告推出之后，在微博和社交网络上引发了广泛争论，估计令神州意外的是，大部分网友都站在 Uber 那边，甚至开始打出“抵制神州专车”的口号。

不过，最终结果如何呢？虽然骂声不断，但是据悉神州专车通过此次事件获得了超过 500 万的单日 APP 下载量，相关策划人员每人奖励一辆价格 20 万元以上的汽车的五年使用权。神州专车是 2015 年 2 月推出的一项服务，而 500 万人次的下载量，按照每个用户 10 块钱的成本来算，产生的绝对净值可能也有 5000 万元，而实际的品牌曝光价值，可能无法用金钱衡量。

从营销效果说，这组海报真的赢了，之前神州专车的知名度确实不太高，通过这次营销，估计不少普通用户对它都有了印象，下次再打车时脑海里出现的就不只是滴滴、Uber 了。

2）微信营销

微信营销是网络经济时代企业或个人营销模式的一种，是伴随着微信的火热而兴起的一种网络营销方式。微信不存在距离的限制，用户注册微信后，可与周围同样注册了微信的“朋友”形成一种联系，订阅自己所需的信息，商家通过提供用户需要的信息，推广自己的产品，从而实现点对点营销。

（1）微信营销的特点。相对于微博营销，微信营销具有如下特点。

①点对点精准营销。微信拥有庞大的用户群，借助移动终端、天然的社交和位置定位等优势，每条信息都是可以推送的，能够让每个个体都有机会接收到这条信息，从而帮助商家实现点对点精准营销。

②形式灵活多样。微信的多种功能也让微信营销的形式灵活多样。

- 漂流瓶。用户可以发布语音或文字然后投入“大海”中，如果有其他用户“捞”到则可以展开对话，招商银行的“爱心漂流瓶”用户互动活动就是个典型案例。
- 位置签名。商家可以利用“用户签名档”这个免费的广告位为自己做宣传，附近的微信用户就能看到商家的信息，如“饿的神”、K5 便利店等就采用了微信签名档的营销方式。

- 二维码。用户可以通过识别二维码身份来添加朋友、关注企业账号；企业则可以设定自己品牌的二维码，用折扣和优惠来吸引用户关注，开拓 O2O 的营销模式。
- 开放平台。通过微信开放平台，应用开发者可以接入第三方应用，还可以将应用的标志放入微信附件栏，使用户可以方便地在会话中调用第三方应用进行内容选择与分享。例如，美丽说的用户可以将自己在美丽说中的内容分享到微信中，可以使一件美丽说的商品得到不断的传播，进而实现口碑营销。
- 公众平台。在微信公众平台上，每个人都可以用一个 QQ 号码，打造自己的微信公众账号，并在微信平台上实现和特定群体的文字、图片、语音的全方位沟通和互动。

③强关系营销。微信的点对点产品形态注定其能够通过互动的形式将普通关系发展成强关系，从而产生更大的价值。通过互动的形式与用户建立联系，就是与用户聊天，可以解答疑惑，可以讲故事，甚至可以“卖萌”，用一切形式让企业与消费者形成朋友关系。你不会相信陌生人，但是会信任你的“朋友”。

（2）微信营销的模式有以下几种。

①草根广告式：查看附近的人。微信中基于 LBS 的功能插件“查看附近的人”，可以使更多陌生人看到这种强制性广告。

- 功能模式。用户点击“查看附近的人”后，可以根据自己的地理位置查找到周围的微信用户。在这些附近的微信用户中，除了显示用户姓名等基本信息外，还会显示用户签名档的内容。所以用户可以利用这个免费的广告位为自己的产品打广告。
- 营销方式。营销人员在人流最旺盛的地方后台 24 小时运行微信，如果“查看附近的人”使用者足够多，这个广告效果也会随着微信用户数量的上升而提升，可能这个简单的签名栏会变成移动的“黄金广告位”。

知识链接

K5 便利店微信签名档营销

微信结合了 LBS 功能，在微信的“朋友们”选项卡中，有个“查看附近的人”插件，用户可以查找自己所在地理位置附近的微信用户。系统除了显示附近用户的姓名等基本信息外，还会显示用户签名档的内容。商家也可以利用这个免费的广告位为自己做宣传，甚至打广告。K5 便利店新店开张时，利用微信“附近的人”和“打招呼”这两个功能，成功地把开业酬宾信息推送给附近的潜在客户。此次 K5 便利店利用微信签名栏营销对新店进行推广的活动相当成功。如图 7-8 所示为 K5 便利店的个性签名。

图 7-8 K5 便利店的个性签名

②品牌活动式：漂流瓶。移植到微信上后，漂流瓶的功能基本保留了原始的简单易上手的风格。

- 功能模式。漂流瓶有两个简单的功能，一是“扔一个”，用户可以选择发布语音或文字然后投入“大海中”；二是“捡一个”，“捞”大海中无数个用户投放的漂流瓶，“捞”到后也可以和对方展开对话，但每个用户每天只有 20 次“捞”的机会。
- 营销方式。微信官方可以对漂流瓶的参数进行更改，使得合作商家推广的活动在某一时间段内抛出的“漂流瓶”数量大增，普通用户“捞”到的概率也会增加。加上“漂流瓶”模式本身可以发送不同的文字内容甚至语音小游戏等，如果营销得当，也能产生不错的营销效果。而这种语音模式，也让用户觉得更加真实。但是如果只是纯粹的广告语，则会引起用户的反感。

知识链接

招商银行的“爱心漂流瓶”用户互动活动案例

招商银行曾经发起了一个微信“爱心漂流瓶”的活动。微信用户用“漂流瓶”功能捡到招商银行的“漂流瓶”，回复之后招商银行便会通过“小积分，微慈善”平台为自闭症儿童提供帮助。在此活动期间，有媒体统计，用户每捡十次“漂流瓶”便基本上有一次会捡到招行的“爱心漂流瓶”。

③O2O 折扣式：扫一扫。二维码发展至今，其商业用途越来越多，所以微信也就顺应潮流结合 O2O 展开商业活动。

- 功能模式。将二维码图案置于取景框内扫描，成功识别后用户将获得成员折扣、商家优惠或一些新闻资讯。
- 营销方式。在移动应用中加入“扫描二维码”这种 O2O 方式早已普及开来，坐拥上亿名用户且活跃度足够高的微信，其价值不言而喻。

④互动营销式：微信公众平台。对大众化媒体、明星及企业而言，微信开放平台+朋友圈的社交分享功能的开放，已经使得微信成为移动互联网中不可忽视的营销渠道之一，而微信公众平台的上线，则使这种营销渠道更加细化和直接。

知识连接

微信公众平台的订阅号、企业号和服务号的区别

微信平台提供的公众号、服务号、订阅号渐渐成为公众熟悉的服务平台，它们三者之间存在一定的区别与联系。不管订阅号、服务号还是企业号，都是为实现“微信连接一切”目的的桥梁，三者各司其职，企业号的推出，将与订阅号和服务号形成三足鼎立之势，平分秋色。

1. 订阅号

订阅号主要偏重于为用户传达资讯（类似报纸杂志），无论是否认证，都是每天只可以群发一条消息。

微信最初的形态是一个纯粹的社交工具，也就是人与人之间的联系工具，其中又分熟人之间的联系和陌生人之间的联系，于是就诞生了朋友圈和订阅号。而订阅号的作用就是媒体社交，自媒体或媒体为读者用户提供优质的或有价值的内容，从而与关注者建立关系或使用户对自己的品牌达成认可。

2. 服务号

服务号主要偏重于服务交互（类似银行和 114，提供服务查询），无论是否认证，都是每月可群发 4 条消息。

相比于订阅号，服务号要复杂得多，微信有了朋友圈可以卖商品，订阅号可以做营销。那么当出现人与商业之间的联系需求时，服务号便诞生了，它不仅要做一个服务者，还要做一个领导者。因为一旦涉及商业，必然会出现利益的交换，那么如何平衡电商和社交，需要一步步地探索，从而成就了一大批如商惠通云平台、微盟、口袋通等基于微信第三方开发的公司。

3. 企业号

企业号主要用于公司内部通信使用，需要先得到成员的通信信息验证才可以成功关注企业号。

微信企业号的开启，标志着“微信连接一切”实现了，订阅号连接了人与人，服务于商业，企业号则打破了企业信息传递在时间和空间上的割裂性，企业号将人们完全带入了一个办公移动化的时代，各种会议、交流、分享、讨论随时随地基本上在巴掌大的手机屏幕上就可以搞定。而这种办公方式的普及必将会改变人们的工作习惯。

总结起来，订阅号用于别人主动来找信息，服务号是积极推送信息，企业号关乎品牌信任问题。因此：

（1）如果想简单地发送消息，达到宣传效果，建议选择订阅号。

（2）如果想进行商品销售，建议申请服务号。

（3）如果想用来管理内部企业员工、团队，对内使用，可申请企业号。

（4）订阅号可通过微信认证资质审核通过后有一个升级为服务号的入口，升级成功后类型不可再变。

（5）服务号不可变更为订阅号。

⑤微信开店。这里的微信开店（微信商城）并非微信“精选商品”频道升级后的腾讯自营平台，而是由商户申请获得微信支付权限并开设微信店铺的平台。

小提示

公众号申请微信支付权限需要具备两个条件：第一必须是服务号；第二需要申请微信认证，以获得微信高级接口权限。商户申请了微信支付后，才能进一步利用微信的开放资源搭建微信店铺。

7.3.7 病毒营销

1. 病毒营销的含义

病毒性营销并非以传播病毒的方式开展营销，而是利用用户的口碑宣传网络，让信息像病毒那样传播和扩散，像滚雪球一样传向数以百万计的网络用户，从而达到推广的目的。病毒性营销方法实质上是在为用户提供有价值的免费服务的同时，附加上一定的推广信息。病毒性营销是一种营销思想和策略，并没有固定的模式，适合大中小型企业和网站。如果应用得当，这种病毒性营销手段往往可以以极低的代价取得非常显著的效果。

知识链接

Hotmail.com——基于网络的免费电子邮件的病毒性营销

1996 年，沙比尔·巴提亚（Sabeer Bhatia）和杰克•史密斯（Jack Smith）率先创建了一个基于 Web 的免费邮件服务，即现在为微软公司所拥有的著名的 Hotmail.com。许多伟大的构思或产品并不一定能产生征服性的效果，有时在快速发展阶段就夭折了，而 Hotmail 之所以获得爆炸式的发展，就是受益于被称为“病毒性营销”的催化作用。

Hotmail 是世界上最大的电子邮件服务提供商，其用户数量是有史以来发展最快的，在创建之后的一年半时间里，就拥有 1200 万名注册用户，而且还在以每天超过 15 万名新用户的速度发展。在申请 Hotmail 邮箱时，用户被要求填写详细的人口统计信息，包括职业和收入等，这些用户信息具有不可估量的价值。

令人感到不可思议的是，在网站创建的 12 个月内，Hotmail 花在营销上的费用还不到 50 万美元，而 Hotmail 的直接竞争者 Juno 的广告和品牌推广费用是 2000 万美元。在提供用户注册资料时，有些用户会担心个人信息被泄密，因此比较谨慎，也就是说，免费邮件的推广也有一定的障碍，那么，Hotmail 是如何克服这些障碍的呢？答案就在于：病毒性营销。

当时，Hotmail 提出的病毒性营销方法颇具争议性，为了给自己的免费邮件做推广，Hotmail 在邮件的结尾处附上：“P.S. Get your free E-mail at Hotmail”，因为这种自动附加的信息也许会影响用户的个人邮件信息，后来 Hotmail 将“P.S.”去掉，将强行插入的具有广告含义的文字去掉，不过邮件接收者仍然可以看出发件人是 Hotmail 的用户，每个用户都成了 Hotmail 的推广者，于是这种信息迅速在网络用户中自然扩散。

这就是病毒性营销的经典范例。这种营销手段其实并不复杂，下面是它的基本程序：①提供免费的电子邮件地址和服务；②在每封免费发出的信息底部附加一个简单的标签：“Get your private，free E mail at http：//www.hotmail.com”；③人们利用免费电子邮件地址向朋友或同事发送信息；④接收邮件的人将看到邮件底部的信息；⑤这些人会加入使用免费电子邮件地址服务的行列；⑥Hotmail 提供免费电子邮件地址的信息将在更大的范围内扩散。

一个有效的病毒性营销战略有六项基本要素，一个病毒性营销战略不一定要包含所有要素，但是，包含的要素越多，营销效果可能越好。这六个基本要素分别如下。

（1）提供有价值的产品或服务。在市场营销人员的词汇中，“免费”一直是最有效的词语，大多数病毒性营销计划通过提供有价值的免费产品或服务来引起用户的注意。例如，免费的电子邮件服务、免费信息、免费“酷”按钮、具有强大功能的免费软件。

（2）提供无须努力地向他人传递信息的方式。病毒只在易于传染的情况下才会传播，因此，携带营销信息的媒体必须易于传递和复制，如电子邮件、网站、图表、软件下载等。病毒性营销之所以能在互联网上极好地发挥作用，是因为即时通信变得容易而且廉价，数字格式使得复制更加简单，从营销的观点来看，必须把营销信息简单化，使信息容易传输。

（3）信息传递范围很容易从小向大扩散。为了让信息快速扩散，传输方法必须从小到大迅速改变，Hotmail 模式的弱点在于免费电子邮件服务需要有自己的邮件服务器来传送信息，如果这种战略非常成功，就必须迅速增加邮件服务器，否则将抑制需求的快速增加。

（4）利用公共的积极性和行为。巧妙的病毒性营销计划会利用公众的积极性。通信需求的驱动产生了数以百万计的网站和数以十亿计的电子邮件信息。为了传输而建立在公众的积极性和行为基础之上的营销战略将会取得成功。

（5）利用现有的通信网络。网络中的人可能是朋友、家庭成员和同事，根据在社会中的位置不同，一个人宽阔的网络中可能包括几十、几百或数千人。例如，一个服务员在一星期内可能定时与数百位顾客联系。网络营销人员早已认识到这些人类网络的重要作用，无论是坚固的、亲密的网络关系还是松散的网络关系。互联网上的人同样也发展关系网络，他们收集电子邮件地址及喜欢的网站地址，会员程序开发这种网络作为建立允许的邮件列表。学会把自己的信息置于人们现有的通信网络之中，将会迅速地把信息扩散出去。

（6）利用他人的资源。最具创造性的病毒性营销计划利用他人的资源达到自己的目的。例如，会员制计划，即在他人的网站设立自己的文本或图片链接，提供免费文章的作者，试图确定他们的文章在他人网页上的位置，一则已发表的新闻可能被数以百计的期刊引用，成为数十万名读者阅读的文章的基础。别的印刷新闻或网页转发你的营销信息，耗用的是别人的而不是你自己的资源。

2. 病毒营销的特点。

病毒营销通过利用公众的积极性和人际网络，让营销信息像病毒一样传播和扩散，营销信息被快速复制传向数以万计、数以百万计的受众。它存在一些区别于其他营销方式的特点。

（1）有吸引力的病原体。之所以说病毒式营销是无成本的，主要是指它利用了目标消费者的参与热情，但渠道使用的推广成本是依然存在的，只不过目标消费者受商家的信息刺激，自愿参与到后续的传播过程中，原本应由商家承担的广告成本转嫁到了目标消费者身上，因此对商家而言，病毒式营销是无成本的。

（2）几何倍数的传播速度。大众媒体发布广告的营销方式是“一点对多点”的辐射状传播，实际上无法确定广告信息是否真正到达了目标受众。病毒式营销是自发的、扩张性的信息推广，它并非均衡地、同时地、无分别地传给社会上的每个人，而是通过类似于人际传播和群体传播的渠道，产品和品牌信息被消费者传递给那些与他们有着某种联系的个体。例如，目标受众看到一段有趣的动画，他的第一反应也许是将这段动画转发给好友、同事，无数个参与的“转发大军”就构成了成几何倍数传播的主力。

（3）高效率的接收。大众媒体投放广告有一些难以克服的缺陷，如信息干扰强烈、接收环境复杂、受众戒备抵触心理严重。以电视广告为例，同一时段的电视有各种各样的广告同时投放，其中不乏同类产品“撞车”现象，大大减少了受众的接收效率。而对于那些可爱的“病毒”，是受众从熟悉的人那里获得或主动搜索而来的，在接受过程中自然会有积极的心态，接收渠道也比较私人化，如手机短信、电子邮件、封闭论坛等(存在几个人同时阅读的情况，这样反而扩大了传播效果)。以上方面的优势，使得病毒式营销尽可能地克服了信息传播中的噪声影响，增强了传播的效果。

（4）更新速度快。网络产品有自己独特的生命周期，一般都是来得快去得也快，病毒式营销的传播过程通常呈 S 形曲线，即在一开始时传播得很慢，当受众扩大至饱和点的一半时速度加快，而接近饱和点时又慢下来。针对病毒式营销传播力的衰减，一定要在受众对信息产生免疫力之前，将传播力转化为购买力，方可达到最佳的销售效果。

3. 成功实施病毒性营销的 5 个步骤

（1）进行病毒性营销方案的整体规划。确认病毒性营销方案符合病毒性营销的基本思想，就是传播的信息和服务对用户是有价值的，并且这种信息易于被用户自行传播。

（2）病毒性营销需要独特的创意。最有效的病毒性营销往往是独创的。独创性的计划最有价值，跟风型的计划有些也可以获得一定的效果，但要做相应的创新才能更吸引人。同样一件事情，同样的表达方式，第一个人做是创意，第二个人做是跟风，第三个人做则可以说是无聊了，甚至会遭人反感。因此，病毒性营销要想吸引人，就要拥有创新性。在设计方案时，一个特别需要注意的问题是，如何将信息传播与营销目的结合起来？如果仅仅为用户带来了娱乐价值（如一些个人兴趣类的创意）或实用功能、优惠服务，但没有达到营销的目的，这样的病毒性营销计划对企业的价值就不大了，反之，如果广告气息太重，可能会引起用户的反感而影响信息的传播。

（3）信息源和信息传播渠道的设计。虽然说病毒性营销信息是用户自行传播的，但是这些信息源和信息传递渠道需要进行精心的设计。例如，要发布一段节日祝福的动画，首先要对这段动画进行精心策划和设计，使其看起来更加吸引人，并且让人们更愿意自愿传播。仅仅做到这一步还不够，还要考虑这种信息的传递渠道：是在某个网站上下载（相应地在信息传播方式上主要是让更多的用户传递网址信息），还是用户之间直接传递文件（通过电子邮件、IM 等）。或者是这两种形式的结合。这就需要对信息源进行相应的配置。

（4）原始信息的发布和推广。最终的大范围信息传播是从比较小的范围开始的，如果希望病毒性营销方法可以很快传播，那么对原始信息的发布需要经过认真筹划，原始信息应该发布在用户容易发现并且乐于传递的地方（如活跃的网络社区）。如果必要，还可以在较大的范围内主动传播这些信息，等到自愿参与传播的用户数量达到一定规模后，才让其自然传播。

（5）病毒性营销的效果需要跟踪管理。当病毒性营销方案设计完成并开始实施后（包括信息传递的形式、信息源、信息渠道、原始信息发布），对于病毒性营销的最终效果实际上是无法控制的，但并不是说就不需要进行这种营销效果的跟踪和管理。实际上，对病毒性营销效果的分析是非常重要的，企业据此不仅可以及时掌握营销信息传播所带来的反应（如对网站访问量的增长），也可以从中发现这项病毒性营销计划可能存在的问题，以及可能的改进思路，积累这些经验，为下一次病毒性营销计划提供参考。

7.3.8 其他网络营销形式

1. 电子书营销

电子书（Electronic Book，E-Book）是一种作为传统印刷品替代技术的数字化出版方式，电子书的内容需要借助一定的设备才能阅读，如专用的电子书阅读器、个人电脑、PDA 等。作为一种信息载体，电子书在网络营销中已经有许多成功应用，因而成为一种常用的网络营销工具，主要用于网站推广、产品推广、顾客服务等。

电子书营销推广的优势如下。

（1）电子书信息持久性长。传统的书籍是纸质的，经常阅读会导致损耗。而电子书只要有电脑就可以不限次数地阅读，存留时间长，还能不限传播。电子书也不像网页，不会存在网速的问题，只要下载到本地就可以随时随地浏览内容。

（2）方便用户使用。相对于网页来说，电子书可以离线阅读或下载到本地阅读，使用户在最需要的时候，以直接、简单、方便的方式找到自己想要的信息。

电子书的目的就是让用户使用方便，所以制作电子书时一定要注意以下几点。

①尽量用最简洁的语句。

②描述最重要的信息。

③一目了然，让用户很快找到自己关注的核心内容。

（3）广告信息容易植入。电子书的格式有很多，当人们用百度文库网络推广的时候，需要用到的格式就有 PDF、txt、doc 等，针对不同的格式，植入不同的广告信息。例如，制作 Word 电子书，页眉、页脚处添加像“本电子书来源”推广信息，在文章最后加上文章来源。

电子书文章内容中的广告插入可以是图片、艺术文字或网址信息。这些信息夹在电子书中，不会像软文一样在传播中篡改，这也为电子书的推广带来了持久的效益。

（4）电子书目标准确。电子书主要的客户目标更精准，根据用户需求制作电子书，再也没有什么能通过用户来帮助我们做推广的信息更可信（如有关化妆品介绍的电子书，如果产品效果好，相信很多用户都会推荐给自己的闺蜜，一传十，十传百），能带来的效果可想而知。

2. 论坛营销

论坛营销就是利用论坛这种网络交流的平台，通过文字、图片、视频等方式发布企业的产品和服务信息，从而让目标客户更加深刻地了解企业的产品和服务，最终达到宣传企业的品牌、加深市场认知度的网络营销活动；同时帮助企业培育客户忠诚度，及时有效地进行双向信息沟通。

（1）论坛营销的特点。

①利用论坛的超高人气，可以有效地为企业提供营销传播服务。而由于论坛话题的开放性，几乎企业所有的营销诉求都可以通过论坛传播得到有效的实现。

②专业的论坛帖子策划、撰写、发放、监测、汇报流程，在论坛空间提供高效传播；具体包括各种置顶帖、普通帖、连环帖、论战帖、多图帖、视频帖等。

③论坛活动具有强大的聚众能力，利用论坛作为平台举办各类灌水、帖图、视频等活动，调动网友与品牌之间的互动。

④事件炒作通过炮制网民感兴趣的活动，将客户的品牌、产品、活动内容植入传播内容，并展开持续的传播效应，引发新闻事件，导致传播的连锁反应。

⑤运用搜索引擎内容编辑技术，不仅能使内容在论坛上有好的表现，在主流搜索引擎上也能够快速找到发布的帖子。

⑥适用于商业企业的论坛营销分析，对长期网络投资项目组合应用，精确地预估未来

企业投资回报率及资本价值。

⑦论坛营销成本低，见效快。论坛营销操作成本比较低，主要要求操作者对话题的把握能力与创意能力，而不是资金的投入量。但是这是最简单的、粗糙的论坛营销，要真正做好论坛营销，有诸多细节需要注意，随之对成本的要求也会适当提升。

⑧传播广，可信度高。论坛营销一般是企业以自己的身份或伪身份发布信息，其发布的信息要比单纯的网络广告更加可信。为了迎合网络的需求，不同类型的站点都架构了论坛系统，操作者发布论坛的广度也很明显。

⑨互动、交流信息精准度高。企业做营销的时候一般都会提出关于论坛营销的需求，其中会有特别的主题和板块内容的要求，操作者多从相关性的角度思考问题，所操作的内容就更有针对性，用户在搜索自己所需要内容的时候，精准度就更高。

⑩针对性强。论坛营销的针对性非常强，企业可以针对自己的产品在相应的论坛中发帖，也可以为了引起更大的反响而无差别地在各大门户网站的论坛中广泛发帖。论坛营销还可以通过这个平台与网友进行互动，引发更大的回响。

（2）论坛推广的一般方法。

①寻找目标市场高度集中的行业论坛。网民在进行论坛营销时，首先要对自身所在的行业进行一个透彻的分析，根据分析得出的结果寻找所在行业的一些著名论坛和主题论坛。在主题集中地论坛上进行论坛营销，往往会起到事半功倍的效果。最关键的是用户群要精准，与行业相关的论坛，其外链的质量会相对更高一些。例如，你是卖衣服的，你把营销贴发到军事论坛，就没有人看，阿里巴巴商人社区会更适合你。

②参与论坛，树立权威。在论坛营销的前期，为了打响企业知名度，树立权威，营销人员要有自主性，积极地在论坛上参与讨论，发表意见和看法。同时也要时刻留意其他会员的动态，应主动帮助其他会员解决问题和困难，久而久之，就会在各位会员的心目中建立起一个权威的形象，在这时候推广产品和服务，可信度一定会大大提高。

③不要发广告。不要在论坛上发广告，尤其是目的性很强的广告。据了解，基本上所有的网民都会排斥论坛上的广告，而且会对发广告的人产生抵触心理。为了避免被会员排斥甚至封账号，切勿在论坛上发广告。

④在论坛签名中促销。论坛签名是一个比较好的促销平台，打造一个个性的签名，在论坛签名中插入产品和服务的介绍，并且在论坛中留下签名链接，加大宣传力度，这样可以让有意者看到你的产品和服务。

⑤免费推广位。有些论坛的主题会有一个免费的广告位，可以利用这个广告位刊登产品、服务信息，充分达到推广营销的效果。

知识链接

安琪酵母粉的论坛推广策略

安琪酵母股份有限公司是国内最大的酵母生产企业。酵母，在人们的日常认知中是蒸馒头和做面包的必需品，很少直接食用。而安琪酵母公司却开发出了酵母的很多保健功能，并生产出了可以直接食用的酵母粉。

要推广酵母粉这种人们完全陌生的食品，安琪公司首选论坛进行推广。于是，公司开始在新浪、搜狐、TOM 等有影响力的社区论坛里制造话题。之所以这样做，是因为在论坛里，单纯的广告帖永远是版主的“眼中钉”，也会招来网友的反感，制造话题比较让人能够接受。

2008 年 6 月，当时有很多关于婆媳关系的影视剧在热播，人们对婆媳关系的关注度也很高。因此，安琪公司策划了“一个馒头引发的婆媳大战”事件。

事件以第一人称讲述了南方的媳妇和北方的婆婆关于馒头发生争执的故事。

帖子贴出来后，引发了不少的讨论，其中就涉及了酵母的应用。这时，由专业人士把话题的方向引到酵母的其他功能上，让人们知道了酵母不仅能蒸馒头，还可以直接食用，并有很多的保健美容功能，如减肥。由于当时正值 6 月，正是减肥旺季，而减肥又是女人永远的关注点。于是，论坛上的讨论，让关注婆媳关系的主妇们记住了酵母的一个重要功效——减肥。为了让帖子引起更多的关注，公司选择权威性网站，利用它们的公信力把帖子推到好的位置。

当时，安琪公司选了新浪女性频道中关注度比较高的美容频道，把相关的帖子细化到减肥沙龙板块等。果然，有了好的论坛和好的位置，马上引发了更多普通网民的关注。

除了论坛营销，安琪酵母又在新浪、新华网等主要网站发新闻，而这些新闻又被网民转到论坛里作为谈资。这样，产品的可信度就大大提高了。

在接下来的两个月里，安琪酵母公司的电话咨询量陡增。消费者在百度上输入“安琪酵母”这个关键词，页面上出现的相关搜索结果中就会显示出“安琪即食酵母粉”、“安琪酵母粉”等十项内容，安琪酵母获得了较高的品牌知名度和关注度。

3. 网络会员制营销

网络会员制营销是指通过电脑程序和利益关系将无数个网站连接起来，将商家的分销渠道扩展到世界的各个角落，同时为会员网站提供一个简易的赚钱途径，最终达到商家和会员网站的利益共赢。一个网络会员制营销应该包含一个提供这种营销的商业网站和若干个会员网站，商业网站通过各种协议和电脑程序与各会员网站联系起来。

网络会员制营销现在是电子商务网站推广的主要手段之一，它的出现不是偶然，而是与传统的线下营销息息相关。企业把传统渠道中的会员制营销理论移植到网络渠道，从而产生了网络会员制营销。在传统的营销渠道，企业为了扩大经营规模、稳定销售渠道、团结分销成员和服务分销成员，通常会采用会员制营销。会员制营销模式是指采用系统的管理和长远的渠道规划，利用企业的产品、品牌、视觉标识、管理模式及利益机制来维系分销渠道，并组建相对固定的会员组织，实现利益共享、模式共享、信息沟通和经验交流的作用，它是深层的关系营销。

（1）网络会员制营销的价。网络会员制营销的价值可以从两个方面来分析。

①公司方面。从开展会员制计划的公司来看，会员制营销已经被证明是网上营销战略的成功模式，从理论到实践都已经比较完善，因此许多公司都已经将会员制纳入营销计划之中。会员制营销对品牌推广的价值也是显而易见的，拥有大量的会员，实际上相当于把网络广告投放到所有会员网站上，也是一种节约在线广告支出的重要途径。

②加盟会员方面。对加盟的会员网站来说，也许它们自身不具备直接开展电子商务的

条件，通过参与会员制计划，可以依附一个或多个大型网站，方便地开展网上销售，虽然获得的不是全部销售利润，而只是一定比例的佣金，但相对于自行建设一个电子商务网站的巨大投入和复杂的管理，参与会员制计划无须面临很大的风险，这样的收入也是客观合理的。

（2）网络会员制营销的基本功能如下。

①按效果付费，节约广告主的广告费。广告主的广告投放在加盟会员网站上与投放在门户网站不同，一般不是按照广告显示量支付广告费用，而是根据用户浏览广告后所产生的实际效果付费，如点击、注册、直接购买等，这样不会为无效的广告浏览支付费用，因此网络广告费用更为低廉。

②投放和管理的极大便利。网络联盟为广告主向众多网站同时投放广告提供了便利。

③范围广，定位准。扩展了网络广告的投放范围，同时提高了网络广告投放的定位精度。相对于传统的大众媒体，定位精准一直是网络广告理论上的优势。

④大大扩展了商家的网上销售渠道。网络会员制最初就是因网上销售渠道的扩展取得成功而受到肯定的，其应用向多个领域延伸并且都获得了不同程度的成功。

⑤创造了流量转化为收益的机会。对加盟的会员网站来说，通过加盟网站会员制计划获得网络广告收入或销售佣金，将网站访问量转化为直接收益。

⑥丰富了加盟会员网站的内容和功能。有时网站添加一些广告内容的点缀能发挥意想不到的作用，不仅让网页内容看起来更丰富，也为用户获取更多信息提供了便利。

知识链接

eBay 的网络会员制营销应用

几乎所有的大型电子商务网站都采取了网络会员制营销模式（合作营销），亚马逊早在1996 年 7 月就成功开始了网络会员制营销（会员制营销的起源和基本原理），eBay 的网络联盟开始于 2000 年 4 月，当时是与 ClickTrade 网站合作开展的（会员制营销与第三方解决方案），后来又与第三方网络会员制营销方案提供商 Commission Junction 进行合作。现在 eBay 是美国五大广告主之一，该公司也非常重视发展自己的网络会员制联盟体系，通过联盟会员网站为自己带来大量访问量和销售。

eBay 的网络联盟高级经理在接受美国市场调研公司 Marketing Sherpa 的独家专访时，对 eBay 成功实施网络会员制的经验进行了一些总结。eBay 的网络会员制营销的成功经验要点包括：招募和管理最佳网络联盟经理；制定合理的广告投放规范；基于最佳转化类型改进佣金制度；针对全球各地的不同情况制定相应的市场拓展。

1. 招募和管理最佳网络联盟经理

eBay 拥有 5 个全职的管理网络联盟经理，负责美国 eBay 的网络会员制联盟，他们各自的职责如下。

（1）与全美最大的 100 家联盟网站发展个人关系，如 Earthlink 等。在包括工作以外的时间进行私人接触，尤其在贸易展会等重要场合。

（2）对部分细分行业的联盟会员网站进行不断的改进和跟踪，以获得改进会员制体系的新思路，将会员联盟制度提升到一个新的水平。

（3）与技术开发团队一起工作，保证系统正常运作，完成系统升级，解决技术漏洞，并研究开发会员制系统的新工具、新应用。

（4）面向所有联盟会员每月发送一次会员通信邮件。

（5）鼓励新老会员发掘那些被 eBay 忽略的细分商品类目。

为此，如果 eBay 发现哪些特殊细分领域有很成功的联盟网站，他们会积极跟进。

2. 广告投放的限制与规范

eBay 对联盟会员如何促销没有任何限制，不过 eBay 对使用 eBay 商标进行搜索引擎营销制定了一些规范。eBay 还积极推行反垃圾邮件法案。eBay 会员制之所以赢得了广大联盟会员的支持，在于它高质量的广告源输出系统。调查显示，17.78%提供网络联盟的网站不会经常更新它们的广告输出源。 但 eBay 是少数几个经常更新广告数据源并且广告源很容易整合到联盟网站的商家之一。该公司采取的措施包括以下几个。

（1）开放系统的 API。eBay 意识到人们可能首先通过搜索引擎作为购物入口而不是直接进入 eBay 平台进行购物，因此对开放数据持一种开放态度。联盟网站可以进入 API，因此几户所有的 eBay 信息，包括价格，都能及时发布在联盟网站上。

（2）提供 API 编辑工具包，会员可以将它嵌入到自己的网站，以目录的形式体现，会员可以定制自己网站的商品目录。

（3）AdContext 产品可以根据会员网站上的不同内容展示相应的 eBay 广告。

3. 改进佣金制度

eBay 团队开发了一套等级佣金制度。一般会员制等级佣金基于总收入提成，而 eBay 是基于最佳转化类型进行提成，这就鼓励联盟网站针对最佳转化类型来优化它们提供的商品和内容，以吸引更多高质量转化类型用户。这种特殊的佣金等级层次包括以下几个。

（1）最新注册用户。

（2）某段时间内实施了购买或销售的最新注册用户。

（3）基于交易量的等级。

4. 全球拓展经验

eBay 在全球都拥有网站联盟会员。其全球化市场拓展措施包括以下几项。

（1）从不使用翻译软件来翻译广告或站点内容，而是寻找当地专业人士进行本地化翻译。

（2）在每个国家都鼓励当地的顶级会员网站将业务拓展到其他国家。例如，德国的联盟网站可能将业务拓展到美国，而很多美国的联盟站点都向全世界拓展。

（3）灵活的佣金政策。在一些新开发的市场上，eBay 为了发展更多注册用户，采取注册获取佣金的政策，而在一些更加成熟的市场上，eBay 采用交易后提取佣金的政策。

（4）管理的集中与放权。eBay 授权每个国家的本地化团队管理当地的会员联盟，eBay 总部每个月召开远程电话会议，半年进行一次小组见面会议。

4. 视频营销

视频营销是指企业将各种视频短片以各种形式放到互联网上，达到一定的宣传目的的营销手段。视频包含电视广告、网络视频、宣传片、微电影等。视频营销归根结底是营销活动，因此成功的视频营销不仅要有高水准的视频制作，更要发掘营销内容的亮点。

（1）视频营销的特点。

①精准。与其他营销方式的一个最大不同是，网络营销能够比较精确地找到潜在消费群体。作为网络营销最新的方式，网络视频营销更精准地发挥了这一特性。相对于其他推广方式，视频的流量是最精准的。

②快者为王。视频要做到最新、最快。"新"就是要体现当前的热点，在视频内容中必须有当前本行业相关的社会热点；"快"就是必须做到让最新的东西以最快的速度传到网上，让用户看到视频。

③视频的长期流量。视频具有长时间的营销作用，一段或一系列视频在网络上的传播存在一个周期，单个视频随着时间的流逝，其传播效果会像抛物线一样坠地。不过，当视频在视频网站上有一定量的时候，视频就会产生连锁反应。

④视频的病毒式营销。这里主要说的是视频的互动性，网友会把他们认为有价值的课程转载到自己的博客或其他论坛中。企业可以设定一系列的赠品策略刺激准顾客主动帮助宣传。例如，转载截图送独家资料；让视频广告进行主动性的"病毒式传播"，让视频大范围传播出去，而不是每天都机械式地上传视频。

（2）视频营销要注意的问题。

①内容为本，最大化视频传播卖点。视频营销的关键在于内容，视频的内容决定了其传播的广度。好的视频自己会"长脚"，能够不依赖传统媒介渠道，通过自身的魅力俘获无数网友作为传播的中转站。网民看到一些或经典、或有趣、或惊奇的视频总是愿意主动去传播，自发地帮助推广企业的品牌信息，从而使视频带着企业的信息在互联网上以病毒扩散的方式蔓延。因此，如何找到合适的品牌诉求并和视频结合，是企业需要重点思考的问题。

②发布力争上频道首页。各视频类网站，如优酷、土豆等都分了多个频道，企业视频可以根据自己的内容选择频道发布，力争上频道首页，如果能上大首页则更好，这样能让更多网民看到。在推广的时候也要注意标签和关键词的运用，这样利于网民搜索。

③增强视频互动性，提升参与度。网民的创造力是无穷的，与其等待网民被动接收视频信息，不如让网民主动参与到传播的过程中。在社会化媒体时代，网友不仅希望能够自创视频内容，同时也喜欢上传视频并与他人分享。有效整合其他社交媒体平台，提高视频营销的互动性，可以进一步增强营销效果。例如，视频发布之后，留意网友的评论并互动等。

知识链接

旱冰宝宝

依云（Evian）矿泉水公司曾经制作了一段视频：

一群婴儿奇迹般地做出了一些大人都无法完成的高难度动作,在纽约中央公园玩起了嘻哈（HipHop）,既新奇又可爱，该视频在 YouTube 上引起了病毒式传播，病毒"杀伤率"遍布世界各地视频网站，最终创造了亿万级别的点击量神话，并入选吉尼斯世界纪录。

7.4 网上市场调查

企业要想通过互联网创造价值，就必须先了解顾客。企业需要了解顾客是谁，顾客的需求是什么，什么时候需要及为什么需要等。而企业对网络顾客的了解都是建立在网络市场调查和分析的基础之上的。

网上调查的适用范围很广，这一点会随着国际互联网应用的普及逐渐显示出来。除了网上市场调查以外，还可以利用Internet进行其他一些网上调查的应用。对政府机构和社会团体来说，可以开展非营利性的调查研究项目。政府机构和社会团体开展的网上调查工作，包括统计调查、市场调查、民意调查和研究项目调查等。Internet作为一种特殊的媒体和信息沟通渠道，非常适合进行各种网上调查活动。网上市场调查作为需求量最大的调查业务，可以充分发挥Internet的便捷、经济特性，更好、更快地为企业的市场调查提供全面支持。

7.4.1 网上市场调查的含义与特点

1. 网上市场调查的含义

网上市场调查是指在互联网上针对特定的营销环境进行简单的调查设计、收集资料和初步分析的活动。

网上调查是21世纪应用领域最广泛的主流调查方法之一，既适合于个案调查，也适合于统计调查。对从事专业调查的调查组织来说，可以开展营利性的网上调查业务。营利性的调查组织的网上调查服务，可以由面向全体用户免费开放的公众调查信息浏览服务、面向收费会员客户的调查信息数据库查询服务和面向特需客户的收费委托调查业务服务三个应用服务层次构成。

2. 网上市场调查的特点

网上市场调查的实施可以充分利用Internet作为信息沟通渠道的开放性、自由性、平等性、广泛性和直接性的特性，这使得网上市场调查具有一些传统市场调查手段和方法所不具备的独特特点。

（1）网上调研信息的及时性和共享性。由于网络的传输速度非常快，因此网络信息能够快速地传送到连接上网的任何网络用户，而且网上投票信息经过统计分析软件的初步处理后，可以看到阶段性结果，而传统的市场调研得出结论需经过很长一段时间。同时，网上调研是开放的，任何网民都可以参加投票和查看结果，这又保证了网络调研的共享性。

（2）网上调研方式的便捷性和经济性。在网络上进行市场调研，无论调查者还是被调查者，只需拥有一台能上网的计算机就可以进行网络沟通交流。调研者在企业站点上发出电子调查问卷，提供相关的信息，或者及时修改、充实相关信息，被调研者只需在电脑前按照自己的意愿轻点鼠标或填写问卷，之后调研者利用计算机对访问者反馈的信息进行整理和分析即可，这种调研方式十分便捷。

同时，网上调研非常经济，它可以节约传统调查中大量的人力、物力、财力和时间的耗费，省却了印刷调研问卷、派访问员进行访问、电话访问、留置问卷等工作；调研也不会受到天气、交通、工作时间等的影响；调查过程中最繁重、最关键的信息收集和录入工作也将分布到众多网上用户的终端上完成；信息检验和信息处理工作均由计算机自动完成。

（3）网上调研过程的交互性和充分性。网络的最大优势是交互性。这种交互性也充分体现在网络市场调研中。网上市场调研某种程度上具有人员面访的优点，在网上调查时，被访问者可以及时就问卷相关的问题提出自己的看法和建议，可减少因问卷设计不合理而导致的调查结论出现偏差等问题。在传统调研方式下，消费者一般只能针对现有产品提出建议甚至不满，而对尚处于概念阶段的产品则难以涉足，而在网络调研中，消费者则有机会对从产品设计到定价和服务等一系列问题发表意见。这种双向互动的信息沟通方式提高了消费者的参与性和积极性，更重要的是能使企业的营销决策有的放矢，从根本上提高消费者满意度。同时，网络调研又具有留置问卷或邮寄问卷的优点，被访问者有充分的时间进行思考，可以自由地在网上发表自己的看法。把这些优点集合于一身，便形成了网络调研的交互性和充分性特点。

（4）网上调研结果的可靠性和客观性。相比传统的市场调研，网上调研的结果比较可靠和客观。首先，企业站点的访问者一般都对企业产品有一定的兴趣，被调查者是在完全自愿的原则下参与调查的，调查的针对性强。而传统的市场调研中的拦截询问法，实质上带有一定的"强制性"。其次，被调查者主动填写调研问卷，证明填写者一般对调查内容有一定的兴趣，回答问题就会相对认真，所以问卷填写内容的可靠性高。此外，网络市场调研可以避免传统市场调研中人为因素的干扰所导致的调查结论的偏差，因为被访问者是在完全独立思考的环境中接受调查的，从而最大限度地保证调研结果的客观性。

（5）网上调研无时间和区域的限制。传统的市场调研往往会受到时间与区域的限制，而网络市场调研可以 24 小时进行，同时也不会受到区域的限制。

（6）网上调研信息的可检验性和可控制性。利用 Internet 进行网上调研收集信息，可以有效地对采集信息的质量实施系统的检验和控制。首先，网上市场调查问卷可以附加全面规范的指标解释，有利于消除被访者因对指标理解不清或调查员解释口径不一而造成的调查偏差。其次，问卷的复核检验由计算机依据事先设定的检验条件和控制措施自动实施，可以有效地保证对调查问卷 100%的复核检验，保证检验与控制的客观公正。最后，通过对被调查者的身份验证技术可以有效地防止信息采集过程中的舞弊行为。

7.4.2　网上市场调查的方法

市场调查有两种方式，一种是直接收集一手资料，如问卷调查、专家访谈、电话调查等；另一种是间接收集二手资料，如报纸、杂志、电台、调查报告等现成资料。因此，利用互联网进行市场调查，相应地也有两种方式，一种是利用互联网直接进行问卷调查等方式收集一手资料，这种方式称为网上直接调查；另一种是利用互联网的媒体功能，从互联网上收集二手资料，这种方式称为网上间接调查。由于越来越多的传统报纸、杂志、电台等媒体，还有政府机构、企业等也纷纷上网，因此网络成为信息的海洋，信息蕴藏量极其丰富，关键是如何发现和挖掘有价值的信息。

1. 网上直接调查

（1）网上直接调查的分类。根据采用的调查方法不同，网上直接调查可以分为网上问卷调查法、网上实验法和网上观察法，常用的是网上问卷调查法。根据调查者组织调查样本的行为，网上调查可以分为主动调查法和被动调查法。主动调查法，即调查者主动组织调查样本，完成统计调查的方法。被动调查法，即调查者被动地等待调查样本造访，完成统计调查的方法。被动调查法的出现是统计调查的一种新情况。根据网上调查采用的技术，可以分为站点法、电子邮件法、随机 IP 法和视讯会议法等。下面详细介绍其中几种网上直接调查采用的技术方法。

①站点法。该方法是将调查问卷的 HTML 文件附加在一个或几个网络网站的 Web 上，由浏览这些站点的网上用户在此 Web 上回答调查问题的方法。站点法属于被动调查法，这是目前网上调查的基本方法，也将成为近期网上调查的主要方法。

②电子邮件法。该方法是通过给被调查者发送电子邮件的形式将调查问卷发给一些特定的网上用户，由用户填写后以电子邮件的形式反馈给调查者的调查方法。电子邮件法属于主动调查法，与传统邮件法相似，优点是邮件传送的时效性大大提高。

③随机 IP 法。该方法是以产生一批随机 IP 地址作为抽样样本的调查方法。随机 IP 法属于主动调查法，其理论基础是随机抽样。利用该方法可以进行纯随机抽样，也可以依据一定的标志排队进行分层抽样和分段抽样。

④视讯会议法。该方法是基于 Web 的计算机辅助访问（Computer Assisted Web Interviewing，CAWI），将分散在不同地域的被调查者通过互联网视讯会议功能虚拟地组织起来，在主持人的引导下讨论调查问题的调查方法。

⑤网上问卷调查法。网上问卷调查法是将问卷发布到网上，被调查对象通过 Internet 完成问卷调查。网上问卷调查一般有两种途径。

一种是将问卷放置在 WWW 站点上，等待访问者访问时填写问卷，如 CNNIC 每半年进行一次的“中国互联网络发展状况调查”就是采用这种方式。这种方式的好处是填写者一般是自愿性的，缺点是无法核对问卷填写者的真实情况。为达到一定的问卷数量，站点还必须进行适当的宣传，以吸引大量访问者。

另一种是通过电子邮件方式将问卷发送给被调查者，被调查者完成后将结果通过电子邮件返回。这种方式的好处是，可以有选择地控制被调查者，缺点是容易遭到被访问者的反感，有侵犯个人隐私之嫌。因此，用该方法时首先应争取被访问者的同意，或者估计被访问者不会反感，并向被访问者提供一定的补偿，如有奖回答或赠送小件东西，以降低被访问者的敌意。

（2）网上直接调查的方式。

①利用自己的网站。网站本身就是宣传媒体，如果企业网站已经拥有固定的访问者，完全可以利用自己的网站开展网上调查。这种方式要求企业的网站必须有调查分析功能，对企业的技术要求比较高，但可以充分发挥网站的综合效益。

②借用别人的网站。如果企业自己的网站还没有建好，可以利用别人的网站进行调查。这里包括访问者众多的网络媒体提供商或直接查询需要的信息。这种方式比较简单，企业不需要建设网站和进行技术准备，但必须花一定的费用。

③混合型。如果企业网站已经建设好但还没有固定的访问者，可以在自己的网站上进行调查，但与其他一些著名的网络媒体提供商建立广告链接，以吸引访问者参与调查。这种方式是目前常用的调解方式，调查研究标明，传统的优势品牌并一定是网上的优势品牌，因此需要在网上重新发布广告，吸引顾客访问网站。

④电子邮件型。直接向潜在客户发送调查问卷，这种方式比较简单直接，而且费用非常低廉。但要求企业必须积累有效的客户电子邮件地址，而且顾客的反馈率一般不会非常高。采取该方式时要注意是否会引起被调查对象的反感，最好能提供一些奖品作为对被调查对象的补偿。

⑤讨论组型。在相应的讨论组中发布问卷信息，或者发布调查题目，这种方式与电子邮件型一样，成本费用比较低廉，而且是主动型的。但在指向 Web 网站上的问卷在新闻组和公告栏上发布信息时，要注意网上行为规范，调查的内容应与讨论组主题相关，否则可能会导致被调查对象的反感甚至抗议。

2. 网上间接调查

（1）网上间接信息的来源。间接信息的来源包括企业内部信息源和企业外部信息源两个方面。与市场有关的企业内部信息源，主要是企业自己收集整理的市场信息、企业产品在市场上销售的各种记录、档案材料和历史资料（如客户名称表、购货销货记录、推销员报告、客户和中间商的通信、信件等）。企业外部的市场信息源包括的范围极广，主要是国内外相关的公共机构。

①本国政府机构网站。政府有关部门、国际贸易研究机构及设在各国的办事机构，通常较全面地收集了世界或所在国的市场信息资料。本国的对外贸易公司、外贸咨询公司等也可以提供较为详细、系统、专门的国际市场信息资料。

②外国政府网站。世界各国政府都有相应的部门收集国际市场资料，很多发达国家专设贸易资料服务机构，向发展中国家的出口企业提供部分或全部的市场营销信息资料。此外，每个国家的统计机关都定期发布各种系统的统计数字，一些国家的海关甚至可以提供比公布的数字更为详尽的市场贸易和营销方面的资料。

③图书馆。公共图书馆和大学图书馆，至少可以提供市场背景资料的文件和研究报告。最有价值的信息，往往来自附属于对外贸易部门的图书馆，这种图书馆起码能提供各种贸易统计数字、有关市场的产品和价格情况，以及国际市场分销渠道和中间商的基本市场信息资料。

④国际组织。与国际市场信息有关的国际组织主要有以下几个。

- 联合国：出版有关国际的和国别的贸易、工业和其他经济方面的统计资料，以及与市场发展问题有关的资料。
- 国际贸易中心：提供特种产品的研究、各国市场介绍资料，还设有答复咨询的服务机构，专门提供由电子计算机处理的国际市场贸易方面全面、完整、系统的资料。
- 国际货币基金组织：出版有关各国和国际市场的外汇管理、贸易关系、贸易壁垒、各国对外贸易和财政经济发展情况等资料。

此外，一些国际和地方组织提供的信息资料，对了解特定地区或国际上的经济集团和经济贸易、市场发展、国际市场营销环境也是非常有用的。

⑤银行。许多国际银行都发行期刊，而且这些期刊通常可以免费得到。这些期刊上一般有全国性的经济调查、商品评论及上面提及的有关资料。这些资料有利于企业把握市场和各细分市场的营销环境。

⑥商情调研机构。这些机构除为委托人完成研究和咨询工作外，还定期发表市场报告和专题研究论文。

⑦相关企业。参与市场经营的各类企业是市场信息的重要来源之一。市场信息人员只要写信给这些企业的外联部门索取商品目录、产品资料、价目表、经销商、代理商、批发商和经纪人一览表、年度报告等，就可以得到有关竞争者的大量资料，了解竞争的全貌和竞争环境。

通过 Internet 访问相关企业或组织机构的网站，企业可以很容易获取市场中的许多信息和资料。因此，在网络信息时代，信息的获取不再是难事，困难的是如何在信息海洋中找出企业需要的、有用的信息。

（2）网上间接调查的方法。网上间接调查主要是利用互联网收集与企业营销相关的市场、竞争者、消费者及宏观环境等方面的信息。企业用得最多的还是网上间接调查方法，因为它的信息广泛，能满足企业管理决策需要，而网上直接调查一般只适合针对特定问题进行专项调查。

网上间接调查方法一般通过搜索引擎搜索、检索有关站点的网址，然后访问相关网站或网页。在提供信息服务和查询的网站中，网站一般都提供信息检索和查询功能。

①利用搜索引擎收集资料。国内中文搜索引擎分别可以按分类、网站和网页来搜索关键字。国内的搜索引擎一般都是采用分类层次目录结构，使用时可以先找大类再找小类，直到找到相关网站。为提高查找效率和准确度，可以通过搜索引擎提供的搜索功能直接输入关键字进行查找。需要注意的是，按分类只能粗略地查找，按网页可以比较精确地查找，但查找结果比较多。

②利用公告栏收集资料。公告栏就是在网上提供一个公开“场地”，任何人都可以在上面进行留言回答问题或发表意见和问题，也可以查看其他人的留言。公告栏的用途多种多样，一般可以作为留言板，也可以作为聊天（沙龙）、讨论的场所。 公告栏软件系统有两大类，一类是基于 Telnet 方式的文本方式，查看阅览不是很方便；另一类是基于 WWW 方式，使用方法如同浏览 WWW 网页，该系统的使用很广泛。

③利用新闻组收集资料。新闻组就是一个基于网络的计算机组合，这些计算机可以交换以一个或多个可识别的标签标识的文章（或称为消息），一般称作 Usenet 或 Newsgroup。由于新闻组使用方便，内容广泛，并且可以精确地对使用者进行分类（按兴趣爱好及类别），因此其中包含的各种不同类别的主题已经涵盖了人类社会所能涉及的所有内容，如科学技术、人文社会、地理历史、休闲娱乐等。使用新闻组的人主要是为了从中获得免费的信息，或者相互交换免费的信息。

④利用电子邮件收集资料。电子邮件是 Internet 使用最广的通信方式，它不但费用低廉，而且使用方便快捷，最受用户欢迎，许多用户上网主要是为了收发电子邮件信件。目前许多网络媒体提供商和传统媒体，以及一些企业都利用电子邮件发布信息。一些传统的媒体公司和企业，为保持与用户之间的沟通，也定期给公司用户发送电子邮件，发布公司的最新动态和有关产品、服务信息。因此，通过电子邮件收集信息是最快捷有效的渠道，收集资料时只需到有关网站进行注册，之后等着接收电子邮件就可以了。

7.4.3　网上市场调查的步骤

网上市场调研应遵循一定的程序，一般而言，应经过五个步骤。

1. 确定目标

虽然网上市场调研的每一步都很重要，但是调研问题的界定和调研目标的确定确实是最重要的一步。只有清楚地定义了网上市场调研的问题，确立了调研目标，才能正确地设计和实施调研。在确定调研目标的同时还要确定调研对象，网络调研对象主要包括：企业产品的消费者、企业的竞争者、上网公众、企业所在行业的管理者和行业研究机构。

Internet 作为企业与顾客有效沟通的渠道，企业可以充分利用该渠道直接与顾客进行沟通，了解企业的产品和服务是否满足顾客的需求，同时了解顾客对企业潜在的期望和改进的建议。在确定网上直接调查目标时，需要考虑的是调查对象是否上网，网民中是否存在被调查群体，规模有多大。只有网民中的有效调查对象足够多时，网上调查才可能得出有效的结论。

2. 制定调查计划

网上市场调研的第二个步骤是制定最有效的信息搜索计划。具体来说，要确定资料来源、调查方法、调查手段、抽样方案和联系方法。下面对相关问题进行说明。

（1）资料来源：确定收集的是二手资料还是一手资料（原始资料）。

（2）调查方法：网上市场调查可以使用专题讨论法、问卷调查法和实验法。

①专题讨论法以新闻组、邮件列表讨论组和网上论坛的形式进行。

②问卷调查法可以使用电子邮件分送（主动）和在网站上刊登（被动）等形式。

③实验法是选择多个可比的主体组，分别赋予不同的实验方案，控制外部变量，并检查所观察到的差异是否具有统计上的显著性。这种方法与传统的市场调查所采用的原理是一致的，只是手段和内容有差别。

（3）调查手段包括以下几种。

①在线问卷：其特点是制作简单、分发迅速、回收方便。但要注意问卷的设计水平。

②交互式电脑辅助电话访谈系统：是利用一种软件程序在电脑辅助电话访谈系统上设计问卷结构并在网上传输。Internet 服务器直接与数据库连接，对收集的被访者的答案直接进行储存。

③网络调研软件系统：是专门为网络调研设计的问卷链接及传输软件。它包括整体问卷设计、网络服务器、数据库和数据传输程序。

（4）抽样方案：要确定抽样单位、样本规模和抽样程序。

（5）联系方法：采取网上交流的形式。如电子邮件传输问卷、参加网上论坛等。

3. 收集信息

在确定调查方案后，市场调研人员即可通过电子邮箱向互联网上的个人主页、新闻组或邮箱清单发出相关查询，之后就进入收集信息阶段。与传统的调研方法相比，网络调研收集和录入信息更方便、快捷。

4. 信息整理和分析

收集得来的信息本身并没有太大意义，只有进行整理和分析后信息才变得有用。信息整理和分析这一步非常关键，需要使用一些数据分析技术，如交叉列表分析技术、概况技术、综合指标分析和动态分析等。

5. 撰写调研报告

这是整个调研活动的最后一个重要阶段。报告不能是数据和资料的简单堆积，调研人员不能把大量的数字和复杂的统计技术扔到管理人员面前。正确地做法是把与市场营销决策有关的主要调查结果写成报告，并遵循所有有关组织结构、格式和文笔流畅的写作原则。

撰写调查报告主要是在分析调查结果的基础上对调查的数据和结论进行系统的说明，并对有关结论进行探讨性的说明。

7.5 网络广告

网络的发展为企业的产品、服务、品牌提供了传统媒体远远不能达到的一个别具优势的宣传推介空间，为企业提供了一个更为宽广的提高知名度和影响力的平台，也为广告创造了一个具有无限商机的新增长点。另外，网络媒体的强劲发展势头使广告界人士意识到，广告业将进入新的发展阶段，单凭传统的广告服务模式已经不能完全适应新的传播媒体的需求，创造适合新媒体环境和新市场环境的全新广告服务模式成为必然，网络广告因此应运而生。

7.5.1 网络广告概述

与传统的四大传播媒体（报纸、杂志、电视、广播）广告及近来备受垂青的户外广告相比，网络广告具有得天独厚的优势，是实施现代营销媒体战略的重要部分。网络广告是主要的网络营销方法之一，在网络营销方法体系中具有举足轻重的地位，事实上多种网络营销方法也都可以被理解为网络广告的具体表现形式，并不仅仅限于放置在网页上的各种规格的网幅广告。电子邮件广告、搜索引擎关键词广告、搜索固定排名等都可以理解为网络广告的表现形式。

1. 网络广告的含义

网络广告就是在网络上做的广告，是通过网络广告投放平台来利用网站上的广告横幅、文本链接、多媒体等方法，在互联网上刊登或发布广告，通过网络传递到互联网用户的一种高科技广告运作方式。它是广告主为了推销自己的产品或服务在互联网上向目标群体进行有偿的信息传达，从而引起群体和广告主之间信息交流的活动。

简言之，网络广告是指利用国际互联网这种载体，通过图文或多媒体方式，发布营利性商业广告，是在网络上发布的有偿信息传播。无论以什么形式出现，网络广告所具有的本质特征都是相同的：网络广告的本质是向互联网用户传递营销信息的一种手段，是对用户注意力资源的合理利用。广告界认为互联网络将超越路牌，成为传统四大媒体（电视、广播、报纸、杂志）之后的第五大媒体。

2. 网络广告的优势

与传统的媒体广告相比，网络广告凭借互联网具有的不同于传统媒体的交互、多媒体和高效的独有特性，拥有得天独厚的先天优势。

（1）传播范围广。网络广告的传播不受时间和空间的限制，网络广告的对象是与 Internet 相连的所有计算机终端客户，通过 Internet，将产品、服务等信息 24 小时不间断地传播到世界各地。只要具备上网条件，任何人在任何地点都可以阅读。这是传统媒体无法达到的。

（2）交互性强。网络广告是一种交互式的与受众进行双向沟通的“活”广告。互动性是网络媒体的最大优势，它不同于传统媒体的信息单向传播，而是信息互动传播。通过链接，用户只需简单地点击鼠标，就可以从厂商的相关站点中得到更多、更详尽的信息。另外，用户可以通过广告位直接填写并提交在线表单信息，厂商可以随时得到宝贵的用户反馈信息，进一步减小用户和广告客户间的距离。

（3）内容丰富，种类繁多，信息面广。网络广告的宣传形式多样，表现手段丰富多彩。网络广告采用文字介绍、声音、影像、图像、颜色、音乐等于一体的丰富表现手段，综合了报纸、电视等媒体的各种优点，更加吸引受众。庞大的 Internet 广告能够容纳难以计量的内容和信息，其信息面之广、量之大，是报纸、电视无法比拟的。例如，报纸广告的信息量受到版面篇幅限制，电视广告的信息量受到频道播出时间和播出费用的限制等，但网络广告却不受限制。

（4）受众数量可准确统计，针对性强。利用传统媒体做广告，企业很难准确地知道有多少人接收了广告信息，而网络广告则不同，无论是广告在用户眼前曝光的次数，还是用户发生兴趣后进一步点击广告及这些用户查阅的时间分布和地域分布，都可以通过权威公正的访客流量统计系统进行精确的统计，从而有助于广告主正确评估广告效果，审定广告投放策略。

（5）可实时、灵活地调整广告内容，成本低。在传统媒体上做广告发布后很难更改，即使可改动，也必须付出一定的资金并浪费不少时间。而在 Internet 上投放的广告能按照需要及时变更广告内容，因而经营策略可以及时调整和实施。从价格方面考虑，网络广告的制作成本、展示成本和传播成本要远远低于传统的媒体广告。要获得同等的广告效应，网络广告的有效千人成本远远低于传统广告媒体。一个广告主页一年的费用大致为几十万元，而且主页内容可以随企业经营决策的变更随时改变，这是传统广告媒体不可想象的。

（6）具有强烈的感官体验。网络广告的载体基本上是多媒体、超文本格式文件，只要受众对某种产品感兴趣，仅需轻按鼠标就能进一步了解更多更详细、生动的信息，从而使消费者能亲身“体验”产品、服务与品牌。这种以图、文、声、像形式传送的多感官信息，能让顾客身临其境般地感受商品或服务，并能在网上预订、交易与结算，大大增强了网络广告的实效。

（7）自主性强。众所周知，报纸广告、杂志广告、电视广告、广播广告、户外广告等都具有强迫性，都是要千方百计地吸引消费者的视觉和听觉，将信息强行灌输到消费者的脑中。而网络广告则属于按需广告，具有报纸分类广告的性质，却不需要消费者彻底浏览，它可由消费者自由查询，将消费者要找的资讯集中呈现，这样就节省了消费者的时间，避免了无效和被动的注意力集中。

（8）效果的可测性。广告主能通过 Internet 即时衡量广告的效果。通过监视广告的浏览量、点击率等指标，广告主可以统计出多少人看到了广告，其中有多少人对广告感兴趣而进一步了解了广告的详细信息。广告主和广告商可以实时评估网络广告效果，调整广告策略，以及按效果付费。因此，较之其他任何广告，网络广告使广告主能够更好地跟踪广告受众的反应，及时了解用户和潜在用户的情况。

3. 网络广告的功能

（1）品牌推广。网络广告最主要的效果之一表现在对企业品牌价值的提升上，这也说明了为什么用户浏览而没有点击网络广告同样会在一定时期内产生效果，在所有的网络营销方法中，网络广告的品牌推广价值最为显著。同时，网络广告丰富的表现手段也为更好地展示产品信息和企业形象提供了必要条件。

（2）网站推广。网站推广是网络营销的主要职能，获得尽可能多的有效访问量也是网络营销取得成效的基础，网络广告对网站推广的作用非常明显，通常出现在网络广告中的“点击这里”按钮就是对网站推广最好的支持，网络广告（如网页上的各种横幅广告、文字广告等）通常会链接到相关的产品页面或网站首页，用户对网络广告的每次点击，都意味着为网站带来了访问量的增加。因此，常见的网络广告形式对于网站推广都具有明显的效果，尤其是关键词广告、横幅广告、电子邮件广告等。推广的方式有很多，一般有付费的推广（如百度付费等）和免付费的推广，也有一些功能特别强大的组合营销软件，可以实现多方位的网络营销，都只需要简单的操作即可让潜在用户通过网络找到企业，特别方便。

（3）销售促进。用户由于受到各种形式的网络广告吸引而获取产品信息，这已成为影响用户购买行为的因素之一，尤其当网络广告与企业网站、网上商店等网络营销手段相结合时，这种产品促销活动的效果更为显著。网络广告对于销售的促进作用不仅表现在直接的在线销售，也表现在通过互联网获取产品信息后对网下销售的促进。

（4）在线调研。网络广告对于在线调研的价值可以表现在多个方面，如对消费者行为的研究、对在线调查问卷的推广、对各种网络广告形式和广告效果的测试、用户对新产品的看法等。通过专业服务商的邮件列表开展在线调查，可以迅速获得特定用户群体的反馈信息，大大提高了市场调查的效率。

（5）顾客关系。网络广告所具有的对用户行为的跟踪分析功能为深入了解用户的需求和购买特点提供了必要的信息，这种信息不仅成为网上调研内容的组成部分，也为建立和改善顾客关系提供了必要条件。网络广告对顾客关系的改善也促进了顾客品牌忠诚度的提高。

（6）信息发布。网络广告是向用户传递信息的一种手段，因此可以理解为信息发布的一种方式，通过网络广告投放，企业不仅可以将信息发布在自己的网站上，也可以发布在用户数量更多、用户定位精度更高的网站上，或者直接通过电子邮件发送给目标用户，从而获得更多用户的注意，大大增强了网络营销的信息发布功能。

7.5.2 网络广告的类型

最初的网络广告就是网页本身。当越来越多的商业网站出现后，怎么让消费者知道自己的网站就成了一个问题，广告主急需一种可以吸引浏览者到自己网站上来的方法，网络媒体也需要依靠它来赢利。第一种网络广告形式就是横幅广告，它和传统的印刷广告有点类似。有限的空间限制了横幅广告的表现，它的点击率不断下降，目前平均的横幅广告点击率已经不到 1%。面对这种情况，网络广告界发展出了多种更能吸引浏览者的网络广告形式。常用的一些网络广告形式如下。

1. 网幅广告

网幅广告是以 gif、jpg 等格式建立的图像文件，定位在网页中，大多用来表现广告内容，一般位于网页的最上方或中部，用户注意程度比较高；同时还可使用 Java 等语言使其产生交互性，用 Shockwave 等插件工具增强其表现力。网幅广告是最早的网络广告形式。

网幅广告可分为三类：静态、动态和交互式。

（1）静态网幅广告。静态网幅广告就是在网页上显示一幅固定的图片，是早年网络广告常用的一种方式。它的优点就是制作简单，并且被所有的网站接受。它的缺点也显而易见，在众多采用新技术制作的网幅广告面前，它就显得有些呆板和枯燥。故静态网幅广告的点击率比动态的和交互式的网幅广告低。如图 7-9 所示为 IBM 的网幅广告。

图 7-9　IBM 的网幅广告

（2）动态网幅广告。动态网幅广告拥有会运动的元素，或移动或闪烁。它们通常采用 gif 的格式，原理是把一连串图像连贯起来形成动画。大多数动态网幅广告由 2～20 帧画面组成，通过不同的画面，可以传递给浏览者更多的信息，也可以通过动画的运用加深浏览者的印象，它们的点击率普遍要比静态网幅高。而且这种广告在制作上相对来说并不复杂，尺寸也比较小。正因为动态网幅广告拥有如此多的优点，所以它是目前最主要的网络广告形式。如图 7-10 所示为苏宁网站首页的网幅广告。

图 7-10　苏宁网站首页的网幅广告

图 7-10　苏宁网站首页的网幅广告（续）

（3）交互式网幅广告。交互式网幅广告的形式多种多样，如游戏、插播式、回答问题、下拉菜单、填写表格等，这类广告需要更加直接的交互，比单纯的点击包含更多的内容。交互式广告分为 Html 和 Rich Media 两种。

知识链接

Html 网幅广告

Html 网幅广告允许浏览者在广告中填入数据或通过下拉菜单和选择框进行选择。Html 网幅广告比动态网幅广告的点击率要高得多，它可以让浏览者选择要浏览的页面，提交问题，甚至玩游戏。这种广告的尺寸小、兼容性好，连接速率低的用户和使用低版本浏览器的用户也能看到。

如图 7-11 所示是阿里巴巴在 Yahoo！中国上投放的 Html 网幅广告，通过选择页面的不同目录，用户可以直接链接到阿里巴巴的相关页面。实际上，这个网幅已经成为一个小型的搜索引擎入口。

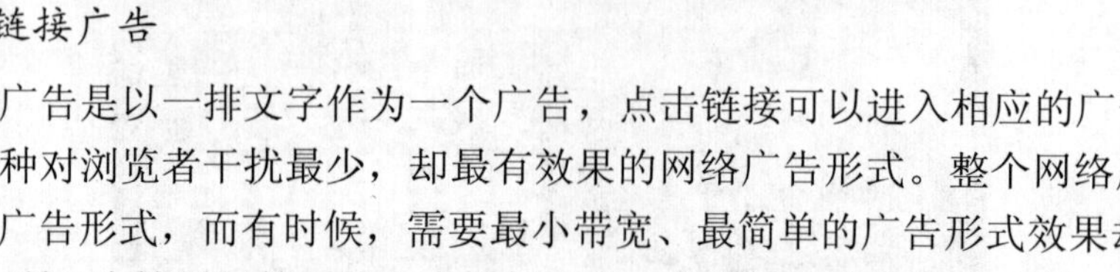

图 7-11　阿里巴巴的交互式网幅广告

2. 文本链接广告

文本链接广告是以一排文字作为一个广告，点击链接可以进入相应的广告页面。文本链接广告是一种对浏览者干扰最少，却最有效果的网络广告形式。整个网络广告行业都在寻找新的宽带广告形式，而有时候，需要最小带宽、最简单的广告形式效果却最好。

如图 7-12 所示为搜狐网首页的文本链接广告。文本链接广告位的安排非常灵活，可以出现在页面的任何位置，可以竖排也可以横排，每一行就是一个广告，点击每一行都可以进入相应的广告页面。

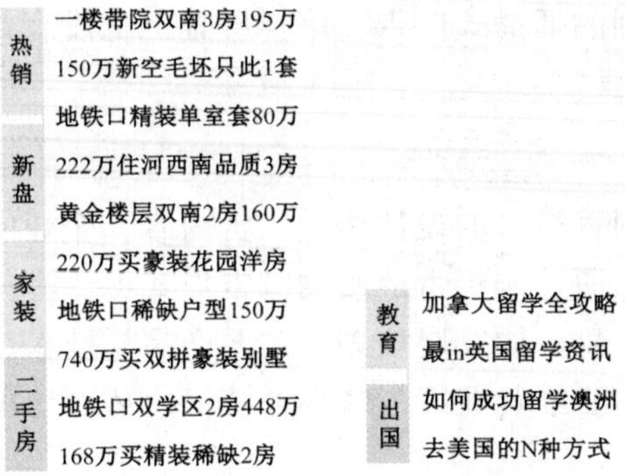

图 7-12　搜狐网首页的文本链接广告

3. 电子邮件广告

电子邮件是网民最经常使用的互特网工具之一。只有不到 30%的网民每天上网浏览信息，却有超过 70%的网民每天使用电子邮件，对企业管理人员来说尤其如此。

电子邮件广告具有针对性强（除非你肆意滥发）、费用低廉的特点，且广告内容不受限制。特别是针对性强的特点，使电子邮件广告可以针对具体某个人发送特定的广告，这一点为其他网上广告方式所不及。

电子邮件广告一般采用文本格式或 html 格式。通常采用的是文本格式，就是把一段广告性的文字放置在新闻邮件或经许可的电子邮件中间，也可以设置一个 URL，链接到广告主公司主页或提供产品或服务的特定页面。html 格式的电子邮件广告可以插入图片，和网页上的网幅广告没有什么区别，但是由于许多电子邮件的系统是不兼容的，html 格式的电子邮件广告并不是每个人都能完整看到的，因此把邮件广告做得越简单越好，文本格式的电子邮件广告兼容性最好。

4. 按钮广告

按钮广告即图标广告，这是网络广告最早的和常见的形式。通常是一个链接着公司的主页或站点的公司标志，希望网络浏览者主动点选。

按钮广告是从网幅演变过来的一种形式，是表现为图标的广告，通常广告主用其来宣传商标或品牌等特定标志。按钮广告与标题广告类似，但是面积比较小，广告一般位于页面两侧，而且有不同的大小与版面位置可以选择。按钮广告如图 7-13 所示。

图 7-13　按钮广告

5. 插播式广告

插播式广告又称为“弹出式广告”。访客在请求登录网页时强制插入一个广告页面或弹出广告窗口。它们有点类似电视广告，都是打断正常节目的播放，强迫观众观看。插播式广告有各种尺寸，有全屏的，也有小窗口的，而且互动的程度也不同，从静态的到全部动态的都有。浏览者可以通过关闭窗口不看广告（电视广告是无法做到的），但是它们的出现没有任何征兆。

广告主很喜欢这种广告形式，因为它们肯定会被浏览者看到。只要网络带宽足够，广告主完全可以使用全屏动画的插播式广告。这样屏幕上就没有什么能与广告主的信息“竞争”了。

6. 主页型广告

主页型广告通过整个网页广告的设计传达广告内容。企业的网页广告一般做在自己的主页上，在其他网站媒体上通过购买带链接的广告形式可让客户点击到达。主页型广告可以详细地介绍企业的相关信息，如发展规划、主要产品与技术、产品订单、售后服务、战略联盟、年度经营报告、主要经营业绩、联系办法等，从而让用户全面地了解企业及企业的产品和服务。

7. 富媒体

富媒体网幅一般指使用浏览器插件或其他脚本语言、Java 语言等编写的具有复杂的视觉效果和交互功能的网络广告。这些效果的使用是否有效，一方面取决于站点的服务器端设置，另一方面取决于访问者浏览器是否能查看。一般来说，富媒体能表现更多、更精彩的广告内容。

其他网络广告类型还有视频广告、路演广告、巨幅连播广告、翻页广告、祝贺广告、论坛版块广告等。

7.5.3 网络广告的收费模式

与媒体广告、报纸广告及户外广告等传统广告的收费相比，网络广告的费用相对比较低。根据不同的收费模式，网络广告的计费分为如下几种。

1. 按展示计费

（1）每千次印象费用（Cost per mille/Cost per Thousand Impressions，CPM）。CPM 即广告条每显示 1000 次（印象）的费用。CPM 是最常用的网络广告定价模式之一。网上广告收费最科学的办法是按照有多少人看到广告来收费。按访问人次收费已经成为网络广告的惯例。CPM 指的是广告投放过程中，听到或看到某广告的每个人平均分担多少广告成本，又称千人成本。传统媒介多采用这种计价方式。在网上做广告，CPM 取决于“印象”尺度，通常理解为一个人的眼睛在一段固定的时间内注视一个广告的次数。例如，一个广告横幅的单价是 1 元/CPM，意味着每 1000 人次看到这个网幅的话就收费 1 元，以此类推，10000 人次访问的主页广告费就是 10 元。

至于每 CPM 的收费究竟是多少，要以主页的热门程度（浏览人数）划分价格等级，采取固定费率。国际惯例是每 CPM 收费从 5 美元至 200 美元不等。

（2）经过定位的用户的千次印象费用（如根据人口统计信息定位）（Cost per Targeted Thousand Impressions，CPTM）。CPTM 与 CPM 的区别在于，CPM 是所有用户的印象数，而 CPTM 只是经过定位的用户的印象数。

2. 按行动计费

（1）每次点击成本（Cost per Click，CPC）。该方式以每点击一次计费。如关键词广告一般采用这种定价模式。这样的方法加上点击率限制，可以加强作弊的难度，是宣传网站站点的最优方式。但是，有不少经营广告的网站觉得此类方法不公平，比如，虽然浏览者没有点击，但是他已经看到了广告，对于这些看到广告却没有点击的流量来说就不能收费。

（2）每行动成本（Cost Per Action，CPA）。CPA 计价方式是指按广告投放实际效果，即按回应的有效问卷或订单来计费，而不限广告投放量。CPA 的计价方式对网站而言有一定的风险，但若广告投放成功，其收益也比 CPM 的计价方式要大得多。广告主为规避广告费用风险，只有当网络用户点击旗帜广告，链接广告主网页后，才按点击次数付给广告站点费用。

（3）每回应成本（Cost Per Response，CPR）。该方式以浏览者的每个回应计费。这种广告计费充分体现了网络广告“及时反应、直接互动、准确记录”的特点，但是，这显然属于辅助销售的广告模式，对于那些实际只要亮出名字就已经有一半满足的品牌广告要求，一般的网站都会拒绝，因为它们得到广告费的机会比 CPC 还要低很多。

（4）每引导费用（Pay Per Lead，PPL）。该方式是指每次通过网络广告产生的引导付费的定价模式。

根据每次通过网络广告产生的引导付费的定价模式。例如，广告客户为访问者点击广告完成了在线表单而向广告服务商付费。这种模式常用于网络会员制营销模式中为联盟网站制定的佣金模式。

（5）根据点击付费（Pay Per Click，PPC）。该方式是根据点击广告或电子邮件信息的用户数量来付费的一种网络广告定价模式。

3. 按销售计费

（1）CPP（Cost-Per-Purchase）每购买成本。广告主为规避广告费用风险，只有在网络用户点击旗帜广告并进行在线交易后，才按销售笔数付给广告站点费用。

无论是 CPA 还是 CPP，广告主都要求发生目标消费者的“点击”，甚至进一步形成购买，才予付费，CPM 则只要求发生“目击”，就产生广告付费。

（2）CPD（Cost Per Day）按天收费是广告合作的一种常见方式。相比当前比较流行的 CPS，CPD 的优势在于对合作的基础条件没有过高的要求，容易促成双方合作；劣势在于其在长期合作中，不如 CPS 形式实时有效。

（3）CPO（Cost Per Order），即根据每个订单/每次交易来收费的方式。

（4）CPS（Cost for Per Sale），以实际销售产品数量来换算广告刊登费用。即根据每个订单/每次交易来收费的方式。用户每成功达成一笔交易，网站可获得佣金。

（5）PPS（Pay Per Sale），根据网络广告所产生的直接销售数量而付费的一种定价模式。

4. 其他方式

还可以用其他一些方式收取广告费，如包月方式。一些网站空间提供商为旗帜存放收取每月固定的费用，而不管访问量；还有的以收集潜在客户名单的多少来收费。

7.5.4 网络广告的策划

网络广告策划是指根据广告主的网络营销计划和广告目的，在市场调查的基础上对广告活动进行整体的规划或战略策略，它是根据互联网的特征及网络人群的特征，从全局角度所开的一种运筹和规划。在有限的广告信息体上，对整个网络广告活动加以协调安排，在广告设计、广告投入、广告时间、广告空间安排等各个具体环节做到充分考虑并精益求精。广告商对广告进行自我检测，不断改进，胸有成竹地执行各个环节。

1. 网络广告策划的流程

（1）确定网络广告的目标。确定网络广告目标的目的是通过信息沟通使消费者产生对品牌的认识、情感、态度和行为的变化，从而实现企业的营销目标。公司在不同的发展时期有不同的广告目标，如在某一时期是做形象广告还是产品广告，对产品广告在产品不同发展阶段的广告的目标可分为提供信息、说服购买和提醒使用等。AIDA 法则是网络广告在确定广告目标过程中的规律。

①第一个字母 A 是“注意”（Attention），在网络广告中意味着消费者在电脑屏幕上通过对广告的阅读，逐渐对广告主的产品或品牌产生认识和了解。

②第二个字母 I 是“兴趣”（Interest）。网络广告受众注意到广告主传达的信息之后，对产品或品牌发生了兴趣，想进一步了解广告信息，他可以点击广告，进入广告主放置在网上的营销站点或网页中。

③第三个字母 D 是“欲望”（Desire）。感兴趣的浏览者对广告主通过商品或服务提供的利益产生“占为己有”的企图，他们必定会仔细阅读广告主的网页内容，这时就会在广告主的服务器上留下网页阅读的记录。

④第四个字母 A 是“行动”（Action）。最后，受众把浏览网页的动作转换为符合广告目标的行动，可能是在线注册、填写问卷参加抽奖或在线购买等。

（2）确定网络广告的目标群体。简单来说，就是确定网络广告希望让哪些人来看，确定他们属于哪个群体、哪个阶层、哪个区域。只有让合适的用户来参与广告信息活动，才能使广告有效地实现其目标。

（3）进行网络广告创意及策略选择。

①要有明确有力的标题。广告标题是一句吸引消费者的概括性、观念性和主导性的语言。

②简洁的广告信息。

③要能发展互动性。如在网络广告上增加游戏功能，提高访问者对广告的兴趣。

④合理安排网络广告发布的时间因素。网络广告的时间策划是其策略决策的重要方面。它包括对网络广告时限、频率、时序及发布时间的考虑。时限是广告从开始到结束的时间长度，即企业的广告打算持续多久，这是广告稳定性和新颖性的综合反映。频率即在一定时间内广告的播放次数，网络广告的频率主要用在电子邮件广告形式上。时序是指各种广告形式在投放顺序上的安排。发布时间是指广告发布是在产品投放市场之前还是之后。

⑤正确确定网络广告费用预算。公司首先要确定整体促销预算，再确定用于网络广告的预算。整体促销预算可以运用量力而行法、销售百分比法、竞争对等法或目标任务法来确定。用于网络广告的预算则可依据目标群体情况及企业所要达到的广告目标来确定，既要有足够的力度，也要以够用为度。

⑥设计好网络广告的测试方案。

2. 选择网络广告发布渠道及方式

网上发布广告的渠道和形式众多，各有优劣，企业应根据自身情况及网络广告的目标，选择网络广告发布渠道及方式。目前，可供选择的渠道和方式主要有以下几种。

（1）主页形式。建立自己的主页，对企业来说是一个必然的趋势。它不但可以树立企业形象，也是宣传产品的良好工具。在互联网上做广告的很多形式都只是提供了一种快速链接公司主页的途径，所以，建立公司的 Web 主页是最根本的。从今后的发展看，公司的主页地址也会像公司的地址、名称、电话一样，是独有的，是公司的标识，将成为公司的无形资产。

（2）网络内容服务商。如新浪、搜狐、网易等，它们提供了大量的互联网用户感兴趣并需要的免费信息服务，包括新闻、评论、生活、财经等内容，因此，这些网站的访问量非常大，是网上最吸引人的站点。目前，这些网站是网络广告发布的主要阵地，但在这些网站上发布广告的主要形式是旗帜广告。

（3）专类销售网。这是一种专业类产品直接在互联网上进行销售的方式。进入这样的网站，消费者只要在一张表中填上自己所需商品的类型、型号、制造商、价位等信息，然后按一下搜索键，就可以得到所需要商品的各种细节资料。

（4）企业名录。这是指由一些 Internet 服务商或政府机构将一部分企业信息融入它们的主页中。如香港商业发展委员会的主页中就包括汽车代理商、汽车配件商的名录，只要用户感兴趣，就可以通过链接进入选中企业的主页。

（5）免费的电子邮件服务。在互联网上有许多服务商提供免费的电子邮件服务，很多上网者都喜欢使用。利用这一优势，能够帮助企业将广告主动送至使用免费电子邮件服务的用户手中。

（6）黄页形式。在 Internet 上有一些专门用以查询检索服务的网站，如 Yahoo!、Infoseek、Excite 等。这些站点就如同电话黄页一样，按类别划分，便于用户进行站点的查询。采用这种方法的好处，一是针对性强，查询过程都以关键字区分；二是醒目，黄页处于页面的明显处，易于被查询者注意，是用户浏览的首选。

（7）网络报纸或网络杂志。随着互联网的发展，国内外一些著名的报纸和杂志纷纷在 Internet 上建立了自己的主页；更有一些新兴的报纸或杂志，放弃了传统的“纸”媒体，完完全全地成为一种“网络报纸”或“网络杂志”。其影响非常大，访问的人数不断上升。对注重广告宣传的企业来说，在这些网络报纸或杂志上做广告，也是一个较好的传播渠道。

（8）新闻组。新闻组是人人都可以订阅的一种互联网服务形式，阅读者可成为新闻组的一员。成员可以在新闻组上阅读大量的公告，也可以发表自己的公告，或者回复他人的公告。新闻组是一种很好的讨论和分享信息的方式。广告主可以选择与本企业产品相关的新闻组发布公告，这将是一种非常有效的网络广告传播渠道。

案例与思考

微博营销方兴未艾，微信营销一夜之间已是巅峰重转气象万千。微信公众平台上线后，允许媒体、品牌商及名人进行账户认证，并给认证用户更多的手段向粉丝们推送信息。

于是，众品牌纷纷抢滩登陆，微博上的代理公司也正式挂起了“微信营销”这块招牌，一时间，微信成了品牌除官方微博外的另一大互联网营销基地。

从微信的特点看，它重新定义了品牌与用户之间的交流方式。如果将微博看作品牌的广播台，微信则为品牌开通了“电话式”服务。当品牌成功得到关注后，便可以进行到达率几乎为100%的对话，它的维系能力远远超过了微博。此外，通过LBS、语音功能、实时对话等一系列多媒体功能，品牌可以为用户提供更加丰富的服务，制定更明确的营销策略。基于这种功能，微信已远远超越了其最初设计的语音通信属性，其平台化的商业价值显然更值得期待。

微信营销的前景究竟如何？品牌疯狂涌入的同时又有多少可以最终留在这个平台？我们观察并总结了时下最有效的六种营销模式。

1. 活动式微信：漂流瓶

（1）营销方式：微信官方可以对漂流瓶的参数进行更改，使得合作商家推广的活动在某一时间段内抛出的“漂流瓶”数量大增，普通用户“捞”到的频率也会增加。加上“漂流瓶”模式本身可以发送不同的文字内容甚至语音小游戏等，如果营销得当，也能产生不错的营销效果。

（2）案例：招商银行的“爱心漂流瓶”。活动期间，微信用户用“漂流瓶”功能捡到招商银行的“漂流瓶”，回复之后招商银行便会通过“小积分，微慈善”平台为为自闭症儿童提供帮助。根据观察，在招行展开活动期间，每捡十次漂流瓶便基本上会有一次捡到招行的爱心漂流瓶。不过，鉴于“漂流瓶”内容重复，如果可提供更加多样化的灵活信息，用户的参与度会更高。

2. 互动式推送微信

（1）营销方式：通过一对一的推送，品牌可以与“粉丝”开展个性化的互动活动，提供更加直接的互动体验。

（2）案例：星巴克《自然醒》。当用户添加“星巴克”为好友后，用微信表情表达心情，星巴克就会根据用户发送的心情，用《自然醒》专辑中的音乐回应用户。

3. 陪聊式对话微信

（1）营销方式：现在微信开放平台已经提供了基本的会话功能，让品牌用户之间做交互沟通，但由于陪聊式的对话更有针对性，所以品牌无疑需要大量的人力成本投入。

（2）案例：杜蕾斯。以杜蕾斯为例，杜蕾斯微信团队专门成立了8人陪聊组，与用户进行真实对话，延续了杜蕾斯微博上的风格，杜蕾斯在微信中依然以一种有趣的方式与用户“谈性说爱”。据杜蕾斯代理公司时趣互动透露，目前除了陪聊团队，公司还做了200多条信息回复，并开始进行用户语义分析的研究。

4. O2O模式：二维码

（1）营销方式：在微信中，用户只需用手机扫描商家的独有二维码，就能获得一张存储于微信中的电子会员卡，可享受商家提供的会员折扣和服务。企业可以设定自己品牌的二维码，用折扣和优惠来吸引用户关注，开拓O2O营销模式。

（2）案例：深圳海岸城“开启微信会员卡”。深圳大型商场海岸城推出“开启微信会员卡”活动，微信用户只要使用微信扫描海岸城专属二维码，即可免费获得海岸城手机会员卡，凭此享受海岸城内多家商户的优惠特权。

5. 社交分享：第三方应用

（1）营销方式：微信开放平台是微信 4.0 版本推出的新功能，应用开发者可通过微信开放口接入第三方应用；还可以将应用的标志放入微信附件栏中，让微信用户方便地在会话中调用第三方应用进行内容选择与分享。

（2）案例：美丽说+微信。用户可以将美丽说中的内容分享到微信中，由于微信用户彼此之间具有某种更加亲密的关系，所以当美丽说中的商品被某个用户分享给其他好友后，相当于完成了一个有效到达的口碑营销。

6. 地理位置推送——LBS

（1）营销方式：品牌点击“查看附近的人”后，可以根据自己的地理位置查找周围的微信用户，然后根据地理位置将相应的促销信息推送给附近用户，进行精准投放。

（2）案例：K5 便利店新店推广。K5 便利店新店开张时，利用微信“查看附近的人”和“向附近的人打招呼”两个功能，成功地进行了基于 LBS 的推送。

思考：

1. 微信中的六种营销模式分别有何特点？各适合哪类企业（产品）？
2. 微信营销相较于微博营销应如何定位？

实践题

1. 为某企业或某产品制定微营销方案。

（1）选择合适的微博平台 ，注册微博账号，发布与企业或产品相关的微博内容（文字与图片）；尝试使用多种方法发展微博粉丝。

（2）为该企业或产品注册个人微信和微信公众平台，完善相关信息，制定相应的营销策略。

2. 选择一个产品，在分析其产品属性的基础上，利用病毒式营销理论进行相关策划，通过多种网络营销推广工具进行病毒式营销推广，并及时对营销效果进行跟踪改进。

第 8 章　电子商务与现代物流

引导案例

菜 鸟 物 流

2013 年 5 月 28 日，阿里巴巴集团、银泰集团联合复星集团、富春集团、顺丰集团、三通一达（申通、圆通、中通、韵达），以及相关金融机构共同宣布，“中国智能物流骨干网”项目正式启动，合作各方共同组建的“菜鸟网络科技有限公司”正式成立。“菜鸟”小名字大志向，其目标是通过 5～8 年的努力打造一个开放的社会化物流大平台，在全国任意一个地区都可以做到 24 小时送达。

菜鸟网络专注打造的中国智能物流骨干网将通过自建、共建、合作、改造等多种模式，在全中国范围内形成一套开放的社会化仓储设施网络。同时利用先进的互联网技术，建立开放、透明、共享的数据应用平台，为电子商务企业、物流公司、仓储企业、第三方物流服务商、供应链服务商等各类企业提供优质服务，支持物流行业向高附加值领域发展和升级。最终促使建立社会化资源高效协同机制，提升中国社会化物流服务品质。

菜鸟网络其实做的不是快递服务，不会抢传统快递商的生意，菜鸟擅长的是互联网，因此会将技术基因更多地植入物流体系中。例如，某家企业有大型货物需要运送，那么就可以依据菜鸟网络提供的数据进行快递商的选择，从而达到最优效果。这是菜鸟网络立足的根本，也就是大家口中常说的第四方物流平台。

【本章学习目标】

1. 理解物流的相关概念，以及物流的分类、特点。
2. 掌握电子商务与物流的关系；电子商务下物流的模式。
3. 了解电子商务物流技术。
4. 了解电子商务环境下的供应链管理方法。

职业指导

电子商务物流是基于 Internet 技术，旨在创造性地推动物流行业发展的新商业模式。物流行业的职业资格主要是物流师，物流专业人才是我国目前紧缺的人才之一。物流师是一类具体从事供应、采购、运输、储存、产成品加工、包装和回收的安排，以及处理物流相关信息等物流行业工作的人员。物流师职业设有四个等级，分别为物流员（国家职业资格四级）、助理物流师（国家职业资格三级）、物流师（国家职业资格二级）、高级物流师（国家职业资格一级）。

8.1　物流概述

物流的概念是随着交易对象和环境的变化而产生和发展的，因此我们需要从历史的角度来考察。物流概念的形成经历了漫长的道路，从美国于 20 世纪初最先提出物流的概念至今，人们对物流的认识几乎经历了一个世纪。

电子商务的不断发展使物流行业重新崛起，美国的物流业所提供的服务内容已远远超过了仓储、分拨和运送等服务。物流公司提供的仓储、分拨设施、维修服务、电子跟踪和其他具有附加值的服务日益增加。物流服务商正在变为客户服务中心、加工和维修中心、信息处理中心和金融中心，根据顾客需要而增加新的服务是一个不断发展的观念。

8.1.1　物流的含义与物流活动的构成要素

1. 物流的含义

很多专家都认为"物流"这个词最早出现在美国。 20 世纪初，一些发达的资本主义国家出现生产过剩与需求相对不足的经济危机，市场竞争的加剧使人们开始关注分销工作，因此出现了物流的概念。1915 年美国的阿奇·萧在《市场分销中的若干问题》一书中，首次提出了"Physical Distribution"（PD）的概念，有人将它译成"实体分销"，也有人译成"物流"。第二次世界大战期间，美国军队围绕战争期间军需物资的供应建立了现代军事后勤（Logistics），指战略物资的生产、采购、运输、仓储、配送等全过程的管理，形成了一门"后勤管理"（Logistics Management）学科。战后，"后勤管理"理论在很多经济活动中被引用，现在欧美很多国家定义物流概念时更多地使用"Logistics"而不是"Physical Distribution"。

在充分吸收国内外物流研究成果的基础上，我国将物流定义为："物品从供应地向接收地的实体流动过程。根据实际需要，将运输、储存、装卸、搬运、包装、流通加工、配送、信息处理等基本功能实施有机结合。"

物流中的"物"是物质资料世界中同时具备物质实体特点和可以进行物理性位移的那部分物质资料；"流"是物理性运动，这种运动有其限定的含义，就是以地球为参照系，相对于地球而发生的物理性运动，称为"位移"。流的范围可以是地理性的大范围，也可以是在同一地域、同一环境中的微观运动，即小范围位移。"物"和"流"的组合，是一种建立在自然运动基础上的高级的运动形式，其互相联系是在经济目的和实物之间，在军事目的和实物之间，甚至在某种社会目的和实物之间，寻找运动的规律。因此，物流不仅是上述限定条件下的"物"和"流"的组合，更重要的，物流是限定于军事、经济、社会条件下的组合，是从军事、经济、社会角度来观察物的运输，达到某种军事、经济、社会的要求。

对于物流的定义，可做如下理解。

（1）物流的对象不仅是物品，还应该包括人、服务和信息。

（2）物流是一个过程和系统。过程是指人机交互作用于作业对象，达成作业目标的行为结合，物流过程可分为环节、作业和动作。物流过程又是一个系统，是由诸多环节和要素组成的系统，是由流动要素、资源要素和网络要素组成的实现物品物理性移动功能的系统。

（3）物流过程需要一体化管理。现代物流不是运输、储存、装卸、搬运、包装、流通加工、配送和信息等要素的简单集合，而是从供应方到客户的整个流通过程中所发生的商品运动及相关服务的一体化管理。

（4）物流的范围包括整个社会的再生产过程。现代物流的范围包括从原材料采购到最终消费者，甚至退换货的整个过程。

（5）物流是效率和效果的统一。效率是指以最低的物流成本满足顾客的要求，效果是以物流的速度和差异化等来反映物流服务的水平，针对顾客的不同要求提供不同的物流策略，达到效率与效果的统一是物流企业追求的结果。

2. 物流活动的构成要素

企业物流活动的构成要素有运输、储存、搬运、流通加工和信息，它们对物流的顺利进行起着十分重要的作用。

（1）运输。运输是用设备和工具，将物品从一地点向另一地点运送的物流活动。其中包括集货、分配、中转、装入、卸下、分散等一系列操作。

（2）储存。物品流通活动中的储存行为是为了调整生产和消费之间的时间差而进行的。例如，我们的主食大米，集中在秋天收获，而消费者每天都要食用，为了调整集中生产、平均消费的时间性，就要将其放在仓库里保存。因此，在生产和消费（或销售）之间，多多少少存在这样的一些时间差，在供需之间，时间方面的调整就是储存活动的主要功能。其他方面，如提高商品时间效用的功能，也是储存的功能。而提高商品的场所效用是运输的功能。也就是说，提高商品的场所效用和时间效用这两个功能，即运输和储存，是物流活动的支柱。

（3）包装。包装是为在流通过程中保护产品、方便储运、促进销售，按一定的技术标准而采用的容器、材料及辅助物等的总体名称；也指为了达到上述目的而采用容器、材料和辅助物的过程中施加一定技术方法等的操作活动。

包装与物流领域有直接的关系，这种包装称为工业包装，也称运输包装或外包装运输包装以满足运输储存要求为主要目的的包装。它具有保障产品的安全、方便储运装卸，加速交接、点验等作用。与商品零售有关的包装称为商品包装或零售包装、消费者包装。

（4）搬运。搬运是指在同一场所内，对物品进行以水平移动为主的物流作业。搬运是为产品的货物运输和保管的需要而进行的作业。

在仓库管理中，物料搬运是一项重要的活动。产品必须有人接收、分拣、组装，以满足顾客的订货需要。在物料搬运设备中投入的直接劳动和资金是物流总成本的一个主要组成部分。产品搬运的过程越少，产品损坏的可能性就越小，仓储的整体效率也会增加。现实中还利用各种各样的机械化和自动化设施来协助物料搬运。实际上每个仓库及其物料搬运能力都反映了整个物流过程中的一个微系统。

（5）流通加工。流通加工是指物品在从生产地到使用地的过程中，根据需要施加包装、分割、计量、分拣、刷标志、拴标签、组装等简单作业的总称。

流通与加工的概念本不属同一范畴。加工是改变物质的形状和性质，形成一定产品的活动；而流通则是改变物质的空间状态与时间状态。流通加工是为了弥补生产过程中加工不足，为了更有效地满足用户或本企业的需要，使产需双方更好地衔接，将这些加工活动放在物流过程中完成，使之成为物流活动的一个组成部分。流通加工是生产加工在流通领域中的延伸，也可以看成流通领域为了更好地服务，在职能方面的扩大。

（6）信息。信息是指能够反映事物内涵的知识、资料、信函、情报、数据、文件、图像、语言、声音等。信息是事物的内容、形状及其发展变化的反映。物流信息是指物流活动过程中所必需的各种信息。迅速和准确的信息交流能够改善物流，可以制定新的和独特的物流解决方案，使物流达到前所未有的作用。

8.1.2　物流系统的目标

一个有效的物流系统所追求的一般目标主要有以下几个。

1. 良好的服务

物流系统是流通系统的一部分，它联结生产与消费两个环节，因此要求物流系统应具有很强的服务性。这种服务处于从属地位，这就要求始终以用户为中心，并树立“用户第一”的观念。物流系统采取送货、配送等形式是其服务性的具体体现。在技术方面，“准时供货”、“柔性供货”等正是为了提供良好的服务。

2. 准时性

准时性不但是服务性的延伸，也是用户对物流提出的较为严格的要求，因为准时制不能容忍在物流过程中的时间和空间浪费。因此，物流速度问题不仅是用户提出的要求，也是社会发展进步的要求。快速、准时既是一个传统目标，更是一个现代目标。随着社会大生产的发展，这一要求变得更加强烈了。讲求准时制，促使人们在物流领域采取诸如直达物流、多式联运、高速公路系统等一系列管理和技术。关于准时制将在后面有详细论述。

3. 节约

节约是经济领域的重要规律，在物流领域，由于流通过程消耗大且又基本上不增加商品的使用价值，所以依靠节约来降低投入，是提高相对产出的重要手段。因此，物流过程作为“第三利润源泉”，就是依靠节约成本来实现的。在物流领域推行的集约化方式，以及采取的各种节约、省力、降耗措施，正是节约的体现。

4. 规模化

以物流规模作为物流系统的目标，是为了追求“规模效益”。规模效益在流通领域和在生产领域一样，是人们追求的目标，但是由于物流系统比生产系统的稳定性差，往往难以形成标准的规模化要求。在物流领域以分散或集中等不同方式建立物流系统，物流集约化的程度，这是规模化目标的体现。

5. 库存调节

库存调节是物流系统本身调控的要求，当然也涉及物流系统的效益。物流系统是通过本身的库存，起到对社会物流需求的保证作用，从而创造一个良好的社会外部环境。在物流领域，正确确定库存方式、库存数量、库存结构和库存分布就是这一目标的体现。

8.1.3 物流的分类

社会经济领域中的物流活动无处不在，对于各个领域的物流，虽然其基本要素都存在且相同，但由于物流对象不同，物流目的不同，物流范围、范畴不同，形成了不同的物流类型。在对物流的分类标准方面目前还没有统一的看法，主要的分类方法有以下几种。

1. 按物流的作用分类

（1）供应物流。供应物流是指企业为保证本身生产的节奏，不断组织原材料、零部件、燃料、辅助材料供应的物流活动，这种物流活动对企业生产的正常、高效进行起着重大作用。企业供应物流不仅要实现保证供应的目标，而且要在低成本、少消耗、高可靠性的限定条件下来组织供应物流活动，因此难度很大。企业竞争的关键在于如何降低这一物流过程的成本，为此，企业供应物流必须解决有效的供应网络、供应方式、零库存问题。

（2）销售物流。销售物流是企业为保证自身的经营效益，不断伴随着销售活动，将产品所有权转给用户的物流活动。在现代社会中，市场是一个完全的买方市场，因此，销售物流活动带有极强的服务性，以满足买方的需求，最终实现销售。在这种市场前提下，销售往往以送达用户并经过售后服务才算终止。因此，销售物流的空间范围很大，这便是销售物流的难点所在。在这一前提下，企业销售物流的特点，是通过包装、送货、配送等一系列物流活动实现销售，这就需要研究送货方式、包装水平、运输路线等，并采取各种诸如少批量、多批次、定时、定量配送等特殊的物流方式达到目的，因此销售物流的研究领域是很宽的。

（3）生产物流。生产物流是指企业在生产工艺中的物流活动。这种物流活动是与整个生产工艺过程伴生的，实际上已构成了生产工艺过程的一部分。企业生产过程中的物流大体为：原料、零部件、燃料等辅助材料从企业仓库或企业的“门口”开始，进入生产线的开始端，再进一步随生产加工过程一个一个环节地流，在流的过程中，原料等被加工，同时产生一些废料、余料，直到生产加工终结，再流至生产成品仓库，至此，企业生产物流过程终结。

过去，人们在研究生产活动时，主要注重一个一个的生产加工过程，而忽视了将每个生产加工过程串在一起，使得一个生产周期内，物流活动所用的时间远多于实际加工的时间。因此，对企业生产物流的研究，可以大大缩减生产周期，节约劳动力。

（4）回收物流。企业在生产、供应、销售的活动中总会产生各种边角余料和废料，这些东西的回收是需要伴随物流活动的，而且，在一个企业中，如果回收物品处理不当，往往会影响整个生产环境，甚至影响产品的质量，也会占用很大的空间，造成浪费。

（5）废弃物物流。废弃物物流是指对企业排放的无用物进行运输、装卸、处理等的物流活动。废弃物物流没有经济效益，但是具有不可忽视的社会效益。

2. 按物流系统的性质分类

（1）社会物流。社会物流是全社会物流的整体，所以又称宏观物流。社会物流是指超越一家一户的以一个社会为范畴面向社会为目的的物流，社会物流的范畴是社会经济大领域。这种社会性很强的物流往往是由专门的物流承担人承担的。社会物流研究再生产过程中随之发生的物流活动，研究国民经济中的物流活动，研究如何形成服务于社会、面向社会又在社会环境中运行的物流，研究社会中物流体系的结构和运行，因此带有宏观性和广泛性。

（2）行业物流。同一行业中的企业是市场上的竞争对手，但是在物流领域中常常互相协作，共同促进行业物流系统的合理化。如日本的建设机械行业提出行业物流系统化的具体内容有：各种运输手段的有效利用，建设共同的零部件仓库，实行共同配送；建立新旧设备及零部件的共同流通中心；建立技术中心，共同培训操作人员和维修人员；统一建设机械规格等。

又如，在大量消费品方面采用统一传票、统一商品规格、统一法规政策、统一托盘规格、包装模数化等。行业物流系统化的结果将使参与的各个企业都得到相应的利益。

（3）企业物流。企业物流是指企业内部的物品实体流动。它从企业角度研究与之有关的物流活动，是具体的、微观的物流活动的典型领域。企业物流又可以区分为以下具体的物流活动：企业供应物流、企业生产物流、企业销售物流、企业回收物流与企业废弃物物流。

3. 按照物流活动的空间分类

（1）地区物流。地区物流的地区可按行政区域、经济圈、地理位置划分。

（2）国际物流。国际物流是相对于国内物流而言的，是不同国家之间的物流。它是国内物流的延伸和进一步扩展，是跨国界的、流通范围扩大的物的流通，它是国际贸易的必然组成部分。

国际物流是随着国际经济大协作、工业生产的社会化和国际化的发展而产生的，跨国公司的发展使得一个企业的经济活动范畴可以遍布各国，国家之间原材料与产品的流通也随之发展。

8.1.4 电子商务物流

电子商务物流是随着电子商务技术和社会需求的发展而出现的，在电子商务的任何一笔交易中，都包含信息流、资金流和物流。物流在电子商务发展过程中起着举足轻重的作用。

1. 电子商务环境下物流的特点

电子商务时代的到来，给全球物流带来了新的发展，使物流具备了一系列新特点，具体体现在以下几个方面。

（1）信息化。电子商务时代，物流信息化是电子商务的必然要求。物流信息化表现为物流信息的商品化、物流信息收集的数据库化和代码化、物流信息处理的电子化和计算机化、物流信息传递的标准化和实时化、物流信息存储的数字化等。因此，条码（Bar Code）技术、数据库（Database）技术、电子订货系统（Electronic Ordering System，EOS）、EDI、快速反应（Quick Response，QR）及有效的客户反映（Effective Customer Response，ECR）、企业资源计划（Enterprise Resource Planning，ERP）等技术与观念在我国的物流中将得到普遍的应用。信息化是一切的基础，没有物流的信息化，任何先进的技术设备都不可能应用于物流领域，信息技术及计算机技术在物流中的应用将彻底改变世界物流的面貌。

（2）自动化。自动化的基础是信息化，核心是机电一体化，外在表现是无人化，效果是省力化，另外还可以扩大物流作业能力、提高劳动生产率、减少物流作业的差错等。物流自动化的设施非常多，如条码/语音/射频自动识别系统、自动分拣系统、自动存取系统、自动导向车、货物自动跟踪系统等。这些设施在发达国家已普遍用于物流作业流程，而在我国由于物流业起步晚，发展水平低，自动化技术的普及还需要相当长的时间。

（3）网络化。物流网络化有两层含义。一是物流实体网络化，指物流企业、物流设施、交通工具、交通枢纽在地理位置上的合理布局而形成的网络。电子商务的物流配送要根据市场情况和现有的运输条件，确定各种物流设施和配送中心的数量及地点，形成覆盖全国的物流配送网络体系。二是物流信息网络化，指物流企业、制造业、商业企业、客户通过 Internet 等现代信息技术连接而成的信息网。

物流的网络化是物流信息化的必然，是电子商务下物流活动的主要特征之一。当今世界 Internet 等全球网络资源的可用性及网络技术的普及为物流的网络化提供了良好的外部环境，物流网络化不可阻挡。

（4）智能化。这是物流自动化、信息化的一种高层次应用，物流作业过程中大量的运筹和决策，如库存水平的确定、运输（搬运）路径的选择、自动导向车的运行轨迹和作业控制、自动分拣机的运行、物流配送中心经营管理的决策支持等问题都需要借助大量的知识才能解决。在物流自动化的进程中，物流智能化是不可回避的技术难题。好在专家系统、机器人等相关技术在国际上已经有了比较成熟的研究成果。为了提高物流现代化的水平，物流的智能化已成为电子商务下物流发展的一个新趋势。

（5）柔性化。柔性化本来是为实现“以顾客为中心”的理念而在生产领域提出的，但要真正做到柔性化，即真正地能根据消费者需求的变化来灵活调节生产工艺，没有配套的柔性化的物流系统是不可能达到目的的。20 世纪 90 年代，国际生产领域纷纷推出弹性制造系统（Flexible Manufacturing Systen，FMS）、计算机集成制造系统（Computer Integrated Manufacturing System，CIMS）、物资需求计划（MRP）及供应链管理的概念和技术，这些概念和技术的实质是要将生产、流通进行集成，根据需求端的需求组织生产，安排物流活动。因此，柔性化的物流正是适应生产、流通与消费的需求而发展起来的一种新型物流模式。这就要求物流配送中心要根据消费需求“多品种、小批量、多批次、短周期”的特色，灵活组织和实施物流作业。

另外，物流设施、商品包装的标准化，物流的社会化、共同化也都是电子商务下物流模式的新特点。

2. 电子商务对物流活动的影响

物流配送经历了两次革命，第一次革命是送物上门，即为了改善经营效率，许多商家采用把货物送到买主手中的方式；第二次物流革命是伴随着电子商务的出现而产生的，电子商务不仅影响了物流配送本身，还影响了上下游的各体系，包括供应商和消费者。物流配送的信息化及网络技术的广泛应用带来了各种有益的影响，这些影响是全方位的，从物流业的地位到物流组织模式，再到物流各作业，功能环节，都在电子商务的影响下发生了巨大的变化。

（1）电子商务对物流业地位的影响。电子商务把商务、广告、订货、购买、支付、认证等实物和事务处理虚拟化、信息化，使它们变成能在计算机网络上处理的信息，又将信息处理电子化，强化了信息处理，弱化了实体处理。这必然导致产业大重组，其结果可能使得社会上的产业只剩下两类：一类是实业，包括制造业和物流业；另一类是信息业，包括服务、金融、信息处理业等。在实业中，物流企业会逐渐强化，主要是因为在电子商务环境下它必须承担更重要的任务。它既是生产企业的仓库，又是用户的实物供应者。物流业成为社会生产链条的领导者和协调者，为社会提供全方位的物流服务。可见，电子商务把物流业提升到了前所未有的高度，为其提供了空前发展的机遇。

（2）电子商务对传统物流配送观念的影响。传统的物流配送企业需要大面积的仓库，而电子商务系统网络化的配送企业是将分散在各地的分属不同所有者的仓库通过网络系统连接起来，组成“虚拟仓库”，进行统一管理和调配使用，服务范围和货物集散空间都放大了。它在组织资源的规模、速度、效率和资源的合理配置方面都比传统的物流配送要优越得多，相应地，其物流配送观念也是全新的。

（3）电子商务对物流配送时间的影响。在传统的物流配送管理中，由于信息交流的限制，完成一个配送过程的时间比较长。但是，随着网络系统的介入，这个时间将变得相对较短，任何一个有关配送的信息和资源都会通过网络管理在几秒钟内传到相关部门。

（4）电子商务对物流配送过程的影响。传统的物流配送过程是由多个业务流程组成的，受人为因素、时间因素影响很大。而电子商务下的物流配送业务流程是由网络系统连接的，企业可以通过自己的网站与客户直接沟通，当系统的任何一个终端收到一个需求信息的时候，该系统都会在短时间内拟订详细的配送计划，通知各环节开始工作。即电子商务下的物流配送业务可以实现全过程的实时监控和实时决策，及时且准确地掌握产品销售信息与顾客信息。这一切工作都是由人们事先设计好的程序自动完成的。这样就降低了流通成本，缩短了流通时间，使物流路径短路化，简化了物流配送环节，实现了物流的合理化。

3. 物流对电子商务的影响

（1）物流是电子商务的基本要素和重要组成部分。电子商务的本质是商务，商务的核心内容是商品的交易，而商品交易会涉及 4 个方面：商品所有权的转移、货币的支付、有关信息的获取与应用、商品本身的转交，即商流、资金流、信息流、物流。物流是“四流”中最为特殊的一种。对少数商品和服务来说，可以直接通过网络传输的方式进行配送，如各种电子出版物、信息咨询服务等。而对大多数商品和服务来说，物流仍要经由物理方式传输。

（2）物流是实现电子商务的保证。

①物流保证生产的顺利进行。无论在传统的贸易方式下，还是在电子商务下，生产的顺利进行都需要各类物流活动的支持。生产的全过程从原料的采购开始，便要求有相应的供应物流活动将所采购的材料到位，否则生产就难以进行，在生产的各工艺流程之间，也需要有原材料、半成品的物流过程，即所谓的生产物流，以实现生产的流动性；部分余料、

可重复利用的物资的回收，也需要所谓的回收物流；废弃物的处理需要废弃物物流。可见，整个生产过程实际上包含了一系列化的物流活动。现代化、合理化的物流，能通过降低费用，从而降低成本，优化库存结构，减少资金占压，缩短生产周期，保障了现代化生产的高效运行。相反，缺少了现代化的物流，生产将难以顺利进行，无论电子商务是多么便捷的贸易形式，仍将是无米之炊。

②物流服务于商流。在传统的交易过程中一般都有物流活动，即按照需方的要求将商品实体由供方以适合的方式、途径向需方转移。在电子商务条件下，顾客通过网络购物，完成了商品所有权的交割过程，即商流过程。但电子商务活动并未结束，只有通过物流实现货物的送达和验收、售后服务及技术支持，从而实现商品的实质性转移，才能使整个交易活动结束。在整个电子商务中，物流实际上是以商流的后续者和服务者的姿态出现的。没有现代化的物流，轻松的商务活动只会成为一纸空文。

③物流是实现以“顾客为中心”理念的根本保证。电子商务的出现，最大限度地方便了最终消费者。他们不必到拥挤的商业街挑选自己所需的商品，而只要坐在家里，上网浏览、查看、挑选，就可以完成购物活动。但试想，他们所购商品迟迟不能到货，或者商家送的货并非自己所购的，那消费者还会上网购物吗？由于电子商务的服务对象是不受地域限制的，那么对企业来说，如何以最快的速度、最低的成本把商品送到顾客手中，是吸引顾客的一个十分重要的条件。物流是电子商务的最终环节，其服务水平的高低决定了顾客的满意度，同时也决定了电子商务能否最终取得成功。物流是电子商务实现以顾客为中心理念的最终保证，缺少现代化物流技术与管理，电子商务给消费者带来的便捷等于零，消费者必然会转向他们认为更可靠的传统购物。

（3）物流支持电子商务的快速发展。目前，物流业越来越受到各国的重视，许多先进技术在物流系统中被采用，如 EDI、RF、GPS、GIS 等，物流系统不断升级，物流业迅速发展，直接的效果是企业能够更快地满足顾客对商品的需求，从而使交易量大幅上升，电子商务的效率得以提高，同时，企业效益也增加了。

8.2 电子商务下的物流模式

8.2.1 自营物流模式

1. 自营物流的含义

自营物流是被生产、流通或综合企业（集团）所广泛采用的一种物流模式。自营型的企业（集团）通过独立组建物流中心，实现对内部各部门、场、店的物品供应。这种模式在满足企业（集团）内部生产材料供应、产品外销、零售厂店供货或区域外市场拓展等企业自身需求方面发挥了重要作用。较典型的企业（集团）自营物流模式，就是连锁企业的物流配送。大大小小的连锁公司或集团（如世纪华联、沃尔玛、麦德隆等）基本上都是通过组建自己的物流中心来完成对内部各场、店的统一采购、统一配送和结算的。

企业自营物流模式意味着电子商务企业自行组建物流配送系统，经营管理企业的整个物流运作过程。在这种方式下，企业也会向仓储企业购买仓储服务，向运输企业购买运输服务，但是这些服务都只限于一次或一系列分散的物流功能，而且是临时性的纯市场交易的服务，物流公司并不按照企业独特的业务流程提供独特的服务。如果企业有很高的顾客服务需求标准，物流成本占总成本的比重较大，而企业自身的物流管理能力又较强，企业一般不应采用外购物流，而应采用自营方式。

2. 自营物流的类型

目前，电子商务企业自建物流系统主要有两种情况。

（1）传统的大型制造企业或批发企业经营的电子商务网站。这些企业由于其自身在长期的传统商务中已经建立了初具规模的营销网络和物流配送体系，在开展电子商务时只需将其加以改进、完善，就可满足电子商务条件下对物流配送的要求。

（2）具有雄厚资金实力和较大业务规模的电子商务公司。这些企业在第三方物流公司不能满足其成本控制目标和客户服务要求的情况下，自行建立适应业务需要的畅通、高效的物流系统，并可向其他物流服务需求方（如其他的电子商务公司）提供第三方综合物流服务，以充分利用其物流资源，实现规模效益。自建物流系统的核心是建立集物流、商流、信息流于一体的现代化新型物流配送中心，而电子商务企业在自建物流配送中心时，应广泛地利用条形码技术、数据库技术、EOS、EDI、QR 及 ECR 等信息技术和先进的自动化设施，以使物流中心能够满足电子商务对物流配送提出的各种要求。

选用自营物流，可以使企业对物流环节有较强的控制能力，易于与其他环节密切配合，全力、专门服务于本企业的运营管理，使企业的供应链更好地保持协调、简洁与稳定。此外，自营物流能够保证供货的准确性和及时性，保证顾客服务的质量，维护了企业和顾客间的长期关系。但自营物流所需的投入非常大，建成后对规模的要求很高，只有大规模才能降低成本，否则将长期处于不盈利的境地。而且投资成本较大，时间较长，对企业柔性有不利影响。另外，自建庞大的物流体系，需要占用大量的流动资金。更重要的是，自营物流需要较强的物流管理能力，建成之后需要工作人员具有专业化的物流管理能力。

3. 自营物流的优势

（1）掌握控制权。企业自营物流，可以根据掌握的资料对物流活动的各个环节进行有效的调节，能够迅速地取得供应商、销售商及最终顾客的第一手信息，解决管理物流活动的过程中出现的问题，以便随时调整自己的经营策略。通过自营物流，企业可以全过程地有效控制物流系统的运作。

（2）避免商业秘密的泄露。一般来说，企业为了维持正常运营，对某些特殊运营环节必须采取保密措施，如原材料的构成、生产工艺等。当企业将物流业务外包，特别是引入第三方物流来经营其生产环节中的内部物流时，其基本的运营情况就不可避免地向第三方公开。企业物流外包，企业经营中的商业秘密就可能通过第三方物流泄露给竞争对手，削弱企业的市场竞争力。

（3）降低交易成本。企业靠自己完成物流业务，就不必对相关的运输、仓储、配送和售后服务的费用问题与物流企业进行谈判，避免了交易结果的不确定性，降低了交易风险，减少了交易费用。

（4）盘活企业原有资产。目前在中国生产企业中拥有铁路专用线的企业占 3%，拥有机械化装卸设备的企业占 33%，73%的企业拥有自己的仓库，而拥有汽车车队的企业更是达到了 73%。企业选择自营物流的模式，在改造企业经营管理结构和机制的基础上，使原有物流资源得到充分的利用，盘活原有的企业资产，为企业创造利润空间。

4. 自营物流的劣势

（1）企业投资庞大。企业为了建立物流系统，必须承担相关的仓存设备、运输设备及人力成本，这必然减少企业其他重要环节的投入，削弱企业的市场竞争能力，不利于企业抵御市场风险。

（2）企业配送效率低下，管理难以控制。对绝大部分企业而言，物流并不是其所擅长的活动。在这种情况下，企业自营物流就等于迫使自己从事不专长的业务活动，企业的管理人员往往需要花费过多的时间、精力和资源去从事物流工作，结果可能是辅助性的工作没有做好，又没有发挥关键业务的作用。

（3）规模有限，物流配送的专业化程度非常低，成本较高。对规模较小的企业来说，企业产品数量有限，如果采用自营物流，不足以形成规模效应，一方面，导致物流成本过高，产品成本提高，降低了市场竞争力；另一方面，由于规模的限制，物流配送的专业化程度较低，企业的需求无法得到满足。

（4）无法进行准确的效益评估。许多自营物流的企业内部各职能部门独立地完成各自的物流活动，没有将物流费用从整个企业中分离出来进行独立核算，因此企业无法准确地计算出产品的物流成本，最终无法进行准确的效益评估。

知识链接

京东自营物流模式

2007 年，京东商城建成北京、上海、广州三大物流体系，总物流面积超过 5000 万平方米，目前在北京、上海、广州、成都、武汉设立了华北、华东、华南、西南、华中分公司和自己的服务、物流系统，覆盖全国范围内的主要城市；并着手设立二级物流中心，希望将物流配送站覆盖到全国 200 座城市，目前建成的二级物流中心有沈阳、济南、西安、南京、杭州、福州、佛山、深圳。京东自建物流投资力度的加大，使得其物流配送速度和服务质量得到全面提升。当货物从供应商送达京东商城的仓库之后，一切操作都在 IT 系统的支持下，实现了标准化的流水线作业，在验货、理货、摆货、出库、扫描、打包、发货甚至发货后的配送等环节，都设置了监控点，一旦出现问题，IT 系统将立刻报警，相关人员就能查出问题所在，进行快速处理。

2008 年年底，在获得 2100 万美元的融资后，京东网上商城董事局主席兼 CEO 刘强东就表示，该笔融资中的 70%将用于物流配送环节的改善。根据战略计划，京东商城在线配电网络将逐步覆盖全国多个城市，并通过自建物流快递公司，提供所有服务。2009 年京东商城宣布建立自己的快递公司，投资 2000 万元在上海成立快递公司，积极筹备在全国范围内建立起自己的配送网络。与此同时，还在苏州、杭州、天津、深圳、南京、无锡、宁波七个城市开通了配送站，并欲在华东物流中心旁建一座更大的物流仓储中心来支持企业的自营配送模式。由此可见，建立自己的物流系统，依靠自身的配送队伍，是京东较为青睐的一种方式。

2010 年，京东商城在北京等城市率先推出“211 限时达”配送服务，在全国实现“售后 100 分”服务承诺，随后又推出“全国上门取件”、“先行赔付”、7×24 小时客服电话和其他专业服务。京东商城的服务系统正在逐步进行跨越性的升级。

京东商城将信息系统与大型供应商进行对接，实现库存数据的共享，这样大大加快了库存运转速度。同时，京东还加快了客户订单处理速度，从下完订单到准备发货总共只需要 1 小时 34 分钟，客户还可以在线查询订单的处理状态，上面显示了订单被确认、产品出库、扫描、打包及出货的确切时间。京东打造的极速供应链，缩短了库存周转期，降低了存货贬值的风险，加快了资金周转率，不仅从网络直销的模式下赢得了时间价值，也从物流响应速度中赢得了时间价值，从而为客户提供了更快速的反应能力和更好的服务水平。

京东物流投资力度不断加大，基本上满足了客户的要求，但其主要业务仍局限于北京，上海、广州和其他一线城市。随着互联网应用的深入及其在虚拟网络中城界模糊的特点，京东业务阵营已扩展到二级或三级城市。可是，在全国每个二级城市都建立自己的物流或运输公司的成本非常巨大，更何况这些城市的利润不足以维持物流中心的运营。因此，在发达城市之外，京东商城选择和当地的快递公司合作，完成产品的配送。而在配送大件商品时，京东选择与厂商合作。因为制造商在各城市建有自己的服务网点，并且有自己的物流和分销合作伙伴。

8.2.2　第三方物流

1. 第三方物流的含义

第三方物流（The Third Party Logistics）的概念源自管理学中的“外包”（Outsouring）一词，意指企业动态地配置自身和其他企业的功能和服务，利用外部的资源为企业内部的生产经营服务。将外包引入物流管理领域，就产生了第三方物流的概念。所谓第三方物流是指生产经营企业为集中精力搞好主业，把原来属于自己处理的物流活动，以合同方式委托给专业的物流服务企业，同时通过相关系统与物流服务企业保持密切联系，以达到对物流进行全程管理和控制的一种物流运作与管理方式。因此第三方物流又叫合同制物流。

第三方物流是由相对“第一方”发货人和“第二方”收货人而言的第三方专业企业来承担企业物流活动的一种物流形态。第三方物流公司通过与第一方或第二方的合作来提供其专业化的物流服务，它不拥有商品，不参与商品买卖，而是为顾客提供以合同约束、以结盟为基础的、系列化、个性化、信息化的物流代理服务。服务内容包括设计物流系统、EDI 能力、报表管理、货物集运、选择承运人、货代人、海关代理、信息管理、仓储、咨询、运费支付和谈判等。

第三方物流企业一般都是具有一定规模的物流设施设备（库房、站台、车辆等）及专业经验、技能的批发、储运或其他物流业务经营企业。第三方物流是物流专业化的重要形式，它的发展程度体现了一个国家物流产业发展的整体水平。第三方物流是一个新兴的领域，企业采用第三方物流模式对提高企业经营效率具有重要作用。首先，企业将自己的非核心业务外包给从事该业务的专业公司去做，使自己专注于核心业务的开展；其次，第三方物流企业作为专门从事物流工作的企业，拥有专门从事物流运作的专家，有利于确保企业的专业化生产，降低费用，提高企业的物流水平。

2. 第三方物流的特点

（1）关系契约化。第三方物流是通过契约形式来规范物流经营者与物流消费者之间关系的。物流经营者根据契约规定的要求，提供多功能直至全方位一体化物流服务，并以契约来管理所有提供的物流服务活动及其过程。同时，第三方物流发展物流联盟也是通过契约的形式来明确各物流联盟参加者之间的权责利关系的。

（2）服务个性化。不同的物流消费者存在不同的物流服务要求，第三方物流需要根据不同物流消费者在企业形象、业务流程、产品特征、顾客需求特征、竞争需要等方面的不同要求，提供针对性强的个性化物流服务和增值服务。并且从事第三方物流的物流经营者也由于市场竞争、物流资源、物流能力的影响需要形成核心业务，不断强化所提供物流服务的个性化和特色化，以增强自身的物流市场竞争能力。

（3）功能专业化。第三方物流所提供的是专业的物流服务。从物流设计、物流操作过程、物流技术工具、物流设施到物流管理，必须体现专门化和专业水平，这既是物流消费者的需要，也是第三方物流自身发展的基本要求。

（4）管理系统化。第三方物流应具有系统的物流功能，这是第三方物流产生和发展的基本要求，第三方物流需要建立现代管理系统才能满足运行和发展的基本要求。

（5）信息网络化。信息技术是第三方物流发展的基础。在物流服务过程中，信息技术的发展实现了信息实时共享，促进了物流管理的科学化，极大地提高了物流效率和物流效益。

3. 第三方物流的服务内容

第三方物流服务内容中的任何一项业务都是相当繁杂的工作，涉及相关设备的引入和使用、人员的培训、操作和流程等制度的规范、科学合理的作业，以及与其他物流作业之间的相互协调和配合。物流不但是一项专业化很强的活动，而且和行业的专业化要求密切相关，不同的行业所面临的物流需求完全不同，而且对所涉及的仓储、搬运、装卸、运输等作业都有不同的设备和技术要求。

在服务内容上，第三方物流企业可以提供四个层次的物流服务。

（1）功能型物流服务。集成度最低的是功能型物流服务，这类企业提供如货代、运输、仓储、配送中的一项或几项服务。它们的竞争力在于在充分有效利用自有资源的基础上提高功能物流服务的经营效率，达到比自营物流更高效、更低成本的运作，传统的运输、仓储企业实际上就是提供这种服务的。

（2）增值型物流服务。增值型物流服务是在保证能够提供高水平的功能型物流服务的基础上，附加一些增值服务，替客户分担更多的非核心业务。增值服务没有固定的组成要素，不同的行业所需的增值服务也不尽相同。

（3）综合集成服务。提供综合集成服务的物流企业能够把供应链上的一段（如分销物流）或整个供应链的物流活动高度集成、有效衔接，进行运作、管理和优化，为客户提供长期、专业、高效的物流服务。

（4）系统咨询与设计服务。提供系统咨询与设计服务的物流企业不仅具备运营和管理整个供应链的能力，而且能够利用专业、科学的物流知识为客户量身进行物流体系的规划、设计、整合和改进，全面提升运作效率与效益，提高客户服务水平和快速反应能力，更好地支持和服务于客户的可持续发展战略。

知识链接

麦当劳的第三方物流

在麦当劳的物流中，质量永远是权重最大、被考虑最多的因素。麦当劳重视品质的精神，在每家餐厅开业之前便可见一斑。餐厅选址完成之后，首要工作是在当地建立生产、供应、运输等一系列的网络系统，以确保餐厅得到高品质的原料供应。无论何种产品，只要进入麦当劳的采购和物流链，必须经过一系列严格的质量检查。麦当劳对土豆、面包和鸡块都有特殊的严格要求。例如，在面包生产过程中，麦当劳要求供应商在每个环节加强管理，如装面粉的桶必须有盖子，而且要有颜色，不能是白色的，以免意外破损时碎屑混入面粉而不易分辨；各工序间的运输一律使用不锈钢筐，以防杂物碎片进入食品中。

说到麦当劳的物流，不能不说夏晖公司，这家公司几乎是麦当劳“御用”的物流公司（该公司的客户还有必胜客、星巴克等）。麦当劳没有把物流业务分包给不同的供应商，夏晖也从未“移情别恋”，这种独特的合作关系，需要建立在忠诚的基础上，麦当劳之所以选择夏晖，在于后者为其提供了优质的服务。

麦当劳对物流服务的要求是比较严格的。在食品供应中，除了基本的食品运输之外，麦当劳还要求物流服务商提供其他服务，如信息处理、存货控制、贴标签、生产和质量控制等诸多方面，这些“额外”的服务虽然成本比较高，但它们使麦当劳在竞争中获得了优势。“如果你提供的物流服务仅仅是运输，运价是每吨4角，而我的价格是每吨5角，但我提供的物流服务包括信息处理、贴标签等工作，所以麦当劳会选择我做物流供应商。”为麦当劳服务的一位物流经理说。

另外，麦当劳要求夏晖提供一条龙式物流服务，包括生产和质量控制在内。夏晖设在中国台湾的面包厂，就全部采用了统一的自动化生产线，制造区与熟食区加以区隔，厂区装设空调与天花板，以隔离落尘，易于清洁，应用严格的食品与作业安全标准。所有设备由美国SASIB专门设计，每小时可生产24 000个面包。在专门设立的加工中心，物流服务商为麦当劳提供所需的切丝、切片生菜及混合蔬菜，拥有生产区域全程温度自动控制、连续式杀菌及水温自动控制功能的生产线，生产能力为每小时1 500公斤。此外，夏晖还负责为麦当劳上游的蔬果供应商提供咨询服务。

麦当劳利用夏晖设立的物流中心，为其各个餐厅完成订货、储存、运输及分发等一系列工作，使得整个麦当劳系统得以正常运作，通过它的协调与连接，使每个供应商与每家餐厅达到畅通与和谐，为麦当劳餐厅的食品供应提供最佳的保证。目前，夏晖在北京、上海、广州都设立了食品分发中心，同时在沈阳、武汉、成都、厦门建立了卫星分发中心和配送站，与其设在中国香港和中国台湾的分发中心一起，组成了全国性的服务网络。

例如，为了满足麦当劳冷链物流的要求，夏晖公司在北京地区投资5 500多万元，建立了一个占地面积达12 000平方米、拥有世界领先水平的多温度食品分发物流中心，在该物流中心配有先进的装卸、储存、冷藏设施，5～20吨多种温度控制运输车40余辆，中心还配有电脑调控设施用以控制温度和检查每批进货的温度。"物流中的浪费很多，不论是人的浪费、时间的浪费还是产品的浪费，都很多。而我们是靠信息系统的管理来创造价值的。"夏晖食品公司大中华区总裁白雪李很自豪地表示，夏晖的平均库存远远低于竞争对手，麦当劳物流产品的损耗率仅有万分之一。

"全国真正能够在快餐食品中达到冷链物流要求的只有麦当劳。"白雪李称，"国内不少公司很重视盖库买车，其实谁都可以买设备盖库。但谁能像我们这样有效率地计划一星期每家餐厅送几次货，怎么控制餐厅和分发中心的存货量，同时培养出很多具有管理思想的人呢?"与其合作多年的麦当劳中国发展公司北方区董事总经理赖林胜拥有同样的自信："我们麦当劳的物流过去是领先者，今天还是领导者，而且我们还在不断地学习和改进。"

赖林胜说，麦当劳全国终端复制的成功，与其说是各个麦当劳快餐店的成功，不如说是麦当劳对自己运营的商业环境的复制成功，尤其重要的是其供应链的成功复制。离开供应链的支持，规模扩张只能是盲目的。

8.2.3 物流联盟

利益是物流联盟产生的最根本原因。企业之间有共享的利益是物流联盟形成的基础。物流市场及其利润空间是巨大的。在西方发达国家，物流成本占国内生产总值的10%左右，而在我国占 15%~20%，如此大的市场与我国物流产业的效率低下形成了鲜明的对比，生产运输企业通过物流或供应链的方式形成联盟有利于提高企业的物流效率，实现物流效益的最大化。

1. 物流联盟的含义

物流联盟是介于独立的企业与市场交易关系之间的一种组织形态，是企业间由于自身某些方面发展的需要而形成的相对稳定的、长期的契约关系。物流联盟是以物流为合作基础的企业战略联盟，它是指两个或多个企业之间，为了实现自己的物流战略目标，通过各种协议、契约而结成的优势互补、风险共担、利益共享的松散型网络组织。

物流联盟是制造业、销售企业、物流企业基于正式的相互协议而建立的一种物流合作关系，参加联盟的企业汇集、交换或统一物流资源以谋取共同利益；同时，合作企业仍保持各自的独立性。物流联盟为了达到比单独从事物流活动取得更好的效果，在企业间形成了相互信任、共担风险、共享收益的物流伙伴关系。

企业间不完全采取导致自身利益最大化的行为，也不完全采取导致共同利益最大化的行为，只是在物流方面通过契约形成优势互补、要素双向或多向流动的中间组织。联盟是动态的，只要合同结束，双方又变回追求自身利益最大化的单独个体。

2. 物流联盟的方式

物流联盟的方式可分为以下几种。

（1）纵向物流联盟。纵向物流联盟即垂直一体化，这种联盟方式是基于供应链一体管理形成的，即从原材料到产品生产、销售、服务形成一条龙式的合作关系。垂直一体化联盟能够按照最终客户的要求为其提供最大价值的同时，也使联盟总利润最大化，但这种联盟一般不太稳固，主要是因为在整个供应链上，不可能每个环节都能同时达到利益最大化，因此打击了一些企业的积极性，使它们有随时退出联盟的可能。

（2）横向物流联盟。横向物流联盟即水平一体化，由处于平行位置的几个物流企业结成联盟，包括第三方物流。这种联盟能使分散物流获得规模经济和集约化运作，降低了成本，并且能够减少社会重复劳动。但这种联盟也有不足之处，如它必须有大量的商业企业加盟，并有大量的商品存在，才可发挥它的整合作用和集约化的处理优势；此外，这些商品的配送方式的集成化和标准化也不是一个简单的问题。

（3）混合模式。混合模式既有处于上下游位置的物流企业，也有处于平行位置的物流企业的加盟。

（4）以项目为管理的联盟模式。以项目为管理的联盟模式以项目为中心，由各个物流企业进行合作，形成一个联盟。这种联盟方式只限于一个具体的项目，使联盟成员之间合作的范围不广泛，优势不太明显。

（5）基于 Web 的动态联盟。由于市场经济条件下的激烈竞争，为了占据市场领导地位，供应链应成为一个动态的网络结构，以适应市场变化、柔性、速度、革新、知识的需要，不能适应供应链需求的企业将被淘汰，并从外部选择优秀的企业进入供应链，从而使供应链成为一个能快速重构的动态组织，实现供应链的动态联盟。但这种联盟方式缺乏稳定性。

8.2.4　第四方物流

1. 第四方物流的含义

第四方物流是指一个供应链集成商，调集和管理组织自己的及具有互补性的服务提供商的资源、能力和技术，以提供一个综合的供应链解决方案。它可以通过整个供应链的影响力，提供综合的供应链解决方案，也为顾客带来了更大的价值，它能在解决企业物流的基础上，整合社会资源，解决物流信息充分共享、社会物流资源充分利用等问题。

从概念上来看，第四方物流是有领导力量的物流提供商，它可以通过整个供应链的影响力，提供综合的供应链解决方案，也为其顾客带来更大的价值；它不仅控制和管理特定的物流服务，而且对整个物流过程提出解决方案，并通过电子商务将这个过程集成起来。第四方物流正日益成为一种帮助企业实现运作成本持续降低和区别于传统外包业务的真正的资产转移。它实际上是一种虚拟物流，依靠业内最优秀的第三方物流供应商、技术供应商、管理咨询顾问和其他增值服务商，整合社会资源，为用户提供独特的和广泛的供应链解决方案。这是任何一家物流公司却不能单独提供的。

2. 第四方物流的特点

第四方物流公司以其知识、智力、信息和经验为资本，为物流客户提供一整套的物流系统咨询服务。第四方物流公司要点从事物流咨询服务，就必须具备良好的物流行业背景和相关经验，但并不需要从事具体的物流活动，更不用建设物流基础设施，只是对整个供应链提供整合方案。第四方物流的关键在于为顾客提供最佳的增值服务，即迅速、高效、低成本和个性化服务等。

（1）它对整个供应链及物流系统进行整合规划。第三方物流的优势在于运输、储存、包装、装卸、配送、流通加工等实际的物流业务操作能力，在综合技能、集成技术、战略规划、区域及全球拓展能力等方面存在明显的局限性，特别是缺乏对整个供应链及物流系统进行整合规划的能力。而第四方物流的核心竞争力就在于对整个供应链及物流系统进行整合规划的能力，它也是降低客户企业物流成本的根本所在。

（2）它具有对供应链服务商进行资源整合的优势。第四方物流作为有领导力量的物流服务提供商，可以通过其影响整个供应链的能力，整合最优秀的第三方物流服务商、管理咨询服务商、信息技术服务商和电子商务服务商等，为客户企业提供个性化、多样化的供应链解决方案，为其创造超额价值。

（3）它具有信息及服务网络优势。第四方物流公司的运作主要依靠信息与网络，其强大的信息技术支持能力和广泛的服务网络覆盖支持能力是客户企业开拓国内外市场、降低物流成本所极为看重的，也是其取得客户的信赖、获得大额长期订单的优势所在。

（4）它具有人才优势。第四方物流公司拥有大量高素质国际化的物流和供应链管理专业人才和团队，可以为客户企业提供全面、卓越的供应链管理与运作服务，提供个性化、多样化的供应链解决方案，在解决物流实际业务的同时实施与公司战略相适应的物流发展战略。

发展第四方物流可以减少物流资本投入和资金占用。通过第四方物流，企业可以大大减少在物流设施（如仓库、配送中心、车队、物流服务网点等等）方面的资本投入，降低资金占用，提高资金周转速度，减少投资风险，降低库存管理及仓储成本。第四方物流公司通过其卓越的供应链管理和运作能力，可以实现供应链“零库存”的目标，为供应链上的所有企业降低仓储成本。同时，第四方物流大大提高了客户企业的库存管理水平，从而降低库存管理成本。发展第四方物流还可以改善物流服务质量，提升企业形象。

知识链接

亚洲物流（天津）有限公司

亚洲物流（天津）有限公司（以下简称亚物天津）是中国第一家网络物流服务商。在充分分析中国物流现状的基础上，该公司创造性地以网上信息联网和网下业务联网的结合为核心，通过全国87个城市的分公司和加盟用户的联网运作，提供客户所需的整套物流服务，从而创立了一套卓有成效的现代网络物流方案。

亚物天津独特的最大核心优势是不断扩张的运营网络该公司。通过设立在87个城市中的150家分公司及办事处，形成了基于互联网的中国覆盖面最广的省际公路物流网络，从而全面提升了物流服务的竞争力。

亚物天津定位于第四方物流服务商，原因是公司没有自己的仓库及车队，而是通过长租或控股的运输车队拥有重型、中型、小型、货柜等车况良好的各类车辆1000台来适合不同的货运要求。仓储也是通过长租或控股的方式，由于车是车主的，仓是仓主的，亚物天津可以节省不少车辆或仓库维修及保养的费用。亚物天津拥有的只是一张覆盖全国的物流运营网络，一个信息交流、搭配、交易的网络平台，以及一支有物流行业经验的专家队伍。

1. 亚物天津的物流运营网络

亚物天津的运营网络由三种业态构成。在北京、天津、上海、广州、无锡五个城市设有一级分公司。一级分公司具有大客户管理能力、长距离多式联运能力、转运及区域内短途运输能力、仓储及包装能力。在 21 家省会城市设有二级分公司。二级分公司具有长距离多式联运能力、转运及区域内短途运输能力。这 21 家二级分公司管理着 61 家所在城市具有货物接收转运能力的加盟用户，从而形成了巨大的亚物天津公路物流网络。

2. 亚物天津的发展目标

亚物天津的发展目标是搭建一个领先的第四方物流系统，其主要构件包括以下几项。

（1）创新的配送路径优化机制。所谓创新的配送路径优化机制，就是能令客户的管理层开拓具有策略性的物流选择的空间。配送路径优化机制能考虑多方面的因素，包括各货仓及货车的所有活动、成本、储货、载货量等，也能照顾拥有车队的客户而做出路径分析，并能决定最有效率的固定或主要运输路线、连合不同客户领域、调整车队数目，以及分析服务频率等。优化的方法有多种，传统的直线式程序也能解决部分问题，但当配送点的数目不断增多，路线及车队调动的复杂性将以倍数增加，优化路线的计算时间也不断延长。因此，第四方物流服务供货商必须具备一个智能化的路径选择系统，能够考虑各方面的实际情况，实时为客户决定最优化的运输路径。

（2）环球追踪系统。环球追踪系统需有 GPS 的支持。市场对 GPS 期待已久，期望它能为消费者及工业市场带来改革。GPS 的全称为全球卫星定位体系。技术基础是卫星导航定位技术，具备全球性、全天候等特点的卫星导航定位体系。它主要包括三大组成部分：全球卫星系统、实时监控体系、信息接收体系。GPS 系统可以在全球范围内，为用户提供准确性高、全天候实时监控数据。为用户提供所需的定位信息。在物流行业中应用于车辆定位监控、物流监控、物流查询、总体指挥、全程导航、紧急援助。成功开发环球追踪系统仍是第四方物流服务供货商的主要课题，环球追踪系统对它们来说是必需的。

（3）全球供应链管理系统。跨企业的协同式解决方案能为物流供应链内的所有参与者提供快速的投资回报。时至今日，改善物流管理程序及降低货运成本已是必需的，而成功的企业及物流服务供货商正在寻求真正的协同式物流解决方案，作为其策略的一部分。

全球供应链管理解决方案能为各方改善物流管理程序，并通过单一平台为客户提供主动的事件管理。此平台需能无缝结合所有地方不同交通模式的运作，令客户能通过一个步骤就能管理所有事宜。

传统的供应链管理解决方案功能有限，原因在于该解决方案只着眼于企业本身的运输费用，而忽略了与客户、供货商、贸易伙伴及服务供货商的协同效应。人手操作的系统或工作表缺乏可调整性，未能提供最大的优化，更不能有效配合日益全球化的供应链。

8.3　电子商务下的物流技术

8.3.1　条形码技术

在物流活动中，为了能迅速、准确地识别商品，自动读取有关商品信息，条形码技术被广泛应用。条形码（也简称条码）是用一组数字来表示商品的信息，是目前国际上物流管理中普遍采用的一种技术手段。条码技术对于提高库存管理的效率非常需要，是实现库存管理的电子化的重要技术手段，可以使企业把对库存的控制延伸到销售商，实现库存的供应链网络化控制。

1. 条码技术的含义与特点

条码技术是在计算机的应用实践中产生和发展起来的一种自动识别技术，是为实现对信息的自动扫描而设计的。条码技术是将宽度不等的多个黑条和空白，按照一定的编码规则排列，用以表达一组信息的图形标识符。条形码可以标出物品的生产国、制造厂家、商品名称、生产日期、图书分类号、邮件起止地点、类别、日期等许多信息，因而在商品流通、图书管理、邮政管理、银行系统等许多个领域都得到了广泛的应用。

在信息输入技术中，采用的自动识别技术种类很多，条码作为一种图形识别技术，与其他技术相比有如下特点。

（1）输入速度快。与键盘输入相比，利用条码扫描录入信息的速度是键盘录入的 20 倍，大约为 4000 字符/分钟，并且能实现“即时数据输入”。

（2）灵活实用。条码标识既可以作为一种识别手段单独使用，也可以和有关识别设备组成一个系统实现自动化识别，还可以和其他控制设备连接起来实现自动化管理。

（3）可靠性高。键盘输入数据的出错率为三百分之一，利用光学字符识别技术的出错率为万分之一，而采用条形码技术误码率低于百万分之一。

（4）采集信息量大。利用条码扫描，一次可以采集几十位字符的信息，而且可以通过选择不同码制的条码增加字符密度，使采集的信息量成倍增加。

此外，条码标签易于制作，对设备和材料没有特殊要求，识别设备操作容易，不需要特殊培训，设备也相对便宜。

条码技术是实现 POS 系统、EDI、电子商务、供应链管理的技术基础，是物流管理现代化的重要技术手段。条码技术包括条码的编码技术、条码标识符号的设计、快速识别技术和计算机管理技术，它是实现计算机管理和电子数据交换不可缺少的前端采集技术。

2. 条码的种类

条码按维数分类，可分为一维条码、二维条码和多维条码。

其中一维条码一般是按码制分类，条形码符号的类型称为码制。目前，条码的码制多种多样，但各种类型的条码符号都由符合码制规则的“条”和“空”组成，都有固定的容量和字符。现在国际上公认的码制有三种：EAN-13 码，即商品条码（消费单元条码）；ITF-14 码，即储运单元条码；EAN/UCC-128 码，即物流条码。

下面介绍在物流中常用的商品条码、物流条码及二维码技术。

（1）商品条码。商品条码是以直接向消费者销售的商品为对象、以单个商品为单位使用的条形码，属于欧洲商品编码（European Article Number，EAN）、通用商品编码（Universal Product Code，UPC）系列。条码符号可设计成既可供固定式扫描器全向扫描，又可用手持扫描设备识读的形式。它们都印在一个长约 4 厘米，宽约 2.5 厘米的矩形方块内，大小可在放大系数 0.8～2.0 所决定的尺寸之间变化，以适应各种印刷工艺印制合格条码符号及用户对印刷面积的要求。其中有粗细不等、黑白相间的竖条，在竖条下端有 13 位数字。除了表示数字的条码字符外，还有一些辅助条码字符，用作表示起始、终止的分界符和平分条码符号的中间分隔符。商品条码符号的结构如图 8-1 所示。

图 8-1　商品条码符号的结构

①前缀码。前缀码由 2～3 位数字组成，是 EAN 分配给国家（或地区）编码组织的代码。EAN 分配给中国物品编码中心的前缀码由三位数字（N13、N12、N11）组成，范围为 690～695。

②厂商识别码。在中国大陆地区，厂商识别代码由 7～9 位数字组成，由中国物品编码中心负责注册分配和管理。

③商品项目代码。商品项目代码由 3～5 位数字组成，由获得厂商识别代码的厂商自己负责编制。

④校验码。由 1 位数字组成，用以效验前面各码的正误。

知识链接

商品条码举例

商品条码一般分为 4 个部分，按 3—5—4—1 分，第一部分代表国家，第二部分代表生产厂商，第三部分代表厂内商品代码，第四部分是效验码。

以条形码 6936983800013 为例，此条形码分为 4 个部分，从左到右分别如下。

第 1～3 位：共 3 位，对应该条码的 693，是中国的国家代码之一。

第 4～8 位：共 5 位，对应该条码的 69830，代表生产厂商代码，由厂商申请，国家分配。

第 9～12 位：共 4 位，对应该条码的 0001，代表厂内商品代码，由厂商自行确定。

第 13 位：共 1 位，对应该条码的 3，是校验码，依据一定的算法（一般使用条码软件，由软件系统自动弹出最后一位校验码），由前面 12 位数字计算得到。

（2）物流条码。物流条码是供应链中用以标识物流领域中具体实物的一种特殊代码，是整个供应链过程，包括生产厂家、配销业、运输业、消费者等环节的共享数据。它贯穿整个贸易过程，并通过物流条码数据的采集、反馈，提高整个物流系统的经济效益。物流条码是由 EAN 和 UCC 制定的用于商品单元标识的条码，商品单元由消费单元、储运单元和货运单元组成。因此，选用物流条码时，要根据货物的不同和商品包装的不同，采用不同的条码码制。单个大件商品，如电视机、电冰箱、洗衣机等商品的包装箱往往采用 EAN-13 商品单元条码。储运包装箱常常采用 ITF-14 储运单元条码或 UCC/EAN-128 货运单元条码，包装箱内可以是单一商品，也可以是不同的商品或多件头商品小包装。

与商品条码相比较，物流条码有如下特点。

①储运单元的唯一标识。商品条码是最终消费品（通常是单个商品）的唯一标识，用于零售业现代化的管理。物流条码是储运单元的唯一标识，通常标识多个或多种类商品的集合，用于物流的现代化管理。

②服务于供应链全过程。商品条码服务于消费环节：商品一经出售到最终用户手里，商品条码就完成了其存在的价值，商品条码在零售业的POS系统中起到了单个商品的自动识别、自动寻址、自动结账等作用，是零售业现代化、信息化管理的基础。物流条码服务于供应链全过程：生产厂家生产产品，经过包装、运输、仓储、分拣、配送，直到到达零售商店，中间经过若干环节，物流条码是这些环节中的唯一标识，因此它涉及面更广，是多种行业共享的通用数据。

③信息多。通常，商品条码是一个无含义的13位数字条码；物流条码则是一个可变的，可表示多种含义、多种信息的条码，是无含义的货运包装的唯一标识，可表示货物的体积、重量、生产日期、批号等信息，是贸易伙伴根据在贸易过程中共同的需求，经过协商统一制定的。

④可变性。商品条码是一个国际化、通用化、标准化的商品的唯一标识，是零售业的国际化语言。物流条码是随着国际贸易的不断发展，贸易伙伴对各种信息需求的不断增加应运而生的，其应用在不断扩大，内容也在不断丰富。

⑤维护性。物流条码的相关标准是一个需要经常维护的标准。及时沟通用户需求，传达标准化组织有关条码应用的变更内容，是确保国际贸易中物流现代化、信息化管理的重要保障之一。

（3）二维码技术。二维条码/二维码（2-Dimensional Bar Code）是用某种特定的几何图形按一定规律在平面（二维方向）上分布的黑白相间的图形，记录数据符号的信息。它在代码编制上巧妙地利用构成计算机内部逻辑基础的“0”、“1”比特流的概念，使用若干个与二进制相对应的几何形体来表示文字数值信息，通过图像输入设备或光电扫描设备自动识读以实现信息自动处理。它具有条码技术的一些共性：每种码制有其特定的字符集；每个字符占有一定的宽度；具有一定的校验功能等。同时还具有对不同行的信息自动识别的功能及处理图形旋转变化点。

在二维条码中，常用的码制有Data Matrix、Maxi Code、Aztec、QR Code、Vericode、PDF417、Ultracode、Code 49、Code 16K等，QR Code码是1994年由日本DW公司发明的。QR是英文Quick Response的缩写，即快速反应的意思，源自发明者希望QR码可让其内容被快速解码。QR码常见于日本、韩国，是目前日本最流行的二维空间条码。

二维条码是一种比一维条码更高级的条码格式。一维码只能在一个方向（一般是水平方向）上表达信息，而二维码在水平和垂直方向都可以存储信息。一维码只能由数字和字母组成，而二维码能存储汉字、数字和图片等信息，因此二维码的应用领域要广得多。

二维条码可以分为堆叠式/行排式二维条码和矩阵式二维条码。堆叠式/行排式二维条码形态上是由多行短截的一维条码堆叠而成的；矩阵式二维条码以矩阵的形式组成，在矩阵相应元素位置上用点表示二进制1，用空表示二进制0，点和空的排列组成代码。

①堆叠式/行排式二维条码。堆叠式/行排式二维条码（又称堆积式二维条码或层排式二

维条码），其编码原理建立在一维条码基础之上，按需要堆积成二行或多行。它在编码设计、校验原理、识读方式等方面继承了一维条码的一些特点，识读设备和条码印刷与一维条码技术兼容。但由于行数的增加，需要对行进行判定，其译码算法与软件也不完全相同于一维条码。有代表性的行排式二维条码有 Code 16K、Code 49、PDF417、MicroPDF417 等。

②矩阵式二维码。矩阵式二维条码（又称棋盘式二维码结构条码）是在一个矩形空间通过黑、白像素在矩阵中的不同分布进行编码。它是建立在计算机图像处理技术、组合编码原理等基础上的一种新型图形符号自动识读处理码制。在矩阵相应元素位置上，用点（方点、圆点或其他形状）的出现表示二进制 1，点的不出现表示二进制的 0，点的排列组合确定了矩阵式二维条码所代表的意义。具有代表性的矩阵式二维条码有 Code One、Maxi Code、QR Code、 Data Matrix、Han Xin Code、Grid Matrix 等。常用的二维条码如图 8-2 所示。

Data Matrix　Maxi Code　Aztec Code　QR Code　Vericode

PDF417　Ultracode　Code 49　Code 16K

图 8-2　常用的二维条码

8.3.2　射频识别技术

1．射频识别技术的含义

射频识别（Radio Frequency Identification，RFID）技术是 20 世纪 90 年代开始兴起的一种自动识别技术。RFID 也称电子标签，是一种通信技术，可通过无线电信号识别特定目标并读写相关数据，而无须识别系统与特定目标之间建立机械或光学接触。其基本原理是利用射频信号和空间耦合（电感或电磁耦合）或雷达反射的传输特性，实现对被识别物体的自动识别。

基本的 RFID 系统至少包含阅读器（Reader）和标签（Tag）。RFID 标签由芯片与天线组成，每个标签具有唯一的电子编码。标签附着在物体上以标识目标对象。RFID 阅读器的主要任务是控制射频模块向标签发射读取信号，并接受标签的应答，对标签的识别信息进行处理。RFID 技术无须直接接触。光学可视及人工干预即可完成信息输入和处理，且操作方便快捷，能够广泛应用于生产、物流、交通、运输、医疗、防伪、跟踪、设备和资产管理等需要收集和处理数据的领域。

在物流行业，RFID 技术使得合理的产品库存控制和智能物流技术成为可能。它在物流行业的应用流程是：每个产品出厂时都被附上电子标签，然后通过读写器写入唯一的识别代码，并将物品的信息录入数据库。此后装箱销售、出口验证、到港分发、零售上架等各个环节都可以通过读写器反复读写标签。标签就是物品的“身份证”，借助电子标签，企业可以实现对原料、半成品、成品、运输、仓储、配送、上架、最终销售，甚至退货处理等环节进行实时监控。RFID 技术提高了物品分拣的自动化程度，降低了差错率，使整个供应链管理显得透明而高效。

2. 射频识别系统的组成

典型的 RFID 系统由标签、阅读器及数据交换和管理系统组成。阅读器通过耦合元件发送出一定频率的射频信号，当标签进入该区域时，通过耦合元件从中获得能量以驱动后级芯片与阅读器进行通信。阅读器读取标签的自身编码等信息并解码后送至数据交换、管理系统处理。如图 8-3 所示为 RFID 系统原理。

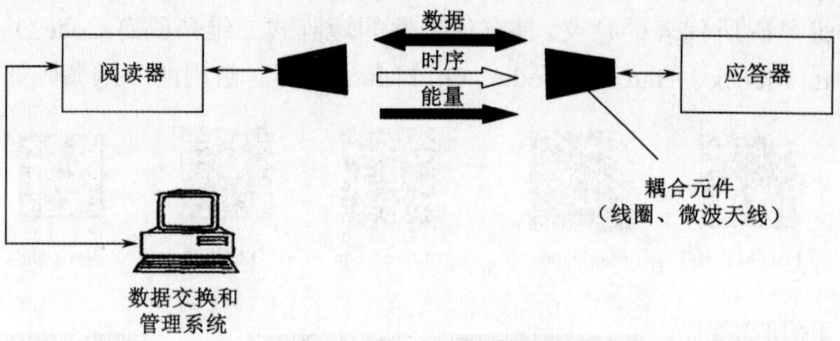

图 8-3 RFID 系统原理

（1）标签的组成。作为 RFID 系统中真正的数据载体，由耦合元件和后级芯片构成的标签又可以分为具有简单存储功能的数据载体和可编程微处理器的数据载体。前者是用状态机在芯片上实现寻址和安全逻辑，后者则是用微处理器代替了标签中不够灵活的状态机。

（2）阅读器的组成。RFID 系统的阅读器均可简化为两个基本的功能块：控制系统和由发送器及接收器组成的高频接口，但由于众多的非接触传输方法的存在使得阅读器内部的结构存在较大的区别。

3. 射频识别系统的分类

RFID 系统按照不同的原则有多种分类方法。依其采用的频率不同可分为低频系统、中频系统和高频系统三大类；根据标签内是否装有电池为标签通信提供能量，可分为有源系统和无源系统两大类；根据标签内保存的信息注入的方式，可分为集成电路固化式、现场有线改写式和现场无线改写式三大类；根据读取电子标签数据的技术实现手段，可分为广播发射式、倍频式和反射调制式三大类。另外还可依据标签的材质、系统工作距离和阅读器的工作状态等对 RFID 系统进行分类。以下主要简单描述按频率不同和按是否装有电池为标签分类。

（1）低频系统：一般是指工作频率为 100～500kHz 的系统。典型的工作频段有 125kHz、134.2kHz 和 225kHz 等。其基本特点是标签的成本较低，标签内保存的数据量较少，标签外形多样（卡状、环状、纽扣状、笔状），阅读距离较短且速度较慢，阅读天线方向性不强等。低频系统主要应用于门禁系统、家畜识别和资产管理等场合。

（2）中频系统：一般是指工作频率为 10～15MHz 的系统。典型的工作频段有 13.56MHz。中频系统的基本特点是标签及阅读器成本较高，标签内保存的数据量较大，阅读距离较远且具有中等阅读速度，外形一般为卡状，阅读天线方向性不强。中频系统主要应用于门禁系统和智能卡的场合。

（3）高频系统：一般是指工作频率为 850～950MHz 和 2.4～5.8GHz 的系统。典型的工作频段有 915MHz、2.45GHz 和 5.08GHz。高频系统的基本特点是标签内数据量大，阅读距离远且具有较高的阅读速度，适应物体高速运动，但标签及阅读器成本较高，且阅读距离较远。另外，相比中、低频系统，高频系统至今仍没有较为统一的国际标准，因此在实施推广方面还有许多工作要做。高频系统大多为采用软衬底的标签形状，主要应用在火车车皮监视和零售系统等场合。

（4）有源系统：一般指标签内装有电池的 RFID 系统。有源系统一般具有较远的阅读距离，不足之处是电池的寿命有限（3～10 年）。

有源系统在远距离自动识别领域应用较多，如在智能停车场、智能交通、智慧城市、智慧地球及物联网等领域有重大应用。有源系统属于远距离自动识别类。产品主要工作频率有超高频 433MHz、微波 2.45GHz 和 5.8GHz。

（5）无源系统：一般是指标签中无内嵌电池的 RFID 系统。系统工作时，标签所需的能量由阅读器发射的电磁波转化而来。因此，无源系统一般可做到免维护，但在阅读距离及适应物体运动速度方面相比有源系统略有限制。

无源 RFID 产品是发展得最早、也最成熟、市场应用最广泛的产品。生活中所用到的公交卡、食堂餐卡、二代身份证等都属于近距离接触式识别类。这类产品的主要工作频率有低频 125kHz、高频 13.56MHz、超高频 433MHz、超高频 915MHz。

4. 射频识别技术的优势

和传统条形码识别技术相比，RFID 具有以下优势。

（1）快速扫描。条形码一次只能有一个条形码受到扫描；RFID 辨识器可同时辨识读取数个 RFID 标签。

（2）体积小型化、形状多样化。RFID 在读取上并不受尺寸大小与形状限制，不需为了读取的精确度而配合纸张的固定尺寸和印刷品质。此外，RFID 标签可往小型化与多样形态发展，以应用于不同产品。

（3）抗污染能力和耐久性。传统条形码的载体是纸张，因此容易受到污染，但 RFID 对水、油和化学药品等物质具有很强的抵抗性。此外，由于条形码附于塑料袋或外包装纸箱上，所以特别容易受到折损；而 RFID 卷标是将数据存在芯片中，因此可以免受污损。

（4）可重复使用。现今的条形码印刷之后就无法更改，而 RFID 标签则可以重复地新增、修改、删除 RFID 卷标内储存的数据，方便信息的更新。

（5）穿透性和无屏障阅读。在被覆盖的情况下，RFID 能够穿透纸张、木材和塑料等非金属或非透明材质，并能够进行穿透性通信。而条形码扫描机必须在近距离而且没有物体阻挡的情况下，才可以辨读条形码。

（6）数据的记忆容量大。一维条形码的容量是 50B，二维条形码最大的容量是 3000 字符，RFID 最大的容量则有数 MB。随着记忆载体的发展，数据容量也有不断扩大的趋势。未来物品所需携带的资料量会越来越大，对卷标所能扩充容量的需求也相应增加。

（7）安全性。由于 RFID 承载的是电子信息，其数据内容可由密码保护，使其不易被伪造及变造。

RFID 技术因其所具备的远距离读取、高储存量等特性而备受瞩目。它不仅可以帮助企业大幅提高货物、信息管理的效率，还可以让销售企业和制造企业互联，从而更加准确地接收反馈信息，控制需求信息，优化整个供应链。

8.3.3 GPS 技术

GPS 定位技术正在广泛应用于军事、科学、汽车定位及人们日常生活的手机定位等，GPS 的诞生使人们的生活发生了巨大的变化，科学研发也有了很大的突破。GPS 使很多事情变得更精准化，工作效率化，GPS 的灵活、方便使它的应用范围变得越来越广泛。

1. GPS 技术的含义

全球定位系统（Global Positioning System，GPS），是美国从 20 世纪 70 年代开始研制，于 1994 年全面建成，具有海、陆、空全方位实时三维导航与定位能力的新一代卫星导航与定位系统 。GPS 由空间星座、地面控制和用户设备三部分构成。GPS 测量技术能够快速、高效、准确地提供点、线、面要素的精确三维坐标及其他相关信息，具有全天候、高精度、自动化、高效益等显著特点，广泛应用于军事、民用交通（船舶、飞机、汽车等）导航、大地测量、摄影测量、野外考察探险、土地利用调查、精确农业及日常生活（人员跟踪、休闲娱乐）等不同领域。

GPS 与现代通信技术相结合，使得测定地球表面三维坐标的方法从静态发展到动态，从数据后处理发展到实时的定位与导航，极大地扩展了它的应用广度和深度。GPS 中的载波相位差分法可以极大地提高相对定位精度，在小范围内可以达到厘米级精度。此外，由于GPS 测量技术对测点间的通视和几何图形等方面的要求比常规测量方法更加灵活、方便，因此已完全可以用来施测各种等级的控制网。GPS 全站仪的发展在地形和土地测量及各种工程、变形、地表沉陷监测中已经得到广泛应用，在精度、效率、成本等方面显示出了巨大的优越性。

2. GPS 系统的组成

GPS 系统包括三大部分：空间部分——GPS 卫星星座；地面控制部分——地面监控系统；用户设备部分——GPS 信号接收机。

（1）GPS 卫星星座。GPS 卫星星座由 21 颗工作卫星和 3 颗在轨备用卫星组成。24 颗卫星均匀分布在 6 个轨道平面内，轨道倾角为 55 度，各个轨道平面之间相距 60 度，即轨道的升交点赤经各相差 60 度。每个轨道平面内各颗卫星之间的升交角距相差 90 度一轨道平面上的卫星比西边相邻轨道平面上的相应卫星超前 30 度。

在 2 万公里高空的 GPS 卫星当地球对恒星来说，自转一周时它们绕地球运行二周即绕地球一周的时间为 12 恒星时。这样对于地面观测者来说每天将提前 4 分钟见到同一颗 GPS 卫星。位于地平线以上的卫星颗数随着时间和地点的不同而不同，最少可见到 4 颗，最多可见到 11 颗。在用 GPS 信号导航定位时，为了结算测站的三维坐标必须观测 4 颗 GPS 卫星，称为定位星座。这 4 颗卫星在观测过程中的几何位置分布对定位精度有一定的影响。

对于某地某时甚至不能测得精确的点位坐标，这种时间段叫作“间隙段”。但这种时间间隙段是很短暂的，并不影响全球绝大多数地方的全天候、高精度、连续实时的导航定位测量。GPS 工作卫星的编号和试验卫星基本相同。

（2）地面监控系统。对导航定位来说，GPS 卫星是一动态已知点。星的位置是依据卫星发射的星历—描述卫星运动及其轨道的参数算得的。每颗 GPS 卫星所播发的星历是由地面监控系统提供的。卫星上的各种设备是否正常工作及卫星是否一直沿着预定轨道运行都要由地面设备进行监测和控制。地面监控系统另一重要作用是保持各颗卫星处于同一时间标准—GPS 时间系统。这就需要地面站监测各颗卫星的时间求出钟差。然后由地面注入站发给卫星卫星再由导航电文发给用户设备。GPS 工作卫星的地面监控系统包括一个主控站、三个注入站和五个监测站。

（3）GPS 信号接收机。GPS 信号接收机的任务是：能够捕获到按一定卫星高度截止角所选择的待测卫星的信号并跟踪这些卫星的运行对所接收到的 GPS 信号进行变换、放大和处理以便测量出 GPS 信号从卫星到接收机天线的传播时间解译出 GPS 卫星所发送的导航电文实时地计算出测站的三维位置位置甚至三维速度和时间。

GPS 卫星发送的导航定位信号是一种可供无数用户共享的信息资源。对于陆地、海洋和空间的广大用户只要用户拥有能够接收、跟踪、变换和测量 GPS 信号的接收设备即 GPS 信号接收机。可以在任何时候用 GPS 信号进行导航定位测量。根据使用目的的不同用户要求的 GPS 信号接收机也各有差异。

接收机硬件和机内软件以及 GPS 数据的后处理软件包构成完整的 GPS 用户设备。GPS 接收机的结构分为天线单元和接收单元两大部分。对于测地型接收机来说两个单元一般分成两个独立的部件观测时将天线单元安置在测站上接收单元置于测站附近的适当地方用电缆线将两者连接成一个整机。也有的将天线单元和接收单元制作成一个整体观测时将其安置在测站点上。

GPS 接收机一般用蓄电池做电源。同时采用机内机外两种直流电源。设置机内电池的目的在于更换外电池时不中断连续观测。在用机外电池的过程中机内电池自动充电。关机后机内电池为 RAM 存储器供电以防止丢失数据。

3．GPS 系统的特点

（1）全球全天候定位。GPS 卫星的数目较多，且分布均匀，保证了地球上任何地方、任何时间至少可以同时观测到 4 颗 GPS 卫星，确保实现全球全天候连续的导航定位服务（除打雷闪电天气不宜观测外）。

（2）定位精度高。利用 GPS 定位时，在 1 秒内可以取得几次位置数据，这种近乎实时的导航能力对于高动态用户具有很大的意义，同时能为用户提供连续的三维位置、三维速度和精确的时间信息。

（3）观测时间短。随着 GPS 系统的不断完善及软件的不断更新，目前，20 千米以内的相对静态定位，仅需 15～20 分钟。快速静态相对定位测量时，当每个流动站与基准站相距在 15 千米以内时，流动站观测时间只需 1～2 分钟。采取实时动态定位模式时，每站观测仅需几秒钟。

（4）测站间无须通视。GPS 测量只要求测站上空开阔，不要求测站之间互相通视，因而不再需要建造觇标。这一优点既可大大减少测量工作的经费和时间（一般造标费用约占总经费的 30%～50%），同时也使选点工作变得非常灵活，并可省去经典测量中的传算点、过渡点的测量工作。

（5）仪器操作简便。随着 GPS 接收机的不断改进，GPS 测量的自动化程度越来越高，有的已趋于“傻瓜化”。在观测中测量员只需安置仪器，连接电缆线，量取天线高，监视仪器的工作状态，其他观测工作，如卫星的捕获、跟踪观测和记录等均由仪器自动完成。结束测量时，仅需关闭电源，收好接收机，便完成了野外数据采集任务。

如果在一个测站上需进行长时间的连续观测，还可以通过数据通信方式，将所采集的数据传送到数据处理中心，实现全自动化的数据采集与处理。另外，现在的接收机体积也越来越小，重量越来越轻，极大地减轻了测量工作者的劳动强度。

（6）功能多、用途广泛。GPS 是军民两用的系统，其应用范围极其广泛，在军事上，GPS 将成为自动化指挥系统，在民用上可广泛应用于农业、林业、水利、交通、航空、测绘、安全防范、电力、通信、城市多个领域，尤其以地面移动目标监控在 GPS 应用方面最具代表性和前瞻性。

8.4 电子商务与供应链

8.4.1 供应链管理概述

随着全球经济一体化进程的加快，国际市场日渐成熟，企业经营的无国界化趋势越来越明显，其所面临的市场竞争环境也变得日益复杂，企业仅靠自身资源进行自我调整的速度根本赶不上市场变化的速度，以“纵向一体化”为特征的企业传统经营管理模式受到严峻的挑战。为避免自身投资带来的周期长、风险大的问题，同时赢得产品低成本、高质量、提前占领市场等方面的竞争优势，企业纷纷把精力集中于最擅长的核心业务，抓住最核心的产品和市场，同时将其他业务转包给其在全球的合作伙伴，将资源延伸到本企业之外，建立一种跨企业协作关系，形成了一种基于虚拟企业的供应链环境。这种方式强调企业间的合作关系，初步形成了“横向一体化”的思维方式，奠定了供应链管理的思想基础，并形成了一种新的企业经营模式。

1. 供应链的含义

迈克尔·波特将供应链定义为：“围绕核心企业，通过对信息流、物流、资金流的控制，从采购原材料，制成中间产品及最终产品，最后由销售网络把产品送到消费者手中。它是将供应商、制造商、分销商、零售商，直到最终用户连成一个整体的功能网链模式。”所以，一条完整的供应链应包括供应商（原材料供应商或零配件供应商）、制造商（加工厂或装配厂）、分销商（代理商或批发商）、零售商（卖场、百货商店、超市、专卖店、便利店和杂货店）及消费者。

供应链一般包括物资流通、商业流通、信息流通、资金流通四个流程。这四个流程有各自不同的功能及不同的流通方向。

（1）物资流通。这个流程主要是物资（商品）的流通过程，这是一个发送货物的程序。该流程的方向是由供货商经由厂家、批发与物流、零售商等指向消费者。由于长期以来企业理论都是围绕产品实物展开的，因此目前物资流程被人们广泛重视。

（2）商业流通。这个流程主要是买卖的流通过程，是接受订货、签订合同等的商业流程。该流程的方向是在供货商与消费者之间双向流动的。目前商业流通的形式多元化：既有传统的店铺销售、上门销售、邮购的方式，又有通过互联网等新兴媒体进行购物的电子商务形式。

（3）信息流通。这个流程是商品及交易信息的流程。该流程的方向也是在供货商与消费者之间双向流动的。过去人们往往把重点放在看得到的实物上，因而信息流通一直被忽视，甚至有人认为，国家的物流落后同其把资金过分投入物质流程而延误对信息的把握不无关系。

（4）资金流通。这个流程就是货币的流通，为了保障企业的正常运作，必须确保资金及时回收，否则企业就无法建立完善的经营体系。该流程的方向是由消费者经由零售商、批发与物流、厂家等指向供货商。

2. 供应链管理的含义

供应链管理（Supply Chain Management，SCM）是一种集成的管理思想和方法，它执行供应链中从供应商到最终用户的物流的计划和控制等职能。从单一的企业角度来看，是指企业通过改善上下游供应链关系，整合和优化供应链中的信息流、物流、资金流，以获得企业的竞争优势。供应链管理是企业的有效性管理，表现了企业在战略和战术上对企业整个作业流程的优化。供应链管理整合并优化了供应商、制造商、零售商的业务效率，使商品以正确的数量、正确的品质，在正确的地点以正确的时间、最佳的成本进行生产和销售。

3. 供应链管理的目标

供应链管理已经从企业的内部延伸到企业的外部，覆盖面包括供应商、制造商、分销商、最终客户，涉及的领域极其广泛。供应链管理的目标是在总成本最小化、客户服务最优化、总库存最少化、总周期时间最短化及物流质量最优化等目标之间寻找最佳平衡点，以实现供应链绩效的最大化。

（1）总成本最小化。众所周知，采购成本、运输成本、库存成本、制造成本及供应链的其他成本费用都是相互联系的。因此，为了实现有效的供应链管理，必须将供应链各成员企业作为一个有机整体来考虑，并使实体供应物流、制造装配物流与实体分销物流之间达到高度均衡。从这一意义出发，总成本最小化目标并不是指运输费用或库存成本，或者其他任何供应链运作与管理活动的成本最小化，而是整个供应链运作与管理的所有成本的总和最小化。

（2）客户服务最优化。供应链管理的本质在于为整个供应链的有效运作提供高水平的服务。而由于服务水平与成本费用之间的背反关系，要建立一个效率高、效果好的供应链网络结构系统，就必须考虑总成本费用与客户服务水平的均衡。供应链管理以最终客户为中心，客户的成功是供应链赖以生存与发展的关键。因此，供应链管理的主要目标就是以最低的总成本费用实现整个供应链客户服务的最优化。

（3）总库存最小化。在实现供应链管理目标的同时，要使整个供应链的库存控制在最低范围，“零库存”反映的就是这一目标的理想状态。因此，总库存最小化目标的达成，有赖于实现对整个供应链的库存水平与库存变化的最优控制，而不只是单个成员企业库存水平的最低。

（4）总周期时间最短化。当今的市场竞争不再是单个企业之间的竞争，而是供应链与供应链之间的竞争。从某种意义上说，供应链之间的竞争实质上是基于时间的竞争，如何实现快速有效的客户反应，最大限度地缩短从客户发出订单到获取满意交货的整个供应链的总周期时间已成为企业成功的关键因素之一。

（5）物流质量最优化。在市场经济条件下，企业产品或服务质量的好坏直接关系到企业的成败。同样，供应链管理下的物流服务质量的好坏直接关系到供应链的存亡。如果在所有业务过程完成以后，发现提供给最终客户的产品或服务存在质量缺陷，就意味着所有成本的付出将不会得到任何价值补偿，供应链的所有业务活动都会变为非增值活动，从而导致无法实现整个供应链的价值。因此，达到与保持物流服务质量的高水平，也是供应链物流管理的重要目标。

8.4.2 电子商务环境下的供应链管理方法

1. 电子商务对现代供应链管理的影响

随着电子商务的不断发展，现代电子商务对供应链管理产生了越来越重大的影响。供应链管理作为对供应链中发生的物流、信息流、资金流及贸易伙伴关系等要素，进行统一组织、规划、协调和控制的一种现代企业管理战略，需要充分的相关企业和市场信息。但是，要获得供应链较为完全的信息，依靠人工实现的成本是非常昂贵的。电子商务模式的出现为企业实施供应链管理提供了有力的信息技术支持和广阔的活动舞台。特别是B2B电子商务不仅使得供应链上各结点企业之间的信息容易共享，联系更加紧密，而且供应链的整体运作也更加高效。

具体来说，现代电子商务对供应链管理的影响可以归纳为以下几个方面。

（1）为供应链管理者建立了新型的客户关系。电子商务使供应链管理者通过与它的客户和供应商之间构筑信息流和知识流（Flow of Knowledge）来建立新型的客户关系。

（2）给供应链管理者提供了了解消费者和市场需要的新途径，消费者的信息成为企业获得消费者和市场需求信息的有效途径。例如，供应链的参与各方通过信息网络交换订货、销售、预测等消息。对全球经营的跨国企业来说，电子商务的发展可以使得其业务延伸到世界的各个角落。

（3）开发高效率的营销渠道。企业利用电子商务与它的经销商协作建立零售商的订货和库存系统。通过它的信息系统可以获知有关零售商商品销售的信息，在这些信息的基础上，进行连续库存补充和销售指导，从而与零售商一起改进营销渠道的效率，提高顾客满意度。

（4）改变产品和服务的存在形式和流通方式。产品和服务的实用化趋势正在改变它们的流通和作用方式。例如，音像等软件产品多年来一直以CD或磁盘等方式投入市场流通销售，这需要进行大量的分拣和包装作业。现在，许多软件产品通过互联网直接向顾客销售，无须分拣、包装、运送等物流作业。

（5）构筑企业间或跨行业的价值链。通过利用每个企业的核心能力和行业共有的做法，电子商务开始用来构筑企业间的价值链。当生产厂家和零售商开始利用第三方服务，把物流和信息管理等业务外包的时候，它们会发现这些业务的管理和控制并不属于它们所有的供应链。生产厂家、零售商及物流信息服务业者组成的第三方服务供应链形成了一条价值链。另外，在航空运输行业，航空公司采用全行业范围的订票系统而不是各个企业独立订票系统。

2. 电子商务平台下供应链管理的优势

随着信息技术的不断发展，现代电子商务也在不断地发展。基于现代电子商务平台的供应链管理是电子商务与供应链管理的有机结合，以顾客为中心，集成整个供应链过程，充分利用外部资源，实现快速敏捷反应，极大地降低了库存水平。其优势主要表现在以下几个方面。

（1）有利于开拓新客户和新业务。企业实施基于电子商务平台的供应链管理，不仅可以提高整个供应链的效率，实现企业的业务重组，而且保留了现有客户。由于可以提供更多的功能、业务，这必然会吸引新的客户加入供应链，同时也带来一些新业务。

（2）有利于分享信息。现代电子商务除了利用 Internet 和 Web 实现对消费者或客户的销售外，更是综合了所有商业网络中企业的信息来共同实现差别化服务。如今我们正处在一个信息极度丰富的时代，企业可以通过信息系统将一些极为重要的数据，诸如现金流和订单管理信息，传递给网络中需要这些数据的企业和个体，而且市场竞争的压力也促进企业不断改进这种信息共享的水平。随着信息实现强有力的衔接，企业运作就实现了高度的弹性化，能够更加及时地满足消费者的偏好及供应商的供货情况，同时也便于让顾客网上订货并跟踪订货情况。

（3）有利于企业组织结构的精细化和营运绩效的提高。电子商务发展的最大的特点是实现了经营的网络化，这里的网络化有两层含义，一是交易物流系统的计算机通信网络实现连接，同样上下游企业之间的业务往来也要通过计算机网络来实现，如订单的传输、交易的形成确认等，都可以借助增值网上的 EOS 和 EDI 进行。另一层含义是指组织的网络化。由于现代电子商务是通过业务外包来组合整个供应链的，单个企业的组织结构呈现出精细化、高效的特点。这种精细化和高效主要表现在：原来的组织由于全部业务都由内部运作，造成组织庞大、从业人员增加、管理层次增多，造成经营效率偏低，而现代电子商务借助电子信息网络，将各种不同的技术、技能有机地进行集成，不断降低运营和采购成本，大大提高了运营绩效。

3. 电子商务环境下的供应链管理策略

在电子商务的驱动下，供应链管理的新模式不断出现，与之对应的管理方法也逐步改善，电子商务与供应链管理的融合发展，推动了供应链管理策略的发展。

（1）应用电子商务实现集成化供应链管理。供应链管理模式要求突破传统的采购、生产、分销和服务的范畴，把企业内部及供应链节点企业之间的各种业务看作一个整体功能过程，通过有效协调供应链中的信息流、物流、资金流，将企业内部的供应链与企业外部的供应链有机地集成起来管理，形成集成化供应链管理体系，适应新竞争环境下市场对企业生产和管理运作提出的高质量、高柔性和低成本的要求。

（2）电子商务在供应链管理中应用的切入点。在电子商环境下，供应链中的信息量庞大而复杂，如果处理不当或处理不及时，就有可能造成信息的失真，进而影响供应链的稳定。而 JIT、QR、ECR、ERP 等先进的管理体系策略的应用可以解决供应链上出现的复杂问题，提高企业和整个供应链的弹性，迅速对市场需求做出反应，保证企业及供应链的高效运行。

①准时制（Just In Time, JIT）。准时制是指将必要的原材料、零部件以必要的数量在必要的时间送到特定的生产线生产必要的产品。其目的是使生产过程中的原材料、零部件及制成品能高效率地在各个生产环节流动，缩短物质实体在生产过程中停留的时间，杜绝产品库存积压、短缺和浪费现象。

②QR。QR 是信息系统和准时制物流系统结合起来实现“在合适的时间和合适的地点将合适的产品交给合适的消费者”的产物。其目的在于减少原材料到达消费者的时间，最大限度地提高供应链的运作效率，对客户的需求做出最快反应。

③ECR。ECR 是指在分销系统中，为消除不必要的成本和费用，给客户带来更大的效益而进行密切合作的一种供应链管理策略。它的目标是降低供应链各个环节（如生产、库存和运输）的成本。

④ERP。ERP 是一种基于企业内部的供应链管理思想和系统，把企业的业务流程看成一条供应链进行管理，并把企业划分成几个相互协同作业的子系统，对这条链上的所有环节如订单、采购、运输和分享等进行综合管理。

案例与思考

戴尔计算机公司于 1984 年由企业家迈克尔·戴尔创立，在全球 34 个国家拥有大约 35800 名员工。其理念非常简单：按照客户要求制造计算机，并向客户直接发货。这一理念使戴尔公司能够更有效和明确地了解客户需求，继而迅速地做出回应。戴尔公司设计、开发、生产、营销、维修和支持一系列从笔记本电脑到工作站的个人计算机系统，每个系统都是根据客户的要求量身定制的。

戴尔公司的物流从确认订货开始（确认订货以收到货款为标志），在收到货之后需要两天时间进行生产准备、生产、测试、包装、发运准备等。戴尔公司承诺在款到后 2～5 天送货上门，要实现这样的承诺，戴尔公司供应链的物流活动应具备以下 8 大功能。

（1）订单处理功能。戴尔公司要接受消费者的订单，首先检查项目是否填写齐全，然后检查订单的付款条件，只有确认支付完款项的订单才会立即自动发出零部件的订货并转入生产数据库中，订单也才会立即转到生产部门进行下一步作业。用户订货后，可以对产品的生产过程、发货日期甚至运输公司的发货状况等进行跟踪。

（2）预生产功能。戴尔公司从接受订单到正式开始生产之前，有一段等待零部件到货的时间，这段时间叫作预生产。预生产的时间因消费者所订的系统不同而不同，主要取决于供应商的仓库中是否有现成的零部件。订货确认一般通过两种方式，即电话或电子邮件。

（3）配件准备功能。当订单转到生产部门时，所需的零部件清单已经自动产生，物流必须将零部件备齐传送到装配线上。组装人员将装配线上传来的零部件组装成计算机，然后进入测试流程。

（4）测试功能。物流将组装好的计算机送交检测部门用特制的测试软件进行测试，通过测试的机器被送到包装间。

（5）包装功能。物流对测试后的计算机进行商品包装与运输包装。

（6）运输功能。一般在生产过程结束的次日完成运输准备，同时将顾客所订货物发出，并按订单上的日期运输到指定的配送中心。

（7）配送功能。根据订单上显示的时间与地点，配送中心将货物在预订的时间内送达到预订的地点。

思考：

1．能够将企业的物流活动转换为整个供应链中的物流活动。

2．掌握 5 种电子商务物流模式各自的定义与特点。为戴尔公司选择合适的物流模式。

实践题

1．上网查找戴尔、惠普等公司的现代供应链管理之间的区别。并思考在电子商务环境下，企业如何进一步利用供应链管理的思想和先进的信息技术，进行电子商务物流与供应链管理的重构和优化。

2．调查或上网，收集关于我国电子商务物流发展的资料，并加以汇总整理，写一篇有关我国电子商务物流发展对策的小论文，字数在 1000 字左右。

第 9 章　移动电子商务

引导案例

移动电商正进入快速爆发期

数据显示，2014 年我国移动电商的交易规模已经达到 9300 亿元，移动端的渗透率已经超过 33%；相比之下，根据 eMarketer 的监测，美国 2014 年的移动电商交易规模仅为 3500 亿元，移动端渗透率不足 20%。从增速上看，2011—2014 年我国移动电商的年复合增长率超过 300%，是同期美国移动电商增速的 5 倍，是同期我国整体网络零售增速的 6 倍。我国俨然已经成为全球最大和增速最快的移动电商市场，移动电商正进入快速爆发期。

从国内大型电子商务企业看，经过几年的培育和推广，其在移动电子商务方面的表现十分突出。2014 年第四季度，阿里巴巴的移动端活跃用户数达到 2.65 亿人，同比增长 95%；移动端交易额占比已经达到 42%，同比增长 213%。同期，在微信、手机 QQ、微店等多个平台的带动下，京东商城的移动端订单占比也达到 36%，同比增长 372%；而专注于特卖模式的美妆平台聚美优品的移动端渗透率已经高达 57%，移动端成为其主要的流量来源。

高达 54%的移动交易是通过移动 App 完成的，应用比较成熟的零售商通过 App 完成的移动交易高达 54%。部分零售商的 App 具备高级功能，如主屏幕展示、即时加载、离线内容、推送通知、个性化设置，且可访问原有功能，从而打造了更丰富的消费体验。这些零售商的交易额同比增长了 7%。

移动 App 拥有无可匹敌的转化率，能够促使消费者迅速达成交易，交易效率高于所有其他渠道。移动 App 不仅能更好地留存新用户、维持更坚实的买家用户基础，而且转化率也比桌面端和移动浏览器高得多，使企业实现更高的收益。

【本章学习目标】

1. 掌握移动电子商务的含义与特点。
2. 了解移动电子商务的技术框架。
3. 熟悉移动电子商务发展的现状与应用前景。

职业指导

电子商务活动随着智能手机的发展迎来了新的变化，移动电子商务已渐入佳境。该方式突破了传统电子商务的经营模式，用户可以使用移动设备完成购物、交易、支付等应用业务，无论身处何地，用户都不需要被固定在某个位置用有线来连接上网。目前，手机端应用运营、App 建设和维护、网络编辑、微营销、企业商品和服务的营销策划等工作，需要大量的人才。

9.1　移动电子商务概述

移动电子商务（M-Commerce）是利用手机、个人数字助理（Personal Digital Assistant, PDA）、掌上电脑等移动通信设备进行的 B2B、B2C、C2C 或 O2O 的电子商务。它能提供以下服务：个人信息服务、银行业务、交易、购物、娱乐等。简而言之，移动电子商务是指通过可信任的移动终端进行商品买卖和交易服务过程。

9.1.1　移动电子商务的含义和特点

1. 移动电子商务的含义

移动电子商务是利用移动设备和移动通信技术，随时随地存储、传输和交流各种商业信息，进行商业活动的创新业务模式。目前，常见的移动设备有手机、掌上电脑、PDA、便携式电脑等。它将 Internet、移动通信技术、短距离通信技术及其他信息处理技术完美结合，使人们可以在任何时间、任何地点进行各种商贸活动，实现随时随地、线上线下的购物与交易、在线电子支付及各种交易活动、商务活动、金融活动和相关的综合服务活动等。

移动电子商务由电子商务的概念衍生而来，电子商务以 PC 为主要界面，是“有线的电子商务”；而移动商务是电子商务的一个分支，移动电子商务将传统的商务和已经发展起来的、但是分散的电子商务整合起来，将各种业务流程从有线向无线转移和完善，是一种新的突破。

所谓移动商务，一方面，“移动”意味着轻便、好携带，相关设备是指那些可以通过语音、文本、数据和视频进行通信、处理和传输信息的设备；另一方面，“移动”是架构在不同的无线通信技术之上的，具体包括全球性（如卫星通信）、地区性（如 4G）和小范围（如蓝牙、WiFi 等）的无线通信技术。

2. 移动电子商务的特点

移动电子商务的主要特点有以下几个。

（1）移动电子商务的移动性。这是移动电子商务最大的特点，随着 4G 网络的大范围覆盖，智能移动终端快速持续地更新换代，移动电子商务的优势越来越明显，用户只需要利用手中的移动终端就能完成一切商务交易。它保证商业信息流可以随着移动设备的移动而移动，消除了时间和地域的限制。业务人员可以随时随地获得、携带和传递商业信息，消费者也可在方便的时候使用智能电话或 PDA 选购商品、获取服务和娱乐等。

（2）移动电子商务较传统电子商务更具安全性。移动电子商务可以方便地利用移动设备的内置认证特征来确认用户身份，手机 SIM 卡具备身份的特殊性，其中储存的信息可以用来确认手机用户的身份的唯一性，这是认证安全的基础。移动终端本身具有的密码锁认证功能也增加了不少安全性能，用户在支付时也会通过短信认证来确保交易的安全性。

（3）移动电子商务能够提供定制化服务。企业为客户建立数据库，储存客户相关的信息资料，并通过数据挖掘分析，获得企业所需的结果，并以此为参考依据为客户提供相应的产品和服务。消费者可以根据自身的需要来定制相关的产品和服务。例如，开展依赖于包含大量活跃客户和潜在客户信息的数据库的个性化短信息服务活动，以及利用无线服务提供商提供的人口统计信息和基于移动用户位置的信息，商家可以通过具有个性化的短信息服务活动进行更有针对性的广告宣传，从而满足顾客的需求。

（4）移动电子商务易于推广使用。移动通信所具有的灵活、便捷的特点，决定了移动电子商务更适合大众化的个人消费领域，如自动支付系统，包括自动售货机、停车场计时器等。半自动支付系统，包括商店的收银柜机、出租车计费器等；日常费用收缴系统，包括水、电、煤气等费用的收缴等；移动互联网接入支付系统，包括登录商家的 Wap 站点购物等。

（5）移动电子商务领域更易于技术创新。移动电子商务领域因涉及 IT、无线通信、无线接入、软件等技术，并且商务方式更具多元化、复杂化，因而在此领域内很容易产生新的技术。随着中国 4G 网络的的兴起与应用，这些新兴技术将转化成更好的产品或服务。所以移动电子商务领域将是下一个技术创新的高产地。

除此之外，移动电子商务还具备潜在用户规模巨大、易于推广使用、迅速灵活、开放性与包容性等特点。

9.1.2 移动电子商务的发展

4G 时代的到来，为移动电子商务提供了强大的发展动力，在提升了移动网络传输速率后，手机用户更加愿意使用相关的移动服务。消费者可以通过移动终端浏览商品并进行购买，商家也可以通过移动网络对消费者的相关信息进行管理和反馈。手机用户可以通过百度地图等手机应用寻找附近的餐馆、酒店等。移动通信运营商注重建设发展自身的移动通信网络，积极发展多种移动多媒体业务；更是加强了与内容提供商的合作，将移动商务应用拓展到机场检票、娱乐场所门票、交通支付等。其移动支付方式的应用范围更是十分广泛，现在的手机用户在购买商品时，无须使用信用卡或现金，只需在特定的付款机前扫描装有 RFID 感应器的移动电话或其他随身装置即可实现支付功能。

随着移动通信技术和计算机的发展，移动电子商务的发展经历了 4 个阶段。

1. 发展初期

在移动电子商务发展初期，其应用的技术手段主要是第一代移动商务系统，即以短信为基础的访问技术，但是这种技术存在着众多的缺陷，其中最为严重的问题是实时性较差，查询请求不会立即得到回答，这对瞬息万变的移动商务模式而言是十分致命的，可能会导致企业错失商机，甚至在某些关键时刻因无法及时得到相应的信息回复而损失惨重。此外，由于短信内容长度的限制也使得一些查询无法得到完整的答案。这些令用户无法忍受的严重问题也导致了一些早期使用基于短信的移动商务系统的部门纷纷要求升级和改造现有的系统。

2. 成长阶段

第二代移动商务系统问世，主要采用基于 Wap 技术的方式，用户主要通过手机上的浏览器对 Wap 网页进行访问，以实现信息的查询，在一定程度上解决了第一代移动商务系统的缺陷。第二代的移动访问技术的主要缺陷是 Wap 网页访问的交互能力极差，这就限制了移动电子商务的灵活性与方便性，从而使商务流程中的某些重要信息和资料得不到及时的传递、接收和处理。此外，安全性能较差也是 Wap 访问技术的一个重要问题，用户信息泄露、友情链接安全问题和 SID 泄露等都是 Wap 网页访问技术存在的重大安全隐患。这些问题使得第二代技术难以满足用户的要求。

3. 迅速发展阶段

第三代移动商务系统采用了基于 SOA 架构（面向服务的体系架构）的 Web Service、智能移动终端和移动 VPN 技术相结合的第三代移动访问和处理技术，使得系统安全性和交互能力有了极大的提高。第三代移动商务系统同时融合了 3G/4G 移动技术、智能移动终端、VPN、数据库同步、身份认证及 Web Service 等多种移动通信、信息处理和计算机网络的前沿技术，以专网和无线通信技术为依托，为电子商务人员提供了一种安全、快速的现代化移动商务办公机制。

4. 成熟阶段

移动 Internet 应用和无线数据通信技术的发展，为移动电子商务的发展提供了坚实的基础。消费者也普遍开始接受移动电子商务这一新型的商务模式，特别是年轻消费群体，这就更广泛地拓展了移动电子商务的市场。移动电子商务的市场竞争也将愈演愈烈，个性化服务将更加突出，在移动电子商务中扮演各个重要角色的企业也将通过降低价格、开发新产品、提供新服务和企业战略合作计划等一系列手段来进行提升企业竞争力，并开拓更加广阔的市场。

知识链接

早晨 7 点，阿 Y 被手机的闹铃吵醒. 新的一天开始了！今天阿 Y 要去北京出差，起床后，他习惯性地打开手机。由于日程表中有阿 Y 的工作计划，手机自动显示了北京和上海的天气情况。今天两地天气晴好。阿 Y 于是抓紧时间洗漱、吃早点。之后，他拨通了出租车公司的电话，10 分钟后他就在去往浦东机场的公路上了。路上，阿 Y 用手机接入了浦东机场的服务网站，办理了登机手续，选择了一个靠窗的位置。9 点整，阿 Y 登上飞机。11 点整，飞机准时落在首都机场。

出机场后，阿 Y 接入附近租车中心的服务网站，预定了一辆出租车。租车公司很快回复说，车已停在 D 区 20 号车位。开着租来的汽车，阿 Y 把拟拜访公司的地址输入车载导航系统，系统根据当前的交通状态给出了一条最佳行车路线建议，还提供行车方向语音提示。路经几个收费站，但都无须停车，所有的收费都被自动记录在租车账单上。

11 点 40 分，阿 Y 抵达要拜访的公司，与客户交换了电子名片，由于手机有蓝牙功能，只要手机接近就可以互换名片，省去了携带纸质名片的烦恼。12 点整，阿 Y 开始与客户谈业务。阿 Y 受雇于一家第三方物流企业，他把手机连接到公司数据库，边谈判边检查报价方案，仿佛拥有一个远程支持团队。由于是老客户，双方很快达成一致，顺利地签下了订单。会谈过程中，阿 Y 不失时机地介绍了公司最新的服务内容：移动库存管理、短信查询平台和语音商务。通过 RFID 技术，客户可以随时查询在途货物，定位精度达到数米；顾客也可把订单号码发送至短信平台，查询货物的位置；通过语音服务，系统可以理解客户的自然语言，回答问题的准确度很高。客户对这些业务内容很感兴趣。

会谈结束后阿 Y 离开公司，想找个餐馆享受一下美味。由于对周围环境不熟，阿 Y 用手机搜索了一下周围的无线服务，输入了“川菜”进行查询，很快就找到了附近的一家川菜馆。他手机预订了位置，然后驱车前往。在餐馆里，服务生手持 PDA 请阿 Y 点菜，下单后菜单立刻被传到后厨，他很快吃上了可口的饭菜。1 小时后，阿 Y 满意地离开餐馆。到机场后，他用手机支付了租车费。16 点 30 分，阿 Y 回到上海。这次北京之行只用了 7 小时。

在乘坐磁悬浮列车回家的路上，阿 Y 用手机回复了同事的几封邮件。快到家时，他又在超市采购了一些生活用品，结账时把购物车推出超市，系统自动打印出了购物清单。手机靠近读卡器．就实现了自动支付，非常方便。18 点 30 分，阿 Y 完成了一天的工作回到家里。他打开电视，开始享受幸福的下班生活了。

9.1.3 移动电子商务的模式

在移动电子商务大行其道的时代，企业根据自身的实际情况来寻求最有价值的市场应用模式显得十分重要。根据移动电子商务活动中不同的参与者、服务内容和利润来源的组合就形成了不同的商务模式。在移动电子商务中，主要参与者包括：内容和应用服务提供商、门户和接入服务提供商、无线网络运营商、支持性服务提供商，以及终端平台和应用程序提供商；提供的主要服务包括新闻信息、定位服务、移动购物、娱乐等；可能的利润来源包括通信费、佣金、交易费等，当然还有各种广告费、提名费。这些参与者、服务内容和利润来源通过各种形式组合在一起，就形成了移动电子商务的商务模式。

1. 通信模式

移动通信是移动终端用户的基本需求，也是移动电子商务中最早出现的、最普遍的服务。无线网络运营商为用户提供移动通信服务，用户交纳使用费，就形成了无线网络运营商通过语音或短信服务获取利润的商务模式。

在这种商务模式中，主要的参与者是无线网络运营商和用户，主要的服务是语音和短信服务，主要的利润来源是用户交纳的使用费。

2. 信息服务模式

移动电子商务中另一种比较常见的服务是信息服务，包括各种实时信息服务（如新闻、天气、股票信息等）、各种基于位置的信息服务（如移动用户附近的酒店信息、娱乐场所信息等），以及各种紧急信息服务。

在这种商务模式中，主要的参与者是内容和应用服务提供商、无线网络运营商和用户；主要的服务是信息服务；主要的利润来源是用户交纳的服务预订费。内容服务提供商通过无线网络运营商向移动用户提供各种信息服务；用户通过交纳一定的服务费获得这些服务；无线网络运营商通过传输信息而获得通信费。另外，根据与内容服务提供商签订的协议，无线网络运营商还会以佣金的形式获得内容服务提供商的利润分成。

用户交纳服务费的方式可以按时间计费或按流量计费。按时间计费可以是按年、月或星期，一般都是以月为单位；按流量计费可以根据获得服务的次数或获得服务内容的多少付费。

无线网络运营商收取通信服务费也有两种方式：信息流量费和佣金。无线网络运营商通过与内容服务提供商协调，确定收费模式。可以按照信息流量收取通信费用，如根据短信数量收费，也可以根据与内容服务提供商达成的协议，从所有服务费收取一定比例的佣金。

在这个模式中，移动用户是服务的享受者，也是利润的来源；无线网络运营商提供了服务实现的途径，获取了信息服务费和佣金；内容服务提供商提供各种服务信息，也是利润的主要获得者，占总利润的 80%～90%，可以说是最大的赢家。

3．移动广告模式

在有线网络初期，广告就被看作利润来源。在移动电子商务时代，它仍然是内容提供商赚取高额利润的有效途径。由于移动设备的屏幕小，与有线网络相比，就需要目的性很强的广告。例如，用户找饭店的时候，将与其查询内容相关性最好的广告发给他，将其所在地附近饭店的优惠券也同时发给他。当然，很多服务的提供过程是需要收集用户的偏好信息的。例如，根据用户的偏好，把与用户所在地或其他相关的属性（时间、所在地的天气等）敏感广告发给用户。那么在多种信息的同时引导下，用户就更容易接受所推销的产品。这种商务模式涉及广告客户、内容提供者、无线网络运营商和客户，当然其中还涉及一些中间商，如无线广告代理商、内容集成商、移动门户网站和无线网络接入商等。

从表面上看，广告模式中广告客户支付给内容提供商一定的费用，内容提供商再与无线网络运营商之间进行利润分配。实际上，移动用户才是利润的来源。移动用户通过购买产品和服务，将利润过渡给广告客户，而广告客户只是将其获得利润的一部分以广告费的形式付给内容服务提供商。内容提供商通过将推销信息添加到发给移动用户的内容和服务中，获得广告费。而无线网络运营商通过为内容提供商提供无线传输服务获得通信费或利润分成。

4．销售模式

自互联网诞生以来，人们就将其视为销售渠道之一，通过建立网上商店等形式降低销售成本。同样，无线网络也具有类似功能，并已经开始成为产品和服务的另一种销售渠道。

在这种商务模式中，主要的参与者有内容和应用服务提供商（产品与服务提供商）、门户/接入服务提供商、无线网络运营商、支持性服务提供商（第三服务）和移动用户。

移动客户是利润来源；产品和服务提供商通过向移动客户销售产品获得利润；门户/接入服务提供商通过向产品/服务提供商提供无线网络接入获得信息服务费；无线网络运营商

通过向门户/接入服务提供商提供信息服务获得服务费，有时还会获得移动用户支付的通信费；而第三方（信用卡公司、银行、无线网络运营商等）则是通过向产品/服务提供商提供服务支持（付费支持）获得佣金的。

产品和服务提供商要向门户/接入服务提供商交纳信息服务费，这种费用可以根据信息流量或时间长度交纳，根据访问次数缴费，或按月、年付费等。门户/接入服务提供商与无线网络运营商之间的付费方式则大多根据带宽的大小，按月/年付费，当然也有根据提供信息的数量（如按照提供多少千字节的信息）付费。有时用户还要向无线网络运营商提供通信费（在产品/服务信息不是免费提供的情况下）。第三方获得佣金的方式则可以根据交易次数收取（如每次收取一定额度的交易费），也可以根据交易金额收取（收取交易金额的一定比例）。

5. 移动工作者支持服务模式

在企业移动支持中，最重要的一项就是对移动工作者提供支持服务系统。这个系统的建立能够大大提高移动工作者的工作效率。移动工作者是指那些长时间不在办公室的工作人员。这些人员不在公司的时候，也需要利用公司的资源，有些甚至随时随地都需要借助公司的资源进行工作。

在该种模式中，主要的参与者包括企业内容提供商、无线网络运营商和移动工作者。无线网络运营商通过向企业的移动工作者提供移动支持服务获得服务费用；移动工作者则是移动服务支持的对象；企业则充当类似于内容服务提供商的角色。但这里的内容服务提供商并不会直接从移动工作者那里获得产品和服务费用，而是借助移动工作者工作效率的提高及提高客户满意度和忠诚度，进而提高经营效率的方式获得回报。

当然，由于移动技术的限制，移动工作者获得的信息是有限的，所以企业提供的信息应该是最有效、相关性最好的信息。这就要求在提供这种服务之前，企业对要提供的内容进行精练和整合。

9.2 移动电子商务的技术架构

移动电子商务的发展主要取决于移动通信技术的空前发展，移动通信工具与 Internet 连接的无线上网技术及 Internet 服务商所提供的无线上网服务已经越来越成熟。

9.2.1 移动电子商务的体系结构

由于厂商的不同，所提供的移动电子商务系统方案也有所不同，但它们在基本结构上是一致的，都包括网络基础层、中间件层、移动应用层三个功能层，如图 9-1 所示。

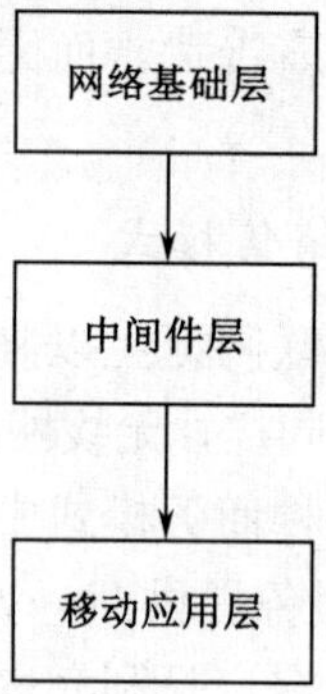

图 9-1 移动电子商务体系结构

1. 网络基础层

网络基础层是移动电子商务的底层，这一层是移动网络基础设施，它是所有移动应用的网络基础,通常由网络运营商负责这层的建设、运营和维护，我们常说的 GPRS 网络和 3G 就是网线基础层的概念，这层主要的功能是决定移动应用的网络性能，如带宽。

2. 中间件层

中间件层处于网络基础层之上,这层的主要作用是屏蔽网络基础层，为上层的移动应用开发提供一个统一的平台，中间件层使得网络基础层更加“透明”，服务提供商不需要考虑其网络性质。一种典型的中间件技术是 WAP，通过制定一系列标准协议使得 Wap 应用不受网络和终端设备的影响，从而实现多网络、多终端服务。

3. 移动应用层

移动应用层处于移动电子商务的顶层，它与用户直接相连，由应用服务提供商来开发和维护，为用户提供各种各样的服务，如移动银行、移动游戏等。

9.2.2 移动电子商务的移动通信技术

移动电子商务在目前的电子商务中占较大比重，其主要的技术支持有无线通信协议标准（Wireless Application Protocol，WAP）、通用分组无线业务（General Packet Radio Service，GPRS）、移动 IP 技术、第三代移动通信系统等。

1. WAP

WAP 是开展移动电子商务的核心技术之一，它的提出和发展是基于在移动中接入 Internet 的需要。通过 WAP，手机可以随时随地、方便快捷地接入互联网，使人们真正实现不受时间和地域约束的移动电子商务办公。WAP 只要求移动端和 WAP 代理服务器的支持，而不要求现有的移动通信网络协议做任何改动。它定义了一套软硬件的接口，可以使人们像使用 PC 一样使用移动电话收发电子邮件及浏览 Internet。同时，WAP 提供了一种应用开发和运行环境，能够支持当前最流行的嵌入式操作系统。在传输网络上，WAP 也可以支持目前的各种移动网络，它也可以支持未来的第三代移动通信系统。WAP 是目前大多数移动通信终端和设备制造商及部分无线通信服务商、基础设施提供商普遍采用的统一标准。

2. GPRS

GPRS 突破了 GSM 网只能提供电路交换的思维定式，将分组交换模式引入 GSM 网络。它通过仅仅增加相应的功能实体和对现有的基站系统进行部分改造来实现分组交换，从而提高资源的利用率。GPRS 是 2.5 代移动通信系统。由于 GPRS 是基于分组交换的，用户可以保持永远在线。GPRS 能快速建立连接，适用于频繁传送小数据量业务或非频繁传送大数据量业务。GPRS 具有数据传输率高、永远在线和仅按数据流量计费的特点，目前得到了较广泛的使用。

3. 移动 IP 技术

移动 IP 通过在网络层改变 IP 协议，从而实现移动计算机在 Internet 中的无缝漫游。移动 IP 技术使得节点在从一条链路切换到另一条链路时无须改变它的 IP 地址，也不必中断正在进行的通信。移动 IP 技术能够很好地支持移动电子商务的应用，但是目前它也面临一些挑战，如移动 IP 协议运行时的三角形路径问题、移动主机的安全性和功耗问题等。移动 IP 技术在一定程度上能够很好地支持移动电子商务的应用。

4. 蓝牙技术

蓝牙（Bluetooth）是由爱立信、IBM、诺基亚、英特尔和东芝共同推出的一项短程无线连接标准，旨在取代有线连接，实现数字设备间的无线互联，以便确保大多数常见的计算机和通信设备之间可方便地进行通信。蓝牙作为一种低成本、低功率、小范围的无线通信技术，可以使移动电话、个人电脑、PDA、便携式电脑、打印机及其他计算机设备在短距离内无须线缆即可进行通信。

5. 第三代移动通信系统

第三代移动通信（3G）包括一组支持无线网络的宽带语音、数据和多媒体通信的标准。IMT-2000 作为 ITU 推出的 3G 标准，至少提供了五种多路接入途径：CDMA2000、WCMA、WCDMA 的时分双工（Time Division Duplex）版本、136HS（基于 IIWCC 推荐）及数字式增强型无绳电话，OGSM MAP 通过“标准集”的支持与 IS-41 网络相互作用。也就是说，必须在 WCDMA 规范的前提下，允许与 IS-41 相互连接，通过 CDMA 2000 为 GSMMAP 提供接口。

6. 基于 WiFi 和 WiMAX 的无线宽带技术

无线保真（Wireless Fidelity，WiFi）的核心是 WLAN（WiFi 仅指 802.11b，WLAN 则可分别采用 802.11b 及 802.11b+）。麦肯锡管理学家 Reed E.Hundt 指出，这是一项全新的技术，它能重新激发经济增长，而且可以帮助任何人在任何地方以低成本接入互联网。

只要将一个便宜的 WiFi 基站（芯片加上收发器）与 DSL、光缆调制解调器或 T1 线路等高速互联网接入设备相连，并将该基站放置在距用户两三百英尺的范围，这一范围内的所有用户都能通过带有廉价的 WiFi 装置的个人电脑或 PDA 共享这一低价、高速的互联网接入，而无须分别支付专用 DSL 或光缆调制解调器较高的服务费用。另外，WiFi 能以低廉的价格轻而易举地将互联网互联互通的脉络延伸到任何社区，把信息流汇入高速光纤主干网络的各个端点。

9.2.3 移动电子商务面临的安全威胁

尽管移动商务给工作效率的提高带来了诸多优势（如减少了服务时间、降低了成本和增加了收入），但安全问题仍是移动商务推广应用的瓶颈。这些问题也成为各国发展移动电子商务道路上首要解决的问题之一。因为移动电子商务的安全性决定了整个电子商务运行过程中的整体性能，如果对其没有一个明确有效的安全机制，就会导致各种商业活动的滞后甚至无法顺利实施。

相对于传统电子商务，移动电子商务面临更多方面的挑战，下面把移动电子商务安全问题归纳为四点。

1. 移动终端的安全问题

一是由于相比传统互联网的电子商务来说，移动终端具有移动性，因此，移动终端很容易出现使用故障，损坏率相对来说比较高，也容易发生丢失，而这些问题都有可能对移动终端持有者带来安全影响，甚至带来安全威胁。例如，假冒攻击者和终端窃取者可能使用窃取的移动终端或 SIM 卡，假冒合法用户进行非法的商务交易活动，给用户和系统造成损失；二是一般而言，移动终端持有者与互联网终端的所有者不会属于相同的实体，因此，他们所面临的安全问题也是不一样的。移动终端的安全问题主要表现在以下几个方面：在线终端容易被攻击、移动终端被攻击、数据被破坏、移动终端设备的物理安全威胁。

2. 网络本身的威胁

无线通信网络不受地理环境和通信电缆的限制，可以实现开放性的通信。无线信道是一个开放性的信道，它给无线用户带来通信自由和灵活性的同时，也带来了诸多不安全因素，如通信内容容易被窃听、通信双方的身份容易被假冒，以及通信内容容易被篡改等。在无线通信过程中，所有通信内容（如通话信息、身份信息、数据信息等）都是通过无线信道开放传送的。任何拥有一定频率接收设备的人均可以获取无线信道上传输的内容。对于无线局域网和个人网用户，其通信内容更容易被窃听。无线窃听可以导致通信信息和数据的泄露，而移动用户身份和位置信息的泄露可以导致移动用户被无线追踪。这对无线用户的信息安全、个人安全和个人隐私都构成了潜在的威胁。

3. 无线 Ad hoc 应用带来的安全问题

无线装置给通信媒体和移动电子商务的移动性带来了新的安全问题。无线装置是通过移动节点之间的相互协作组成 Ad hoc 网络的，而 Ad hoc 网络的网络决策是分散的，不依赖于任何固定的网络设施，它的网络协议需要所有参与者之间的相互协作。Ad hoc 网络也正在逐步应用于商业环境中，如传感器网络、虚拟会议和家庭网络。这就造成 Ad hoc 网络与传统的移动网络有非常大的区别，Ad hoc 网络不需要像一般的移动网络那样借助于固定的网络设施。这就让非法入侵者有机可乘，他们可以从这些协作关系中的任何一个节点渗入，获取用户信息，破坏整个系统。例如，入侵一个节点的敌手可以给网络散布错误的路由信息，甚至使所有的路由信息都流向被入侵的节点。同样，移动用户会漫游到许多不同的小区和安全域。通信由一个小区切换到另一个小区时，恶意的或被侵害的域可以通过恶意下载、恶意消息和拒绝服务来侵害无线装置。

4. 移动电子商务平台运营疏漏带来的安全问题

一是随着移动通信技术的发展，移动电子商务也得到了飞速的发展，移动商务平台更是多如牛毛，良莠不齐，移动电子商务用户很难辨别这些运营平台的真伪和优劣。二是随着移动电子商务的不断发展，手机的功能也不断丰富，已从最初的通话功能扩展到电子邮件等网络互动沟通形式，这大大方便了用户的信息交流。与此同时，也对用户的信息保密管理带来了难度，增加了不安全性。三是面对如此众多的移动运营平台，如何管理这些平台，如何有效地进行安全运营，目前还缺乏科学、统一、合理的规范。四是移动商务平台的设计和运营的安全控制，还需要在实践中不断地探索，才能积累一定的经验，才能够不断完善移动电子商务运营平台。五是对移动电子商务而言，如何充分利用和整合各种资源，形成一个完整、可靠的安全防御体系，确保用户的安全，是急需解决的问题。

5. 其他方面的安全问题

（1）无线网的窃听问题。由于无线网络的开放性和信息数据明文传输的方式，为非法窃听提供了极大的可能性。

（2）中间人攻击的安全问题。如果攻击者利用移动电子商务的网络疏漏，设法使服务提供商和用户之间的商务通信变成攻击者转发行为，那么，这种中间人攻击就能对双方的交易过程实施有效的控制，从而达到从中牟利的目的。

（3）拒绝服务的安全问题。破坏者设法故意使 Web 服务器长时间处于超载状态，从而破坏其正常的服务，这样就会严重影响手机用户对网络服务商的信任和评价。

（4）交易抵赖的安全问题。用户有可能否认使用的交易指令、费用等，还有少数不良服务提供商也存在交易抵赖的行为。

（5）无线设备的网络安全技术手段与有线网络不完全相同，因此仅仅依靠有效的网络安全技术也是不行的，由于移动设备的内存非常有限，大部分的病毒防控软件很难运行。

9.3 移动电子商务的应用

9.3.1 移动电子支付

1. 移动支付概述

移动支付也称为手机支付，就是允许用户使用其移动终端（手机、PAD、移动 PC）对所消费的商品或服务进行账务支付的一种服务方式。单位或个人通过移动设备、互联网或近距离传感直接或间接向银行金融机构发送支付指令，产生货币支付与资金转移行为，从而实现移动支付功能。移动支付将终端设备、互联网、应用提供商及金融机构相融合，为用户提供货币支付、缴费等金融业务。

移动支付主要分为近场支付和远程支付两种。所谓近场支付，就是用手机刷卡的方式乘车、买东西等，很便利。远程支付是指通过发送支付指令（如网银、电话银行、手机支付等）或借助支付工具（如通过邮寄、汇款）进行的支付方式，如掌中付推出的掌中电商、掌中充值、掌中视频等，都属于远程支付。目前支付标准不统一给相关的推广工作造成了很多困难。移动支付标准的制定工作已经持续了三年多，主要是银联和中国移动两大阵营在比赛。数据研究公司 IDC 的报告显示，2017 年全球移动支付的金额将突破 1 万亿美元。强大的数据意味着，今后几年全球移动支付业务将呈现持续走强趋势，而在其背后，是各方加快在该领域的跑马圈地。

2. 移动支付的技术支持

目前移动支付技术的实现方案主要有 5 种：双界面 Java Card、SIM Pass、RFID-SIM、NFC 和智能 SD 卡。

（1）双界面 CPU 卡（基于 13.56Hz）。双界面 CPU 卡是一种同时支持接触式与非接触式两种通信方式的 CPU 卡，接触接口和非接触接口共用一个 CPU 进行控制，接触模式和非接触模式自动选择。

（2）SIM Pass 技术（基于 13.56MHz）。SIM Pass 是一种多功能的 SIM 卡，支持 SIM 卡功能和移动支付功能。SIM Pass 运行于手机内，为解决非接触界面工作所需的天线布置问题给予了两种解决方案：定制手机方案和低成本天线组方案。

（3）RFID-SIM（基于 2.4GHz）。RFID-SIM 是双界面智能卡技术向手机领域渗透的产品。RFID-SIM 既有 SIM 卡的功能，也可实现近距离无线通信。

（4）NFC 技术（基于 13.56MHz）。NFC 是一种非接触式识别和互联技术。NFC 手机内置 NFC 芯片，组成 RFID 模块的一部分，可以当作 RFID 无源标签来支付使用，也可以当作 RFID 读写器来数据交换和采集。

（5）智能 SD 卡。在目前 SIM 卡的封装形势下，手机自身容量已经达到极限。通过使用智能 SD 卡来扩大 SIM 卡的容量，可以满足业务拓展的需要。

3. 移动支付方式的分类

（1）按用户支付的额度，可以分为微支付和宏支付。

①微支付是指交易额少于 10 美元的支付行为，通常是指购买移动内容业务，如游戏、视频下载等。

②宏支付是指交易金额较大的支付行为，如在线购物或近距离支付（微支付方式同样也包括近距离支付，如交停车费等）。

（2）按完成支付所依托的技术条件，可以分为远程支付和近场支付。

①远程支付是指通过移动网络，利用短信、GPRS 等空中接口，和后台支付系统建立连接，是指实现各种转账、消费等支付功能。

②近场支付是指通过具有近距离无线通信技术的移动终端实现本地化通信，进行货币资金转移的支付方式。

（3）按支付账户的性质，可以分为银行卡支付、第三方支付账户支付和通信代收费账户支付。

①银行卡支付就是直接采用银行的借记卡或贷记卡账户进行支付的形式。

②第三方账户支付是指为用户提供与银行或金融机构支付结算系统接口的通道服务，实现资金转移和支付结算功能的一种支付服务。第三方支付机构作为双方交易的支付结算服务的中间商，需要提供支付服务通道，并通过第三方支付平台实现交易和资金转移结算安排的功能。

③通信代收费账户是移动运营商为其用户提供的一种小额支付账户，用户在互联网上购买电子书、歌曲、视频、软件、游戏等虚拟产品时，通过手机发送短信等方式进行后台认证，并将账单记录在用户的通信费账单中，月底进行合单收取。

（4）按支付的结算模式，可以分为及时支付和担保支付。

①及时支付是指支付服务提供商将交易资金从买家的账户及时划拨到卖家账户。一般应用于“一手交钱一手交货”的业务场景（如商场购物），或者应用于信誉度很高的 B2C 及 B2B 电子商务，如首信、云网等。

②担保支付是指支付服务提供商先接收卖家的货款，但并不马上支付给卖家，而是通

知卖家货款已冻结，卖家发货；卖家收到货物并确认后，支付服务提供商将货款划拨到卖家账户。支付服务商不仅负责资本的划拨，同时还要为不信任的买卖双方提供信用担保。担保支付业务为开展基于互联网的电子商务提供了基础，特别是对于没有信誉度的C2C交易以及信誉度不高的B2C交易。目前这方面做得比较成功的是支付宝。

（5）按用户账户的存放模式，可分为在线支付和离线支付。

①在线支付是指用户账户存放在支付提供商的支付平台，用户消费时，直接在支付平台的用户账户中扣款。

②离线支付是用户账户存放在智能卡中，用户消费时，直接通过POS机在用户智能卡的账户中扣款。

9.3.2 移动电子商务的行业应用

1. 移动电子商务在企业中的应用

现今企业的移动电子商务应用主要包括以下几种：与客户沟通服务的移动终端应用、移动电子商务物流管理、企业移动办公类应用及销售终端服务。

（1）与客户沟通服务的移动终端应用。企业为了实现与客户交流沟通的便利性，从而研发并发布相关的移动终端应用，客户可以通过手机、平板电脑等移动终端下载并安装此类应用，最终实现随时随地与商家沟通交流的目的。

在此类移动终端应用中最具代表性的就是手机旺旺。对买家而言，可以查看卖家信息及商品信息，与卖家进行磋商交流；对卖家而言，不仅可以实现与客户的沟通，更可以随时随地更改货物信息，对商铺进行管理。手机旺旺无疑为淘宝的买家和卖家提供了一个可以随时随地进行有效沟通交流的移动商务平台。

（2）移动电子商务物流管理。企业在发展移动电子商务的同时，必将把物流管理进行移动化，这将更有利于企业相关部门对物流信息的随时掌控。在移动定位技术、无线射频技术和移动终端硬件的支持下，企业不仅能够对物流进行实时性的调配管理，还能增强各个部门的协作性和办事效率。

目前国内申通、圆通等物流企业都能够对货物的位置信息进行跟踪并提供查询，卖家发货后，买家可以根据相关的物流公司和快递单号，通过手机等移动终端进行物流信息查询，商品的产地、发收时间及中转地点等信息一目了然。买家若发现问题，也可及时向快递公司反馈，以免造成损失。

（3）企业移动办公类应用。进入移动电子商务时代，企业不能再一味依靠传统电脑进行办公，这将大大降低企业办公效率。移动互联网的发展无疑将企业内部办公带入了移动时代，各种移动终端将成为新一代的宠儿，企业办公也将摆脱传统电脑的束缚，使企业办公可以在任何时间、任何地点进行。

知识链接

蓝凌EKP系统

蓝凌（Enterprise Knowledge Portas，EKP）系统是一款新时代下的企业办公应用，它的移动组件包括服务器组件、手机版客户端组件、iPhone 版客户端组件、iPad 版客户端组件、Android 版客户端组件，是为各种移动终端量身打造的新一代商务智能办公平台，帮助企业用户摆脱时间和地域的限制，真正实现任何人、任何时间、任何地点、任何应用畅享办公。

（4）销售终端服务。在移动电子商务时代，企业更应注重创新，在产品设计与生产、市场营销及售后服务等每个经营阶段，企业都可以从中寻求或创造新的利润增长点。移动电子商务已经逐渐渗入到人们日常生活中的每个角落，手机等移动终端已经成为人们随身携带的必备品，为手机添加能够提供便利的功能，相信也是人们乐于接受的。例如，手机支付具有的便利性不仅使广大消费者的出行更加便利，也使企业增加了盈利。

2. 移动电子商务的个人应用

随着 4G 网络的大范围覆盖和迅速发展，以及智能手机等移动终端的广泛使用，现今市场上主要的移动电子商务个人应用主要包括：移动支付与移动银行服务、移动娱乐和移动邮箱、移动医疗、手机指纹识别及位置信息服务。

（1）移动支付与移动银行服务。在移动银行服务应用中，用户通过手机中的客户端软件或收发短信来进行银行业务办理，可对查询、转账、理财等活动进行操作，国内多家银行都有提供类似应用的服务。移动支付中以手机支付为主要代表性应用，用户只需要一部智能手机就可以完成一笔交易，其便利性吸引了一大批用户的关注，尤其是年轻人消费群体。

（2）移动娱乐和移动邮箱。移动娱乐包括音乐、图片、视频与游戏等。近几年来，以 iPhone 为代表的智能手机的异军突起，掀起了手机 App 应用商店的热潮，用户可以通过付费的方式下载自己喜爱的手机应用软件。这种应用模式使得第三方软件开发商在产业价值链中占有一席之地，提高了其参与移动电子商务的积极性和主动性。

电子邮箱在传统互联网中得到了广泛应用，这注定了其在移动电子商务中的重要地位，移动邮箱通过多媒体的形式传递信息资料，用户通过手机等移动终端可以管理和收发邮件，随时随地处理重要信息，提高了办事效率。

（3）移动医疗。近年来，人们越来越重视健康问题，移动医疗作为一个新兴市场，自然而然地获得了人们的关注，通过无线设备的帮助，人们可以及时就诊，避免到医院排队挂号；医院也可通过这种方式来提高工作效率，在一定程度上减少了患者等待治疗的时间。

尽管目前移动医疗还未进入全面推广阶段，商业模式仍不清晰，政策风险非常不确定，但是移动医疗一直是个热门投资行业。在 ATT 公司与著名的无线电通信技术研发公司高通联合开发移动医疗服务系统的同时，英特尔、沃达丰等巨头公司也不甘落于人后，纷纷向外界表示将计划进军移动医疗系统领域。

（4）手机指纹识别。指纹识别已经被广泛应用到日常生活中，利用指纹的特殊性来确认每个人的身份，这样的安全性能是十分可靠的。用户在交易前利用事先预存在手机或其他移动终端里的指纹信息进行核对，验证成功后，交易马上完成；若验证失败，则无法完成交易，从而防止用户的资金被非法盗走。支付宝等多种移动支付已经推出指纹支付功能。

（5）位置信息服务。位置信息服务是指通过用户身上的移动终端设备来确定用户的地理位置信息，并提供用户所需的服务。位置信息服务被广泛应用在社交、休闲娱乐、生活服务上，人们可以通过微信“摇一摇”、“附近的人”等功能来与感兴趣的人结交；百度地图等手机应用可以查询身边的餐馆、酒店等信息；无线城市掌上公交等应用可以查询各个城市的公交路线及实时公交信息。

知识链接

移动电商三个“破局”案例

1. 场景革命：购买前+购买后

由于移动支付的普及、快递服务的稳定、商品种类的丰富、挑选的便利性增加，导致无论 PC 端还是移动设备端，其可改进空间都相差不大。但是，由于新设备的出现，购买前和购买后的逻辑发生了本质的变化。

购买前：以 See 举例，用户可以在对某件衣服感兴趣的场景下，直接拍照杂志或路人来获取衣服购买的链接甚至直接购买，所见即所得。

购买后：以小红书举例，用户在购买之后，也是直接拍照商品，打上标签，生成更加个性化的图片和标签，使得原本只是在电商网站写评论这件事，变成可以让个人获得社区满足感的事情。

两者都可以有效获取用户的兴趣数据，应用到更加有针对性和时效性的选品，因此获得更高的转化率。此外，因为用户拍照索取的产品一般不会是大路货，用户拍照评价炫耀的产品也不会是便宜货，所以最终也导致了客单价都相对较高的氛围。

2. 流量革命：社区—口碑—电商

以微信电商举例，按照微信当前的活跃用户数量，理论上微信电商应该是中国第二大电商网站了，但是从业内人士的数据来看，微信电商的转化和量级其实都很低。

以大姨吗举例，经过数年发展，大姨妈数百万的日活跃用户数已是一个相当大的量级了，变现迫在眉睫，该公司本以为开通商城模式之后，会影响用户的活跃度。结果正相反。电商上线后，流量增速反而加快了。这说明，不只是原先几百万名日活跃用户中的一部分被转化到了电商，还有新的纯粹为了购买的用户加入进来。

流量是有价值的，但是流量也是有属性的。如果一款产品一直以来都是靠内容和信息价值来吸引用户，那么有比较大的可能性，其留下来的都是对内容和信息感兴趣的用户，那些对购买不感兴趣的用户，可能早就流失了。这也是为什么虽然小红书原先生产内容的用户基础并不大，但是在非常成功的微信朋友圈传播机制的激励下，新增了很多购买属性的用户，顺利转型成为微信电商。

要想破解社区变现的难题，关键不是让社区已有的用户来买东西，而是激发这些社区活的跃用户，通过移动电商时代的微信、微博等传播机制，为新上线的电商摇旗呐喊，将他们身边具有购买意愿和购买力的朋友们“圈”进来。

3. 决策革命：鸡汤下凡

我一直认为，所谓的微博大 V，在如今这个时代，其实并不具备很强的粉丝效应。因为微博的产品形态有两个特点，第一是订阅，只要我关注了一个人，每次我打开微博，我都会有一定概率看到他发的内容。第二是转发，只要是好的内容，我有动力转发去表达和彰显我的态度。

我认为，第一点一直没变。但是第二点变了。因为微博偏向于资讯和娱乐化，加之受到现在微信订阅号的长内容和视频网站富媒体的冲击，微博上的内容质量相比大不如前。因此粉丝转发的动力大大降低。简而言之，鸡汤已不在此。

这也是为什么，我一直觉得，大 V 之所以能卖些货，只是因为用户有概率看到他的信息流，有概率转化去点击购买链接，有概率最终付款。粉丝越多，最后成交量肯定大，但是这其中的转化率和客单价是起不来的。

那鸡汤去哪里了呢?

以“罗辑思维”举例，假设一个月有上千万元的销售额，一周则有 300 多万元的销售额，以一本书 50 元来算，也是每周销售 6 万本，现在“罗辑思维”每周一集的视频在优酷的播放量是 100 多万人次，可以算出其购买转化率为 5%左右。但是，“罗辑思维”的视频本身并非全部都是在放广告，而是在传递知识和价值观，侧面反映了“罗辑思维”创始人罗振宇挑书的本领，加上其独家的出版能力，使得消费者愿意在其微信公众号上决策购书。

以什么值得买举例，其百度指数从成立至今一直稳定上涨，每次到“双 11”等节日都出现购买高峰。为什么？原因在于，什么值得买非常强调交易的实时性，相比于各种五花八门的导购 App，什么值得买的核心是由编辑来挖掘正在发生的交易。

如果一个移动电商产品，既能做到传递有用的知识和价值观，又能体现交易的实时性，对消费者的吸引力会很大。

案例与思考

2014 年，淘宝著名的五金冠美妆店猪哼少结盟移动电商平台口袋购物，开启了移动电商新篇章。在移动电商进入爆发之际，猪哼少打响了美妆电商新年第一枪，率先与口袋购物合作，引爆跨屏电商新玩法，也将美妆“战争”引至移动电商的新战场。

随着互联网渗透到人们生活的方方面面，移动互联网占据了用户大量的碎片化时间，也带来了用户购物习惯的改变。电商结合移动互联网已经是当下常见的一种模式，“口袋购物”一词已经变成了现实，移动电商市场规模加速扩大。截至 2014 年第三季度，我国移动网购交易规模已超 2100 亿元，比 2013 年增长了近 3 倍。此外，移动互联网支付业务在 2014 年也得以长足发展。

移动电商市场的高速成长和平台的快速发展给品牌厂商提供了新的增长空间。淘宝五金冠美妆店猪哼少在连续九年成为受欢迎的淘宝美妆店后，选择与口袋购物合作，不仅丰富了其销售渠道，更迎合了当下用户和粉丝的需求，满足了用户个性化和精准化的商品推荐。用户在手机端就能更精准地获取猪哼少的精选商品和促销信息，并且可以通过微信、淘宝直接下单购买，还可以分享自己购买的商品。

口袋购物已先后首创了同款比价、降价提醒、个性化智能推荐等功能，在用户体验、导向平台的多样性上，获得了用户的欢迎。资料显示，目前口袋购物拥有累计 4000 万名用户，月活跃用户数突破 200 万名，并在 2014 年获得腾讯投资。

从长远看，类似猪哼少等一大批重量级的淘宝店铺抢占移动端，或将影响未来电商发展的格局。

思考：

1．为什么传统电子商务企业要转行移动电子商务平台？移动电子商务发展的优势有哪些？

2．哪些因素会制约移动电子商务的发展？

实践题

1．利用手机上网搜索各个移动电子商务交易类业务网站，了解移动电子商务交易类业务有哪些；举例说明不同模式下的交易类业务；掌握各类业务的使用流程。

2．下载手机银行客户端，了解手机银行业务的具体内容；与传统 PC 端银行网页进行对比，分析两者的优缺点。

参考文献

[1] 菅利荣. 电子商务概论[M]. 北京：科学出版社，2005.
[2] 方真，张明明. 电子商务概论[M]. 大连：大连理工大学出版社，2005.
[3] 朱永林. 电子商务概论[M]. 北京：清华大学出版社，2004.
[4] 叶元法. 电子商务网络技术[M]. 大连：东北财经大学出版社，2003.
[5] 李燕，张仲雷. 电子商务概论[M]. 北京：清华大学出版社，2013.
[6] 苏如英. 计算机网络与 Internet 应用[M]. 武汉：中国水利水电出版社，2005.
[7] 宋文官. 电子商务概述[M]. 北京：高等教育出版社出版，2005.
[8] 赵晓鸿，王丽丽. 网络营销技术[M]. 北京：中国人民大学出版社，2006.
[9] 李淑珍，李晓宾. 电子商务概论. 上海：华东师范大学出版社，2014.
[10] 张润彤. 电子商务[M]. 北京：科学出版社，2005.
[11] [美]特伯思，等.电子商务管理视角（第四版）[M]. 严建援，等译. 北京：机械工业出版社，2007.
[12] 陈晞，杨军. 物流电子商务[M]. 北京：机械工业出版社，2004.
[13] 俞立平等. 企业电子商务与网络营销[M]. 北京：科学出版社，2004.
[14] 冯英建. 网络营销基础与实践（第 3 版）[M]. 北京：清华大学出版社，2007.
[15] 柏万里，饶泉发.电子商务师[M]. 北京：北京理工大学出版社，2007.
[16] 韩全辉，陶世怀. 电子商务概论[M]. 大连：大连理工大学出版社,2014.
[17] 刘克强. 电子商务平台建设[M]. 北京：人民邮电出版社，2007.
[18] 段楠楠，赵珑. 电子商务概论[M]. 北京：北京交通大学出版社,2012.
[19] 杨坚争. 电子商务安全与电子支付[M]. 北京：机械工业出版社，2007.
[20] 葛志远. 电子商务应用与技术[M]. 北京：清华大学出版社，2005.
[21] 朱延平.病毒性营销理论及其运用策略分析[J].江苏商论，2007（4）.
[22] 田明儒，张军鹏. 电子商务概论[M]. 上海：上海交通大学出版社，2015.
[23] [美]杰弗里·雷波特，伯纳德·杰沃斯基.电子商务导论[M]. 时启亮，杨坚争，译. 北京：中国财经经济出版社，2004.
[24] 王文明. 计算机网络原理[M]. 北京：北京大学出版社，2002.
[25] 时启亮，王莹. 网络营销调研技术[M]. 北京：中国人民大学出版社，2006.
[26] 张宝明. 电子商务技术基础[M]. 北京：中国人民大学出版社，2006.
[27] 侯晓娜. 电子商务概论[M]. 北京：北京理工大学出版社, 2016.
[28] 时信华. 网络与现代通信技术[M]. 北京：人民邮电出版社，2002.
[29] 周长青. 电子商务物流[M]. 北京：北京大学出版社，2006.
[30] 魏修建. 电子商务物流[M]. 重庆：重庆大学出版社，2004.
[31] [美]施瓦尔贝. IT 项目管理[M]. 刑春晓，等译. 北京：机械工业出版社，2002.

[32] 周树清，等. 电子商务情景案例[M]. 北京：中国国际广播出版社，2004.
[33] 朱少林. 电子商务概论[M]. 北京：清华大学出版社, 2016.
[34] 黄正平. 电子商务概述[M]. 广州：华南理工大学出版社，2003.
[35] 马莉婷. 电子商务概论[M]. 北京：北京理工大学出版,2016.
[36] 张僖.营销新概念——搜索引擎营销[J]. 时代经贸，2007（57）.
[37] 于巧娥，王冬云. 电子商务概论[M]. 北京：北京大学出版社,2015.
[38] 杨坚争. 电子商务概论[M]. 北京：中国人民大学出版社，2007.
[39] 兰宜生. 电子商务基础教程（第 3 版）[M]. 北京：清华大学出版社，2007.
[40] 苏丹，陈萱. 电子商务概论[M]. 北京：电子工业出版社,2012.
[41] 管有庆. 电子商务安全技术[M]. 北京：北京邮电大学出版社，2005.
[42] 许骏. Internet 应用教程[M]. 北京：科学出版社，2003.
[43] 张丽萍，胡坚波. 移动电子商务应用现状和趋势分析[J]. 现代电信科技，2010（5）.
[44] 杨利国. 移动电子商务商业模式研究[D]. 北京: 华北电力大学，2012.
[45] 秦成德. 移动电子商务[M]. 北京: 人民邮电出版社，2009.
[46] 韩梅.新媒体——网络营销新渠道[J]. 今传媒，2013(5).
[47] 吴恩，毛秀利. 微博与微信营销能力比较与未来预期[J]. 中国商贸，2013(7).
[48] 谭凯. 微信在企业营销中的利与弊[J]. 销售与市场(管理版)，2012(11).
[49] 翟莉. 微博时代的营销观念阐述[J]. 现代商业，2011(3).

反侵权盗版声明

反侵权盗版声明

举报电话：（010）88254396；（010）88258888

传　　真：（010）88254397

E-mail:　　dbqq@phei.com.cn

通信地址：北京市万寿路 173 信箱

电子工业出版社总编办公室

邮　　编：100036